Angela Fischer
Großmutter sein

AF286581

Angela Fischer

# Großmutter sein

Zauber einer Beziehung:
Wie wir Samen für die Zukunft legen

Bibliografische Information der Deutschen Nationalbibliothek: Die Deutsche Nationalbibliothek verzeichnet diese Publikation in der Deutschen Nationalbibliografie; detaillierte bibliografische Daten sind im Internet über http://dnb.dnb.de abrufbar.

Die automatisierte Analyse des Werkes, um daraus Informationen insbesondere über Muster, Trends und Korrelationen gemäß §44b UrhG („Text und Data Mining") zu gewinnen, ist untersagt.

Buchgestaltung: Britta Gerhard, Till Gerhard

Umschlaggestaltung: Till Gerhard

unter Verwendung des Farbholzschnittes „Full Moon and Autumn Flowers by the Stream", ca. 1895, von Ogata Gekko

Verlag: BoD · Books on Demand GmbH, In de Tarpen 42, 22848 Norderstedt, bod@bod.de

Druck: Libri Plureos GmbH, Friedensallee 273, 22763 Hamburg

ISBN: 978-3-7583-4055-0

*Für unsere Kindeskinder.*
*Für alle Geschöpfe, die noch ungeboren*
*im Herzen der Welt ruhen.*

# Inhalt

# Einleitung

Da ist ein breites Floß, gebaut aus alten Holzplanken, es schwimmt auf einem Fluss, dessen Ufer ich nicht sehen kann. Weit und breit nur das fließende Wasser. Auf dem Floß sitzen Kinder, vielleicht zwei Dutzend an der Zahl, vielleicht mehr. Kinder verschiedenen Alters und völlig unterschiedlichen Aussehens. Sie scheinen gänzlich eingewoben in ihre eigene Gegenwart, und zugleich wirken sie in der Atmosphäre, die sie umgibt, irgendwie zeitlos.

Das Bild tauchte aus dem Nichts auf, es erschien vor einigen Jahren, als ich mich soeben zur Meditation gesetzt hatte – ein Bild vor meinem inneren Auge. Mit ihm kam eine Klarheit, und gleichzeitig war da ein Wissen. Wir kennen das von gewissen Momenten in unserem Leben, in einem ganz hellen, wachen Augenblick, oder in Träumen, und manchmal kommt es in der Meditation: Da ist ein unmittelbares, spontanes Wissen, das nicht die Folge von Gedankengängen oder Lernübungen ist, sondern mit einem Mal einfach da ist, wie ein Blitz klar und hell. Wir *wissen* dann einfach. Ein solcher Blitz durchfuhr mich in jenem Augenblick, als ich das Floß sah: Ich wusste, dies sind meine Nachkommen, viele Generationen. Sehr gern gab ich mich der Vorstellung hin, dass es sich um meine persönlichen Nachfahren handelt, und da ich zu diesem

Zeitpunkt noch keine Enkelkinder hatte, erfüllte dieser Wink mich mit Vorfreude und mit einem tiefen Gefühl der Verbundenheit. Es war deutlich für mich, dass es sich um mehrere, vielleicht um viele Generationen von Kindern handelte, und ich fühlte Dankbarkeit. Dem Leben selbst gegenüber, dass es so weitergehen würde und auch dafür, dass ich, gewissermaßen symbolhaft, meine Nachfahren für einen Augenblick „sehen" durfte.

Dieses lebendige Bild wirkte nach. Es ließ mich nicht mehr los. Mit jedem Mal, mit dem ich darin eintauchte, wurde mein Blick weiter. Es wurde unpersönlicher. Zunehmend wurde weniger wichtig, ob es tatsächlich *meine* Nachfahren sind, meine biologischen Nachkommen, die in diesem Bild auftauchten. Viel tiefer noch berührte mich mit der Zeit die Einsicht, dass es sich universal um *unsere* Nachfahren handelt, und wie bedeutend das ist.

Mir war ein wichtiger Aspekt des Lebens gezeigt worden, der zuvor vergleichsweise wenig Raum in meinem Bewusstsein eingenommen hatte: die Zukunft, und wie wir mit ihr verbunden sind. Das Leben verbindet uns nicht nur auf der gegenwärtigen Ebene gleichsam horizontal miteinander, sondern auch über die Zeiten hinweg. Die Zukunft ist weit mehr als eine gedankliche Projektion in einer linearen Richtung. In gewisser Weise ist alles gleichzeitig da und es ist gleichzeitig verbunden. Wir sind nicht nur verwoben mit dem, was uns gegenwärtig umgibt, und mit dem, was war, sondern auch mit allem, was da kommen wird.

Nun, warum ein Floß? Ein Floß auf einem breiten, mächtigen Fluss ohne sichtbares Ufer? Ich weiß es nicht, bis heute nicht. Ein Floß mag uns an Schiffbrüchige denken lassen, an Menschen, die gerettet werden müssen. Im Bild wirkten die Kinder jedoch weder verzweifelt noch ängstlich, noch erschienen sie rettungsbedürftig. Eher vermittelten sie einen Ausdruck reinen Seins. Und das Floß wirkte tragend, solide. Möglicherweise war es lediglich ein Bild für etwas Ursprüngliches, Einfaches. Es erinnerte mich an Bilder von Flößen indigener Völker auf Urwaldflüssen wie beispielsweise im

Amazonas-Gebiet. Und der Fluss ist ein Bild für das Leben. Bei allen Deutungsmöglichkeiten fühlte ich irgendwann, dass ein Interpretieren oder Verstehen gar nicht mehr nötig ist. Der Eindruck war tief und ist seitdem geblieben. Ob Rettung oder nicht, ich wusste, dass ich etwas damit zu tun hatte und dass ich es nicht mehr ignorieren konnte.

Von da an begann ich, viel mehr auf das Wunder der Generationen zu schauen. Wie sind wir mit der Vergangenheit verbunden, wie mit der Zukunft? Welche Geschichten erzählen wir uns darüber? Wie leben wir diese Geschichten? Fließt allein nur das Bewusstsein davon, dass wir Nachfahren sind, dass wir von den Vorangegangenen erben, in unsere Werte und Beziehungen ein? Oder wie weit sind wir auch dafür wach, dass wir zugleich Vorfahren sind, und wie weit bestimmt das unsere Beziehungen zu anderen Menschen, zu den Tieren und Pflanzen, zu unserem Leben auf dieser Erde?

Was können wir beitragen zu dem Leben, das sich auf dieser Erde entfalten wird, lange Zeit nachdem wir hier mit unserem leiblichen Körper unterwegs waren, gelacht, geweint, uns umarmt und uns gestritten haben, gesät und geerntet, Bäume gepflanzt und gefällt, am Morgen die Sonne und in der Nacht die Sterne begrüßt haben?

Können wir auf eine Weise in die Zukunft wirken, die nicht nur durch die Folgen des Raubbaus an unserem Planeten gekennzeichnet ist, dieser Zerstörung, an der wir, ob wir es wollten oder nicht, beteiligt waren und noch immer sind? Von dieser Lebensweise wissen wir, dass sie in unübersehbarem Ausmaß in die Zukunft fortwirken wird, auch wenn die Vorstellung unbehaglich ist und wir den Gedanken daran gern verdrängen. Obwohl es wichtig ist, die Auswirkungen unseres wenig nachhaltigen Lebensstils für die zukünftigen Generationen bewusst zu haben und unsere Lebensgewohnheiten so schnell wie möglich zu ändern, gibt es noch eine weitere Spur, die hier bedeutsam ist. Sie hat mit einer inneren Kraft zu tun. Die wenig beachtete Frage ist: Gibt es auch eine andere Saat, die wir dem Boden des gegenwärtigen Lebens anvertrauen können und die irgendwann in einer späteren Welt zum Wohlergehen allen Lebens aufgehen könnte? Eine Art Lichtsaat meine ich.

Ich näherte mich der Thematik auf einer persönlichen und einer eher unpersönlichen Ebene. Beide Ebenen durchdringen einander, sie sind nicht wirklich zu trennen.

Zuerst ist da die Frage: Welche Dimension hat dieses Zukunftsthema in unserem individuellen Leben? Da ich Kinder habe, ist mir das Thema auf einer persönlichen Ebene nah. Für alle Eltern taucht, wenn die Kinder langsam erwachsen werden, am Rand des Bewusstseins die Möglichkeit der Großelternschaft auf. Häufig, wenn wir an der Schwelle zum Älterwerden oder gar zum Alter stehen, erscheint dann das Potenzial einer ganz neuen Rolle im Leben. Neue Aufgaben, neue Freuden, vielleicht neue Sorgen. Auch für diejenigen, die keine leiblichen Kinder haben, oder für die leibliche Enkelkinder nicht wahrscheinlich sind, blitzt nicht selten eine bisher unbekannte Aufmerksamkeit für die übernächste Generation auf. Und dann wandern die Gedanken auch zurück zu den eigenen Ahnen und Ahninnen. Was haben sie mir mitgegeben, was lebt in mir weiter, wie bin ich über sie mit dieser Erde verbunden, mit diesem Land, mit dem Land, auf dem sie lebten?

Befasse ich mich mit den Beziehungen zwischen Generationen auf der nicht-persönlichen Ebene, so gerät die gegenwärtige Situation unserer Welt in den Fokus. Was für eine Welt werden wir, die Älteren, den Jungen hinterlassen? Was für eine Last, aber auch was für eine kreative Aufgabe liegt nun bei der jungen Generation, dieser gebrochenen Welt dabei zu helfen, zu heilen und sich umzuwandeln? Gibt es etwas, das auch wir Älteren noch zu dieser Heilung beitragen können, zu einer Zukunft, in der das Leben wieder singen kann, in der wir wieder in Liebe und Fürsorge für die Erde und untereinander verbunden sein können? Das wird wahrscheinlich weit in der Zukunft sein, nach einer Zeit des schmerzhaften Umbruches, in dessen Wirren unsere direkten Nachkommen ein für sie hinreichend gutes Leben werden finden müssen. Können wir also auch für die Zeiten dieses Übergangs, dieses Tumultes, in dem die alte Geschichte nicht mehr trägt und die neue noch nicht geboren ist, etwas beitragen? Können wir eine Saat weitergeben, die unsere Nachfahren selbst wiederum für eine ferne Zukunft säen können?

Tatkraft und neue Ideen sind von den Jüngeren und Jungen gefragt, und viele ergreifen sie. Ethische Verantwortung bedeutet in dieser Zeit mehr denn je, Liebe in Taten umzusetzen, ethische Werte ins Handeln zu bringen. Doch für die Älteren, die nicht mehr hauptsächlich aktiv in den Aufbau und die aktive Gestaltung des Lebens eingebunden sind, die nicht mehr die Energie zum tatkräftigen Aktionismus haben, welche Aufgaben gibt es für sie? Tatsächlich stellt sich mir die Frage mehr und mehr: Was ist die innere, die geistige oder spirituelle Aufgabe von uns Älteren, wo können wir einbringen, was uns auf unserem eigenen Weg gegeben und in uns entwickelt wurde? Wie ist unsere Verbindung zur Zukunft, an der wir äußerlich nicht mehr gleichermaßen aktiv wie die jüngeren Generationen mitgestalten? Wo eigentlich befinden wir uns zwischen Vergangenheit und Zukunft, zwischen denen, die vor uns waren und jenen, die nach uns kommen werden? Bei dieser Frage spielt auch eine Rolle, dass die Älteren dieser gegenwärtigen Zeit und auch ihre Vorfahren die Welt so mitgestaltet haben, wie wir sie jetzt vorfinden.

Worum geht es im Einzelnen? Zur Orientierung möchte ich einen kurzen Leitfaden über den Aufbau des Buches und die Zusammenhänge seiner Elemente skizzieren:

Zunächst, was macht das Wesen einer Großmutter aus? Um uns dem Kern unseres Anliegens zu nähern, werden wir die grundlegenden und essenziellen Merkmale betrachten: das Alter, die Weiblichkeit und die Beziehung im Generationengefüge. Jedem dieser drei Themen ist ein Kapitel gewidmet.

Auf der Basis dieser Elemente widmen wir uns all den Fragen, die im Orbit unseres Themas auftauchen. Was für ein Gefühl haben wir für den Faden, der Generationen verbindet, über unsere gegenwärtige Generation hinaus? Was können wir weitergeben, was erneuern? Welche Traditionen möchten wir fortführen, welche Zyklen würden wir gern durchbrechen? Welche Bedeutung geben wir Großmütter dem zeitgleichen Leben mit unseren Enkelkindern? Welche Geschichten können wir erzählen und wie leben wir diese Geschichten? Haben wir Zugang zu Wissen und Weisheit unserer Vorfahren, die wir in der Kette der Generationenfolge weitergeben können?

Und wie steht es um unsere allerältesten Vorfahren, um unsere Erde, das Land, das Wasser? Können wir denen, die nach uns kommen, Möglichkeiten anbieten, unsere Beziehung mit ihnen zu heilen: mit all dem, was uns Leben gibt? In einer Zeit, in der die Menschheit sich von der Natur entfernt und getrennt hat – können wir auch als Ältere und insbesondere als Großmütter zu einem kollektiven Erwachen beitragen, zu einer fundamentalen Erneuerung in fernerer Zukunft, die unsere gebrochene Welt so verzweifelt braucht?

Hinweise geben uns die persönlichen Erfahrungen von Großmüttern, die sich entlang einzelner Themenbereiche im folgenden vierten Kapitel mitteilen werden. Wenn auch sicherlich nicht alle Aspekte in ihrer Vollständigkeit eingefangen wurden, so habe ich doch versucht, vielfältige Lebensbereiche aufzufächern. Dieses Kapitel ist das Kernstück: das Leben und Sein als Großmutter. Die Erfahrungen, die Möglichkeiten, die Schwierigkeiten und vor allem die Bedeutung. Nicht nur im Sinne einer menschlichen und sozialen Kraft, sondern Bedeutung in ihrer spirituellen Dimension.

Wie wir einen Samen des Lichts legen können, wie das Großmuttersein gleichbedeutend mit einem lebendigen spirituellen Leben im Alter und Älterwerden sein kann, damit beschäftigen wir uns im fünften Kapitel. Die meisten spirituellen Ratgeber und modernen

Schriften über das spirituelle Leben richten sich an jüngere Menschen. Bei Mitte Fünfzig etwa scheint es eine magische Grenze zu geben. Als sei jenseits davon sowieso Hopfen und Malz verloren. Selbstverständlich ist das nicht so. Auch diese Thematik hatte mich bewegt, und natürlich ist sie untrennbar verwoben mit dem Motiv einer Saat, die mit Liebe für die Zukunft gepflanzt wird. Auch allen vorhergehenden Themen unterliegt diese Ausrichtung, und vielleicht hören Sie es wie einen leisen Glockenton hinter jeder Betrachtung. Nicht jede:r mag dem den Begriff des Spirituellen oder der Mystik verleihen wollen, doch für alle interessierten Leser:innen trifft dieses Leitmotiv, nennen wir es spirituell oder nicht, ihre Sehnsucht nach Sinnhaftigkeit im Leben. Wir alle sind mit dem inneren Bedürfnis, uns für etwas Größeres zu öffnen – größer und höher, als wir selbst es sind – geboren worden.

Danach zu leben, als Großmutter, das braucht keine Technik, kein Vorwissen, keine speziellen Fähigkeiten. Es ist einfach. Dazu möchte ich, nachdem wir die verschiedenen Fäden aufgegriffen und eingeknüpft haben, im letzten Kapitel einmal mehr ermutigen.

Sie werden bemerkt haben: Bei diesem Buch handelt es sich nicht um einen praktischen Ratgeber. Was Sie hier nicht finden werden, sind traditionelle Koch- und Backrezepte aus Omas Küche, Ratschläge zu bewährten Hausmitteln und auch nicht das Verherrlichen tradierter Werte. Es wird auch nicht darum gehen, die Generationen zu vergleichen, sie in Kategorien aufzuteilen oder gar gegeneinander auszuspielen. Und ebenso wenig geht es um das Bedürfnis, Spuren zu hinterlassen. Die Frage, wie möchte ich erinnert werden, wie kann ich sein und was tun, damit ich in guter Erinnerung bleibe, interessiert uns nicht, mehr noch, sie würde das Anliegen dieses Buches durchkreuzen.

Wir bewegen uns in einer Landschaft, die eine ganz persönliche Färbung haben kann, als Großmütter von Enkelkindern in der

Familie, und zugleich hat sie auch eine unpersönliche Dimension. Wir müssen keine leiblichen Großmütter oder Mütter sein, um ein Gespür dafür zu entwickeln, dass wir Ahninnen sind. Die Stimme der Ahnin kann in uns allen erklingen, ganz gleich ob wir physisch Großmütter sind, es irgendwann einmal werden, oder dies auf einer vielleicht unpersönlicheren Ebene leben. Jenseits des Persönlichen stellt sich die Frage, was es kollektiv für uns bedeuten könnte, wenn wir die Beziehungen zwischen den Generationen mehr wertschätzten und in dieser Verbundenheit die Werte wieder lebten, die notwendig sind für eine Heilung unseres Planeten und der ihm innewohnenden Lebensgemeinschaft. Konkreter und anschaulicher wird unsere Beschäftigung damit, wenn wir unsere persönlichen Erzählungen einweben. Deshalb freue ich mich sehr darüber, dass einige Großmütter sich bereit erklärten, mit mir Gespräche zu führen, die ich aufzeichnen und in Teilen hier einfügen durfte. Ihre lebendige Erfahrung ist inspirierend. Es werden Großmütter zu Wort kommen, die uns auf ihre je individuelle Weise die besondere Verbindung und die einzigartige Liebe zwischen ihnen und ihren Enkelkindern nahebringen. In das Muster dieser Generationenbeziehung weben sie die Farben persönlicher Einzigartigkeit und bringen sie durch ihre sehr menschlichen Erfahrungen zum Leuchten.

Für mich persönlich entspringt die Idee zu diesem Buch, ebenso wie die Leidenschaft, mit der ich mich in einem langen Prozess immer weiter darauf einließ, nicht zuletzt auch meiner innigen Liebe zu meinen Enkelkindern. Großmutter zu sein hat eine umwerfend neue, überraschende Qualität in mein Leben gebracht, die ich zuvor gar nicht erahnen konnte. In Gesprächen mit anderen Großmüttern wurde mir dies unmittelbar gespiegelt; die Freude, über die Enkelkinder zu sprechen, glich dem Glück und der Verliebtheit, als wir junge Mütter neu geborener Kinder waren, aber sie hatte noch eine andere, eine neue Dimension: eine Herzenswärme, die alles einschließt, wie ein Duft, der alle gleichermaßen betört, die an ihm vorübergehen. Wenn man sich die Frage stellt, was es bedeutet, Mensch zu sein, dann ist diese Wärme eine Antwort darauf. Ich bin überzeugt, dass es noch viele Frauen gibt, die ähnlich fühlen, ebenso Großväter, und etliche andere, welche die Liebe über Generationen und die Suche nach der Verantwortung teilen, ohne leibliche Großeltern zu sein.

Im Folgenden möchte ich noch einige Begriffe, wie ich sie hier verwende, klären, sowie Themenschwerpunkte in ihrem Kontext erläutern – warum ich gerade sie auswähle und andere beiseitelasse.

Das Erste ist ein Hinweis zum Wortsinn: Wir begegnen hier den Begriffen des *Spirituellen* und des *Heiligen*. Im Gebrauch dieser Wörter tummeln sich durchaus verschiedene Assoziationen, und Missverständnisse sind leicht möglich. „Das Heilige ist eine ursprüngliche Eigenschaft des Lebens", sagt der Sufi-Lehrer Llewellyn Vaughan-Lee in seinem Buch *Der Rhythmus des Heiligen*. „Es verbindet uns mit unserer Seele und dem Göttlichen, dem Ursprung allen Seins. Das Heilige ist in allem zu finden: in den Tautropfen eines Spinnennetzes frühmorgens, im Ruf des Federwilds in der Abenddämmerung. Es spricht auf unzählige Weisen zu uns." Und es ist auch „in jedem Gebet gegenwärtig, jedem Dank und Lobgesang." Doch das Heilige sei nicht vornehmlich etwas Religiöses oder gar Spirituelles, es sei keine Eigenschaft, die wir erlernen oder entwickeln müssten. „Es ist Teil der ursprünglichen Natur allen Seins." Wir alle haben, auch wenn es uns vielleicht bewusst nicht mehr zugänglich ist, in uns ein Gefühl für das Heilige, ein Gefühl für Verehrung, wie immer wir es ausdrücken mögen. Es ist „so natürlich wie Sonnenlicht", „so notwendig wie Atmen".[1] Ich werde diesen Begriff häufiger gebrauchen und meine ihn in diesem so einfach und zugleich tiefgründig beschriebenen Sinn – befreit von den klebrigen oder abgehobenen Vorstellungen, die ihm in der Praxis unserer monotheistischen Religionen und im Sprachgebrauch einer Welt, in der nichts mehr heilig ist, zugefügt wurden. „Heilig ist, was tiefstes

Staunen heraufbeschwört", sagt der Verfechter einer ökologischen Spiritualität, Thomas Berry.[2]

Heilig ist das ganze Leben, wenn wir es in einem gewissen Licht sehen. In der Zeit, als ich kleine Kinder hatte und mich inmitten des Strudels und der vielfältigen Herausforderungen des Alltäglichen befand, hatte ich mich notgedrungen mit der Trennung befasst, die wir in unserer Kultur zwischen dem Heiligen und dem Alltäglichen machen. Meine Erfahrungen fanden damals ihren Niederschlag in meinem Buch über weibliche Meditation: „Wie würde sich unsere Haltung zum Leben ändern, betrachteten wir eine gemeinsame Mahlzeit in der Familie, das Pflanzen eines Baumes oder einen Gesprächsaustausch am Arbeitsplatz als etwas Heiliges? Stellen wir uns einmal vor, Unkraut jäten im Garten, in einem See schwimmen, ein weinendes Kind trösten, mit Freunden zusammen sein und lachen, all diese Erlebnisse würden uns die Göttlichkeit des Lebens ins Bewusstsein bringen? Statt uns beständig zu fragen, ob es uns einen Gewinn an Zeit oder Geld oder persönlichem Ansehen bringt, ob es in irgendeiner Weise profitabel ist, Probleme löst oder als lästige Alltagsaufgabe einfach erledigt werden muss, begännen wir das Heilige des Lebens wieder zu entdecken. Wir lebten voller, erfüllter, mit mehr Freude, weil das, wonach wir immer außerhalb des Alltags suchen, uns mitten im Leben, in allem, was wir tun, begegnete."[3] Das Heilige ist inmitten des Lebens, und das Empfinden und die Suche nach dem Heiligen entspringen einer tiefen Sehnsucht des Menschen nach Sinnhaftigkeit.

Die grundlegenden Fragen „Wer bin ich?", „Woher komme ich?" und „Warum bin ich hier auf dieser Erde?" führen immer zu einer tieferen Suche und begleiten uns ein Leben lang. Sie sind niemals vollständig beantwortet, verlangen im Alter ebenso nach ihrer Beachtung wie in der Jugend oder in der Zeit dazwischen. Sie berühren das in uns, was über uns selbst hinausgeht, über das Mich-selbst-wichtig-Nehmen, über Zeit und Raum in die Unendlichkeit, und es ist das, was ich hier mit dem Begriff *spirituell* umschreibe. Nicht eine Religiosität ist damit gemeint, nicht die Zugehörigkeit zu Kirchen oder religiösen Gemeinschaften, nicht das Befolgen gewisser Regeln oder Gebote und nicht die Ausübung vorgegebener Rituale nach einem vorgeschriebenen Glauben. Es meint vielmehr die Verbindung zu einem inneren Licht, mit dem wir alle hier in diese Welt kommen und aus dem heraus wir zu leben suchen. Ein Licht, das uns nach etwas suchen lässt, das größer und höher ist als wir selbst. So ist dieses Buch eine Einladung an alle, die jenseits der oberflächlichen „Werte" unserer Kultur einen tieferen Sinn ergründen möchten; an alle, die danach suchen, essenzielle Werte in ihren Alltag zu bringen und sie zu leben.

Wenn ich von *spiritueller Verantwortung* oder *spiritueller Aufgabe* spreche, so wende ich mich jenen zu, die aus dem Gefühl für dieses innere Licht über das eigene Wohlergehen hinaus, jenseits der Fokussierung auf sich selbst, den Sinn ins Leben bringen möchten. Um des Lebens willen, um seiner Schönheit willen, um seiner Heiligkeit willen. Um der wunderbaren Möglichkeiten willen, die uns gegeben werden und die wir so lange schon nicht nutzen. Diese Art von *Aufgabe* oder *Verantwortung* – auch als Antwort auf die Frage „Warum bin ich hier auf diesem Planeten?" – unterscheidet sich grundlegend von Aufgaben und Verantwortlichkeiten, die wir aus unserem weltlichen Leben kennen. Sie sind frei. Es gibt keinen Deal, keine Gegenleistung, keine Erwartung, die zu erfüllen ist. Es hat auch nichts mit Leistung zu tun, einem jener vermeintlichen Werte, der uns in unserer Kultur mit seinem seelenlosen Diktat unterjocht. Die Sehnsucht danach, spirituelle Verantwortung zu übernehmen, entspringt einer viel tieferen Quelle, wo es keine Vereinbarungen oder Versprechungen gibt, keine Machtspiele, die Gefälligkeiten verlangen. Diese tiefe Quelle ist der Ort selbst, durch den wir ins Leben kamen, mit der ursprünglichen Freude, die dem Leben Sinn und Heiligkeit verleiht.

Des Weiteren möchte ich Sie in dieser Einführung auf einen raschen Ausflug in die *Betrachtung verschiedener Kulturen* mitnehmen, da, wo sie dem Großelternsein eine gänzlich unterschiedliche Bedeutung zumessen. Lassen Sie mich kurz darauf eingehen, warum ich gerade in der westlichen Welt nach Spuren und Möglichkeiten suche, wie Großmütter für die gesamte Gemeinschaft des Lebens bedeutend sein können.

In alten, vergangenen wie auch den überlebenden Kulturen der indigenen Völker gab und gibt es Geschichten, Mythen und Rituale im Gemeinschaftsleben, die den Großmüttern und Großvätern als Ahninnen und Ahnen eine selbstverständliche und zentrale Rolle einräumen. In unserer modernen, westlichen Kultur hingegen suchen wir vergeblich danach; wir haben das verloren. Genau diese vergessene Landschaft möchte ich erkunden. Was ich nicht versuche, ist, die indigene Lebensweise abzubilden und anzuwenden. Das ist unmöglich und macht keinen Sinn. Ich möchte danach suchen, wie wir Großmütter – in der Zeit des 20. Jahrhunderts auf westliche Weise sozialisiert – wieder Wurzeln eines Großmutterseins fassen können, die *unserer* Lebenswirklichkeit entsprechen.

In einer indigenen Kultur, die ihre Lebensweise und ihre Werte trotz Kolonialismus und Dominanz der westlichen Zivilisation noch in Spuren erhalten konnte, gibt es die Tradition der Generationengemeinschaft in ihrer tiefgreifend spirituellen Bedeutung. Überall, wo Menschen den Sinn für die Einheit allen Seins nicht verloren haben, existiert im Bewusstsein und im konkreten Leben die besondere Bedeutung *aller* Generationen und ihrer Beziehung zueinander. Dort schneidet man nicht Verbindungen zu den Vorangegangenen ab, und damit auch nicht zu den Nachkommen. Nicht nur die Zukunft – und damit die Auswirkung unserer gegenwärtigen Taten auf die folgenden Generationen – hat eine Bedeutung, sondern gleichermaßen die Tradition der Ahn:innen. Mit dieser Inter-Generationen-Haltung sind Großmutter und Großvater selbstverständlich von großer Wichtigkeit im Leben des Einzelnen wie der Gemeinschaft.

Unsere moderne westliche Kultur hingegen ist geprägt durch das Paradigma der Trennung. Das Leben wird in Trennungen wahrgenommen und gelebt, nicht in Einheit. Mit allem, *wovon* wir uns getrennt haben, der Heiligkeit des Lebens, der Natur, unserer Erde, und mit allem, was wir *voneinander* getrennt haben – Geist und Materie, Spiritualität und Körper, Liebe und Verantwortung –, haben wir auch das Gefühl für die Einheit des Lebens, wie sie sich über die Generationen streckt, getrennt. Ich meine damit nicht eine Einheit zwischen den Generationen, denn natürlich mussten und müssen sich jüngere Generationen von den vorhergehenden abgrenzen; es geht vielmehr um den Sinn für die Kontinuität und die damit verbundene Verantwortung.

Wenn wir auf die indigenen Kulturen schauen, können wir die Bemühungen sehen, diesen Sinn zu bewahren. Vor vielen Jahren beispielsweise hatte sich die Organisation der dreizehn indigenen Großmütter gegründet – mit der Absicht, zum Wohl und zur Heilung der Ganzheit ihre Weisheit zu tradieren, die zunehmend droht, verloren zu gehen. Quer über den Erdball aus unterschiedlichen Kontinenten kommend haben sie sich zusammengefunden, um die Verbindung zum Heiligen der Erde vor dem Vergessen zu retten. Wir sehen in den indigenen Kulturen auch die Verehrung der Ahn:innen und hören von Geschichten, in denen Großmütter und Großväter eine wichtige Rolle in der Initiation zu spiritueller Reife spielen, und nicht zuletzt gibt es die Schöpfungsmythen, die auf eine Großmutter oder einen Großvater zurückgehen. Und es gibt in diesen Kulturen die tiefe Verbindung zur Erde, zum Land der Vorfahren. Die Liebe zur Erde und der Wille, für sie, die unsere Mutter ist, zu sorgen und in Harmonie mit ihr zu leben, wird auf ganz natürliche Weise zu den folgenden Generationen weitergetragen. Die innige Beziehung mit den Vorfahren einerseits und den

Nachkommen andererseits ist hier untrennbar verbunden mit der tiefen Verbindung zur Erde.

In unserer westlichen Welt keimt allmählich die Sehnsucht auf, mit dieser Harmonie wieder in Berührung zu kommen, und deshalb suchen manche nach Zeichen bei den indigenen Kulturen. Wir entdecken, dass dort noch etwas lebendig ist, was uns fehlt, was wir lange verloren haben. Wir können von ihnen lernen. Wir können Landschaften berühren, die nur noch verschwommen in unseren Träumen auftauchen, die in einer vergessenen Welt liegen. Wir können wieder beginnen zu ahnen, was im Leben wirklich wichtig ist. Doch wir können die Lebensweise beispielsweise der Ureinwohner:innen Amerikas oder Australiens nicht übernehmen und von außen aufsetzen. Unsere Welt ist eine andere geworden, und es wäre überdies eine große Anmaßung.

Doch was ist möglich für uns, genau da, wo wir uns jetzt befinden, mitten in all diesem Vergessen, in dieser trostlosen Welt des Materialismus und Konsums, der verlorenen Liebe zur Schöpfung, der Trennung voneinander und von allem Heiligen, der Ausbeutung der Natur? Können auch wir hier, in Zeiten eines großen Umbruchs, in den Trümmern einer westlichen Zivilisation, einen Faden aufnehmen, der uns zur Einheit des Lebens führt, die schon immer da war und immer da sein wird? Können wir, die wir in dieser westlichen Kultur aufgewachsen sind, eine Tradition wiederfinden und an die gegenwärtige Zeit anpassen, in der wir wieder die Beziehungen zwischen den Generationen würdigen und feiern? In der wir als Großmütter und Großväter einen Beitrag geben können und unsere spirituellen Werte in der Verbindung zwischen den Generationen leben können?

Ich fühle ein Ja dazu. Es gibt eine Quelle in unserem Inneren, zu der wir den Zugang wieder freilegen können. Auf diese Reise möchte ich Sie mitnehmen. Ich möchte mit Ihnen die Schätze heben, die wir vergessen haben, die wir vielleicht nicht sehen, obwohl sie vor unseren Füßen liegen.

Ein dritter und letzter Punkt, auf den ich hier zum Verständnis des Hintergrunds eingehen möchte, ist die *Hervorhebung des Weiblichen*. Denn wir werden vornehmlich auf das Groß - *Mutter* - Sein schauen. Diese Einschränkung nehme ich vor, da mir der spirituelle Beitrag des Weiblichen schon seit vielen Jahrzehnten, seit dem Beginn meiner Arbeit, am Herzen liegt. Hinzugekommen ist dann die Bedeutung der Generationen und ihre Beziehung miteinander, beides möchte ich hier miteinander verbinden.

Entlang meiner eigenen persönlichen Lebenserfahrung habe ich mit jungen Frauen zusammengesessen, gearbeitet und meditiert, als ich selbst noch jung war, dann mit Müttern und mit Frauen, die mitten im Leben stehen, nachdem ich eine Familie gegründet hatte, und schließlich mit älter werdenden Frauen, in den letzten Jahren mehr und mehr auch mit denen, die ins Großmutter-Sein hineinwuchsen, während auch ich Großmutter werden durfte. Gleichzeitig waren unsere Zusammenkünfte auch altersmäßig durchmischt, es gab immer auch die Perspektive aus anderen Lebensphasen. Der Austausch und die Dynamik, die daraus resultierten, waren nährend. Und stets war die weibliche Perspektive wichtig, die Suche nach der spirituellen weiblichen Kraft, die der Welt so lange nun schon gefehlt hat. Auch die teilnehmenden Männer waren in diesen Prozessen eine große Unterstützung.

Frauen haben einen eigenen Zugang zum Leben und zur Schöpfung, der sich auf allen Ebenen ihres Seins zeigt: physisch, psychisch, spirituell. In einer sehr langen Zeitspanne unserer Geschichte, in der der männlich geprägte Umgang mit der Welt dominant war, ist die Kraft weiblichen Wissens und weiblichen Wirkens in den Hintergrund getreten. Nicht wertgeschätzt, geleugnet, teilweise sogar verfolgt, führte sie ein Nischendasein, und Frauen verloren den Zugang zu ihren Fähigkeiten und ihrer Intuition, mit der sie dem Leben dienen können. Wenn wir inzwischen fühlen und ahnen, möglicherweise erfahren haben oder davon überzeugt sind, dass wir als Frauen für die Ganzheit des Lebens einen besonderen Beitrag bereithalten, und damit auch für seine Transformation und Heilung, so stellt sich die Frage, wie können wir auch als ältere Frauen, jenseits der Mitte des Lebens, mit dieser Kraft und diesen Fähigkeiten wirken, insbesondere im Hinblick auf die Jüngsten, die Heranwachsenden in unserem Lebensumfeld. Eben als Großmütter.

Ohne das Weibliche kann nichts Neues geboren werden. Wir befinden uns in einer Zeit des Übergangs, die gleichzeitig vom immer dramatischer werdenden Sterben einer alten Zivilisation begleitet ist. Wohin führt der Übergang? Sicherlich in die Geburt einer neuen Zivilisation, aber wir kennen sie noch nicht. Zunächst bekommen wir als Menschheit und als Erdenfamilie zusammen mit allen Mitgeschöpfen die Folgen unserer menschlichen Haltung zu spüren – der Trennung, der Dominanz und des Vergessens einer ursprünglichen Einheit. Die tiefe Krise, in der sich das Leben auf unserem Planeten befindet, stellt eine existenzielle Bedrohung für unsere Jugend dar und erstreckt sich auf alle Bereiche des Lebens. Sie ist präsent im Klimawandel, im Artensterben, in der Vergiftung unserer Nahrung und unserer Flüsse, in der immer tiefer klaffenden Wunde der sozialen Ungerechtigkeit, in der Spaltung unserer Gesellschaft, dem Anwachsen von Hass, Ausgrenzung und Rassismus, der Erosion einer gemeinschaftlichen Anerkennung dessen, was wahr und was falsch ist, in Fake News und Verschwörungstheorien, in der Trennung von dem, was natürlich ist, was heilsam ist, was einfach ist. Wir können auch sagen, von dem, was heilig ist.

Was also können wir Großmütter durch unsere weiblichen Qualitäten, getaucht in die Erfahrung eines ganzen Lebens und durchdrungen von der Liebe zu den Kindeskindern, beitragen für die Zeit des Übergangs und die Geburt einer neuen Zivilisation in fernerer Zukunft? Wie können wir einen Samen säen, den wir dann ganz den Kräften der Zukunft überlassen?

Ich möchte mit diesem Buch einen Raum öffnen. Einen Raum, in dem wir Fragen stellen und uns für neue Inspirationen auf der Reise der Generationen öffnen. Es geht nicht darum, geschlossene Antworten zu präsentieren; doch vielleicht finden Sie, liebe Leser:innen, in sich selbst die eine oder andere Antwort oder einen Weg zu einer Antwort oder einer Erkenntnis. Vielleicht finden Sie in diesem Raum Zugang zu den Qualitäten, die Sie als Ahn:innen leben und als Beitrag für das Ganze in dieser Zeit geben können. Vielleicht werden durch Erinnerungen hier und da Quellen entdeckt, die unter dem Schutt unserer sterbenden Zivilisation verborgen sind. Meine tiefe Hoffnung bleibt, dass wir uns gemeinsam erinnern. Auch wenn wir jeweils unseren alleinigen, unseren einzigartigen und manchmal einsamen Weg finden müssen – die Aufgabe, die vor uns liegt, ist keine für Einzelkämpfer:innen und Alleinreisende. *Vergesset nicht / Freunde / wir reisen gemeinsam*, so heißt es in einem Gedicht von Rose Ausländer. *Vergesset nicht / es ist unsere / gemeinsame Welt.*

# 1

# Älter werden und Altsein

*Im Alter auf einem Pfad der Schönheit wandernd,*
*möge ich lebhaft gehen.*
*Im Alter auf einem Pfad der Schönheit wandernd,*
*möge ich von neuem lebend gehen.*
*Vollbracht ist es in Schönheit.*

AUS EINEM NACHTWEG-SEGEN DER DINÉ[1]

Solange wir leben, werden wir älter. Vom neugeborenen Baby zum Kleinkind, zum Schulkind, zu Jugendlichen, zu jungen Erwachsenen – genau bis zu diesem Punkt finden wir Älterwerden faszinierend, meistens auch erstrebenswert. Das mag noch eine Weile so weitergehen, und dann plötzlich, beim ersten grauen Haar oder den ersten winzigen Fältchen, bekommt Älterwerden einen anderen Beigeschmack: etwas bitter, nicht mehr so aufregend. Ab jetzt wollen manche sich nicht mehr verändern – im Sinne von weiter altern. Nicht dass sie nicht mehr leben wollten, lieber stehenbleiben oder vielleicht sogar im Alter zurückgehen.

Alles was lebt, verändert sich, und das geschieht unaufhörlich. Auch Altern ist eine Form der Veränderung. Wir beschreiben mit diesem Begriff die Spuren der Zeit, die einen Menschen, ein Lebewesen oder auch Dinge verändern. So können wir schließen: Wenn Veränderung zum Leben gehört, so bedeutet auch Altern Lebendigkeit. Das mag ein bisschen verwirren, nicht nur, weil Altern in unserer Kultur anders bewertet wird, sondern auch, weil uns das Altwerden ja an Vergänglichkeit erinnert. Der Körper der Älteren trägt weniger ausgeprägt die Eigenschaften von Vitalität; und wer alt wird, stirbt in nicht allzu langer Zeit. Stimmt, aber ist Sterben nicht auch Veränderung? Und ist Lebendigkeit tatsächlich nur ein Synonym für körperliche Beweglichkeit, flexible Gelenke, Kondition und Muskelkraft?

Großmütter können wir nur sein, wenn wir schon älter sind. Selbst Menschen, die sehr jung Kinder bekommen, haben noch viele Jahre vor sich, bevor ihre Kinder ihrerseits Eltern werden. Und auch nicht-leibliche Großmütter, Wahl-Großmütter oder diejenigen, die eine solche Rolle in einer Gemeinschaft innehaben, werden als Großmütter erst angesehen, wenn sie zur älteren Generation gehören. Großmutter sein, und die Frage, wie ich damit dem Leben dienen kann, bedeutet eben auch, mich mit dem Alter auseinanderzusetzen.

Natürlich geschieht das Altern individuell ganz unterschiedlich, unsere Gene und die Art, wie wir gelebt haben, unser Schicksal und unsere Erfahrungen, all diese Faktoren verweben sich auf individuelle Weise und prägen unser Älterwerden und unser Alter. Doch was uns allen mehr oder weniger gemeinsam ist, sind kulturelle und kollektive Prägungen, derer sich niemand entziehen kann. Was unsere heutige westliche Kultur vom Alter hält, wie sie das Altern sieht, wie sie es bewertet, findet, ob wir wollen oder nicht, Eingang in unsere eigene Haltung dazu. Selbst wenn wir die Werte unserer Kultur nicht teilen wollen, kommen wir nicht umhin, uns zumindest damit auseinanderzusetzen, um unseren eigenen Weg darin zu finden. Unweigerlich stolpern wir über die kulturell geprägte Haltung und die dazugehörige Sichtweise, sowohl, wenn wir selbst altern als auch, wenn wir anderen Älteren begegnen. Tauchen wir also für eine Weile tiefer ein in das, was zum Großmutter-Sein gehört: Eine „Ältere" sein – in einem Sinn des Wortes, der mehr mitschwingen lässt als nur das biologische Alter.

# Wie fühlen wir uns als Ältere?

In unserer westlichen Kultur, in der Leistung und der materielle Gewinn, den man daraus ziehen kann, einen unvergleichlich hohen Stellenwert haben, ist es kein Wunder, dass wir das Jungsein verehren. Auch wenn sich der Blick der politischen Korrektheit nun mehr und mehr der Diversität zuwendet, ist es nicht zu leugnen, dass nach wie vor der junge und faltenlose Körper, der noch keine Spuren der Auseinandersetzung mit dem Leben aufweist, dem allgemeinen Schönheitsideal entspricht. Und das ist nur die äußere Perspektive – wenn sie zugleich auch Ausdruck für die innere Sicht ist. Sobald die Zeichen des Alterns wahrnehmbar werden, suchen die meisten Menschen in unseren westlichen Industrienationen nach Möglichkeiten, jünger zu wirken, sich jünger „zu machen". Zu sein, wer und wie man ist, und dies in Würde zu sein, fällt schwer, weil es wenig Wertschätzung dafür gibt. Wertschätzung jedoch ist ein essenzielles Bedürfnis, gar nicht unbedingt für unser Ego, sondern für das Gefühl der Sinnhaftigkeit.

Die Wirtschaft hat längst die Alten entdeckt. Auf der ständigen Suche nach neuen Konsument:innen wird sie in dem immer größer werdenden Bevölkerungsanteil der Älteren leicht fündig. Die Möglichkeit, denen, die noch über gute Renten oder gar Vermögen verfügen, die materiellen Ressourcen zu entlocken und die Illusion der seelischen Erfüllung durch Jugendlichkeit zuzuspielen, wird weidlich genutzt. Es sind nicht nur die Heilmittelchen für allerlei Zipperlein, die mit den Netzen verführerischer Versprechungen ausgeworfen werden. Viel einträglicher noch ist der Markt der jugendlichen Attribute, getreu dem überstrapazierten Spruch: „Man ist so alt, wie man sich fühlt". Und man hat sich natürlich jung zu fühlen, um nicht wertlos zu sein. Um sich jung zu fühlen, muss man sich auf jünger trimmen. Neben mehr oder weniger massiven physischen Eingriffen in die natürliche Erscheinung ist es angesagt, möglichst einen Lebensstil zu verfolgen, der einem bis zu zwanzig Jahre jüngeren Menschen entspricht. Ob Reisegruppe in den Amazonas, deren Durchschnittsalter gern so um die fünfundsechzig ist, oder Bezwingung etlicher Höhenmeter auf dem Mountainbike, ob Facelifting, Haarfärbemittel und Botox, es geht sehr viel Energie in die vermeintliche Sinngebung im Alter. Und die scheint häufig allein darin zu bestehen, das wirkliche Alter zu verbergen und ein jüngeres Alter sich selbst und anderen vorzugaukeln.

Das ist traurig. Denn vieles geht unter dieser färbenden, glättenden Oberfläche verloren, wenn wir nicht mehr hinschauen. Potenziale versinken und lösen sich auf, wenn wir nicht mehr akzeptieren können, dass wir in den Zyklen, die ein Leben ausmachen, am Ende zwar wieder körperlich schwächer werden, aber auch entschleunigter. Wenn wir Fähigkeiten des Alters nicht mehr nutzen, wo wir mehr als je zuvor die Chance haben, eine Abenteuerreise ins Innere zu machen.

Natürlich hat das Älterwerden seine Schattenseiten. Der Körper wird schwerfälliger und macht nicht mehr alles mit, Schmerzen und Krankheiten werden wahrscheinlicher, wir ermüden schneller, das Gedächtnis lässt nach. Und wir vermissen die Fähigkeiten, welche die jüngeren Generationen jetzt leben dürfen – zum Glück leben dürfen! Denn was wären wir ohne ihre Spontaneität, ihre Beweglichkeit, ihren Mut, der auch einer gewissen Unschuld entspringt, oder, wie andere sagen mögen, einer mangelnden Lebenserfahrung. Für junge Menschen ist diese mangelnde Erfahrung ein Vorteil, sie ermöglicht das Risiko, das Wagnis des Neuen und gestattet Veränderung, die letztlich uns allen zugutekommt. Nicht, dass es nicht auch im Alter ein „Anfängerglück" geben kann, aber das entspringt einer anderen Quelle. Hier beruht es nicht auf nicht-gelebten Erfahrungen, auf einem unschuldigen Nicht-Wissen und Ausprobieren, das der Jugend vorbehalten ist, sondern gerade auf all den Erfahrungen, die man irgendwann aus einem hoffentlich humorvollen, relativierenden Abstand heraus betrachten kann. An diesem Ort anzukommen setzt jedoch einen inneren Entwicklungsweg und ein Annehmen voraus. Alt sein sei eine herrliche Sache, sagte einmal der Religionsphilosoph Martin Buber, wenn man nicht verlernt habe, was anfangen heißt.

Leider ist das nicht das Bild vom Alter in unserer westlichen Kultur. Ebenso wenig wird das, was wir Lebenserfahrung nennen – anders als in indigenen oder östlichen Kulturen, oder auch in früheren Kulturen Europas – als Weisheit geachtet. Da gibt es eher das Klischee der allgemeinen Demenz, die flächendeckend allen Angehörigen einer gewissen Altersgruppe zugewiesen wird, oder die verbreitete Annahme, dass Ältere zu dumm sind, mit modernen digitalen Medien umzugehen, dass sie versteinert und konservativ sind. Natürlich trifft das eine oder andere auf einen Teil der Älteren zu – so wie beispielsweise konservatives oder gar menschenverachtendes Gedankengut auf einen Teil der jüngeren Generation zutreffen kann, ohne dass wir da alle über diesen einen Kamm scheren würden. Und ja, mit unserer modernen Medizin können wir Leben sehr, sehr lange erhalten, viel länger als in früheren Zeiten, wo der natürliche Tod wesentlich früher kam. Das führt zwangsläufig dazu, dass die körperlichen und geistigen Abbauprozesse in die Länge gezogen werden und am Ende natürlich jedes Menschen Gehirnfunktion nachlässt, wenn wir den Tod nur lange genug hinauszögern.

In einer Kultur, die das Tun weit über das Sein stellt, erscheinen die Älteren auch aus diesem Grund wertlos. Ihr Leben macht aus der Sicht jener, die Aktivität und Leistung über alles stellen, wenig Sinn, da die Älteren nichts oder weniger tun – jedenfalls so lange sie sich nicht sportlichen Extrem-Aktivitäten hingeben.

Wichtig jedoch ist, wie wir Älteren uns selbst darin wahrnehmen. Sicherlich ist es erhellend, wenn wir uns einmal fragen, wie weit wir diese negativen Bilder und Klischees verinnerlicht haben, auch in Bezug auf uns selbst, oder wie weit die Furcht davor die

Wahrnehmung unserer tatsächlichen Möglichkeiten vernebelt. Da diese Bilder Ausdruck einer Kultur und ihrer Werte sind, mit denen wir all die Jahre gelebt haben und somit durch sie geprägt wurden, verlangt es von uns ein Einlassen auf tiefere Schichten des Seins, um die Qualitäten und Ressourcen zu berühren, die mit dem Alter tatsächlich verbunden sind. Um die soll es ja gehen, wenn wir uns den Möglichkeiten des Großmutter-Seins widmen möchten.

Verleugnen können wir die weniger angenehmen Erfahrungen und Wahrnehmungen, die uns mit dem Älterwerden ereilen, nicht. Ohne dass uns jemand darauf hinweisen muss, bemerken wir an uns selbst die körperlichen Veränderungen nicht nur im Aussehen in Gestalt der Falten, Tränensäcke, schlafferer Muskulatur und schwindenden Taille. Unsere physische Leistungsfähigkeit lässt nach, es steht uns weniger körperliche Kraft zur Verfügung, wir ermüden schneller, das Gedächtnis ist nicht mehr brillant. Möglicherweise bemerken wir, dass wir in der Welt draußen eher übersehen werden, denn die Augen richten sich auf die Jüngeren. Wir sind konfrontiert mit einem rasant schnellen Wandel in der technologischen Entwicklung und in den Kommunikationsformen und sind gezwungen, viele Gewohnheiten in der Art, wie wir bisher Beziehungen lebten und wie wir uns verständigten, zu ändern. Auch wenn wir uns frei dafür öffnen, scheint unsere Auffassungsgabe für die Tools der digitalen Welt begrenzter zu sein oder zumindest nicht so blitzschnell zu arbeiten wie bei den jungen Menschen, die in diese Welt schon hineingeboren wurden.

Vielleicht setzen wir uns innerlich damit auseinander, dass wir das Alter der Fruchtbarkeit und der sexuellen Attraktivität hinter uns gelassen haben – je nachdem, was für eine Bedeutung sie in unserem Leben hatten. Wenn wir Kinder haben, hatten wir möglicherweise eine „Empty-Nest"-Trauer durchlitten, und es beginnt auch die Phase im Leben, in der wir Freund:innen und Verwandte verlieren, in der wir häufiger bei Beerdigungen anwesend sind als bei

Hochzeiten. Überhaupt bemerken wir eine Veränderung in unserem sozialen Eingebundensein, denn die gesetzten Zugehörigkeiten durch Pflichten wie Berufstätigkeit oder Schule der Kinder fallen weg. Für einen Teil der Älteren in unserer Gesellschaft bedeutet das Isolation und Einsamkeit, die mit dem Gefühl einhergehen, nicht mehr gebraucht zu werden. Auch Armut im Alter – mitten in unseren reichen westlichen Industrienationen – ist ein Thema.

Der Verdacht, das Alter schön zu reden, sei hiermit also ausgeräumt. Dennoch, sobald wir uns mit diesen Tatsachen konfrontiert haben, sie nicht leugnen oder dagegen ankämpfen, sobald wir also akzeptieren, dass wir nicht mehr ganz reinpassen, können wir damit beginnen, uns dem Schatz des Alters zu widmen und diesen dann auch nutzen. Zunächst ist es wichtig, seinen Wert anzuerkennen und ihn in uns aufzuspüren.

Was die körperlichen Veränderungen betrifft, so schreibt die amerikanische Benediktinerin Joan Chittister – zu diesem Zeitpunkt selbst in ihren 70ern – in ihrem Buch über das *Geschenk der Jahre* ganz treffend: „Gut und richtig zu altern heißt nicht, sich körperlich nicht zu verändern. Aber es heißt, sich nicht nur darüber zu definieren, wie weit man physisch weiterhin gut in Form ist."[2] Könnte es sein, dass die Kraft woanders liegt? Dass also durchaus Kraft da ist, wir sie aber nicht sehen, weil wir, geprägt vom gesellschaftlichen Wert der Jugendlichkeit, auf physische Kraft und Fitness fixiert sind?

In der Tat können wir Verschiebungen beobachten, wenn wir genau hinschauen: Wo wir im Alter geringere physische Kraft und Leistungsfähigkeit finden, entdecken wir gleichzeitig eine größere Stärke und Ausdauer im Aushalten und Ertragen von Schwierigkeiten. Wo einerseits die Elastizität und Flexibilität für spontanes Handeln nachlässt, stoßen wir andererseits auf eine manchmal überraschend große Geduld. Weil wir schon viel erlebt haben, entdecken wir in uns ein neues Vertrauen, können die Dinge geschehen lassen, bevor wir hastig versuchen einzugreifen. Wo die institutionellen, verpflichtenden Beziehungen wegfallen, haben wir mehr Freiräume, Beziehungen in Wahl-Freundschaften zu pflegen. Das leere Nest ist auch ein Ort für neue Möglichkeiten. Und die erwachsenen Kinder eröffnen uns neue Wege für unsere gegenseitigen Beziehungen.

Dabei bleiben wir natürlich nicht verschont vor Schwierigkeiten und Notlagen. In jedem Lebensalter erleben wir Krisen, persönliche und kollektive; was uns jedoch erleichtern und trösten kann, ist, dass unsere Fähigkeit, mit Krisen umzugehen, mit dem Altern wächst. Denn inzwischen wissen wir, dass Krisen nichts Außergewöhnliches sind, dass sie zum Leben dazugehören, zum Menschsein. Dass sie immer eine Chance in sich tragen, sich auf das zu besinnen, was wesentlich ist, Veränderungen dort einzuleiten, wo sie möglich sind, und zu akzeptieren, wenn wir aus eigener Kraft nichts ändern können.

Der Rückgang der äußeren Aktivitäten bietet auch die Freiheit, Raum zum Innehalten zu haben und uns auf Wesentliches zu besinnen. Von jungen Menschen hörte ich, dass gerade in den vergangenen Jahren, die wegen der Pandemie und weltweiter Katastrophen von vergleichsweise übermäßigem Chaos und Kummer geprägt waren, sie sich besonders zu Älteren hingezogen fühlten, da diese einen weiteren Blick auf die Zeit haben. Welche Rolle beispielsweise spielt das Atemholen, um uns in den vor uns liegenden Aufgaben zu unterstützen, gerade in einer Zeit, wo alles so dringlich erscheint und schnell gehen muss?

Im Alter gibt es also eine Kraft, die geht, und eine Kraft, die wächst. Gewohnheitsmäßig schauen wir häufiger auf den zunehmenden Mangel, auf das, was schwindet. Schauen wir aber auf die neuen Räume, so öffnet sich auch der Platz für das Großelternsein. Sie ermöglichen den Älterwerdenden, auch ganz neue Beziehungen mit der übernächsten Generation zu leben, seien es leibliche oder Wahl-Enkelkinder.

Gelebte Großelternschaft in unserer Zeit, so findet man es in den meisten Studien und Schriften, bedeutet in erster Linie Betreuung der Enkelkinder. Großmutter-Sein ist jedoch nicht allein und nicht zwangsläufig mit diesen Aufgaben verbunden, vielmehr ist es umfassender und in unserem Zusammenhang auch innerlich gemeint, im Sinne dessen, was wir tragen, halten, bewusst haben und weitergeben können. Es geht dabei darum, wie wir für die kommenden Generationen – nicht nur die menschlichen, sondern die all unserer Mitgeschöpfe – wirken können. Auf das Alter bezogen, das ja ein grundlegendes Element des Großmutter-Seins ist, bedeutet das also auch, uns mit der Sinnhaftigkeit des Alters auseinanderzusetzen. Dazu gehören: Das Annehmen der veränderten Verfassung in diesem Lebenszyklus, die Loslösung von der negativen sozio-kulturellen Sicht auf das Alter, das Überwinden der Angst vor Schwäche, die Anerkennung der eigenen Lebenserfahrung und der Fülle dessen, was wir geben können. Aber auch: nicht stehen zu bleiben. Deshalb betont auch Joan Chittister in ihrem Buch über die Geschenke des Alters, dass das Problematische am Altern nicht das Alter sei, sondern die Versteinerung.[3] Da ist die Versuchung nämlich nicht weit, sich mit dem abzufinden, wo man angekommen ist, und sich weiterzubewegen kann als überflüssig erscheinen. Es mag bei höherem Alter anstrengender sein als in früheren Jahren, für die eigene innere Entwicklung und die der Umgebung wach zu bleiben; es mag mehr Energie benötigen, weiter an sich selbst zu arbeiten und weiter nach geistiger Erfahrung zu streben. Damit eine solche Müdigkeit jedoch nicht dazu führt, dass man zu einer erstarrten Imitation seiner selbst wird und diese sich weiter verhärtet, ist es wichtig, dem geistig-spirituellen Streben und überhaupt dem Inneren, der inneren Welt, weiter Raum zu geben. Dazu haben wir in älteren Jahren eigentlich die besten Voraussetzungen.

Doch es gibt noch ein weiteres Hindernis: Je ehrlicher wir uns selbst gegenüber sind, desto eher und unvermeidlicher werden wir auf unsere Fehler stoßen, die wir im Laufe unseres Lebens gemacht haben. Wir sind Menschen. In einigen Jahrzehnten hat sich da einiges angesammelt, kleinere Unachtsamkeiten und größere Patzer, Verletzungen, die wir anderen zugefügt haben, Gedankenlosigkeiten und Leichtfertigkeiten im Umgang mit unseren Mitmenschen, Mitgeschöpfen und der Natur. Es braucht keine körperliche Fitness, aber es braucht innere Stärke, sich dies anzuschauen. Was diese Stärke befeuert, ist die Fähigkeit zu vergeben. Auch sich selbst zu vergeben. Sicher gab es auch das eine oder andere in unserem Leben, das Grund lieferte, anderen zu vergeben. Oder vielleicht wartet sogar noch die eine oder andere Kränkung darauf, verziehen zu werden. Die Liebe, die wir in das Verzeihen von Verletzungen durch andere fließen lassen – wir tun dies ein Leben lang, wenn wir es schaffen, lebendig zu bleiben – diese Liebe kann auch in das Vergeben uns selbst gegenüber fließen. Bei John O'Donohue, dem irischen Schriftsteller und Philosophen, ist zu lesen, dass eine der Qualitäten, die man insbesondere in seinen späteren Jahren entwickeln könne, das Mitgefühl für sich selbst sei. Denn wenn man sich selbst vergebe, könnten die inneren Wunden zu heilen beginnen. Man verlasse das Exil des Schmerzes, kehre aus dem „Land der Leiden", wohin man verbannt war, heim in das Glück innerer Zugehörigkeit.[4]

Mit einem großzügigen Verzeihen ist es möglich, lebendig zu bleiben, das heißt veränderlich, nicht zu versteinern und nicht zu verhärten, denn im Verzeihen bleibt das Herz weich und geschmeidig. Nur veränderlich können wir Sinnhaftigkeit bewusst erfahren und dabei in lebendigem Austausch mit der Welt bleiben. Solange wir am Leben sind, gibt es keinen Moment, auch nicht, wenn wir schon sehr alt sind, aus der veränderlichen Qualität des Lebendigen auszusteigen. Über den heiligen Franziskus von Assisi wird die Legende erzählt, dass er dabei war, seine Beete im Garten zu bearbeiten, als er gefragt wurde, was er tun würde, wenn er plötzlich erführe, dass er noch am gleichen Tag vor Sonnenuntergang sterben würde. „Ich würde meine Gartenbeete fertig hacken", war die Antwort.

# Die alte Weise

Befassen wir uns mit unserer Einstellung zum Alter, so taucht auch das Bild der weisen Alten auf. Weisheit und Alter vereinigen sich in der gelebten Realität nicht immer, doch seit uralter Zeit gibt es in den Geschichten, die wir uns erzählen, ein Urbild der alten Weisen, in ihrer je weiblichen oder männlichen Gestalt. Hier denken wir aber nicht unbedingt an Personen, individuelle Frauen oder Männer, sondern an eine Urform, ausgestattet mit Eigenschaften und Kräften, die unserem menschlichen Leben und Wirken Bedeutung und Orientierung geben. Dem Urbild der alten Weisen, das aufsteigend aus der kollektiven Psyche für lange Zeit die Kunst und Dichtung bereicherte, sind wir heutzutage nicht mehr sehr nah, so dass wir häufig nur noch ein abgetragenes Klischee davon im Sinn haben: Vielleicht eine Figur mit wallenden Gewändern, der Welt eher entrückt und jenseits aller menschlichen Schwächen, dabei mild und gütig. Oder aber, im Gegensatz dazu, die Gestalt der „bösen alten Hexe", deren Bild in nicht unerheblichem Maße in der Entwertung und Dämonisierung weiblicher Kraft wurzelt. Unsere Beziehung zum Urbild der alten Weisen wurde aus dem Blickfeld verdrängt und konnte nur noch ein Schattendasein im Exil führen. So hat das, was unsere gesellschaftlich geprägten Fantasien mit der weisen Alten verbinden, nicht mehr viel mit dem Archetyp zu tun, der als Orientierungshilfe in uns Menschen lebendig sein könnte. Die Vorstellung ist vielmehr zu jener Doppelgestalt verarmt, in die wir entweder all jene überhöhten Ideale projizieren, von denen wir Lichtjahre entfernt sind, oder ihr das Unheilvolle und Hässliche in Gestalt der bösen Hexe zuschreiben. Es lohnt sich jedoch, sich mit diesem Urbild der alten Weisen, wie sie in unzähligen kollektiven Geschichten und Märchen auftaucht und möglicherweise auch in unseren eigenen unbewussten Tiefen wohnt, zu beschäftigen. Denn sie kann nicht nur unsere Einstellung zum Alter ändern, sondern möglicherweise auch ursprüngliche Bilder in uns wachrufen, die uns leiten und begleiten können, vor allem in unserer Beziehung zu den zukünftigen Generationen.

Den Begriff der Archetypen kennen wir aus den Schriften und dem Wirken von C.G. Jung, dem Schweizer Psychiater und Begründer des nach ihm benannten Zweigs der Psychoanalyse. Nach Jung stammen die Archetypen aus dem kollektiven Unbewussten. Sie stellen Grundformen der menschlichen Auffassung von Realität und ihrer Vorstellungs- und Handlungsmuster dar. Diese Urformen entsprechen wesentlichen kollektiven Erfahrungen der Menschheit, wie Geburt und Tod, Weiblichkeit und Männlichkeit, Mutter- und Vaterschaft, Weisheit und Heldentum. Die Archetypen sind unbewusst, beeinflussen aber das Bewusstsein, und können in der symbolischen Welt, in Träumen und Visionen, in Märchen und Mythen wie auch in der Kunst erfahrbar werden.

Die symbolische Welt, in der individuell unsere Träume und kollektiv unsere Mythen zuhause sind, ist ein Reich, das wir nicht mit den äußeren Sinnen, nicht mit jenen Augen und Ohren erfahren können, die eher auf die grellen Farben und schrillen Töne der äußeren Welt trainiert sind. Während unsere gegenwärtige Kultur ihre Aufmerksamkeit und Wertschätzung dem widmet, was äußerlich sichtbar, greifbar, rational definierbar und messbar ist, haben wir vernachlässigt und nahezu verlernt, dass eine innere Welt existiert, die im ständigen, inspirierenden Austausch mit der äußeren Welt steht. Tragischerweise sind durch dieses Vergessen die „Sinnesorgane" für die innere Welt verkümmert. Wir haben uns daran gewöhnt, uns auf die Materie zu beziehen, ohne das Licht wahrzunehmen, das sie durchströmt.

Für die innerste Quelle dessen, was wir hier Licht nennen, für das Tiefste, Innerste, das Absolute, das jenseits unserer menschlichen Grenzen liegt, haben wir keine Worte und keine Namen, keine Bilder, keine Erklärungen. Doch eine uralte Erfahrungswelt, die beide Welten verbinden kann, die zwischen beiden Welten kommuniziert, zwischen der erhabensten, namen- und gestaltlosen innersten Quelle und der äußeren sinnlich erfahrbaren Welt, ist die symbolische Welt, die Welt der Künste, der Mythen und Märchen, der Träume, und in all dem auch der Archetypen. Diese symbolische Welt ist eine Art Zwischenreich. Den unmittelbaren Zugang zu ihr finden wir nicht mit unserer Rationalität, nicht mit den gewohnten Werkzeugen, mit deren Hilfe wir die äußere Welt vermessen, einteilen, analysieren und abschätzen. Wir brauchen dafür feiner gestimmte Instrumente. Wir alle kennen das unerklärliche Glück, das uns beim Betrachten eines Gemäldes oder dem Hören eines Musikstücks erfassen kann: Ein tiefer innerer Sinn spricht zu uns über den Weg der Kunst, und sie nährt etwas in unserer Seele. Eine rationale, wissenschaftliche Abhandlung kann sich mit dem Kunstwerk befassen, kann Erklärungsversuche liefern, aber es ist nicht sie, die uns unmittelbar berührt, es ist das Kunstwerk selbst. Doch dafür benötigen wir Antennen, „Sinnesorgane", die diese Berührung und ein inneres Verstehen wahrnehmen und in uns wirken lassen können. Auch um die „alte Weise" wiederzufinden, brauchen wir dieses Organ der inneren Wahrnehmung.

Mannigfaltige, schillernde Wesen aus der symbolischen Welt bevölkern die alten Geschichten, die sich die Menschheit über Jahrtausende erzählt hat, und auch hier finden wir immer wieder den Archetyp der alten Weisen. Auf eine mehr oder weniger verborgene Art sind wahrscheinlich auch wir davon geprägt. Manchmal taucht sie auf, die alte Weise, ohne dass wir sie vielleicht erkennen, in nächtlichen Träumen oder bei der Betrachtung eines Bildes, vielleicht auch in einer plötzlichen Erkenntnis und einem unmittelbaren Wissen bei der Lösung eines Problems, oder tatsächlich im Zusammensein mit unseren Enkelkindern oder mit jungen Menschen aus der Enkelgeneration.

Lassen wir dieses Urbild wieder in uns selbst lebendig werden, können wir in unseren Vorstellungen und in unserem Wirken dem Alter auch seine uralte Würde wiedergeben, so wie wir sie aus indigenen Gesellschaften kennen und auf die wir auch bei unseren Vorfahren aus früheren Völkern zurückgreifen können. „Archetypische Bilder enthalten immer auch den Anreiz, die in ihnen dargestellten existenziellen Möglichkeiten auch in sich selbst aufzufinden", schreibt die Theologin und Psychoanalytikerin Ingrid Riedel in ihrem Buch über den Archetyp der alten Weisen in Märchen, Traum und Religionsgeschichte.[5]

Was zeichnet nun die alte Weise aus? Naheliegend ist, dass sie aufgrund ihres Alters zahlreiche Erfahrungen gesammelt und deshalb ein großes Wissen über das Leben hat. Aber Wissen ist nicht gleich Weisheit. Und auch, wenn wir Weisheit mit Klugheit gleichsetzen, kommen wir ihrem Kern nicht nah. Weisheit scheint mehr damit zu tun zu haben, *wie* das Wissen und die Erfahrung angewandt werden, und von welchem inneren Ort aus, mit welcher Haltung, mit welchem Sinn sie gelebt werden. Insofern lebt dieser Archetyp natürlich auch in jeder jungen oder mittelalten Frau – als ein Urbild, das sich beständig weiterentwickelt.

In Mythen und Märchen ist die alte Weise eng mit der Natur verbunden. Sie kennt die Gesetze der Natur und sie lebt nach diesen Gesetzen, sie hält die Kräfte im Gleichgewicht; sie verbindet die äußeren Gesetze der natürlichen Welt mit den inneren Gesetzen des Bewusstseins. Aus ihrem engen Bund mit der Natur folgt nicht nur ihr Kräuter- und Heilwissen, sondern auch ihr tiefes Wissen um die Kreisläufe von Geburt und Tod.

In den Geschichten lebt sie oft – und das ist sinnbildlich – im Wald und an Teichen und Flüssen. Denn sie weiß alles über das Wachsen und Vergehen, das gerade der Wald so lebendig beheimatet. Und sie ist vertraut mit den Tiefen des Seins und dem Unbewussten, wenn sie am Wasser lebt. Häufig erzählen die Mythen von einem zurückgezogenen Leben der alten Weisen; sie hat sich von der Masse und deren kollektiven Strömungen entfernt, um das Wesentliche zu finden. Sie weilt jenseits allgemeiner Vorurteile, Überzeugungen und herrschenden Meinungen. Ihre Abgeschiedenheit weit weg von menschlichen Siedlungen versinnbildlicht diese Art von Lebenseinstellung. Da sie so viele Dinge hinter sich gelassen hat, ist sie leer geworden, und aus dieser Leere heraus kann sie sich ganz und gar auf das einlassen, was ist, und nicht auf das, was man glaubt oder wie man urteilt. Deshalb ist sie auch eine gute Zuhörerin. Sie hat keine vorgefasste Meinung und ist daher auf eine erfrischende Art unkonventionell. Im Gehörschenken und im Erteilen von Ratschlägen ist sie für andere da, den Menschen und allen Wesen zugewandt.

Ihre Freiheit, jenseits aller Konventionen und Vorstellungen für die Lebewesen da zu sein, weist auf die „Närrin" hin, die sie ebenfalls als eine Qualität in sich trägt. Ihr Humor hilft zu verstehen, ihr Lachen, das die Schwere des Lebens erträglich macht, stiftet Sinn.

Die Verbindung von Weisheit und Narrheit ist uralt. Im Sufismus gibt es die berühmten Geschichten des Mulla Nasrudin, der den Menschen durch seine unkonventionelle und absolut unvorhersehbare Schlagfertigkeit den Spiegel vorhält, ohne dass die Wahrheit sie beschämen muss; mit Erleichterung wird sie dann im Lachen erkannt. Der weise Narr oder die weise Närrin, das sind symbolische Figuren, die in vielerlei Gestalten durch alte Geschichten, Dichtung und Malerei wandern. Sie haben nichts damit gemein, wie wir heute diesen Begriff verwenden: Weder geht es um Dummheit noch um belächelte Übertreibungen. Es geht vielmehr um eine erfrischende Art, weise und zugleich frei zu sein. Ein bekanntes Beispiel der wachen Freiheit einer weisen Alten aus der Literatur ist Bertolt Brechts „Unwürdige Greisin". Die Großmutter des Schriftstellers lebte, wie der Enkel Brecht erzählt, mit 72 Jahren, nach dem Tod ihres Mannes, zwei Jahre der Freiheit, in denen sie – gänzlich gegen die Erwartungen der Familie und zu deren Entrüstung – sich all die

Freundschaften und Beschäftigungen erlaubte, die ihr zuvor, in die angepasste Rolle einer Frau und Mutter einer angesehenen Familie gezwängt, zeitlebens verwehrt waren. Sie holte sich ihre Würde zurück, indem sie in den Augen der anderen „unwürdig" wurde. So freundete sie sich zum Unverständnis ihrer erwachsenen Kinder mit einem jungen Mädchen an, das in der Küche eines Gasthofs arbeitete, und nahm die Jugendliche mit zu vielen Unternehmungen. Interessante Pointe: Dem Mädchen hatte sie es zu verdanken, dass sie beim Tod nicht allein war, denn just diese junge Freundin war bei ihr, als sie eines Tages in ihrer Küche verstarb. Brecht resümierte ihr Leben so, dass sie nach den langen Jahren der Knechtschaft in dieser kurzen Zeit der Freiheit „das Brot des Lebens aufgezehrt" habe.[6]

Bei Clarissa Pinkola Estés liest man die Geschichte einer ihrer Großmütter, die immer, wenn ihre Tiere, Hund und Katze, im Zimmer herumsprangen, die kleinen Hände der Enkelin fasste, um mitzutanzen. Ihr Wahlspruch war: „Wenn *einer* wirklich lebt, dann tun's die andern auch." Estés erklärt, was die Großmutter damit meinte: „Wenn eine Seele sich entschieden dafür einsetzt, so lebendig wie möglich zu leben, dann werden viele andere in ihrer Nähe ‚Feuer fangen'." Die *Große Mutter* als Symbol des Archetyps der weisen Frau, so Estés, habe vor allem *eine* zentrale Aufgabe: Das Leben voll und ganz auszuleben. Und dies nicht nach der Vorgabe anderer, sondern im Umfang ihrer eigenen „lebenspendenden" Möglichkeiten. Und dies tut sie, um andere anzuregen, um andere für das Lebendige zu gewinnen. „Das ist die wichtigste Pflicht der weisen Frau: so zu leben, dass andere dadurch beflügelt werden; auf seelenvolle Weise zu leben, damit die anderen sehen, wie das geht."[7]

Hinter den Archetypen stehen die Göttinnen und Götter aus den Mythologien der verschiedensten Kulturen. Seit Urzeiten haben die Menschen sich Geschichten erzählt, in denen heilige Wesenheiten agierten, die ihnen zeigten, wie sie im Einklang mit den Kräften der Natur – der sichtbaren und der unsichtbaren – leben konnten. Jede Kultur hat ihre eigenen Göttinnen und Götter, die sie verehrt, entsprechend der Zeit, dem Ort und den Umständen, in denen die Menschengemeinschaft lebt, doch immer wieder können wir aufs Neue ihre Ähnlichkeiten und Entsprechungen finden. Vor Zehntausenden von Jahren war die erste Göttin die Große Mutter, Schöpferin und Erhalterin allen Lebens. In Ausgrabungen wurden zahlreiche Artefakte gefunden, die uns von ihr und ihrer Fruchtbarkeit erzählen. Sie verkörpert das weibliche Prinzip, das Leben spendet. Doch sie hat nicht nur eine physische Dimension. Zu jenen Zeiten gab es die Trennung zwischen außen und innen nicht, und deshalb schenkte die große Göttin nicht nur das Leben in der äußeren Natur und als physische Geburt, sondern sie umarmte auch die innere, die spirituelle Welt und hütete und gewährte das innere Erwachen, eine zweite, eine spirituelle Geburt.[8] Beides gehörte untrennbar zusammen, so wie auch Geburt und Tod zusammengehörten. Aus dieser Ur-Göttin sind verschiedene Aspekte des weiblichen Prinzips als Göttin hervorgegangen. Eine von ihnen ist die Göttin der Weisheit – und somit sind wir nach diesem kurzen Exkurs wieder zurück bei der alten Weisen. Aufgrund der Dominanz männlich ausgerichteter Religionen und Kulturen und seit dem Aufkommen patriarchaler Herrschaftsformen sind diese Göttinnen weitgehend aus unserem Bewusstsein verdrängt worden. Eine Göttin der Weisheit taucht in unseren Geschichten noch als inzwischen leicht antiquierte Märchenfigur wie Frau Holle auf, hin und wieder auch in kirchlichen, bibelkundigen Kreisen als Sophia, die Weisheit. Interessanterweise konnte Sophia, die im Buch der Sprichwörter als Gespielin des Schöpfergottes zu seinem Akt der Schöpfung tanzt, nicht völlig verbannt werden. In eben diesem Teil der Bibel sagt Sophia von sich selbst, „ich, die Weisheit", war dabei, als die Welt geschaffen wurde, und „meine Freude war es, bei den Menschen zu sein."[9] Hier scheint noch das weibliche göttliche Prinzip durch, das die physische und die spirituelle Welt, Erde und Himmel, nicht voneinander trennt, sondern sie als Einheit sieht. Ist es nicht bemerkenswert, dass die göttliche Weisheit den Menschen zugeneigt ist, fröhlich und beglückt mit der Schöpfung? Sie ist für die Menschen und die Schöpfung da, in spielerischer Freude und weit entfernt von dem urteilenden, strafenden, ernsten und beherrschenden Vater-Gott. Die Weisheit tanzt, sie ist dynamisch und lebendig.

Als ‚Sapientia' in ihrer lateinischen Form tauchte sie hier im Westen noch einmal im Mittelalter auf, bei den Mystikerinnen wie Hildegard von Bingen und in der Beginenbewegung, die danach suchten, das göttliche weibliche Prinzip wieder in ihr Leben und ihre Spiritualität aufzunehmen. Die Äbtissin Hildegard von Bingen verschmolz sie in ihrer Theologie mit der Gottesmutter Maria, der weiblichen Figur im Christentum, und konnte so der inspirierenden – also Geist einhauchenden – Göttin der Weisheit trotz aller kirchlichen Dogmen und Doktrinen einen Platz geben. *Die* Weisheit, sie ist tatsächlich in vielen Sprachen weiblich: die griechische Sophia, die russische mudrost, die französische sagesse, die portugiesische sabedoria, die katalanische saviesa, die lateinische sapientia.

Wichtig beim Archetyp der weisen Frau, oder der mythologischen Göttinnen-Figur, die hinter diesem Archetyp steht, ist, dass sie dem Leben zugewandt ist, der Schöpfung, der Erde. Sie ist nicht reine Wissensträgerin, oder verkörpert einfach Klugheit durch Erfahrung, sie ist vielmehr weise bezüglich der Mysterien des Lebens, wie Geburt, Wandlung, Tod, Erneuerung. Und sie verleiht all dem eine Sinnhaftigkeit.

Interessanterweise hat die *wissenschaftliche* Weisheitsforschung Ergebnisse hervorgebracht, die der Beschreibung des Archetyps in der Literatur, in den Darstellungen aus Mythen und Märchen und auch dem individuellen, intuitiven Erleben in Träumen tatsächlich recht nahekommen und durch diese durchaus ergänzt werden können. Es ist spannend zu sehen, wie sich beide berühren und ergänzen: Die unsichtbare Welt des inneren Erlebens, das sich in Geschichten, Bildern, religiöser Verehrung, Mythen und Träumen ausdrückt, und die rationalen Fakten, die durch wissenschaftliche Studien nachgewiesen wurden. Beide Herangehensweisen haben ihre eigene Schönheit, bieten ihren eigenen Erkenntnisweg. Sie schließen sich nicht aus, vielmehr können sie zusammen zu einer Einheit führen, die die Einheit unseres Seins widerspiegelt – niemals sind wir nur vernunftbegabt und rational oder nur unbewusst und psychisch motiviert, niemals nur Körper oder nur Geist. Sehen wir uns jetzt also auch die moderne wissenschaftliche Forschung zur Weisheit des Alters an. Sie bezieht sich auf Frauen und Männer.

Eine Forschungsgruppe am Berliner Max-Planck-Institut, die sich eingehend mit psychologischer Weisheitsforschung befasst hat, definierte Weisheitswissen als eine „hohe Einsichts- und Urteilsfähigkeit in unsicheren und schwierigen Fragen des Lebens", so berichtet Ingrid Riedel in einem Kapitel ihres Buches, das sie der wissenschaftlichen Forschung zu Weisheit widmet.[10] Für uns interessant ist, dass zu den Kriterien, nach denen geforscht und der Grad der Weisheit gemessen wurde, neben Aspekten der Intelligenz die Fähigkeit zur „Wertetoleranz" und die Fähigkeit, „mit den Ungewissheiten des Lebens umgehen zu können"[11], gehörten. Wertetoleranz meint hier die Eignung, bei Berührung mit der Problemlage anderer Menschen deren vielleicht ganz andere kulturelle Werte anzuerkennen und sich somit am Wohl der anderen, in der Liebe zum „Nächsten" zu orientieren. Diese Fähigkeit setzt voraus, dass man in der Lage ist, zur Seite zu treten, heraus aus dem eigenen Orbit der Befindlichkeiten und der erlernten Werturteile. Doch allein das reicht noch nicht; es braucht auch die Fähigkeit, tiefer wahrzunehmen, nämlich das Wertesystem des anderen Menschen zu verstehen. Weise ist demnach auch, so könnte man folgern, wer sich für eine „fremde" Kultur öffnen, den Menschen in seinem Kontext verstehen und dementsprechend handeln kann. Anders ausgedrückt, wer weise ist, ist auch „erfrischend unkonventionell". Wie die zuvor beschriebene archetypische alte Weise nimmt laut der Wissenschaft ein weiser Mensch wahr, hört zu, gibt Rat – wichtig dabei ist: einen Rat, der sich am Leben der Ratsuchenden orientiert und nicht an dem eigenen. Bedeutend sind also „das Zuhören, das Teilnehmen, das sich Zur-Verfügung-Stellen"[12]. Das ist bemerkenswert, weil genau diese Qualitäten uns in den nächsten Kapiteln zu Weiblichkeit und zum Großmutter-Sein noch häufig begegnen werden.

Die Fähigkeit, zur Seite zu treten, als eine Eigenschaft von Weisheit, also die Zentrierung auf das eigene Selbst aufzugeben, umfasst auch die Bereitschaft, eigene Fehler eingestehen zu können. Denn nicht alles, was ältere Menschen an Lebenserfahrung angehäuft haben, geht auf „gute Taten" zurück, ist rühmlich oder liefert einen Grund, es „besser zu wissen". Von Weisheit zeugt die Fähigkeit, nicht starr an früheren Einsichten und Überzeugungen festzuhalten, sich das eigene Versagen einzugestehen und sich selbst relativieren zu können. Und auch die vermeintlich guten Taten vergangener Jahre, sie können sich als durchaus ungut in ihrer Wirkung auf andere erweisen. Die Autorin und Psychoanalytikerin Helen Luke schreibt in ihrem Buch *Sinn des Alters*: „Wenn wir mit klaren Augen auf die Vergangenheit zurückblicken können, werden wir merken, wie viele von unseren Taten, die wir für tugendhaft, nett und gut hielten, für andere auch Ursache von Schaden waren. Wenn wir Lob und Anerkennung erlangt haben, erfahren wir Momente des Erschreckens vor nun erkannter Heuchelei des Ichs, immer beschäftigt mit seinem eigenen Verdienst und Trost, und, am gefährlichsten, selbst mit seinem eigenen spirituellen Verdienst."[13]

Weisheit, so wird hier deutlich, setzt eine bewusste und ehrliche Arbeit an sich selbst voraus. Die Aufrichtigkeit sich selbst gegenüber geht einher mit einer gewissen Flexibilität und verhindert eine einsetzende Starre im Alter, die sicherlich eine der Gegenspielerinnen der Weisheit ist. Was die Beweglichkeit betrifft – nicht die physische, sondern die innerlich geistige –, so definierte die erwähnte Studie auch als weiteres Weisheitskriterium die bereits genannte Fähigkeit, mit den Unsicherheiten des Lebens umgehen zu können, sie zu erkennen und sich auf sie einzustellen. Hier passt ein Begriff, der in heutigen Krisenzeiten die Runde macht: Resilienz.

Im Interview für eine Wochenzeitung antwortete die Professorin für Entwicklungspsychologie Ute Kunzmann – sie widmet sich der Erforschung der Weisheit – auf die einfache Frage, wie man weise wird: „Nur Bücher zu lesen reicht nicht, Weisheit ist immer erfahrungsbezogen. Gerade in Krisen haben wir die Chance, Wissen zu gewinnen. Dazu brauchen wir eine Toleranz für negative Erlebnisse und die Fähigkeit, diesen einen Sinn zu geben."[14] Resilienz in Krisenzeiten könnte also ein Aspekt von Weisheit sein, und warum das so ist, erklärt die Psychologin aus ihren Forschungen so: Weise Menschen reagierten empathisch, ohne sich ganz überwältigen zu lassen und blieben gelassener als weniger weise Personen. Ungewissheiten, die ja in Krisenzeiten vorherrschen, hielten sie besser aus, denn sie hätten die Fähigkeit, Lebensprobleme von einer „Metaebene" aus zu betrachten und deshalb eher ruhig zu bleiben. Hier erkennen wir die alte Weise wieder; und noch deutlicher erinnern die empirischen Forschungen an die Mythen, wenn die Wissenschaftlerin davon spricht, dass „weise" Antworten immer etwas Menschenfreundliches, Positives an sich hätten und niemals verzweifelt oder frustriert seien. Vielleicht ist es dann auch selbsterklärend, wenn eines ihrer Forschungsergebnisse sich darin verdichtet, dass Menschen mit einem höheren Maß an weisheitsbezogenem Wissen eher „am gemeinsamen Guten" interessiert seien als andere.[15] Hier kommt die Motivation ins Spiel.

Man könnte vermuten, dass Intelligenz, die man allgemein auch als eine Grundlage weiser Entscheidungen betrachtet, eine Rolle spielt. Offensichtlich hat jedoch Motivation einen höheren Stellenwert im Erlangen von Weisheit als Intelligenz, so zumindest die

Weisheitsforschung. Aber ist Weisheit im Alter ohne hinreichend mentale Fähigkeiten möglich? An dieser Stelle könnte sich hier und da ein skeptisches Stirnrunzeln zeigen. Wie wir wissen, lassen Denkfähigkeit und Gedächtnis mit zunehmendem Alter nach, das ist eine genetisch-biologische Tatsache; bei den einen früher oder stärker, bei den anderen später oder schwächer ausgeprägt, aber verschont bleibt niemand mit zunehmendem Alter. Eine Erklärung liefert die Psychologie, die hier deutlich differenziert: Sie unterscheidet zwischen fluider und kristalliner Intelligenz. Während bei der fluiden Intelligenz Schnelligkeit, logisches Denken, räumliche Wahrnehmung und Effizienz eine Rolle spielen, ist die kristalline Intelligenz wissens- und erfahrungsbasiert. Sie bezieht sich auf bereits Gelerntes und dessen Anwendung und damit auch auf tiefere Einsichten in grundlegende Fragen des Lebens. „Die fluide Intelligenz lässt schon mit 20 Jahren nach, ab 80 beobachten wir einen starken Rückgang. Die kristalline Intelligenz bleibt stabil und kann sogar zunehmen. Insofern können wir im Alter weise werden, das Alter macht uns aber nicht automatisch weise", sagt die Psychologin im Interview. Und auf die Frage, ob nun Intelligenz und Bildung keine Voraussetzung für Weisheit sei, antwortet sie, dass beides nicht schade, aber man müsse keinen IQ von 180 haben. Eine wichtigere Voraussetzung für Weisheit sei Motivation. Viele Menschen lebten angepasst, erfüllten ihre Pflichten, fügten sich in eine gegebene Situation ein und seien damit zufrieden. „Andere wollen mehr verstehen, über das Gegebene hinausgehen, sich erweitern und etwas gestalten. Das ist der Weg, auf dem man eher weise wird. Das passiert aber nicht von selbst. Man muss gerade dann weitermachen, wenn es anstrengend wird."[16]

Auch die emotionale Seite ist wichtig in der Betrachtung von Weisheit, wie andere Altersforscher:innen hervorheben; sie nämlich lehnen die zu starke Betonung auf Wissen und Gestalten, wie sie in der übrigen Forschung auftritt, ab. Nach Ergebnissen der Emotionsforschung haben alte Menschen gegenüber Jüngeren eine größere

Fähigkeit, Emotionen und Gefühle zu regulieren und sich nicht auf Dauer von ihnen überwältigen zu lassen. Weise Menschen, so berichtet Ingrid Riedel aus den Forschungen einer österreichischen Psychologin, die auch Spontanbefragungen in der Bevölkerung durchgeführt hatte, wissen ihre Gefühle besser auszubalancieren und auch nach erschütternden Lebensereignissen ihre innere Ruhe wiederzugewinnen.[17] Der ausgeglichenere Umgang mit den eigenen Gefühlen hat sicherlich auch mit der psychischen Reife zu tun, die sich mit wachsendem Alter und entsprechenden Erfahrungen zwar nicht zwingend, aber doch potentiell einstellt und so als Kriterium der „emotionalen Weisheit" des Alters angesehen werden kann. Diese Art von Reife geht Hand in Hand mit einer Fähigkeit, von der bereits beim mythologischen Urbild der weisen Alten die Rede war: Die eigene Befindlichkeit in den Hintergrund stellen und aus einer anderen Perspektive als der des Egos und der eigenen Vorstellungswelt schauen zu können. Entsprechend war bei den Befragten tatsächlich auch die *reflektierte Grundhaltung* im Sinne eines Nachfragens und Hinterfragens von Situationen" ein Kriterium von Weisheit, ebenso wie selbstkritisch sein und sich selbst aus anderen Perspektiven sehen zu können.[18]

Was die Sichtweise betrifft, also den Aussichtspunkt, von dem aus man den Raum erfasst, so war auch die Fähigkeit, Dinge aus dem Abstand einer Vogelperspektive sehen zu können, ein angeführtes Weisheitskriterium. Das ist bemerkenswert, denn es erinnert an Weisheitssymbole aus vielen Kulturen, die je nach unterschiedlichem Hintergrund zwar in ganz verschiedenen Vogelarten dargestellt werden, beispielsweise in der Eule der Griechen und der Taube der Christen, doch immer haben sie die Gestalt eines Vogels – eines Geschöpfs, das in den Lüften weit über unseren Köpfen schwebt; und statt des begrenzten Ausschnitts unseres menschlichen Blickfelds überschaut es das „große Ganze". Einseitig eigene, individuelle Ziele zu verfolgen und nach ihrer unbedingten Durchsetzung zu streben, erscheint bei einem solch großen und weiten Blick tatsächlich abwegig; und deshalb wird auch Kompromissbereitschaft mit Weisheit assoziiert, und Weisheit wiederum mit Alter. Man hat schon viel erlebt, neben Erbaulichem auch Verluste und Enttäuschungen, und vieles davon war unvermeidlich.

Das hat die Älteren gelehrt, zu akzeptieren. Und wie wir an früherer Stelle schon gesehen haben, befähigt uns das *Annehmen* von Erfahrungen zum Loslassen. Die Benediktinerin Joan Chittister schreibt: „In unseren frühen Jahren sammeln wir an, aber in unseren späten Jahren wird uns immer mehr genommen. Beides hat im Leben seinen Platz. Beides ist Kampf. Beides ist befreiend."[19] Sicherlich, bevor es zum Loslassen kommt, fechten wir manch heftigen Kampf aus; wir wollen festhalten, was uns genommen wird. Doch in dem Moment, wo wir loslassen, ist es leicht. Wir werden freier. Das öffnet uns für neue Erfahrungen. Die einmal errungene friedliche Akzeptanz des Unvermeidlichen führt also nicht unweigerlich zu Resignation und damit dem Verharren in gewohnten Bahnen, sondern erleichtert eine Öffnung für Neues. Demgemäß wurde die Fähigkeit, unter neuen Bedingungen umdenken zu können, bei Befragten auch mit einer weisen Einstellung assoziiert.

Loslassen und Leerwerden beziehen sich nicht nur auf Lebensweisen und -umstände, sondern, wie schon mehrmals angeklungen, auch auf die Identifikation mit dem kleinen, abgetrennten Ich, seinen unendlichen, niemals zufriedenzustellenden Bedürfnissen nach Größe, nach Macht, nach Kontrolle oder einem Vorteil gegenüber anderen. Um sich aus dieser Enge zu befreien und aus Sehnsucht nach der Wahrheit begeben sich Menschen auf einen spirituellen Weg. So hat das Loslassen auch eine spirituelle Dimension, die natürlich die psychische miteinschließt.

Dass ein Teil der in Studien befragten Menschen Spiritualität als unerlässliche Voraussetzung für Weisheitsgewinnung ansieht[20], unterstreicht die Verbindung von Alter und Weisheit und die Be-

deutung der alten Weisen im Hinblick auf unsere Fragen zum Großmuttersein.

Vergessen wir jedoch nicht, die alte Weise ist ein Bild. Weisheit
in ihrer Vollkommenheit ist ein Ideal. Was perfekt ist, kann nicht
menschlich sein. Vielleicht sollten wir nicht einmal danach streben,
denn darin liegt ein Bemühen, ein Ich, das etwas will. Gleichwohl
können wir *menschliche* Weisheit in kleinen Funken entdecken, hier
und da, bei dieser oder jener „Alten", und auch in uns selbst. Wichtig ist, dass wir hinsehen, dass wir sie aus dem Schlaf des Vergessens
aufwecken, die weise Alte, die in den Tiefen des menschlichen
Unbewussten lebt. Und oben, in der Sphäre unseres bewussten Erlebens, können wir dann vielleicht entdecken, dass ältere Menschen,
und natürlich nicht nur sie, in ganz alltäglichen Dingen weise sein
können. Doch auf keinen Fall sollten wir der Versuchung erliegen,
uns mit dem Archetyp zu identifizieren. Wir *sind* das nicht und werden es auch niemals sein. Auch Ingrid Riedel warnt vor einer Identifikation: „Daraus könnte nur eine seelische Inflation entstehen."
Ebenso wenig sollten wir dieses Bild auf andere projizieren, „auch
wenn in uns allen, mehr oder weniger eingestanden, die Sehnsucht
lebt, einmal einer alten Weisen zu begegnen". Die Projektion würde
nur einen unerfüllbaren Erwartungsdruck auf die Alten ausüben.
Es gehe vielmehr darum, mit diesem Bild in Beziehung zu treten.
Wichtig sei der Bezug zur alten Weisen.[21]

Wir können uns mit ihr auseinandersetzen, ihr Fragen stellen,
sie anerkennen, ihr die Ehre erweisen. Interessant ist, dass sowohl
die psychologische Weisheitsforschung als auch der Archetyp der
alten Weisen dem Alter einen Sinn verleihen. Das haben sie trotz
ihres völlig verschiedenen Ansatzes gemeinsam, und der Sinn weist
immer in eine Richtung, die über uns hinausgeht.

# Was können wir im Alter beitragen?

Interessant werden unsere Betrachtungen, die sich vorrangig mit *Idealen* beschäftigt haben, erst dann, wenn wir schauen, was wir tatsächlich leben können und wie wir es leben können – in Fleisch und Blut, innerhalb all unserer menschlichen Grenzen. Vielleicht sind wir ja bisher noch nie auf den Gedanken gekommen, dass wir oder die Älteren unter uns etwas zu geben haben. Vielleicht haben wir gar nicht mehr in Erwägung gezogen, dass die Älteren etwas beitragen können, das sich auf eben jene Qualitäten gründet, die mit dem Alter und der Position innerhalb der Generationen zu tun haben. In einem meiner Gespräche mit Großmüttern hörte ich mich selbst einmal sagen: „Vielleicht geht es erst einmal darum, uns bewusst zu werden, dass wir Vorfahren, dass wir Ahninnen *sind*. Und dass wir als Ahninnen auch eine Aufgabe haben." Erst später, beim Anhören und Niederschreiben der Aufzeichnung wurde mir bewusst, wie elementar wichtig es ist, sich darauf zu besinnen. Denn dabei klingt mit an, dass etwas weiterwirkt, Großmutter sein erschöpft sich nicht in einem momentanen Tun, einem freundlichen, vielleicht auch dringend notwendigen Aushelfen, in Beschäftigungen, die uns jenseits der aktivsten Jahre unseres Lebens möglich sind. Die eigentliche Aufgabe geht über das hinaus, was wir vordergründig als Aufgabe der Großmütter in unseren westlichen Gesellschaften so häufig beobachten können: Kinderbetreuung und Elternersatz durch Babysitting und Aufsicht zur Entlastung der berufstätigen Eltern. Nicht, dass diese Aufgabe nicht erfüllend wäre, ein Geschenk nicht nur für die Kinder und die Eltern, sondern auch für die Großmütter selbst, solange sie nicht überfordert werden. Doch sie geht eben weit darüber hinaus und gründet tiefer.

Denken wir einmal weiter, über Generationen hinweg: Diejenigen, deren Vorfahren wir sind, werden selbst einmal Ahn:innen sein.

Wenn wir jetzt mit unseren Enkelkindern zusammen sind – ganz bewusst in dem, wer wir jetzt sind und was uns wichtig ist –, so erleben sie dieses Sein unmittelbar, nehmen es auf, antworten darauf. Dabei sind unsere Haltung und der innere Ort, von dem aus wir uns auf sie und die Welt beziehen, viel wichtiger als das, *was* wir tun. Wenn der innere Ort eine Verbundenheit mit dem gesamten Lebensgefüge, wenn die Haltung eine gelassene Urteilsfreiheit ist, so wie wir sie als Ausdruck von Weisheit im Alter betrachtet haben, so werden alle, auf die wir uns beziehen, von dieser Haltung berührt. Und jede Berührung bleibt und wirkt weiter im Gewebe des Lebens. In einer englischsprachigen Sammlung von Essays, die sich mit der Frage beschäftigen, welche Art Vorfahr:in man sein möchte, schreiben die Herausgeber:innen in ihrer Einführung, dass wir immer schon Ahn:innen seien, ganz gleich, ob wir Eltern sind oder nicht, ob sich jemand an uns erinnern wird oder nicht; denn in jedem einzelnen Moment, wissentlich oder unwissentlich, wirkten wir auf Werte und Systeme ein, die auch nach unserem Leben fortbestünden und zukünftige Gemeinschaften prägen würden. Es sei die Art, wie wir lebten, die die Fundamente für zukünftige Generationen schaffe.[22]

Die Art, wie wir leben, ist in großem Maße die Art, wie wir uns *beziehen*. Wie wir unserer Verbundenheit und Wechselseitigkeit Gestalt geben, wie wir zuhören, reagieren und uns zuwenden, wie wir lieben und uns dafür öffnen, geliebt zu werden, wie wir empfangen und geben, all das ist Teil dieser Beziehung. Wie wir im Verbund mit anderen Wesen, mit unseren Mitmenschen, den Tieren und Pflanzen, mit der Erde leben, kann eine Saat sein für ein größeres Wohlergehen zukünftiger Generationen in einer späteren Welt. Wenn wir uns fragen, wie wir als Ältere noch zu einer Heilung dieser zerbrochenen Welt beitragen können, so liegt die Antwort nicht unbedingt in der Notwendigkeit großer Taten und äußerer Errungenschaften, sondern in unserem *Sein*.

In diesen beunruhigenden Zeiten sehnen wir uns alle, Junge wie Alte, nach einer anderen Welt, und gleichzeitig fühlen sich viele machtlos und resignieren, richten sich in dem ein, was ist, wie beengend auch immer, oder suchen nach Ablenkung. Wir wissen nicht, was wir „tun" sollen. Die Möglichkeiten, etwas grundlegend Veränderndes zu tun, erscheinen begrenzt und lassen uns im Gefühl von Hilflosigkeit und Ohnmacht zurück. Dabei sind wir jedoch so geeicht auf das *Tun*, welches in unserer Kultur eine derart große Bedeutung hat, dass wir darüber das *Sein* völlig vergessen.

Dieses Sein verströmt sich in dem, wer wir sind und was wir sind. Erkennen wir in uns die Qualitäten des Alters und lassen uns von dem Gefühl für das Bild der alten Weisen führen, so kann das Sein diese wertvollen Eigenschaften verströmen: Gelassenheit, Unvoreingenommenheit, Freiheit, Humor und eine Zärtlichkeit und Zugewandtheit dem Leben gegenüber. Durch das Loslassen im Älterwerden, wie wir es zuvor gesehen haben, durch die Chance, weniger und weniger zu werden, kann sich das Essenzielle in uns herausschälen. Das erleichtert das einfache SEIN. Und genau dieses Sein ist die Gabe an die Nachkommen. Wir atmen und leben, was uns wichtig ist, und damit kann dieses Sein die Werte umarmen, die seit jeher zum Menschsein gehören, die uns und unsere Beziehung zur Welt nähren, Werte wie Achtung, Gemeinschaft und Liebe.

Zur lebendigen Aufrechterhaltung und Weitergabe dieser grundlegenden Werte können wir alle beitragen, doch die Älteren unter uns können dabei eine erlesene Zutat, ein besonderes Gewürz hinzugeben: Den Humor, der unserer Freiheit entspringt, „närrische Alte" sein zu dürfen. Wir haben sie bereits bei der Betrachtung des Archetyps der weisen Alten kennengelernt. In einem zauberhaften Bilderbuch mit dem Titel *Wie anders ist alt?*, das die Unterhaltung zwischen einer liebenswert frischen Großmutter und ihrer Enkelin zeichnet, heißt es: „Wenn du klein bist, musst du oft tun, was andere wollen. Wenn du alt bist, machst du, was du willst. Du musst keinem mehr gehorchen. Höchstens einem Verkehrspolizisten."[23] Klar, Verkehrsregeln sollten wir schon beachten, Junge wie Alte, aber weist das nicht auf eine innere Freiheit hin, die selbst in einer äußerlich beengten Lebenssituation möglich ist? Joan Chittister beschreibt, wie die Freiheit der späteren Jahre sich dadurch auszeichnet, dass wir nicht mehr nach den üblichen Mustern leben müssten, denn jetzt habe man die Freiheit wie nie zuvor, sich auf das Leben jenseits aller Erwartungen und Verpflichtungen einzulassen.[24] Diese Aussage mag in ihrer Absolutheit Fragen und Zweifel aufwerfen, doch berührt sie ja ein Potenzial, das sich mehr auf unsere Haltung bezieht als auf unser weltliches Leben, das auch im Alter durchaus gewissen Zwängen unterworfen sein oder sich in vorgegebenen Grenzen wiederfinden mag. Wenn wir aber die grundlegenden menschlichen Werte bewahren und an die Kinder und Kindeskinder weitergeben, und dies aus einem inneren, freien Raum tun, kann es auch frei und ungebunden wirken. Es darf heiter sein, es moralisiert und belehrt nicht, es geschieht nicht aufgrund einer gewissen Rolle und äußeren Aufgabe.

Hier taucht sie wieder auf, die Freiheit der Narren: Sie tragen die Wahrheit und verkörpern sie, gerade weil sie sich jenseits aller Konventionen und Konditionierungen aufhalten. Die Figur der närrischen Alten schert sich nicht um Konzepte und vorgefertigte Pläne und ist deshalb in der Lage, auf Möglichkeiten hinzuweisen, die wir in unseren kühnsten Überlegungen nicht in Betracht gezogen hätten. So wird sie zum „Trickster", offen für das Magische, das sich mühelos zwischen den verschiedenen Ebenen der Realität bewegt. Diese Magie kann wie ein Durchbruch von reiner Wahrheit in unsere festgefahrenen Strukturen von Denkmustern, Vorurteilen, vernünftigen Plänen und Konzepten sein. Die Narrenfreiheit des Alters bringt das Lachen, das die Ernsthaftigkeit unserer Konzepte relativiert. Das weitet den Blick aller, die von dieser Freiheit berührt werden. Und siehe da, in der Umgebung einer solchen Freiheit können sich Visionen eines ganz anderen Lebens auftun, des Lebens in einer Zukunft, die wir für unsere Kindeskinder und deren Nachfahren ersehnen.

Die Haltung der inneren Freiheit gewinnen wir jedoch nur, wenn wir die Vergangenheit mit den zeitweilig vielleicht sehr ernst genommenen Konzepten, Rollen, mit all dem, womit wir uns identifiziert haben, loslassen. Wie das geschehen kann, haben wir zuvor schon angeschaut: Loslassen ist ein Prozess, in dem wir nicht ablehnen, sondern bejahen. Das Loslassen stellt sich interessanterweise dann ein, wenn wir annehmen, was war und was ist. Diese innere Arbeit ist notwendig, wenn wir in den Genuss der Freiheit im Alter kommen möchten. Und mit dem Loslassen kommt die Gabe der Gelassenheit; die Begriffe haben den gleichen Wortstamm. Sicherlich geht es auch darum, materielle Dinge, die wir in den vorangegangenen Jahrzehnten angesammelt haben, loszulassen, weil wir sie einfach nicht mehr brauchen und aller Besitz auch der Fürsorge bedarf. Jedes Souvenir im Regal muss abgestaubt werden, und vielleicht hat es längst seine emotional aufgeladene Bedeutung verloren. Gleichwohl ist, wenn wir „mit leichtem Gepäck" reisen möchten, das Loslassen von Anhaftungen an Vorstellungen – auch an eine Identität, die wir vielleicht mit jenem Souvenir und anderen materiellen Dingen und Besitztümern verknüpfen – von noch größerer Bedeutung als die Befreiung von den materiellen Dingen selbst.

Wir lassen Bilder und Konzepte gehen und erkennen deutlicher, was wesentlich ist; wir lächeln über das Relative, das zu früheren Zeiten so dramatisch wichtig erschien. Unsere Erfahrungen und Erkenntnisse müssen wir nicht vergessen, um die Identifikation damit loszulassen, aber wir sehen sie in neuem Licht. Vor allem, wenn wir angenommen haben, was unser Leben ist und war, auch mit seinen Misserfolgen und Fehlern. So entsteht ein Raum, der uns erlaubt, mit Gelassenheit auf Ereignisse und Beziehungen zu schauen. Gelassenheit wird als eine der größten Tugenden des Alters angesehen. Gelassenheit ist eine Qualität des Seins. Sie ermöglicht uns einen ruhigen Blick auf die Dinge, schützt uns vor vorschnellen

Verurteilungen und übereilten Handlungen, findet ein Maß, sieht, was wesentlich ist.

Auf dem Boden der Gelassenheit wächst die Weisheit, von der bereits so viel die Rede war. Schauen wir uns an, wie wir mit der Weisheit des Alters – wenn sie uns denn zumindest in Teilen zuwächst – tatsächlich dienen können. Was können wir weitergeben, das als eine „weise" Qualität unseres Seins ins Leben und in unsere Beziehungen fließt? Zuerst mögen wir an gute Ratschläge denken, die in reicher Lebenserfahrung wurzeln und sich aus deren Erkenntnissen speisen. Auch wenn unsere westliche Welt dem Rat der Alten nicht viel Anerkennung erweist, kann hier und da, im Zusammenleben, in Beruf, Begegnungen oder Ehrenamt sicher auch ein „weiser Rat" eine Rolle spielen. Sind die Alten versteinert in ihren Ansichten, dem Innovativen und Kreativ-Spontanen gegenüber misstrauisch oder gar feindselig eingestellt, ist es allerdings nur zu verständlich, dass ihr Rat nicht erwünscht ist. Gründet er sich hingegen in der inneren Freiheit, die wir als Ältere erringen können, frei von Urteilen und festgefügten Konzepten, frei von den einengenden Paradigmen unserer Zeit, die die Welt zu einem ziemlich seelenlosen Ort machen, wird ein Hinweis in konkreten Lebenssituationen auch neue Wege eröffnen können.

Doch das Erteilen von Ratschlägen sollte nicht überschätzt werden. Denn konzentrieren wir uns mehr und mehr auf das Sein, so erkennen wir, dass Ratschläge oft gar nicht nötig, häufig vielleicht nicht nur überflüssig, sondern auch nicht hilfreich oder sogar unangebracht sind. Wenn wir Ratschläge erteilen, gibt es immer ein Gefälle zwischen der Person, die den Rat gibt, und der, die ihn empfängt. „Ich weiß etwas und du weißt es nicht", und damit bin ich nicht auf Augenhöhe mit dir, und was zwischen uns fließt, ist kein Kreislauf, es hat nur *eine* lineare Richtung. Aus spirituellen Traditionen kennen wir die Art der Meister, Frauen wie Männer, ihre Schüler:innen durch Geschichten und Gleichnisse sowie durch ihr eigenes Beispiel zu unterweisen. Sie lehren, indem sie nicht lehren. Sie geben keine Ratschläge. Sie sagen nicht: Tue dies, oder unterlasse jenes. Sie sind vielmehr bewusst in ihrem Sein – und die Schüler und Schülerinnen können es aufnehmen und daraus wählen, wozu sie geneigt und in der Lage sind, oder auch nicht. Ein Beispiel ist die recht bekannte Zen-Geschichte über eine Lehrstunde eines der größten Lehrer, die wir kennen, des Buddha: Wie er einfach eine Blume hochhielt.

Weisheit kommt nicht vorrangig aus Büchern oder Posts im Internet, sondern zuallererst von den Lebenserfahrungen, die sich in unseren Zellen angereichert haben. Und doch liegt alles, was wir tun können, um davon etwas weiterzugeben, darin, dass wir den Weg *weisen*; denn die Jungen müssen selbst ihren Weg finden und gehen. Es geht nicht darum, Wege vorzuschreiben. Was die Alten aufgrund ihrer Lebensweisheit weitergeben können, sind Zeichen. Wie Wegmarkierungen können sie gelesen, ihre Bedeutung individuell entschlüsselt oder auch ignoriert werden. Die Zeichen vermitteln sich – wieder einmal – über das Sein. Gerade in den gegenwärtig so schwierigen Zeiten ist beispielsweise die Art, wie Menschen auf Krisen reagieren, wie sie sich verhalten, wenn die Dinge nicht so laufen, wie sie es sich wünschen, beachtenswert. Wenn Gelassenheit und das Unterscheidungsvermögen zwischen dem, was wesentlich ist und was weniger wichtig, wenn Mitgefühl und Zärtlichkeit, all dies Eigenschaften von weisen alten Menschen, dann ihr Sein durchdringen und ihre Beziehungen inspirieren, liegt in ihnen bereits eine unausgesprochene Antwort auf Krisen. Dabei muss eben nicht jedes Ereignis und jede Erscheinung mit einer allwissenden Schlussfolgerung bedacht werden.

Denn neben der Rolle als stilles Vorbild oder als Wissende, die gelassen auf die bekannten Dinge schauen, gibt es durchaus auch die der Fragenden. Auch darin kann der Beitrag der Alten bestehen: Eben nicht alles zu wissen, nicht auf alles eine Antwort zu haben, sich einzugestehen, dass man nichts weiß. In einer Welt, in der Meinung so schnell und ständig abgefragt wird, Überzeugungen immer mehr polarisiert werden, Ambivalenzen unerträglich und Innehalten und Kontemplation über eine ungelöste Frage eher selten sind, kann die Erkenntnis „ich weiß es nicht" oder „wir können es nicht wissen" eine wertvolle Öffnung ins Neue und Ungewisse bedeuten.

Gleichzeitig kann durch die Gaben der Alten das Gefühl für Sinn genährt werden. Gerade durch das weniger Tun und mehr Sein offenbart sich ein Sinn, der uns wesentlich tiefer erfasst und nährt, als jener, der so übermäßig mit Leistung und Aktion verknüpft ist. Bedenkt man, dass wir in einer Welt leben, die bitterarm ist, was das Gefühl für Sinn betrifft, die nach Sinn regelrecht hungert, so wird deutlich, wie immens wichtig die Gabe ist, Sinn vermitteln zu können. Und dies nicht durch große Taten und Werke, in herausragenden gesellschaftlichen Positionen, sondern im einfachen Leben des einzelnen Menschen, der reif und bewusst gealtert ist. Einen Sinn vermitteln durch das eigene Sein ist ein zutiefst spiritueller, ein die Seele nährender Beitrag für die Welt und ihre zukünftigen Generationen.

Was bisher unerwähnt blieb, jedoch nicht zu vergessen ist: Die Lebensfreude, die Freude am Sein und der Schöpfung, die unserem Leben Sinn verleiht. Im Alter haben wir Raum für die Freude – trotz einiger Unannehmlichkeiten – und in der frühen Jugend sowieso. Wie in dem bereits erwähnten Bilderbuch: „Oma, wie ist das, alt zu sein? –Ach, das ist genau wie jung sein. Nur ein bisschen anders. Wenn du klein bist, lachst du gern. Wenn du alt bist auch. Wenn du jung bist, möchtest du manchmal tanzen. Wenn du alt bist auch."[25]

# 2

# Weibliches Wissen und weibliche Kraft

*Du triffst Sie bei der Quelle.*
*Während Sie Wasser schöpft, singt Sie die Lieder der Schöpfung.*
*Sie lebt bei den Brunnen, wo die Wasser des Lebens aus der*
*Tiefe aufsteigen. Und sie weiß, wie man die uralten Geschichten*
*erzählt, die immer noch in unseren Zellen lebendig sind, die*
*uns daran erinnern, wo wir herkommen. Sie ist zuhause bei der*
*Quelle. Sie ist immer noch dort.*
*Sie ist Du.*

ANGELA FISCHER

Wir beschäftigen uns mit den Groß-*Müttern*, den weiblichen Ahnen. Wir möchten sie erkunden, erleben, erfahren, in uns
selbst und in anderen. Wir suchen Spuren in unseren Ahninnen,
deren Gedächtnis wir in unseren Zellen und in unseren Herzen tragen. Wir fragen nach dem Licht, das wir als Großmütter in die Welt
und die Zukunft tragen können. Deshalb beschäftigen uns auch
die Fragen: Welche Rolle spielt das Weibliche im Großmutter-Sein?
Und warum ist es wichtig?

„Weiblichkeit" verbinden wir häufig mit jüngerem Alter. Das
weibliche Prinzip jedoch, so wie wir es hier verstehen, kennt kein
Alter. Es findet sich wieder in allem Leben, und es ist auf besondere
Weise in Frauen gegenwärtig, auch wenn es natürlich ebenso in
Männern lebt oder in Menschen, die als non-binär gelesen werden

wollen und sich keinem der beiden Geschlechter zuordnen. Wenn wir auf das Weibliche schauen, geht es nicht um ein binäres Schema der Identität, nicht um Abgrenzung und auch nicht um Ausgrenzung des Männlichen; es geht vielmehr um die besondere Aufmerksamkeit für ein so essenziell dem Leben innewohnendes Prinzip, das erst einmal in uns allen wirkt. Was es insbesondere im Leben von Frauen bedeutet, werden wir später noch erkunden.

Weil das Weibliche für lange Zeit vernachlässigt wurde – das schlägt sich auch im gegenwärtigen Zustand unserer Welt nieder –, ist es wichtig, seine Qualitäten wieder wertzuschätzen und wiederzubeleben. Ohne das Weibliche wird es keine Zukunft geben. Natürlich geht es letztendlich um ein Zusammenwirken beider Prinzipien, des weiblichen und des männlichen, doch erst wenn sie wieder im Gleichgewicht sind, kann eine neue Harmonie in unsere gesamte Lebenswelt einziehen. Den Frauen, die das Weibliche auf eine besondere Weise in sich tragen, kommt dabei eine besondere Aufgabe zu.

Großmütter sind Mütter und „Große Mütter" und vor allem Frauen. Wir werden nicht unweiblich, weil wir älter werden. Unser Frau-Sein, mit all seinen ihm innewohnenden Qualitäten und seiner Kraft, wirkt in unser Sein auch als Großmütter. Nur müssen wir es oft erst einmal freilegen und erkennen. Dann können wir es wertschätzen und mutig zu leben beginnen. Und dann kann das Weibliche seine Wirkung entfalten.

## Was ist das - weiblich?

Ich nehme es gleich vorweg: Wir können das Weibliche nicht definieren. „Sie" einzugrenzen, zu definieren, das würde bedeuten, immer dort zu sein, wo das Weibliche *nicht* ist. Festlegung und Eingrenzung widersprechen ihr. Also können wir es nur umschreiben, und leider nur sehr bruchstückhaft, solange wir die Begriffe benutzen, die unserer kulturell und historisch gewachsenen Sprache entstammen. Sprache zeigt, wie wir denken und die Welt sehen. Unsere westlich geprägte Sprache gründet auf Konzepten, die auf den rationalen Verstand reduziert sind und die lebendige Welt verdinglichen; sie ist nicht ganzheitlich. Wir können „das Weibliche" nicht exakt umreißen, es muss vielmehr erlebt, erfahren werden, damit wir wissen, worum es geht. An diese Erfahrung möchte ich anknüpfen, wenn wir weiter darüber sprechen. Und wir können auch sagen, worum es uns dabei nicht geht, und damit räumen wir hoffentlich Missverständnisse aus dem Weg.

Die Gedanken einer jungen Autorin, der Umwelt-Anthropologin Gina Rae La Cerva, zum Wesen des Weiblichen bieten sich als Anregung an: Es heiße ja, so schreibt sie in einem Essay *(My Mother's Hands)*, die Zukunft sei weiblich. Auf der Suche danach, was das bedeuten könne, stellt sie viele Fragen: Sollen die Frauen wie in früheren Zeiten wieder aufgefordert werden, das Durcheinander aufzuräumen, jetzt, wo alles danebengegangen sei? Und was heiße „weiblich" überhaupt in einer Zeit, wo wir davon sprächen, dass Geschlecht sozial konstruiert sei und das Binäre nicht existiere. Wenn alles auf einem Spektrum liegt und wir die rigiden Regeln hinter uns lassen, wo finden wir dann das Weibliche, so fragt sie sich. Und nachdem sie allerlei Assoziationen zum Ort des Weiblichen auflistet, von tränenreichen Gefühlen bis hin zur Notwendigkeit des Überlebens, kommt sie zu dem tiefgründigen und überraschenden Schluss: „Vielleicht müssen wir, um das Weibliche wiederzugewinnen, in unserem Zweifel ruhen. Wir müssen das Dunkle und das Stille wieder umarmen. So dass wir die verlorene Kunst des tiefen Zuhörens und der Geduld üben. Die stille Weisheit der Beobachtung. Vielleicht ist das tiefste weibliche Wissen, das wir erneuern können, zu wissen, wie wir im Nicht-Wissen gegenwärtig sind, wie wir immer im Zustand des Werdens sind."[1]

Hervorragend, hier können wir einen Moment verweilen. Im Nicht-Wissen und im Werden haben wir bereits die Verstandesmuster, die Zuschreibungen und Urteile hinter uns gelassen, die sich in Tausenden von Jahren patriarchaler Weltanschauung in uns eingeprägt haben. Patriarchal, das ist wichtig hier festzuhalten, ist nicht gleichbedeutend mit männlich. Auch Männer leiden unter patriarchal geprägtem Leben. Eine patriarchal geformte Denk- und Lebensweise isoliert das Männliche vom Weiblichen und führt durch die Entwertung des Weiblichen zu einer Art Extremismus. Beide Prinzipien wirken nicht mehr harmonisch zusammen, das Männliche wird überbetont und verformt und so zu Machtstreben und zur Beherrschung alles Lebendigen benutzt. Wir alle, Frauen und Männer, sind davon geprägt, auch wenn wir es nicht gutheißen. Das kann sich darin äußern, dass wir uns mit Zuschreibungen dessen, was weiblich, was männlich ist, identifizieren und darin gefangen bleiben; aber auch, dass wir, um uns davon zu befreien, Weiblichkeit rigoros ablehnen, obwohl sie in ihrem Ursprung und ihrer Echtheit Kraft schenken und zu einem größeren Gleichgewicht beitragen würde. Dann schütten wir das Kind mit dem Bade aus. Eine dritte Möglichkeit ist, dass wir verwirrt sind, nicht wissen, was beispielsweise *wirklich* weiblich – respektive männlich – bedeutet, und dass wir verzweifelt nach einem Zugang suchen.

Gehen wir von dem in sich ruhenden Zustand des Nicht-Wissens, der Dunkelheit und Stille aus, so können wir das Weibliche auf einer allerersten Ebene als den Grund allen Seins wahrnehmen. Es steht nicht im Gegensatz zu etwas anderem. Es ist die Seele des Ganzen, das Innere, die Substanz voller Licht, die von innen alles zusammenhält, die ganz ist. In manchen philosophischen Traditionen und Mythen lernen wir, dass „Sie" das allererste, unfassbare Eine ist, aus dem alles hervorgeht. Das Tao Te King, jene zweieinhalb tausend Jahre alte taoistische Sammlung von Weisheiten des Meisters Lao Tse aus dem alten China, spricht sehr ausdrücklich von der „Mutter der Welt" als Anfang allen Seins. Er nennt sie „Tao", in der alten Übersetzung von Richard Wilhelm finden wir die Bezeichnung „Sinn".

*Es gibt ein Ding, das ist unterschiedslos vollendet.*
*Bevor der Himmel und die Erde waren, ist es schon da,*
*so still, so einsam.*
*Allein steht es und ändert sich nicht.*
*Im Kreis läuft es und gefährdet sich nicht.*
*Man kann es nennen die Mutter der Welt.*
*Ich weiß nicht seinen Namen.*
*Ich bezeichne es als SINN.[2]*

Auf dieser Ebene ist das Weibliche mit unseren äußeren Sinnen nicht fassbar, wir können es nur aus der Stille heraus wahrnehmen. Auf einer mehr stofflichen Ebene, in der Welt der Schöpfung, können wir das gestaltlose Weibliche erkennen als die Ganzheit, in der alles miteinander verbunden, alles aufeinander bezogen ist: das kunstvoll verwobene Gewebe des Lebens. Anne Baring, die Autorin eines umfangreichen Werks über die Rückkehr des weiblichen Bewusstseins, schreibt: „Das Wort ‚weiblich' steht für die Seele und das unsichtbare kosmische Netz des Lebens, das jeden einzelnen von uns mit allen anderen und mit dem Leben des Planeten und dem größeren Leben des Kosmos verbindet.“[3]

Sogar mithilfe unseres Verstandes, der sich eher auf analytisches denn auf integrierendes, intuitives Begreifen versteht, können wir dieses weibliche Prinzip erkennen. Unsere Naturwissenschaften haben längst erfasst, in welch unfassbar eleganter Weise alles Leben auf der Erde und darüber hinaus, die weit entfernten Sterne ebenso wie die kleinsten Atome in unserem Körper miteinander verbunden sind und voneinander abhängen. Auch wenn wir für sehr lange Zeit diese Ganzheit und dieses Netz von Beziehungen vergessen oder geleugnet haben, fanden doch schon zu Beginn des letzten Jahrhunderts Physiker heraus, dass unser Universum als eine Einheit verstanden werden kann, und dass diese Einheit sich durch ihre innewohnenden Beziehungsmuster darstellt. Die Menschheit wusste das, und in früheren Zeiten war es ein selbstverständliches

Wissen, bevor es dann vergessen wurde. In alten Mythen und Ritualen, die dem Leben Bedeutung verliehen, war es auf kraftvolle Weise gegenwärtig. Göttinnen verkörperten diese Ganzheit und gegenseitige Bezogenheit, wie sie auch die Schöpfungskraft selbst und das Werden und Vergehen innerhalb der Natur repräsentierten. Im Einklang mit dem „heiligen Weiblichen" zu leben, brachte Sinn und Harmonie in das alltägliche Leben, weil der Mensch sich als ein Teil des großen Ganzen begriffen und seine Aufgabe darin gekannt und erfüllt hatte. Das ist sehr lange her, und wir finden die Wertschätzung des Weiblichen in Gestalt dieses kosmischen Netzes heute nur noch in indigenen Kulturen – dort, wo sie in Spuren noch überleben durften.

Auf einer weiter verdichteten, einer dritten Ebene können wir das weibliche Prinzip als eine Perspektive des menschlichen Bewusstseins sehen. Es ist eine Art, das Leben zu erfahren, gleichwertig und ebenso bedeutsam, wie auch die Erfahrung durch das männliche Prinzip eine Seite des Bewusstseins ist. Dabei geht es nicht um Geschlecht, um „gender", wie wir eingedeutscht sagen. Marion Woodman, die ihr Schreiben und Lehren der weiblichen Psychologie und der Verbindung von Körper und Seele gewidmet hatte, sprach in einem Vortrag einmal davon, dass sie nicht über Geschlecht spräche, wenn sie die Begriffe weiblich und männlich benutze, sondern das Männliche als eine kreative Energie, als Feuer, als kraftvolle Luft sehe und das Weibliche als die empfängliche Seite davon: Das Herz, die Seele; das, was ausgleicht, das Weibliche als Wasser und als Erde. Wie Tag und Nacht, so brächten die beiden Energien sich gegenseitig ins Gleichgewicht, und die Natur sei voll davon. Konkreter bedeute das: Das weibliche Prinzip versuche, sich zu *beziehen*. Statt Dinge in Teile zu zerbrechen, würde es fragen, an welcher Stelle man zusammenkomme, wo man gleich sei, wie man sich verbinden könne. Das weibliche Prinzip frage nach der Liebe: Kannst du mir zuhören, kannst du mich sehen? Ist es dir wichtig, ob du mich siehst oder nicht? Marion Woodman fasste es so zusammen: Worüber sie hier spreche, das sei Präsenz, sei Bezogenheit.[4]

Das Weibliche ist das in uns, das mit dem Leben in *Beziehung* geht. Weil es um die gegenseitige Verbundenheit weiß, weil es die zugrunde liegenden Gesetze kennt, die mit seinem Entstehen, Werden und Vergehen zusammenhängen, weil es seine Kostbarkeit erfasst. Bewusstsein ist dabei nicht gleichzusetzen mit kognitivem Wissen, in der Art, wie wir im Verstand Fakten abspeichern und abrufen. Es ist weit mehr als das; ich würde es als ein Gegenwärtig-Sein, als *im-Wesen-Sein* bezeichnen. Erfahrbar für den Menschen wird das Bewusstsein im Herzen.

Ohne die gegenseitigen Verbindungen kann sich kein Leben erhalten, das ist im weiblichen Bewusstsein verankert. Es gründet und lenkt unsere Beziehungen und nimmt gleichzeitig die Ganzheit wahr. Das Weibliche antwortet, anerkennt, spiegelt, verknüpft, und vor allem nimmt es wahr und nimmt auf. Wenn wir eine Entscheidung treffen, und wir gehen zunächst in uns oder lauschen und hören erst einmal zu, „schlafen drüber", dann ist das weibliche Prinzip in uns wirksam. Wenn wir klar entscheiden und eindeutig handeln, die Entscheidung also in die Tat umsetzen, handelt es sich eher um das männliche Prinzip. Wirken beide im Gleichgewicht zusammen, handeln wir mit einem Ja zum Leben, das heißt, wir respektieren und fördern das Leben. Ist dies nicht so, und wird der weibliche Aspekt weniger beachtet, so führt unser Handeln zwar möglicherweise zu „quick fixes", schnellen Lösungen, berücksichtigt aber nicht die ganze Wirklichkeit; es schließt aus, weil es allein von der Dualität des Verstandes oder dem Drang zum Tun kommt. Daher ist ein solches Handeln selten nachhaltig, oft in seiner langfristigen Wirkung für das Leben auch schädlich oder zerstörerisch. Umgekehrt bliebe ein einseitiges und ausschließliches Verweilen im weiblichen Prinzip in einer verharrenden, stagnierend bewahrenden Haltung stecken, die wirkungslos wäre und das Leben letztlich ebenso wenig fördern würde. Selbstverständlich brauchen wir, braucht das Leben, immer beides, und wenn sie in unserem Bewusstsein aus der Balance fallen, hat das Folgen.

Aus dem weiblichen Blick, der mehr das Ganze und die jeweilige Zugehörigkeit als die einzelnen, voneinander getrennten Teile sieht, ergeben sich weitere Qualitäten, die wir dem weiblichen Prinzip zuordnen können: Das In-Beziehung-Sein ermöglicht uns, zuzuhören und zu lauschen. Gleichzeitig fördert das Zuhören umgekehrt wiederum die Bezogenheit – die anderen wahrnehmen zu können als diejenigen, die sie sind.

Zuhören und Wahrnehmen brauchen einen Raum, der empfänglich ist. Und Empfänglichkeit ist ebenso eine Kraft des Weiblichen, wie auch die Fähigkeit, einen Raum zu halten. Denn wollen wir etwas aufnehmen, so muss ein Ort dafür da sein, der nicht bereits gefüllt ist – mit Vorstellungen, Wissen, Gedanken, Dingen.

Diese *Leere*, die wir auch aus der Mystik kennen, ist verbunden mit Stille. Der leere Raum und die Stille sind Qualitäten des Weiblichen. In einem Interview über „Die weibliche Art zu leben" sagte Sobonfu Somé – sie war eine Botschafterin weiblicher westafrikanischer Tradition und Spiritualität – in einem Interview: „Stille erlaubt es der intuitiven Seite in den Vordergrund zu treten. Stille ist eine Möglichkeit, sich darauf einzuschwingen, was außen passiert, zu beobachten, zu fühlen und sich zu öffnen. Stille ist eine weibliche Qualität, denn sie erlaubt Integration; sie erlaubt Männern ebenso wie Frauen, in ihrer eigenen Kraft zentriert zu sein. In der Stille geht es nicht darum zu tun, sondern zu *sein*. Sie führt die Dinge zur Ganzheit zusammen. In der Stille kann man die Dinge integrieren, und diese Integration geschieht auf natürliche Weise".[5]

Das Sein wiederum ist auch eine weibliche Bewusstseinsqualität. Bei der Betrachtung des Alters und der weisen Alten ist es uns schon begegnet. Im Unterschied zum Tun, das in unserer Kultur bekanntlich ungleich höher bewertet wird, zeichnet es sich durch einen Zustand und eine Haltung aus, in der wir eins sind mit dem, was ist und wer wir sind. Im Sein sind wir ohne Zweifel, dem Augenblick hingegeben. Das Sein ist einfach, im Sinne von nicht kompliziert. Clarissa Pinkola Estés beschreibt das Sein und Wirken der alten Frauen in ihrer Kultur so: Aufgrund ihrer täglichen Arbeiten, wie Spinnen, Weben, Färben, Säen, Pflanzen oder Heilen, wurde deutlich, „dass es nicht nur darauf ankam, was eine Frau machte, sondern auch darauf, was *in ihr* war, welche weisen Einsichten und liebevollen Empfindungen sich angesammelt hatten – die manchmal ganz gezielt, manchmal in den Wind gesät, aber *allesamt bewusst geerntet wurden.*"[6]

Das Sein ist ein innerlicher, empfänglicher Zustand, aus dem sich die Bewegung und Dynamik des Lebens ganz organisch ergibt. In seiner ungetrübten Klarheit gelebt, kann es der ruhende Grund sein, aus dem sich unser Tun entfaltet. Befinden sich beide Qualitäten, das Sein und das Tun, jedoch auf Kosten des Seins nicht im Gleichgewicht, so wird das Tun zur erschöpfenden Aktion, abgespalten von einem inneren Zusammenhang. Die Aktion wird zur Leistung, die ihre eigene Agenda verfolgt. Das Sein hingegen braucht eine gewisse Stille, ein Innehalten, ein Spüren und Fühlen.

Gefühl und intuitives Erfassen als weibliche Qualitäten sind ebenso wie das Sein in unserer westlichen Kultur geringgeschätzt. Dem gegenüber messen wir dem rationalen Verstand und seinen Resultaten eine große Bedeutung zu und vergessen dabei nur zu leicht, dass auch der Verstand seine Grenzen hat, da er nur durch Trennung, Gegenüberstellung, sezierende Analyse funktioniert. Das ist fraglos oft sehr hilfreich und fördert Erkenntnisse, macht aber nur einen Teil unserer Möglichkeiten aus. Der rationale Verstand kann niemals die Ganzheit erfassen und berührt so immer nur *eine* Dimension der Wirklichkeit. Mit der Ganzheit des Lebens können wir uns über das Gefühl und die Intuition verbinden. Es ist eine andere Form des Bewusstseins, ein Verstehen mit dem Herzen. Von Albert Einstein, den man als herausragenden Naturwissenschaftler mit

Sicherheit zu den außergewöhnlich verstandeskräftigen Menschen zählen darf, wird eine Aussage überliefert, in der er den intuitiven Geist als ein heiliges Geschenk und den rationalen Geist als einen treuen Diener bezeichnet. Wir aber hätten eine Welt kreiert, die das Geschenk vergessen habe und nur den Diener ehre. Nichts ist dagegen einzuwenden, einen Diener zu würdigen, so können wir den Gedanken weiterführen, doch ein Geschenk braucht Beachtung, um uns zugute zu kommen. Das Geschenk des intuitiven Geistes können wir nur nutzen, wenn wir die weiblichen Qualitäten wie Empfänglichkeit, Zuhören und Sein wertschätzen. In diesem Sein ist das Weibliche annehmend, erhaltend, schöpferisch und bejaht das Leben. Das Weibliche, das Leben in die Welt bringt, ist in seiner Essenz selbst das elementare Ja zum Leben.

Das Weibliche ist auch einfühlsam, wenn es um Gemeinschaft geht. Weil das weibliche Bewusstsein - im Gewahrsein der Vernetztheit des Lebens - ein Beziehungsbewusstsein ist, wirkt es in der Bildung von Gemeinschaft, gegenseitiger Unterstützung und Fürsorge. Weibliche Kraft wird schöpferisch in organischen, nicht-hierarchischen Verbindungen. Verbundenheit zu erkennen und zu würdigen, zeigt sich nicht nur in menschlichen Gemeinschaften, sondern auch in der Beziehung zur Natur, zu den Tieren und Pflanzen, zu unserem Planeten Erde. Es ist das weibliche Bewusstsein in uns, das uns erkennen lässt, dass wir ein Teil dieser großen Gemeinschaft sind und dass wir einen ganz bestimmten Platz darin einnehmen. Aus diesem Bewusstsein kann – anstelle eines herrschaftlichen, überlegenen Anspruchs – die Haltung des Respekts gegenüber allem Leben erwachsen. Es gründet in der Wahrnehmung, dass alles Leben heilig ist.

Das weibliche Prinzip ist keine Frage des Geschlechts. Seine Qualitäten sind in uns allen potenziell gegenwärtig. Schauen wir aber auf dem hier gezeichneten Weg der Wahrnehmung des Weiblichen, der sich gleichsam spiralförmig von innen nach außen, vom Feinstofflichen ins Stoffliche bahnt, noch dichter in die physische Welt, so finden wir das Weibliche auf eine besondere Weise in Frauen verkörpert. Zweifelsohne, weiblich ist nicht gleich Frau. Das Weibliche ist auch präsent in Männern und in allen, die als Menschen jenseits des binären Musters der Geschlechter erkannt werden möchten. Doch auf eine besondere Weise manifestiert sich das Weibliche in Frauen; sie verkörpern das Weibliche in menschlicher Form.

Wir alle tragen beides in uns, weiblich und männlich, doch überwiegt jeweils meistens das eine oder das andere. Frauen tragen, wenn auch nicht ausschließlich und nicht immer, die Anlagen zu weiblichen Qualitäten in besonderem Maße in sich. Das Weibliche bringt Leben in die Welt, es ist Fruchtbarkeit, Gebären, Wachsen und Vergehen. In der Frau gibt es etwas, das einzigartig ist.

Immer häufiger wird nun seit einigen Jahren argumentiert, dass Geschlecht ein soziales Konstrukt sei und dass die körperlichen Unterschiede unbedeutend seien, dass es eher verletzend für das Individuum sei, durch die körperlichen Unterschiede und durch ihre festgelegte Binärität definiert zu werden. Das Spektrum der Bewegung ist weit, manche sehen unzählige Geschlechter, manche bestehen lediglich darauf, dass Trans-Personen in diesen Fächer verschiedener Geschlechter mit aufgenommen werden, andere wollen gar keine Unterschiede sehen und lehnen damit jede Zuordnung ab – sowohl was die Identität und Selbstwahrnehmung einer Person betrifft als auch die Art, wie sich andere auf diesen Menschen beziehen. Außerdem gibt es noch das Bestreben mancher, die Begriffe Frau und Mann gänzlich abzulehnen und stattdessen von „Menschen mit Uterus" und „Menschen mit Penis" zu sprechen. So undurchdringlich dieser Dschungel an verschiedenen Auffassungen über das Geschlechterwesen und die damit verbundenen politischen und kulturellen Auseinandersetzungen, gegenseitigen Abgrenzungen oder gar Verurteilungen auch ist, so lässt sich doch verstehen, was sie teilen: Allen Facetten dieses Drangs nach einer Veränderung gemeinsam ist einerseits der durchaus nachvollziehbare Wunsch, die festgefahrenen und unterdrückenden sozialen Zuschreibungen aufzubrechen – anders, aber zunächst mit ähnlicher Absicht, wie es die feministische Bewegung seit dem letzten Jahrhundert mehr oder weniger erfolgreich versucht hat. Es geht also um eine Befreiung. Andererseits ist den meisten dieser „gegenbinären" Strömungen gemeinsam, dass sie dem körperlichen und damit auch seelischen Erleben, das für eine Frau im Vergleich zu einem anderen Geschlecht einzigartig ist, keine Bedeutung beimessen. „Was wäre, wenn wir die leibliche Wirklichkeit, wie sie von Frauen erlebt wird, zum Ausgangspunkt nähmen?", fragt die französische Philosophin Corine Pelluchon, während sie sich damit auseinandersetzt, wie wir ein neues „Zeitalter des Lebendigen" schaffen könnten.[7] Menstruationszyklus, Schwangerschaft, Geburt, Stillen und Menopause sind körperliche Erfahrungen, die bei aller modernen Bio-Technik nicht simuliert und nicht kopiert werden können, jedenfalls nicht als unmittelbare Erfahrung, als innerstes Gefühl. Zu leugnen, dass ein über viele Jahre rhythmisch wiederkehrender Zyklus von Eisprung und Menstruation oder das Erlebnis einer Schwangerschaft und Geburt eine einzigartige Erfahrung sind, die sich auf das Sein und Leben einer Frau auswirken, käme dem recht nahe, die Frau als gefühllose, wenn nicht leblose Sache zu betrachten.

Nicht jede Frau möchte Kinder gebären, und manchen Frauen ist es trotz des Wunsches versagt, doch jede Frau durchwandert in ihrem Leben die verschiedenen Landschaften der Fruchtbarkeit, die erste Menstruation, die regelmäßig kreisenden Veränderungen im zeitlichen Rhythmus des Mondzyklus. Und jede Frau, die dieses Alter erreicht, erfährt die entscheidende „Metamorphose" der Wechseljahre, wie die Philosophin Pelluchon sie nennt. Die leibliche Fruchtbarkeit schwindet, doch die abwechslungsreichen Gefilde, die eine Frau weiter durchwandert, werden nicht öde. Eine andere, eine innere Fruchtbarkeit gewinnt Raum und säumt den Weg. Die Landschaft verändert sich im Laufe des Lebens einer

Frau, doch das Potenzial, schöpferisch zu sein, ist ihre wesenhafte Eigenschaft.

Die Körpererfahrung ist nicht unbedeutend. Und wenn wir sie ausklammern, weil wir eine „Gleichheit der Geschlechter" wollen, so verweigern wir letztlich der Frau erneut ihren Körper und berauben ihn seiner Beseeltheit.

Eine Geburt ist für Frauen eine Erfahrung unvorstellbarer Höhen und abgründigster Tiefen, ein Erlebnis, das sie über ihre Grenzen hinausträgt. Jede Gebärende spürt, dass es eine zutiefst körperliche, fleischliche Erfahrung ist, und zugleich ist sie viel mehr als das. Ohne die Körperlichkeit einer Frau ist diese Erfahrung nicht möglich, doch sie ist niemals nur physisch-biologisch.

Frauen können einer Seele in die Welt helfen, sie zusammen mit der Befruchtung durch das Männliche empfangen, sie weiter nähren, so dass dieses uranfängliche Licht physische Gestalt annehmen und zu einem Kind heranwachsen kann. Diese Fähigkeit trägt jede Frau in sich, ganz gleich, ob sie Kinder zur Welt bringt oder nicht. Durch dieses Vermögen, das so essenziell und grundlegend wie das Leben selbst ist, sind Frauen auf engste Weise mit dem Leben und seiner Entstehung verbunden.[8]

Eine kleine alltägliche Geschichte möchte ich dazu erzählen: Meine zweieinhalbjährige Enkeltochter ist gehalten auf meinem Arm und lässt sich von mir trösten. Ein kleiner Anlass, bald vergessen. Es sind aufregende Tage, der kleine Bruder ist neugeboren, ihr Leben ändert sich grundlegend. Übersprudelnde Freude wechselt sich ab mit Episoden von Traurigkeit und Ärger, und das Pendel schwingt zwischen dem Wunsch nach Selbständigkeit und dem Bedürfnis nach Zuwendung und Aufmerksamkeit. Sie schaut mich an, jetzt wieder besänftigt und fröhlich, spielt mit meiner Halskette, was sie immer in besonders vertrauten Momenten tut, und fragt: „Oma, bist du eigentlich auch eine Mama?"

Ich weiß, was sie meint. Dennoch antworte ich aus einer anderen Perspektive, eher von einem sachlichen Ort, wo Dinge mehr definiert als gefühlt werden. „Ja, ich bin die Mama deines Papas. Und die seiner Geschwister." Diese Antwort scheint sie nicht zu interessieren. Vielleicht übersteigt sie auch den Rahmen des Verstehens. Ihre Frage kam eher aus einem Gefühl, einer tiefliegenden Wahrnehmung von etwas, das sie mit „Mama" bezeichnet. Dem „Mama-Wesen". Ihr muss plötzlich klargeworden sein, dass dieses „Mama" nicht nur zu *der* Mama, nämlich *ihrer* Mama, der Mama ihres eigenen Universums, gehört. Es gibt nicht nur die *eine* Mama, es scheint noch mehr Mamas zu geben, und vor allem, man kann das fühlen! Das war die Erkenntnis, die zu dieser wachen Frage führte. Wessen persönliche Mama ich sei, das war gar nicht von Interesse. Es ging um eine Qualität, die sie spürte. Und vielleicht hat sich in diesem Moment sogar schon das Gefühl in ihr geregt, tief im Unbewussten, dass auch sie in ihrem Innern eine Tür zu dieser Qualität hat.

Frauen müssen nicht leibliche Mütter sein, um Zugang zu jener weiblichen Qualität zu haben und sie zu leben. Sie bezieht sich auf alles, was Teil unserer Welt ist, nicht nur auf Kinder. In dem körperlich-seelisch-spirituellen Potenzial, dem Licht einer Seele in die Welt zu helfen, können Frauen alles zur Verfügung stellen, was dem Licht dabei hilft, stoffliche Gestalt anzunehmen, zu leben, genährt zu werden, aufzuwachsen und Teil dieser Erdengemeinschaft zu werden.

Diese „Gabe" – denn es ist gegeben, nicht erworben oder entwickelt – begründet das, was wir hier „weibliche Qualitäten" nennen. In unserer modernen Gesellschaft bleiben sie in ihrer Tiefe und Tragweite, und vor allem in ihrer Kraft, weitgehend unerkannt. Oder sie werden in ihrer Bedeutung gewendet und missbraucht. Um eine solche Verzerrung geht es hier natürlich nicht, und eine klare Differenzierung ist wichtig: Es handelt sich immer um Entwertung, mangelnde Achtung oder gar Missbrauch, wenn eine Frau beispielsweise auf ihre Gebärfähigkeit, ihre Schönheit und Attraktivität oder ihre nährenden Qualitäten reduziert wird, und wenn die weiblichen Eigenschaften sie durch soziale, politische oder religiöse Dogmen in einen engen Rahmen sperren, oder wenn fundamentalistische Forderungen jedweder Richtung mit der Lebensweise der Frauen verbunden werden.

Was „weiblich" ist, kann sich auf dem Boden jener Gabe entfalten, doch es ist frei. Es ist ein Potenzial. Es möchte frei gelebt werden. Es kann nicht fließen, wenn es nicht frei ist. Oder, um das Bild zu wechseln, es bleibt blockiert, wenn es nicht frei zwischen Himmel und Erde schwingen kann. Die ursprüngliche Kraft des Weiblichen kann nur aufblühen, wenn die Frau selbst sich mit ihr verbindet und sie so lebt, wie es sich für sie stimmig anfühlt. Ob eine Frau nun Kinder gebiert oder nicht, ob sie ihre Qualitäten in ihrem persönlichen Umfeld lebt, in Familie oder im Beruf oder sie ins öffentliche Leben trägt, ob sie diese in Gemeinschaften einbringt oder zurückgezogen lebt, ob sie ihrer Schönheit äußeren Ausdruck verleiht oder keinen Wert darauf legt, in all diesen Varianten kann sich weibliche Kraft leben. Was jedoch eine entscheidende Rolle spielt, ist, wie wir Frauen diese Gabe ins Leben integrieren, sobald wir begonnen haben, nach einem tieferen Sinn zu suchen.

In der Sufi-Tradition – und auch in verborgenen weiblichen Traditionen – gibt es das überlieferte Wissen, das im Westen kaum bekannt ist, „dass Frauen eine bestimmte spirituelle Substanz in sich tragen, die Männer nicht besitzen. Dies hängt mit dem Mysterium der Schöpfung zusammen und damit, dass eine Frau nicht nur fähig ist, physisch zu gebären, sondern auch einen Raum zu bilden, in dem das Licht der Seele menschliche Form annehmen und zugleich seiner wahren Natur treu bleiben kann. Das ist etwas Außergewöhnliches."[9] So beschreibt es der Sufi-Lehrer Llewellyn Vaughan-Lee.

Auf einer inneren Ebene bedeutet das, dass Frauen eine besondere Beziehung zum Raum haben – Raum halten, Raum geben, in einem inneren Raum gegenwärtig sein. Hier ist ihre Empfänglichkeit zuhause, von der wir schon als Element weiblichen Bewusstseins sprachen, ebenso wie ihre Fähigkeit zum Wahrnehmen, zum Zuhören, zum Warten, zum Präsentsein, ja zum Sein. Diese Qualitäten sind weniger sichtbar als die aktiven Fähigkeiten und werden deshalb oft gar nicht erkannt oder übersehen. Häufig werden sie sogar – nicht selten auch von Frauen selbst – abgelehnt, weil unsere Kultur bekanntlich das, was sichtbar ist und sich in äußerer Aktivität und Leistung zeigt, höher schätzt. Die eher stillen Eigenschaften, die mit Raum und Empfänglichkeit zu tun haben, sind jedoch unverzichtbar, um für das Leben sorgen zu können, es zu fördern und zu unterstützen. Wir werden in den Großmutter-Geschichten diesen Qualitäten wieder begegnen.

Zuhören wird aus Stille geboren. Stille nicht einfach als Abwesenheit von Geräuschen, sondern als ein Verzicht darauf, unsere Wahrnehmung und Aktivität allein nach außen zu richten. Stille im weiteren Sinn bedeutet, dass wir die Aufmerksamkeit nach innen wenden. Dann haben die Gefühle Raum und die Intuition hat eine Stimme. Weil Frauen aufgrund des schöpferischen Potenzials, Leben zu gebären, eine besondere Fähigkeit haben, die Welt des Lichts mit der Welt der Materie zu verbinden, ist ihnen die Beziehung zwischen innerer und äußerer Welt, ob bewusst oder unbewusst, zutiefst vertraut. Der Verstand ist eine Möglichkeit, das Leben zu begreifen und Lösungen zu finden, und er hat die Menschheit weit gebracht; der denkende Geist ist eine wunderbare Gabe. Aber er ist nicht das einzige Instrument, mit dem wir die Welt erfassen. Es gibt eine weitere Art von Bewusstsein, das im Herzen zuhause ist. „Das Herz ist das Organ der Seele für Wahrnehmung", schreibt Anne Baring. „Es hat seine eigene Art von Bewusstsein, seine eigene zutiefst instinktive Art des Wissens, genau wie der Verstand seine eigene Art des Wissens hat. Es verhält sich wie eine Art Nabelschnur, die uns mit allem Leben auf diesem Planeten und dem größeren Leben des Kosmos verbindet."[10] Ohne die Liebe, die Sehnsucht, das Mitgefühl, die Hoffnung, all die Gefühle, die im Herzen gründen, ohne die Rückverbindung mit der inneren Quelle, aus der wir kommen, wäre das Leben „bedeutungslos, steril, tot", wie Anne Baring schreibt.

Frauen, die mit ihren weiblichen Kräften in Verbindung stehen, haben auch einen guten Draht zu ihrer Intuition. Das intuitive Erspüren wiederum gibt ihnen die Möglichkeit, auf das Leben zu antworten, auf das, was es braucht, so wie eine Mutter oft instinktiv weiß, was ihr Kind braucht und ohne nachzudenken darauf augenblicklich reagieren kann. Es geschieht ganz natürlich, schon in der Schwangerschaft, und setzt sich fort, wenn das Kind geboren ist. Zunächst kann sie das Kind selbst nähren, indem sie es stillt. Und stillen ist nicht allein eine physische Angelegenheit, denn neben der physischen Nahrung gibt die Mutter dem Kind körperliche und seelische Nähe, Sicherheit, Vertrauen und Liebe. Guan-Cheng Sun, ein Taoist, Molekulargenetiker und Lehrer des Chi Gong sowie der integralen Medizin, erklärt, dass Stillen auf natürliche Weise einen Energiepunkt, ein Chakra, nahe der Brust der Frau aktiviere, mit der Wirkung, dass Energie mit der Muttermilch zur Brust fließe. Sie helfe dem Kind zu wachsen, genauso wie die Milch selbst. Dieses Energiezentrum arbeite, so der Mediziner und Taoist, mit dem Herzen. Es versorge das Kind und es schütze das Kind auch. Die Energie aus diesem Chakra sei spirituelles Licht, das durch die Mutter zum Kind gegeben werde. Dieses Licht nähre es auf allen Ebenen, und das sei eine Fortführung dessen, was in der Schwangerschaft geschehe: Dass ein Licht, das durch den Körper der Mutter fließt, dabei hilft, dass aus der Seele ein physischer Körper geformt wird. Frauen müssten jedoch nicht Mütter werden, um diese Energie zu aktivieren, die Fähigkeit jeder Frau – Mutter oder nicht –, Liebe durch dieses Chakra in der Brust zu übermitteln, sei immer gegenwärtig.[11]

Nähren und die Fürsorge können zu jeglichem Leben fließen, nicht nur zu den leiblichen Kindern, und nicht nur zu anderen

Menschen. Das Wissen darum, was gebraucht wird, kommt nicht aus dem Verstand, nicht aus Büchern, es ist nicht kognitiv erlernt und nicht unmittelbar abhängig von Bildung, religiöser Zugehörigkeit oder kulturellem Hintergrund – auch wenn in den westlichen Kulturen Frauen nicht mehr so selbstverständlich mit diesem Wissen verbunden sind. Doch überall in der Welt tragen Frauen diese Verbindung in sich, wenn sie auch auf je unterschiedliche Weise ausgelebt wird.

Das instinktive Wissen der Frauen arbeitet für das Leben und mit dem Leben zusammen. Mit ihm zusammenzuarbeiten bedeutet, sich als Teil des Ganzen zu erfahren, innerhalb der Einheit des Lebens. Das Bewusstsein für die Vernetztheit und die gegenseitige Beziehung innerhalb der Schöpfung wurde bereits als weibliche Qualität benannt. So haben Frauen auch eine besondere Beziehung zur Erde. Zwischen der Frau und der Erde gibt es eine innige Verwandtschaft. So wie die Erde als die „große Mutter" uns alle, die ganze Menschheit nährt, so nährt im Kleinen die Frau ihre Kinder und kann mit Liebe und Fürsorge ihre Umgebung nähren.

In meiner Arbeit mit Frauen und in meinem früheren Schreiben habe ich mich intensiv mit der Beziehung zwischen Frauen und der Erde auseinandergesetzt, nachdem ich in meinem Leben erfahren durfte, wie tief wir mit der Erde verbunden sind und wie sehr sie uns liebt. Ein wichtiger Aspekt der Nähe zwischen Frauen und der Erde ist ihre gemeinsame Erfahrung des Zyklischen.[12] Die Menstruation, deren Einsetzen gewissermaßen die Initiation vom Mädchen zur Frau bedeutet, ist eine ganz unmittelbare Erfahrung der wiederkehrenden Kreisläufe, die Frauen für Jahrzehnte ihres Lebens begleitet. Die gesamte Lebenszeit gestaltet sich für die Frau deutlich in Zyklen: Der Zeit des Heranwachsens folgt die Zeit der erwachsenen Frau, die fruchtbar ist, und der Lebenszyklus der Menopause löst die Zeit der biologischen Fruchtbarkeit und potenziellen Mutterschaft ab, die wiederum vom Lebenszyklus des Alters abgelöst wird. Jeder Wechsel einer Lebensphase geht mit einer inneren Umgestaltung unserer Kräfte einher und ist gleichzeitig begleitet von einschneidenden physischen Veränderungen. Dieses zyklische Geschehen folgt dem Rhythmus, der allem Leben unterliegt: Ein wechselseitiges Spiel von Ausdehnung und Zusammenziehung. Das ganze Leben schwingt in diesem Rhythmus, wir erleben es im Atemzyklus, im Schlaf- und Wachrhythmus, im Herzschlag.

In der Natur spüren wir diesen Takt im Tag- und Nacht-Rhythmus, in den Jahreszeiten, bei Pflanzen und Tieren, in den Bewegungen der Sterne und des Meeres. Auch die Erde atmet in den Zyklen von Ausdehnung und Zusammenziehung. Tatsächlich finden wir enge Verbindungen und Gemeinsamkeiten zwischen dem zyklischen Geschehen, das die Erde und das wir Frauen erleben. Die Bewegung der Ozeane im Rhythmus der Gezeiten ist mit dem Mond verbunden, und ebenso unterliegt der Menstruationsrhythmus der Frau dem Einfluss des Mondes. Der Rhythmus von Ausdehnung und Zusammenziehen entspricht den Zyklen von Geborenwerden und Sterben, dem Kreislauf von Leben und Tod. Die Lebenszyklen der Frau können verglichen werden mit den Jahreszeiten in der Natur, einem immer wiederkehrenden Kreislauf von Leben und Tod und Wiedergeburt. Unsere Erfahrungen sind verwoben mit den Erfahrungen der Erde in dem Wissen, dass alles, was lebt, sich in Zyklen bewegt.

Wir werden später, wenn es um die Beziehung zwischen den Generationen und das Leben als Großmutter geht, noch tiefer in die Frage eintauchen, warum diese weibliche Beziehung zur Erde, die keine abstrakte Theorie, sondern ganz konkret und sinnlich erfahrbar ist, eine besondere Bedeutung hat. „Die Energie der Erde kann uns ein Gefühl des Zuhause-Seins vermitteln", sagte Sobonfu Somé in dem bereits erwähnten Interview, „sie hilft uns, zu wissen, wo wir sind. Wenn wir nicht mit der Erde in Verbindung sind, fühlen wir uns außer Reichweite, ungeerdet, im La-La-Land, wie man sagt. Wenn wir mit der Erde verbunden sind, gibt uns das ein Gefühl des

*Seins*, und durch unser *Sein* verbinden wir uns mit unserer Intuition und mit dem Netz des Lichtes."[13]

Das Weibliche sieht, wie alle Dinge und Wesen zusammengehören, es erkennt die Verbindung und sorgt für Verbindung. Daher verwundert es nicht, dass Frauen einen besonderen Sinn für *Gemeinschaft* haben. Sie bilden auf natürliche Weise Gemeinschaften und sie neigen nicht dazu, sie hierarchisch zu strukturieren. Dadurch kann das Wissen im Kreis fließen und sich durch gegenseitiges Fragen, Zuhören und Teilen vertiefen. Sehr häufig durfte ich erleben, wie in meinen Seminaren mit Frauen die Teilnehmerinnen sich wie von magischer Hand geführt miteinander verbanden, ohne sich persönlich zu verwickeln; wie sie sehr schnell wagten, zu vertrauen. In all den Jahren meiner Arbeit habe ich mich darauf verlassen können – auf diese unsichtbare Kraft, die eine innere Gemeinschaft bildet: eine Gemeinschaft, in der es nicht den Zwang gibt, auf eine bestimmte Art zu sein oder die unausgesprochene Aufforderung, sich anpassen zu müssen. Vielmehr erlaubt ein solcher Zusammenhalt den Frauen, einfach sie selbst zu sein, mit allen Wunden und Narben und Sehnsüchten und auch aller Kraft und Stärke, die sie mitbringen. Im Zusammensein wird ein Instinkt des Schutzgebens belebt, und oft entsteht der Schutz gerade durch das Zuhören. Diejenigen, die zuhören, nehmen die Geschichten der Seele in die Mitte des Kreises, und so werden Kräfte frei, die transformieren und heilen können.

Nicht immer natürlich und nicht in jeder Gemeinschaft von Frauen gelingt das, doch die Möglichkeit wartet jederzeit; nicht allein in organisierten und begleiteten, sondern auch in spontanen Zusammenkünften erfreuen sich Frauen häufig dieses natürlichen und unorthodoxen Gemeinschaftssinns. „Es gibt einen gemeinsamen Ton, einen Refrain zwischen Frauen, eine geteilte Erfahrung", sagte Sobonfu Somé. „Die Frauen können den Spiegel hochhalten, so dass andere Frauen sehen können." Denn sie „haben aus derselben Quelle getrunken."[14] Und für alle Gemeinschaften, nicht nur in Bezug auf ihre afrikanische Tradition, ließ sie uns wissen: „Die weibliche Art zu leben hat mit dem Herz der Gemeinschaft und der Erde zu tun. Frauen sind der Herzschlag der Gemeinschaft. Vielerorts in Afrika musst du die Frauen wirklich mit einbeziehen, wenn du etwas erreichen willst. … Sie haben dieses Gefühl des Wissens, diese Verbindung mit etwas Größerem."[15]

Selbstverständlich handelt es sich bei all diesen Qualitäten in Frauen um Möglichkeiten, nicht um Tatsachen. Wir alle kennen Gegenbeispiele, in uns selbst und bei anderen. Manche Frauen sind entmutigt, verzweifelt, finden den Zugang zu ihrer Weiblichkeit nicht oder lehnen ihn auch ab. Die Entwertung des Weiblichen und die Macht über Frauen haben ihre Spuren hinterlassen. Stellen Frauen sich die Frage, was denn eigentlich *weiblich* sei, so suchen sie vermutlich weniger nach einer Definition, als dass sie vielmehr danach ringen, es zu spüren, ein Gefühl dafür zu haben, um es schließlich von innen heraus leben zu können. Die Gefühllosigkeit ist einem Getrenntsein geschuldet. Sie fühlen sich nicht mehr verbunden, finden vielleicht den Zugang nicht. Das heißt aber, es ist in Wahrheit noch da!

Manchmal ist der Weg dorthin ganz kurz. Es braucht nur eine Ermutigung, oder den Spiegel durch eine andere Frau, vielleicht auch die innere Suche nach der, die man wirklich ist. Einige Frauen leben, was sie da finden, auch bereits in ihrem privaten Umfeld, manche haben das schon immer getan, und in diesen Zeiten möglicherweise zunehmend – jetzt, da wir erkennen, dass unsere bisherige Lebensweise keine Zukunftsmöglichkeiten mehr hat. Diesen Raum können wir ausweiten: Wir können wieder einsehen, dass die Geschenke des Weiblichen uns nicht um unserer selbst willen gegeben sind, dass vielmehr die Schöpfung den Beitrag des Weiblichen braucht. Wir leben in einer Zeit, in der ursprüngliche Kräfte wieder erwachen und die Frauen mutiger werden. Ihre Fähigkeiten werden gebraucht, wie wir im Weiteren sehen werden.

Die weiblichen Qualitäten zu benennen ersetzt nicht ihre Erfahrung. Diese Ausführungen werden fragmentarisch bleiben, können nur Anstöße sein. Um „das Weibliche" zu erfassen, um die Lebenskraft einer Frau zu beschreiben, so schlägt die Schriftstellerin Clarissa Pinkola Estés vor, brauchen wir vielmehr Dichtung, Malerei und andere Künste, unsere Träume und unsere Gespräche[16]. Was weiblich ist, ist in Wahrheit unsichtbar, auch wenn es in seiner Wirkung leuchtet. Wir sehen nur die Strahlen; wie schwebende Blüten erscheinen sie über einer im Nebel eingehüllten Wiese. Den Ursprung und die Kraft des Weiblichen können wir nur ahnen und fühlen, die Quelle ist immer verborgen. Lassen Sie uns zum Abschluss hier, der Übersicht wegen, einen Strauß voller leuchtender, wilder und feiner Blüten der weiblichen Kraft binden:

Leben geben, Fruchtbarkeit, Raum geben für die Seele, die heilige Substanz hüten, Fürsorge, Nähren, Beziehung, Sein, Stille, Empfänglichkeit, Zuhören, die innere und äußere Welt verbinden, Intuition, Gefühl, Instinkt, die Vernetztheit des Lebens erspüren, die Beziehung zur Erde und mit allen Geschöpfen erfahren, Gemeinschaftlichkeit – auf organische Weise.

Nehmen wir diesen Bund als Vorgeschmack – oder vorbereitenden Duft – für das Sein als Großmütter, mit dem wir uns bald ganz konkret befassen werden.

# Es fehlt. Über Verlust, Verwundung und Heilung

Wären uns all die weiblichen Qualitäten leicht zugänglich und hätten sie ihren selbstverständlichen Platz in unserer westlichen Kultur, sähe das Leben auf diesem Planeten anders aus. Doch der Wert des Weiblichen hat unendlich gelitten. Die Tragödie des Weiblichen – als Qualität des Bewusstseins genauso wie in Frauen selbst – liegt in seiner seit Langem währenden Entwertung oder gar Leugnung, Beschränkung und Fremdbestimmung, sei es durch religiöse, kulturelle, politische oder gesellschaftliche Systeme. Die Herabwürdigung des Weiblichen ging einher mit der Unterdrückung seiner Natur und der Überbewertung und erheblichen Dominanz männlicher Werte wie Wettbewerb, Zielorientiertheit, Rationalität, Hierarchisierung von Macht, Kampf und Eroberung. Die weiblichen Qualitäten wie Gemeinschaftlichkeit, Zuhören, empfänglich sein und eine organische Verbundenheit mit allem Leben haben wir dabei in den Hintergrund gedrängt oder sogar vergessen. Fatalerweise haben wir auf diesem Weg auch den Sinn für die Bedeutung der Seele verloren und für unsere Sehnsucht nach dem Göttlichen – der weiblichen Seite der Liebe. Da sich in großen Teilen der Welt eine Kultur entwickelt und manifestiert hat, die nur schätzt, was sichtbar und mit dem rationalen Verstand zu erfassen ist, wurde die innere, unsichtbare Welt bedeutungslos oder als irrational verhöhnt. Es ist schwer geworden, sich daran zu erinnern. Das weibliche Wissen ist entweder zu weit verschüttet, oder wir haben gelernt, es in uns selbst zu unterdrücken, weil es abgewertet wurde.

Vor langer Zeit, als die Menschheit noch in Verbindung mit ihren weiblichen Kräften war, haben wir gewusst, wie wir sie zum Wohl des Lebens wirken lassen konnten. Eine intuitive Beziehung mit den Zyklen des Lebens, mit den Geheimnissen des Seins, des Werdens und Vergehens nährte und förderte die Absicht der Menschen, am Wohlergehen der Schöpfung mitzuwirken.

Manch ein Wissenschaftler rieb sich verwundert die Augen, als im 20. Jahrhundert die litauische Archäologin Marija Gimbutas in Europa ausgedehnte Gebiete von Kulturen entdeckte, die aus vorpatriarchaler Zeit stammten, Kulturen, die friedlich lebten und in ihrer Kunst das Weibliche betonten. Beginnend im ursprünglichen Litauen weitete sich dieses Gebiet auf prähistorische Kulturen aus, die sich über ganz Südeuropa und zum westlichen Anatolien bis hin zum Nordwesten des Schwarzen Meeres erstreckten. Marija Gimbutas gab diesem Gebiet den Namen „Altes Europa" und datierte den Beginn dieser Periode in die Zeit vor acht- bis neuntausend Jahren, analog zum Einsetzen des frühen Ackerbaus. Interessant ist in diesem Zusammenhang des Pflanzens und Erntens, dass das Samenkorn in der symbolischen Kunst dieser Kulturen eine große Rolle spielte; oft wurde die weibliche Vulva als Samenkorn stilisiert, beispielsweise in den Funden aus Malta.[17]

Trotz überwältigender Beweise sollen sich damals viele Gelehrte geweigert haben, zu akzeptieren, was die Ausgrabungen bezeugten. Man wusste zwar von ähnlichen Kulturen in entfernteren Teilen der Welt, doch im Vergleich zu den bekannten historischen Kulturen im Westen erschien das symbolische System jener Gesellschaften, die das Leben feierten, die egalitär, friedlich und künstlerisch waren, hier zu fremd und verschieden.

Die Literurwissenschaftlerin und Autorin Betty Kovács spricht in ihrem Buch *Merchants of Light* über „das Bewusstsein, das die Welt verändert" *(The Consciousness That is Changing the World)* auch von den Entdeckungen Gimbutas: Die Kunst dieser Menschen feiere den weiblichen Ursprung des Lebens und seine Zyklen von Geburt, Tod und Wiedergeburt. Man habe keinerlei Darstellungen von Krieg, Gewalt oder Folter gefunden, ebenso wenig jedwede Kriegswaffen.[18] Der Fokus dieser Gesellschaften lag auf den weiblichen Qualitäten wie dem Nähren, dem Schützen und Sorgen für das Leben. Die Prähistorikerin Marija Gimbutas nannte diese Kulturen nicht matriarchal, sondern „matrifokal". Ihre Betonung lag auf Lebensweisen, die das Leben der Menschen nährten.[19] Und dies, so kommentiert Betty Kovács in ihrem erwähnten Buch, stehe im Kontrast zu patriarchalen Kulturen, deren Fokus auf Macht und Beherrschung lägen.

Das prähistorische Leben im „Alten Europa" hat Spuren für uns hinterlassen, die Zeugnis ablegen von der menschlichen Fähigkeit, Zivilisationen zu schaffen, deren Hauptanliegen das Wohlergehen aller ist – der Menschen und ihrer Umwelt, mit der sie im Gleichgewicht und in gegenseitigem Respekt leben. Es gibt zwar keine schriftlichen Überlieferungen, keine geschriebenen Texte, die deren innere Welt der Symbolik bezeugen, doch hat laut der Forscherin Gimbutas das symbolische Leben dieser Kulturen – auch ohne historische Schriften – einen unauslöschlichen Eindruck in der westlichen Psyche hinterlassen. Verständnis fand es im Rahmen der westlichen Sicht und der patriarchal geprägten religiösen Dogmen aber nicht. Man wusste eben nichts mit einer Kultur anzufangen, deren zentrales Motiv das Feiern des Lebens war.[20]

Einst, vor langer Zeit, so berichten auch Lehrende der weisen Traditionen und Kundige des inneren Kosmos, lebten wir alle in einer Welt, die wirklich lebendig war, erfüllt von Geist.[21] Wir waren Natur, nicht getrennt von ihr, und die Natur war Teil eines heiligen kosmischen Ganzen. Das Leben, auch das biographische Leben mit all seinen Stationen, hatte Sinn und Bedeutung, weil die Menschheit eingebettet war in eine heilige Ordnung und weil auch das, was unsichtbar ist, das Seelenvolle und Geistige, wahrnehmbare Wirklichkeit war – als etwas, das die ganze Welt durchdringt. Es wird von den Anfängen gesprochen, von den frühen Tagen der Menschheit.

Doch damit ist nicht nur eine historische Periode menschlicher Erfahrung gemeint, eine zeitliche Vergangenheit wie eben die des neolithischen „Alten Europa" und vieler ähnlicher Kulturen in anderen Kontinenten. Was jene Vorfahren der Nachwelt schenken und uns zu vermitteln versuchen, ist zugleich eine von historischen Gegebenheiten unabhängige, grundsätzlich tief verwurzelte innere Erfahrung des Lebens in uns allen. Sie schlummert dort, wo alles Lebendige in Gemeinschaft miteinander lebt, wo die sichtbare Welt in unaufhörlicher Kommunikation mit der unsichtbaren Welt ist, wo das Heilige selbstverständlich als Mittelpunkt des Lebens pulsiert. Es geht um eine Bewusstseinsqualität, die wir nur *erinnern* können, wenngleich sie auch jenseits von Zeit und nicht allein eine Sache der Vergangenheit ist. Sie gehört unmittelbar zu uns, und doch fühlt es sich an wie endlos weit zurückliegend, in einer schemenhaft fernen Vergangenheit, denn unsere Kultur hat diese Art von Bewusstsein tief vergraben. Es gab erwiesenermaßen Zeiten in der historischen Geschichte, wo dieses Bewusstsein das Leben bestimmte – wie wir sahen, auch in Europa –, und wir finden es auch noch in indigenen Kulturen, dort, wo sie die Versuche der völligen Ausrottung knapp überlebten, beispielsweise der Aborigines Australiens oder der First Peoples auf dem amerikanischen Kontinent. Es ist eine Bewusstseinsqualität, in der das weibliche Prinzip zuhause ist und im Gleichgewicht mit dem männlichen lebt.

Unser „Gedächtnis" für diese lebendige Seinsweise mag schwer erreichbar sein, doch ist dieses Bewusstsein tief in uns allen verborgen, zugedeckt von den schwer lastenden Schichten einer Erzählung, die unser Leben bis heute bestimmt – über die Seelenlosigkeit der Natur und die Notwendigkeit, sie zu beherrschen, über endloses Wachstum, Knappheit, Wettbewerb und Kampf. Eine lange Phase der patriarchalen Ära hatte sich über das Bewusstsein der Verbundenheit gelegt, über jene alte Geschichte der singenden Lebendigkeit.

Wie kam es eigentlich dazu? Zivilisationen tauchen auf und gehen wieder unter, im Wechsel der Gezeiten menschlicher Bewusstseinsgeschichte und der jeweiligen Erzählungen, die ihren Niederschlag darin finden. In den Mythen und Religionen wurde die *Große Mutter,* die alles Leben einschloss, die als weibliches Prinzip der ganzen Schöpfung innewohnt, verdrängt durch einen männlichen Gott, der die Welt von außen regierte. Damit nahm das Paradigma der Trennung seinen Lauf. Der monotheistische Gott der abrahamitischen Religionen war Ausdruck einer Entwicklung des menschlichen Bewusstseins, das auch das Transzendente in den Blick nahm. Leben ist ständige Veränderung, und so entwickelt sich das Bewusstsein der Menschheit auch in einem Strom der Evolution; soweit ist es auch nachvollziehbar, dass die Zeit reif war für eine Veränderung und Weiterentwicklung. Doch es gab einen harten Bruch; beide

Weltanschauungen konnten nicht miteinander vereint werden, so dass auf Kosten eines ganzheitlichen, die weiblichen Werte betonenden Lebens die männliche Sicht der Trennung übermächtig wurde. Erde und Himmel wurden getrennt. Der Himmel war von nun an heilig, die Erde sündig und unheilig. Im Verständnis nicht nur der Religionen, sondern auch aller anderen Gebiete menschlichen Seins, der Erkenntnisse, der Kultur und des Umgangs mit der Welt, wurde das Prinzip der Dualität vorherrschend: in der Trennung von Geist und Materie, von Verstand und Körper, von Mann und Frau, von Sichtbarem und Unsichtbarem, von Leben und Tod. Die Trennung in unversöhnlich voneinander abgegrenzte Gegensätze ruft jedoch unweigerlich eine Schattendynamik hervor; wir kennen das aus dem Alltag. Jede innere oder äußere Auseinandersetzung, die unvereinbar die Gegensätze hervorhebt, endet in einem Streit, in dem es darum geht, dass das eine im Licht und das andere im Schatten steht.

Dabei ist nicht die Existenz von Dualität das Problem, und sie ist ja auch nicht zu leugnen. Wie die chinesische Philosophie von Yin und Yang zeigen uns viele alte Traditionen auf, wie das „Eine zu zwei wird", wenn es sich manifestiert, beispielsweise auch in den uralten Lehren der Upanischaden. Beide Kräfte ergänzen einander. In der Weltanschauung des Westens wurde die Dualität jedoch so weit polarisiert, die beiden Kräfte so weit voneinander getrennt und dazu mit Bewertungen versehen, dass sie nicht mehr innerhalb der Einheit betrachtet werden konnten – da, wo sie zusammengehören in einem größeren Ganzen, wo sie sich ergänzen, gegenseitig befruchten, zusammen etwas Neues, etwas Drittes schaffen. Vielmehr teilten sich zwei Seiten einer Ganzheit in einen höherwertigen und einen minderwertigen Teil. Die physische Welt, das beständige Geborenwerden und sich Wandeln des Lebens, das seit Urzeiten mit dem Weiblichen verbunden wurde, trug nun den Schatten des entwerteten Weiblichen. Auch die spirituelle Suche, die Sehnsucht nach dem Heiligen, wurde Opfer dieses Schattens: Das Göttliche konnte nicht mehr auf der Erde, in der Natur und mitten im Leben gefunden werden. In den monotheistischen Religionen wartete es von nun an in einem jenseitigen Himmel in Gestalt eines urteilenden und strafenden männlichen Gottes.

Die Stille zog sich in Klosterzellen zurück und tanzte nicht mehr mitten im Leben. Intuition und spontane Verehrung im Herzen der Menschen zählte nicht mehr, denn männliche Würdenträger wachten über die Gesetze jenes Gottes und definierten sie. Weibliches Wissen wurde verfolgt, starke und weise Frauen entmachtet, die Tempel der Priesterinnen verwüstet, die heiligen Haine zerstört, heilkundige „Hexen" im Mittelalter verbrannt. Das Heilige lebendig im Körper und in der Spiritualität der Frau wahrzunehmen, bedeutete Dunkelheit und wurde dämonisiert. Frauen gebaren weiterhin Kinder, nährten und schützten sie, doch oft mussten sie leidvoll mit ansehen, wie das Leben dieser Kinder sehr bald durch zahllose Kriege in ihrem frühen Tod endete.

Das Weibliche trägt von da an nicht nur den Schatten, es leidet auch. Es leidet in Frauen und in Männern, aber Frauen ertragen als weibliche Wesen ein besonderes Leid durch die Verwundung ihrer Körper, ihrer Sexualität, ihrer Seele und ihrer Würde. Auch die mehr-als-menschliche Welt erfuhr und erfährt noch immer großes Leid. Die Trennung von Geist und Materie verlieh dem Geist die Sonnen- und der Natur die Schattenseite. Durch das Aufkommen eines mechanistischen Weltbildes in Philosophie und Naturwissenschaften begann auch ein unendliches Leid für die Tierwelt, das bis heute anhält, und nur sehr allmählich einem anderen Bewusstsein – oder Unrechtsbewusstsein – weicht. Jene Weltsicht betrachtete alle nicht-menschlichen Lebewesen, die unseren Planeten bewohnen, als seelenlose Maschinen und bot damit die Rechtfertigung für unfassbare Qualen, die Tiere in den Diensten der Wissenschaft erleiden mussten, denn als „Maschinen" fühlten sie angeblich nichts. Die biblische Aufforderung „Macht euch die Erde untertan" steigerte sich zu jener rücksichtslosen Ausbeutung der Natur und der Missachtung der Erde nicht nur als unser aller Lebensgrundlage, sondern auch als ein lebendiges, heiliges Wesen. Eine Aufzählung der Varianten, wie sich diese Missachtung im historischen Verlauf ereignete, könnte noch schier endlos fortgesetzt werden, beispielsweise mit den historischen Fakten der Kolonialisierung und der damit verbundenen Ausbeutung von Bodenschätzen in anderen Kontinenten, den Verbrechen an Mitmenschen in Form des Sklavenhandels und der Völkermorde. Was wir heute die westliche Welt nennen, das geht auf den Anspruch der angeblichen Überlegenheit des weißen Mannes zurück, der Menschen anderer Ethnien als minderwertig betrachtete und sie entweder als arbeitende „Maschinen" für seine Beutezüge in der natürlichen Welt betrachtete oder sie ausrottete. Dies konnte nur geschehen, weil männliche Werte überstrapaziert und einseitig gelebt, nicht mehr mit dem weiblichen Prinzip ausbalanciert wurden. Aus den Dualismen waren Herrschaftsverhältnisse geworden: Der Mensch herrscht über die Natur, der Verstand über das Gefühl und die Seele, der Mann über die Frau, der Weiße über die Nicht-Weißen. Das Gefühl für Gemeinschaft und Gleichwertigkeit allen Lebens, die Liebe zur Erde, aber auch die Qualitäten wie Mitgefühl, Lauschen und Achtung für die unsichtbare Welt waren in dunkle Schattenplätze verbannt worden. Die Frauen selbst, die einen Zugang zur Weisheit des Weiblichen hatten, begannen sich zu verstecken und ihr Wissen zu vergessen. Selbst als zu Beginn des letzten Jahrhunderts ein weibliches Bewusstsein in Gestalt der Frauenrechtsbewegung wieder zu erwachen schien und erneut im Aufleben des Feminismus einige Jahrzehnte später, blieb ein großer Teil der Bewegung in der Illusion gefangen, dass durch ihre Anpassung an das Männliche das Gleichgewicht wieder hergestellt werden könnte.

Nun steht die Menschheit mehr oder weniger erschrocken und ratlos vor einer Welt, deren Balance nahezu zerstört ist, physisch durch den Klimawandel, das Artensterben und die Vergiftung von

Wasser und Land, sozial, psychisch und spirituell durch die Krisen des Zusammenlebens – in Form von extremer sozialer Ungleichheit, der Zunahme von Gewalt und Kriegen, dem Flüchtlingselend, dem wieder erheblich wachsenden Rassismus und Nationalismus, dem noch feindseliger werdenden Bekämpfen von Religionsgemeinschaften. Und die Menschheit muss sich eingestehen, dass dieser Kollaps nicht auf Naturgewalten oder kosmische Ereignisse zurückgeführt werden kann, sondern allein auf das Wirken des Menschen. „Die Wirkung des Verlusts des Weiblichen auf die Welt, des Verlusts von Seele, sind unermesslich", schrieb Anne Baring schon vor einigen Jahren. „Instinktives Wissen von der heiligen Einheit der Dinge, Hochachtung vor der Verbundenheit aller Aspekte des Lebens, Vertrauen in die Kraft der Imagination und die Fähigkeit der Intuition – all dies als eine Art, sich auf das Leben durch Teilnahme statt durch Dominanz und Kontrolle zu beziehen, ist fast verloren gegangen."[22]

In den alten Kulturen hatte das Leben Sinn und Bedeutung, weil die Menschen das Gefühl hatten, in einer heiligen Ordnung zu leben. In unserer Welt hingegen ist die Verbindung zur Ganzheit so stark beschädigt, dass wir nur schwerlich durch eine innere Zugehörigkeit genährt werden können und dadurch viele Menschen ständig äußere Anreize brauchen, um eine Art Sinn in ihrem Leben finden zu können. Inmitten einer öden Welt der Kommerzialisierung aller Lebensbereiche wird der allgegenwärtige Konsum von TikTok und Instagram zum Sinn-Ersatz. Unmittelbare Bedürfnisbefriedigung tritt an die Stelle von Sich-Versenken, Kontemplation, Warten, Lauschen. Jetzt, sofort, auf der Stelle soll jedes Verlangen beantwortet werden. Damit schauen wir auch nicht mehr über Zeiträume hinweg, nicht über die eigene Generation hinaus, und auch das führt dazu, dass die Alten an Bedeutung verlieren. Noch viel weniger sind wir bereit, zugunsten der kommenden Generationen auf Konsum zu verzichten.

Wir müssen uns eingestehen, dass der gegenwärtige Zustand unserer Welt auch ein Ausdruck verarmter Weiblichkeit ist. Doch wir wollen nicht bei dieser entmutigenden Bestandsaufnahme der Zerstörung stehenbleiben. Zweifellos ist es notwendig, uns damit zu konfrontieren und den Folgen einer Weltsicht, wie sie zersetzender wohl niemals war, ins Auge zu sehen. Betty Kovács beschreibt diese trostlos anmutende Weltanschauung als eine schwer erträgliche Dystopie, wo es nichts als Materie ohne jede Bedeutung oder Sinn gebe, und wo menschliches Bewusstsein völlig wirkungslos sei.[23] Glücklicherweise, so fährt sie fort, und hier kommt die Wendung, seien die Physiker des 20. Jahrhunderts durch diesen Mythos hindurchgebrochen, und Wissenschaftler seien jetzt frei, die nicht-materiellen Dimensionen der Realität zu erforschen. Das stimmt, die neueste Physik zeigt uns ein ganz anderes Bild des Kosmos, eines, das unser altes weibliches Wissen in moderner naturwissenschaftlicher Sprache bestätigt. Doch dieses neue Wissen wird uns nicht nachhaltig weiterhelfen, wenn wir es nicht aus dem trennenden Dualismus von einerseits rationaler, rein verstandesorientierter Wissenschaft und andererseits intuitivem, innerem Leben befreien, wenn wir das verletzte Weibliche nicht wieder beginnen zu heilen und ins Leben zurückbringen.

Wie kann das Weibliche heilen? Wie können wir die engen Grenzen der Wirklichkeit wieder auflösen, um zu dem zurückzukehren, was unsere Vorfahrinnen und Vorfahren an uns weitergeben wollten? Auch wenn es vergessen scheint, das weibliche Wissen hat überlebt – wie ein Geheimnis, das verborgen und offen zugleich ist. Auch seine Ganzheit hat weitergelebt, im tiefsten Innern, in ihrer Quelle kann *Sie* nicht verletzt werden. Zu dieser Quelle gilt es zurückzukehren, dorthin, wo das Wasser aus den reinen Ursprüngen ins Leben fließt. Den Ort finden wir in unserem Innern. Dazu müssen wir nicht aus der Welt fliehen, denn das Innere kann sich überall spiegeln und mit uns sprechen, wenn wir dafür offen sind: Beim Anblick des nächtlichen Sternenhimmels und beim Lauschen auf die rhythmisch brausenden Wellen des Ozeans; wenn der erste Vogel im Frühling singt oder wenn ein Windhauch zärtlich unsere Wange streift. Die ursprüngliche Unversehrtheit des Weiblichen, sie kann in unseren Träumen oder in der Meditation auftauchen, sie kann in einem spontanen Gedicht erscheinen oder aufblitzen im Lachen der Frauen, kann uns berühren in der samtenen Stille der Nacht.

Von der innersten Quelle aus können wir diese Ganzheit ins Leben bringen, kann das Weibliche heilen. Dafür brauchen wir den Mut, es zu leben – zu leben, was in uns ist.

In den Nag Hammadi Texten, jenen frühchristlichen, vormals verborgenen gnostischen Schriften heißt es: „Wenn du hervorbringst, was in dir ist, wird das, was du hervorbringst, erretten. Wenn du nicht hervorbringst, was in dir ist, wird das, was du hervorbringst, zerstören.“[24] Damit das Weibliche wieder in einer unverzerrten Form ins Leben fließen und so dem Leben wieder Nahrung und Freude zurückgeben kann, durch Frauen und auch durch Männer, ist es wichtig, dass wir es im tiefen Innern, jenseits der rationalen und trennenden Gedankenmuster, aufspüren. Darin wiederum haben Frauen eine besondere Aufgabe, nämlich diese Kräfte wieder zugänglich und lebendig zu machen, sie *hervorzubringen*.

Auch individuell für Frauen ist es wichtig, dass das Weibliche in ihnen heilt. Viele Frauen sind verwundet, und einige sind sehr wütend. Andere tragen die Verletzungen in ihren unbewussten Tiefen und fühlen eine unbestimmte Sehnsucht nach Erlösung. Wir können die weiblichen Kräfte dem Leben nicht zurückgeben, wenn wir sie nicht in uns selbst befreien und heilen, wenn wir nicht wieder in einen Fluss der Liebe kommen. Deshalb ist eine Bereitschaft notwendig, uns auf Prozesse einzulassen, die uns zu einem Ort jenseits von Wut, Traurigkeit oder Verweigerung bringen. Es führt in unserem Zusammenhang zu weit, tiefer und im Detail darauf einzugehen, doch möchte ich diesen Weg kurz skizzieren. In meiner über viele Jahrzehnte währenden Arbeit mit Frauen durfte ich Zeugin dieser heilsamen Prozesse werden; es ist tatsächlich möglich, dass Frauen das verletzte Weibliche in sich heilen. In dem Buch *Frau sein – sensibel und stark* habe ich von diesen Erfahrungen berichtet und aufgezeigt, wie die Heilungsprozesse verlaufen können. Ein erster wichtiger Schritt ist dabei, das Leid und die Verletzung zu bezeugen und anzunehmen, jedoch nicht darin stecken zu bleiben. „Indem wir mit dem Herzen und tief im Herzen annehmen, dass das Weibliche in Frauen, in der Welt und möglicherweise auch in uns selbst verletzt wurde, können wir gleichzeitig endlich beginnen, das Leiden daran loszulassen.“[25] Nur so können Frauen sich wieder mit dem Männlichen aussöhnen und verbinden, so dass beide Kräfte wieder ein neues Gleichgewicht finden. Das Loslassen bedeutet nicht, etwas tun zu müssen, sondern eher unser Einverständnis dafür zu geben, dass etwas weggenommen werden kann. Mit dem Annehmen, Loslassen und Verzeihen werden Hindernisse aus dem Weg geräumt und der Zugang zu dem viel tieferen, inneren Wissen des Weiblichen freigelegt. Und wir sollten noch mehr loslassen: Der Heilung dient es nicht, wenn wir die feste Vorstellung eines Rezepts und die vorweggenommene Idee der nötigen, genau richtigen Medizin haben. Es geht eher darum, dass wir uns in einen Fluss einfühlen lernen, den uns das Leben selbst erahnen lässt. Die Heilung des Weiblichen verläuft mit den Strömen des Lebens, und das Weibliche heilt genau dadurch, dass es ins Leben fließt.

Auch die Erde trägt ein Wissen des Weiblichen und wie es heilen kann. Die Verwundung, die sie erleiden musste, ihre Entheiligung, die sie noch immer erduldet, ist verwandt mit der Verletzung des Weiblichen in Frauen. Die Nähe der Frauen zur Erde, mit der wir uns hier schon zuvor vertraut gemacht haben, ermöglicht ihnen, den Kummer der Erde zu fühlen, ihren verzweifelten Schrei zu hören. Die vertraute Beziehung zur lebendigen Erde öffnet auch die Wege, durch die wir ihre Weisheit wahrnehmen können. Nicht nur die Tränen der Erde können wir spüren, wir können auch ihren Geheimnissen lauschen. Die Erde hat ein ihr eigenes Bewusstsein, anders freilich als ein menschliches Bewusstsein, und doch sind wir auch eins damit, denn wir teilen dieselbe Quelle. Wenn wir einen inneren Raum dafür schaffen, können wir wieder lernen, ihr zuzuhören. Die Erde „weiß", wie sie wieder heilen kann, sie weiß um die Heilung des Weiblichen, so wie sie uns die Pflanzen und Kräuter zur Verfügung stellt, mit deren Hilfe wir vor langer Zeit gelernt hatten, verletzte Menschen und Tiere zu heilen.

Um zu der gemeinsamen Sprache mit der Erde zurückzufinden und ihrer Weisheit zu lauschen, müssen wir einen Raum in uns leer werden lassen. Dann werden wir auch die feinen und leisen Töne hören und die Kräfte spüren, die mit uns in Kontakt kommen möchten. Dort, wo wir dies wahrnehmen, halten wir uns in einem tieferen Ort unseres Bewusstseins auf, jenseits unseres rationalen Verstandes und unseres gelernten Wissens. Dort suchen wir nicht nach Lösungen und Techniken, wir erlauschen einfach, was da ist und schon immer da war. Zu diesem inneren Ort müssen wir auch reisen, wenn wir die reinen weiblichen Kräfte der Sorge für das Leben und das Wissen um die Ganzheit des Lebens wieder aktivieren und von dort ins Leben bringen möchten. Und so heilt nicht nur das Weibliche in Frauen, sondern auch in Männern, und auch in der Welt als Ganzes.

Einen entscheidenden Beitrag zur Heilung des Weiblichen können wir anbieten, indem wir uns tagtäglich, jeden einzelnen Morgen, wenn wir aufwachen, an seine Qualitäten erinnern und ihnen die Chance geben, durch uns hindurch ins Leben zu fließen: Gemeinschaft und Fürsorge, Gefühl und Intuition, die Achtung vor allem Leben. Dann können wir wieder lernen, „wie man die Liebesbriefe liest, die uns Wind und Regen, Schnee und Mond senden", wie es der japanische Zen-Meister Ikkyu vor vielen Jahrhunderten dichtete.

## Warum brauchen wir die Rückkehr des Weiblichen?

In dieser Zeit der wachsenden Unsicherheit sehen wir ganz verschiedene Arten, mit den gewaltigen Krisen, die unsere Erde und die Menschheit erschüttern, umzugehen: Einmal ist da der „Tanz auf der Titanic", man schaut weg, ignoriert die Lage und nimmt sich alles, was noch irgendwie geht. Dann gibt es Menschen, die in Angst und Resignation verfallen, denn die Lage scheint einfach aussichtslos angesichts des Ausmaßes der Folgen menschlichen Handelns. Man denkt sich – und hat Recht damit: Was Vertreter:innen von Nationen auf großen Konferenzen gemeinsam beschließen, halten sie sowieso nicht ein. Während diese Zeilen geschrieben werden, hat die Menschheit das in Paris euphorisch vereinbarte Ziel von höchstens 1,5 Grad Erderwärmung im laufenden Jahr bereits überschritten. Andere vertrauen auf technische Neuerungen oder auf ökologische Programme, und manche engagieren sich für nachhaltige und saubere Energie, lokal angebaute biologische Nahrungsmittel oder die Hinwendung zu Konsumverzicht und Tausch- und Schenk-Ökonomie. Tatsächlich sind diese Wege der äußeren Aktivität unverzichtbar, und teilweise sind sie sogar Ausdruck einer anderen als der bekannten Weltsicht, sie sehen die Ganzheit und die gegenseitige Abhängigkeit in der Natur, wie das beispielsweise in der Permakultur der Fall ist. Doch die äußeren Aktivitäten und technischen Neuerungen reichen nicht aus, um das Leben auf diesem Planeten und in der menschlichen Seele wieder ins Gleichgewicht zu bringen.

Wollen wir inmitten der Trümmer einer zerstörten Welt einer neuen Zivilisation entgegensehen, so müssen wir dem *inneren* Ungleichgewicht, das unsere Kultur über Jahrhunderte geschaffen und immer weiter forciert hat, Beachtung schenken. Neue Technologien und äußere Aktivitäten retten uns auch nicht vor sozialer Ungleichheit und vor dem Wahnsinn der Kriege – die Technik bringt nicht nur nachhaltige Energiegewinnung, sondern auch effizientere Waffen. Elektromobilität senkt nicht nur den $CO_2$-Ausstoß, sondern erfordert größere Mengen von Rohstoffen wie Lithium und Kobalterz, deren Abbau lebensfeindliche Gebiete bei den Indigenen Südamerikas hinterlässt oder, wie beim Kobalt, unter teils menschenfeindlichen Bedingungen in den Minen Afrikas gefördert wird. Die Welt, auch in ihrem ökologischen Gleichgewicht, wird so nicht von innen heilen können. Unsere äußeren Bemühungen müssen mit einer Er-Innerung zusammen gehen, in der das Männliche mit dem Weiblichen versöhnt, verbunden und wieder in Balance gebracht werden kann. Darum ist es so wichtig, das Weibliche wiederzubeleben. Ansonsten werden wir weiter mit schwerer Schlagseite durch die Gewässer des Lebens fahren und selbst bei größtem Bemühen in dem alten Muster der Kontrolle und Beherrschung gefangen bleiben. Versuchen wir die Welt nur zu *reparieren* statt zu ermöglichen, dass sie *heilen* kann, werden wir letztlich mit denselben Mitteln fortfahren, mit denen wir sie zerstört haben. Nur wenn wir unsere Welt wieder mit der Quelle verbinden, von der wir sie abgeschnitten haben, kann sie genährt, geheilt und transformiert werden. Es gibt ein Licht in der Materie, so weiß das Weibliche, und dieses Licht speist alles Leben; ohne die Verbindung zu diesem Licht können wir Menschen, auch wenn wir uns noch so sehr bemühen sollten, keine wirkliche Transformation bewirken. Ohne unsere Erinnerung daran wird die Freude aus dem Leben ganz verschwinden, denn dieses Licht, durch das alles Leben in die Welt kommt, birgt auch das Mysterium, das unserem Leben Sinn verleiht.

In alter Zeit, so schreiben Anne Baring und Jules Cashford in *The Myth of the Goddess,* habe es zwei große Mythen gegeben: Den Mythos des Sinns und den Mythos des Überlebens. Der Mythos des Sinns befasse sich mit der unsichtbaren Dimension des Lebens – seiner Ganzheit, Heiligkeit, Unendlichkeit und seiner beständigen Erneuerung. Der Mythos des Überlebens beinhalte das Zerreißen dieser Ganzheit, um in der sichtbaren Welt von Zeit und Raum überleben zu können. Und das ist interessant: So lange der Mythos des Überlebens *innerhalb* des Mythos der Sinnhaftigkeit gehalten werden könne, so sagen sie, kann eine Kultur aufblühen, aber wenn der Überlebensmythos vom Sinn-Mythos abbreche und das Leben bestimme, verliere die Welt an Seele.[26] Mein Eindruck ist, dass wir uns auch heutzutage, und das mehr denn je, einseitig im Überlebensmodus befinden und allein diesem Mythos anhängen, da wir nur äußerlich und immer noch aus der Attitüde der menschlichen Vormachtstellung heraus die Welt reparieren wollen. Die Geschichte vom Überleben ist nicht eingeschlossen und getragen in der Geschichte der tieferen Bedeutung. Das Überleben der menschlichen Spezies, die Angst vor dem eigenen Untergang, das sind oft die einzigen politischen Argumente für die Notwendigkeit von Veränderungen; niemals oder äußerst selten geht es dabei aber um die anderen Geschöpfe, oder um die Liebe zur Erde, um den Sinn, um das Mysterium des Lebens.

Wir brauchen die Weisheit des Weiblichen, denn das Weibliche und das Männliche müssen wieder zusammenarbeiten, in uns allen und in jeder und jedem Einzelnen. Wie könnte sich das gestalten? Was wir im Außen tun, könnten wir von einem inneren Lauschen und Wahrnehmen führen lassen; unsere brillante menschliche Vernunft könnte, statt Gefühle als kontraproduktiv abzulehnen, sich mit ihnen verschwistern; so könnten wir rationale Lösungen aus unserer Liebe zur Erde wachsen lassen und durch unsere Verbundenheit mit dem Kosmos nähren. Diversität würde – als Vielfalt in der Einheit – unser Leben bereichern statt es zu bedrohen; ein Gefühl von Sicherheit könnten wir durch das Eingebettet-Sein in einen Sinn erlangen, anstelle von Grenzziehung und Abschottung gegenüber jenen, die wir als potenziell feindselig betrachten. Mit der Umarmung des Weiblichen könnten wir unsere Verletzlichkeit wieder zulassen und in dieser Weichheit auch den Zwang zur Kontrolle aufgeben: Wir könnten wieder an der Schöpfung teilnehmen, in Beziehung mit ihr leben, statt über sie zu herrschen; könnten Natur *sein,* statt sie zu kontrollieren und auszurotten. Und nur, wenn wir die Hierarchie hinter uns lassen, wenn wir das Männliche nicht als wertvoller erachten als das Weibliche und ebenso wenig umgekehrt, wird unser Beitrag den Weg in eine neue Zivilisation unterstützen.

Doch hier liegt noch ein gutes Stück Weg vor uns. Die derzeitigen Machtstrukturen in der Welt deuten nicht auf schnelle Veränderungen hin, sondern darauf, dass sich die Entwicklung der Zerstörungsmuster beschleunigt. Unsere Jugend hat gute Gründe, um ihre Zukunft zu fürchten. Wir stehen am Beginn einer schmerzvollen Übergangszeit. Während das Ungleichgewicht, das diese Krise erst gesät hat, sich noch weiter verstärkt, brechen Strukturen zusammen – in sozialen und geopolitischen Bereichen ebenso wie in der physischen Welt durch die Folgen des Klimawandels. Die weiblichen Werte können uns jedoch auch durch die Zeit des schwierigen Übergangs helfen, durch eine – wahrscheinlich über Generationen währende – Zeit der Unsicherheit und Ungewissheit, die das Sterben einer alten Zivilisation begleitet. Die Qualitäten von Fürsorge und Gemeinschaft richten sich auch auf die noch ungeborenen Nachfahren aus, denn das Weibliche weiß um die Erneuerung im unablässigen Fortbestand des Lebens. Dieses innere Wissen lässt unseren Horizont weiter werden – über die Gegenwart unserer eigenen Lebensspanne hinaus, lässt uns an Kinder und Kindeskinder denken. Um so wichtiger ist es, die Saat, die auch eine Resilienz für die Zeiten des Übergangs ermöglicht, im Herzen zu hüten und weiterzugeben.

Wenn es darum geht, das weibliche Prinzip zurück ins menschliche Bewusstsein zu bringen und hier wieder zum Leben zu erwecken, so dass wir wieder zum Wohl des Lebens und unseres Planeten ein harmonisches Gleichgewicht finden können, so sind wir alle gefragt, Frauen wie Männer. Doch weil Frauen das Weibliche auf besondere Weise in sich tragen, kommt ihnen eine besondere Bedeutung dabei zu. Frauen haben in ihrem stofflichen und feinstofflichen Körper Zugang zu göttlicher Kreativität, jener heiligen Substanz der Schöpfung, die das Leben erneuert. Aufgrund ihrer Fähigkeit, einer Seele in die physische Form zu helfen, haben sie, wie wir weiter oben schon sahen, ein instinktives Wissen von der göttlichen Substanz in der Materie – in aller Materie. Dieses Wissen brauchen wir für die Regeneration des Lebens auf der Erde, für das Erwachen der Erde.

Man muss sich vorstellen, dass dies kein kognitives, kein abstraktes Wissen ist, das man theoretisch im Kopf hat. Es ist vielmehr lebendig im Körper einer Frau – jeder Frau, ganz gleich welchen Alters, wenn sie sich ihres Körpers bewusst ist und ihn bewohnt. Das Weibliche in ihr weiß auch, dass die Sorge für die Erde nicht allein eine Sache technischer Entwicklung ist, sondern Aufmerksamkeit, Zuwendung und Lauschen braucht. Wir sehen das – dank der weltweiten Kommunikationskanäle – ganz konkret bei vielen indigenen Frauen, die eine sehr persönliche und innige Beziehung zu einzelnen Elementen wie dem Wasser, Tieren oder bestimmten Pflanzen unterhalten, und wir erfahren, wie sie mit deren Geist oder innerem Licht in Verbindung stehen.[27] Ihnen verdanken wir das Vorbild und das Wiedererkennen im Spiegel anderer Frauen, doch es ist wichtig, dass wir Frauen im Westen auch selbst diese Beziehungen wieder suchen und leben.

Die Verbindung zwischen innerer und äußerer Welt, die Frauen in besonderer Weise wahrnehmen können, müssen wieder gewürdigt werden, von den Frauen selbst, aber auch im weiblichen Prinzip, das in Männern lebt. Nichts ist wirklich getrennt voneinander, eine Wechselbeziehung existiert zwischen allen Welten, das ist die Grundlage einer neuen Geschichte, die unsere Zukunft bestimmen kann; und das Wiedererwachen des Weiblichen ist das große fehlende Puzzle-Teil in dieser Geschichte.

In einem begrenzten Feld leben wir bereits im Zeitalter einer neuen Erzählung, da, wo es allein die Naturwissenschaft betrifft, denn die Quantenphysik lehrt uns, dass das ganze Universum ein einziges vereinigtes Feld ist und dass wir in der Tat in einem kosmischen Netz leben. Ihre Erkenntnisse, die auch die meisten unserer technischen Neuerungen begründen, haben uns gezeigt, dass jedes Atom auf der Welt mit jedem anderen interagiert, ganz gleich, wie weit sie voneinander entfernt sind. Die Wissenschaft sagt, wir sind Teil eines großen, das ganze Universum umspannenden Bewusstseinsfelds. Doch in Ermangelung des weiblichen Prinzips zieht die Menschheit nur sehr einseitige Schlüsse daraus: Sie nutzt die Erkenntnisse für die Entwicklung der Technik, der sie teils hypnotisch verfallen ist – wie wir beispielsweise am Suchtpotenzial der digitalen Medien erkennen. Doch wir sehen dabei immer noch nicht das Ganze und wie wir, wie alle Lebewesen voneinander abhängen. Die Menschheit blendet weiter das große, alles umfassende und alles miteinander vernetzende Bewusstsein aus. Die Motive, dieses Quantenwissen zu nutzen, sind zu einem großen Teil weiterhin Trennung, Gier, Selbstzweck, Kontrolle und Konsumwünsche. Es fehlen das Fühlen und der innere Sinn. Wir brauchen die natürliche Weisheit des Weiblichen, damit die durch unsere Kultur entstandenen Verletzungen wieder heilen können, damit wir die Rolle, die wir im heiligen Netz des Lebens innehaben, wieder verstehen. Wir brauchen auch die Menschen, Frauen und Männer, die das Weibliche in sich selbst und vor allem in der Frau würdigen, die achten, dass es heilig ist. Ohne das Weibliche wird das Leben einen essenziellen Funken verlieren, und ohne das Weibliche wird keine neue Welt, keine neue Lebensweise geboren werden können. Wenn wir das Weibliche in der Welt wieder zum Klingen bringen, so werden wir, Frauen und Männer dieser gegenwärtigen Zeit, aber viel mehr noch unsere Kindeskinder und deren Kinder, auch gleichzeitig wieder Zugang finden zu den tieferen Kräften, durch die das Leben wieder heilen kann.

# Weibliche Fähigkeiten im Licht der Großmutterschaft

Ohne das Weibliche kann nichts Neues entstehen. Auch wenn wir vordergründig an die physische Bedeutung denken – neues Leben kann nicht ohne das Weibliche geboren werden –, so gilt dies auch für alle anderen Ebenen und nicht nur für die Fortpflanzung. Ältere Frauen, die jenseits von Fruchtbarkeit und Gebärfähigkeit sind, so mögen wir uns fragen, wie können sie denn eine Geburt vollbringen? Wir hatten bereits angedeutet, dass es das Bewusstsein und der Kontakt mit dem inneren Licht sind, welche die Gebärfähigkeit erst ermöglichen – eine nicht-physische Substanz, eine heilige Kreativität. Weibliche Fähigkeiten im Alter mögen einen anderen Ausdruck finden als in jungen Jahren, sie sind jedoch nicht weniger wirksam. Die westafrikanische Autorin und Botin ihrer Kultur Sobonfu Somé sagte in einem Interview, in dem sie auch über die Kraft des weiblichen Zyklus sprach und darüber, dass die Menstruation ein tiefer energetischer Prozess, eine kraftvolle Zeit des Verbunden-Seins sei: „Die Menstruation findet auch noch bei den Alten statt. Die Energie wird bloß nicht nach außen gegeben; die Energie wird zu einem Segensreservoir für andere. Andere können kommen und die Alten können ihnen etwas aus diesem segensreichen Energiereservoir geben. Schau, die Alten tragen in sich Jahre der Erfahrung. Sie baut sich in unserem System auf. Und wenn jemand kommt und die Weisheit der Erfahrung sucht, kann diese Weisheit gegeben werden. Im Dorf nennen wir diese Weisheit das Wasser des Lebens."[28]

Als Potenzial trägt dieses „Wasser des Lebens" die weiblichen Qualitäten in sich, von denen wir gesprochen haben: Empfängliches

Lauschen und Zuhören, in Beziehung sein, Fühlen, Nähren und Erhalten, Bejahen und Aus-der-Intuition-Schöpfen, Raum und Sein. Sie können genutzt und mit Leben, Weisheit und Erfahrung gefüllt werden, sie können jedoch auch ungenutzt liegen bleiben oder verfälscht und mit eigenen Bedürfnissen vermischt werden.

Im Licht gelebt, auf eine Weise, in der sie achtsam sind für den Schatten, den ihre eigenen Bedürfnisse und Unzulänglichkeiten werfen, können Großmütter diese weiblichen Kräfte aus dem „Segensreservoir" in die Beziehung zur Enkelgeneration fließen lassen. Nicht nur die gewonnene Lebenserfahrung, sondern auch die Freiheit, die mit dem Älterwerden wächst – der innere und äußere Raum des Alters – bieten ihnen großzügige Bedingungen und einen fruchtbaren Boden für dieses Wirken.

Die Voraussetzung, dass dies gelingen kann, sehe ich in der bleibenden Bereitschaft, im Inneren lebendig, beweglich und jung zu bleiben. Äußerlich altern wir sichtbar, und wer kennt nicht das plötzliche Erstaunen vor dem Spiegel – die Diskrepanz zwischen der inneren Wahrnehmung und dem offensichtlichen Alter, das uns da entgegenblickt? Denn oft fühlen wir uns vom Geist her jünger, von unserem Wesen her irgendwie alterslos, und das hilft, lebendig zu bleiben. Auch für die introspektiven Kräfte scheint es wichtig zu sein, „jung" zu bleiben; das heißt beweglich, risikofreudig, ehrlich, lebendig. Denn nur, wenn wir uns immer wieder mit den Herausforderungen auseinandersetzen, wenn wir uns selbst in unseren Motiven hinterfragen, wenn wir mit den eigenen Erinnerungen und Gefühlen, die unweigerlich ausgelöst werden, ehrlich umgehen und wenn wir das Ganze mit einem Körnchen Humor nehmen, nur dann werden wir die weiblichen Fähigkeiten im Alter auf eine reife Art und Weise ins Leben bringen und zum Wohl der zukünftigen Generationen wirken lassen können. Eine starre Überzeugung in der Haltung, man wisse schon, wo es lang geht, und das Aufdrängen sogenannten weiblichen Wissens den Töchtern, Schwiegertöchtern, Enkelkindern oder überhaupt Jüngeren gegenüber ist fehl am Platz und ganz sicher kontraproduktiv. Stellen Sie sich vor, wie wir als moderne „weise Alte" buchstäblich und eifrig unsere „weibliche Weisheit" als Belehrung weitergeben; ein selbstironisches Schmunzeln ist doch unvermeidlich.

Wie sich aus den Aufzeichnungen der Gespräche mit Großmüttern deutlich abzeichnen wird, ist es tatsächlich nicht in erster Linie Beratung, durch die sich die weiblichen Qualitäten im Leben und Wirken der Großmütter entfalten, es ist vor allem das *Sein*. Um *sein* zu können, müssen wir zuvor diese Qualitäten zugelassen, müssen gelernt haben, sie wertzuschätzen. Nur dann haben wir sie auch integriert, verinnerlicht und verkörpert. Dann ist zu *sein* keine Attitüde, kein aufgesetzter Anstrich unserer Persönlichkeit, es sind vielmehr einfach wir, die wir auf unsere jeweilige Weise dem Leben dienen, mit unseren je individuellen Fähigkeiten. Im Sein versuchen wir nicht, ein gewisses Bild von Weiblichkeit zu kopieren oder – je nach Einstellung – zu vermeiden. Je reicher unsere Lebenserfahrung, desto weniger verführerisch der Versuch, eine Idee zu imitieren und damit einer kollektiven Vorstellung zu folgen.

Im höheren Lebensalter vereinen wir all die Stationen auf dem Weg des Frauseins: Zeiten, in denen wir lernten, Zeiten, in denen wir säten, Zeiten, in denen wir fragten, zweifelten und warteten, Zeiten, in denen wir Früchte nachhause trugen und Zeiten, in denen wir andere mit Früchten nährten. Paula Gunn Allen, eine amerikanische Poetin, Essayistin und Professorin, die auch indigene Wurzeln hatte und sich mit diesen Kulturen intensiv beschäftigte, schieb in ihrem Buch *Grandmothers of the Light* über die Frau auf ihrem Weg durch die Spirale des Lebens.[29] Robin Wall Kimmerer hat dies in *Geflochtenes Süßgras (Braiding Sweetgrass)* sehr schön zusammengefasst: „Sie wandelt sich so, wie sich der Mond wandelt": Zu Beginn gehe die Frau den Weg der Tochter – eine Phase des Lernens, des Sammelns von Erfahrungen, noch ganz unter dem Schutz der Eltern. Dann werde sie selbständig und müsse herausfinden, wer sie in der Welt ist. Darauf folge der Pfad der Mutter. Dies sei die Zeit, in der „das spirituelle Wissen der Mutter und ihre Werte im Dienst ihrer Kinder stehen". Gingen die Kinder dann ihren eigenen Weg, so schritten die Mütter weiter auf der Spirale fort, die immer größer werde. Nun könnten sie „all ihr Wissen und ihre Erfahrung einer neuen Aufgabe widmen. Ihre Kräfte haben nun einen größeren Wirkungskreis, sie dienen dem Wohlergehen der Gemeinschaft. Das Netz dehnt sich immer weiter aus, bis der nächste Abschnitt auf der Spirale kommt, der Weg der Großmütter. Sie sind die Lehrerinnen und Vorbilder für jüngere Frauen. Und selbst in der Fülle des Alters, daran erinnert uns Allen, ist unsere Aufgabe noch nicht zu Ende. Die Spirale weitet sich immer mehr, und die Sphäre einer weisen Frau übersteigt sie selbst, ihre Familie, die menschliche Gemeinschaft, sie umfasst den Planeten, bemuttert die Erde."[30]

Wir finden hier eine ganz andere Sichtweise, als die für uns gewohnte: Der Weg der Frau wird nicht mit zunehmendem Alter enger, im Gegenteil, er weitet sich. In den Sinn kommt ein Bild von konzentrischen Kreisen, die sich in immer größer werdenden Kreisen wiederfinden, vom familiären Feld bis hin zum ganzen Erdkreis im hohen Alter. In unseren westlichen Gesellschaften mit der sehr eingeschränkten Sicht auf die Älteren mag uns das fremd vorkommen. Dass in der Fülle unseres Alters unsere Aufgabe noch nicht zu Ende ist, und dass dies auch entsprechend wertgeschätzt und gewürdigt wird, findet man noch immer in anderen Kulturen der Erde. Das veranschaulichte mir auch das Gespräch mit einer Großmutter, die mit deutschen Wurzeln durch Heirat und Familie in die Kultur einer südostasiatischen Gesellschaft hineingewachsen ist:

*Alter ist manchmal in den westlichen Gesellschaften so etwas Unwürdiges, wenn die Menschen künstlich am Leben erhalten werden und dahinsiechen müssen. Die Menschen sterben hier leichter. Das Leben wird nicht künstlich verlängert. Lange krank sein, bevor man stirbt, ist recht selten hier. Du kannst am Leben teilnehmen, sitzt immer mit dabei, wenn was los ist, die meisten älteren Menschen leben ja auch mit den Kindern und Enkelkindern zusammen, sind voll integriert in den Alltag, und irgendwann werden sie krank und sterben dann schnell. Was man jetzt bei Corona gesehen hat, das einsame Dahinsiechen in den Altersheimen, das gibt es hier kaum.*

*Die Meinung der älteren Menschen wird geschätzt. Die Alten werden auch immer noch um Rat gefragt; es ist nicht immer so, dass man dem dann folgt, aber man fragt. Und entscheidet dann. Es ist ein ganz anderes Teilnehmen am Leben. Es hat etwas mit Würde zu tun. Ich finde alte Menschen haben hier mehr Würde. Dieses abschätzige „Diese-alte-Oma-da", das gibt es hier kaum. Für mich ist es manchmal schwer zu switchen, weil ich das so kenne: den Begriff ‚Oma‘, der so abschätzig klingt, wenn man als Oma angesprochen wird. Von daher ist natürlich die Rolle, die du als Großmutter hier hast, ganz anders.*

*Und was für mich auch bemerkenswert war, ich hatte schon diese Vorsicht in mir, ich darf mich nicht so viel einmischen, ich halte mich zurück, und habe auch versucht, nichts zu sagen, was Pflege, Erziehung usw. betrifft, als mein erster Enkel hier geboren wurde. Aber dann merkte ich, dass meine Tochter froh war, wenn ich ihr half. Sie hatte gar nicht erwartet, dass ich mich raushalte. Für sie war es gut, dass ich da war. Als das Kind zum ersten Mal zum Kinderarzt gebracht wurde, bin ich ins Krankenhaus mitgegangen, und als sie aufgerufen wurde, ließ ich sie allein reingehen und wollte warten, aber kurz drauf rief man mich: „Die Oma soll mit reinkommen". Die Kinderärztin wollte die Oma sehen. Das war für mich schon sehr ungewohnt. Ich sollte auch bei Stillproblemen helfen.*

*Es ist hier eine ganz andere Rolle. Ich hatte noch nie das Gefühl,
dass ich als Oma unerwünscht bin.*

Diese Schilderung bezieht sich eher auf die äußeren Aufgaben, aber
sie lässt auch erahnen, wie wir durch unser Sein die weiblichen Qualitäten als Großmütter leben können. Eine grundlegende Eigenschaft
des weiblichen Seins ist das In-Beziehung-Sein. Es gibt mehrere
wissenschaftliche Forschungen zu Großeltern, doch in den soziologischen Studien wird beständig auf die gesellschaftliche Arbeit der
Großeltern geschaut, nicht aber auf die Beziehung. In all meinen
persönlichen Gesprächen mit Großmüttern wurde hingegen deutlich, wie wichtig in ihrem Sein mit den Enkelkindern die gegenseitige Bezogenheit ist, in einem weiten Raum, der dies ohne Störung
zulässt. Und auch die Beziehung zur Erde, zu Pflanzen, Bäumen
und Tieren, die Wahrnehmung des Miteinander-Verbunden-Seins
spielt eine große Rolle innerhalb der Großmutter-Enkel-Beziehung.

Großmütter können die weiblichen Fähigkeiten mit den Qualitäten des Alters verbinden. Den Raum der Empfänglichkeit, den sie
möglicherweise einst körperlich gaben, um ein Kind auszutragen,
können sie nun mehr als je zuvor in innerlicher Weise anbieten.
Durch ihre Präsenz in ungeteilter Aufmerksamkeit halten sie einen
offenen Raum für die Beziehung mit der jüngsten Generation. In
dem unmittelbaren Sein, das die Großmütter ausstrahlen – einfach
nur in ihrem Zugewandt-Sein, ohne einen bestimmten Zweck zu
verfolgen, ohne eine Agenda zu haben –, können die Kinder und
Jugendlichen diese Art zu sein kennenlernen und direkt sinnlich
erfahren, ohne dass sie es erst vergessen und dann später mühsam
wiederfinden müssen. Es ist möglich, dass sie auf diese Weise ganz
organisch eine Saat aufnehmen, sie in ihren Herzen bewahren und
sie irgendwann in den Garten ihrer Zeit „pflanzen" und damit an
andere Nachkommen weitergeben. Wir werden im Kapitel über das
Großmutter-Leben ganz persönliche Beispiele kennenlernen, wie

die weiblichen Qualitäten in der Beziehung zu den Kindeskindern wirken können und wie sie das Leben fördern.

Die Kraft des Weiblichen kann, wie andere Kräfte auch, mit zunehmendem Alter natürlich auch schwinden. Doch sie kann ebenso gut auch bleiben, wachsen oder sogar ganz neu erwachen. Weiblichkeit ist nur zu einem kleinen Teil und aus einer einseitigen Perspektive eine Frage bio-chemischer Vorgänge. Auch wenn die Versorgung mit Hormonen schwächer wird, kann gleichzeitig die Fülle der weiblichen Liebe wachsen. Die Seele kann stärker werden, auch wenn der Körper im Altern schwächer wird. Und die körperliche Präsenz bleibt, solange wir atmen. Die weiblichen Möglichkeiten können sogar einen größeren Raum gewinnen, wenn Frauen ins Großmutter-Alter kommen. In den inneren Freiräumen des Alters gepaart mit seiner Weisheit können sie dem Leben dienen, wenn Frauen ihre Verantwortung als „Ahninnen" wahrnehmen. Anschaulich wird das – wieder einmal – in den indigenen Kulturen. In einer Arbeit über Native American Grandmothers, die assoziiert mit der Universität von Oklahoma in einem Journal erschien, heißt es, dass ältere Frauen in der Kultur der Native American einen besonderen Status innehätten, und der gründe sich auf ihr Alter und ihre Rolle als Betreuungsperson. Stammesgesellschaften betonten die Tradition und respektierten ältere Mitglieder als Träger von Wissen, das für das Fortleben der Kultur essenziell sei. Beide Geschlechter hätten einen hohen Status inne. Auf die Großmütter bezogen schreibt die Autorin, dass weibliche Ältere vor allem wegen ihrer Rolle als Mutter, die sie ein Leben lang bekleidet haben, eine einzigartige Quelle von Weisheit darstellten. „Die Verbindung zwischen der Fähigkeit der Frauen, ein Kind zu nähren und der Erde, die das Leben erhält, wird überall in den Kulturen der Native American anerkannt und gefeiert."

Interessant für unsere Überlegungen ist, dass hier betont wird, dass genau die Kombination der beiden Werte – Ältere und Frauen – in diesen Kulturen den geschätzten Status für Großmütter geschaffen haben. Und die Autorin fügt hinzu, dass viele Stammeslegenden Großmütter als zentrale Figuren in der Schöpfung und auch als Quelle von spiritueller Führung ansehen.[31]

Kehren wir zurück in unsere westliche Kultur, so müssen wir ein wenig tiefer schürfen. Glücklicherweise können wir auch hier vereinzelte Perlen der Anerkennung und des Erinnerns ausgraben. Dann ist es an uns, diese Tradition fortzuführen. Eine der Großmütter erzählte in unserem Gespräch von ihrer eigenen Erfahrung als Jugendliche und junge Frau mit einer Dame, die nicht ihre leibliche Großmutter war, aber diese „Großmutter-Qualität" für sie trug. Für die junge Erzählerin hatte sie die Welt geöffnet, mit ihr hat sie viele Geschichten geteilt. Dann fügte sie hinzu:

> *Danach, so merke ich, hatte ich in meinem Leben eine Affinität zu älteren Frauen entwickelt. Es gab nämlich drei Lehrerinnen, oder Mentorinnen, bei denen ich Ausbildungen und Schulungen gemacht habe. Sie alle hatten eine gewisse „Großmutter-Qualität".*
>
> *Durch dieses Gespräch jetzt ist mir bewusst geworden, dass die alten Frauen immer eine große Faszination für mich hatten. Ihre große Präsenz. Alle drei verschieden, aber jede hatte in ihrem Sein eine große Präsenz.*

Wir reflektierten gemeinsam, was wohl genau die „Großmutter-Qualität" dieser drei Frauen ausmachte – trotz ihrer individuellen Unterschiede. Und wir gelangten zu der Erkenntnis: Wenn eine Frau im Verlauf ihres Lebens wirklich ergreift und verkörpert, was sie ist, dann gewinnt dies im Alter eine ganz besondere Qualität. Denn das Alter hält eine gewisse Freiheit bereit. Es ist nicht allein die Lebenserfahrung, die dazu beiträgt; die Frau hält sich auch in einem freieren Raum auf. Wenn sie ihre weiblichen Qualitäten, wenn sie das, was sie mitbringt, im Laufe ihres Lebens ganz ver innerlicht und verkörpert hat, erlangt es im Alter eine leuchtende Kraft und Präsenz.

# 3

# Generationen.
# Aufgaben und Geschenke

*Vielleicht erinnerst du dich nicht,*
*doch lass mich dir sagen:*
*jemand, irgendwann in der Zukunft,*
*wird an uns denken.*

SAPPHO
7. JAHRHUNDERT V.U.Z.

Weckt uns bitte auf, ihr, die nach uns auf dieser Erde laufen werdet! Helft uns, dass wir uns daran erinnern: Wir sind eure Vorfahren. So ruft die Buddhistin und Aktivistin der Tiefenökologie Joanna Macy die „Wesen der Zukunft" an. In einem Gebet an sie fleht sie inbrünstig: Ihr, die ihr schon jetzt in uns lebt, erfüllt uns mit Freude für die Arbeit, die getan werden muss.[1]

Die Wesen der Zukunft und ihr Anspruch auf das Leben, so schreibt sie in ihrem Buch *World as Lover, World as Self,* erschienen ihr so real, dass sie deren Gegenwart fühlen könne, als Zeugen, über ihr schwebend. Manchmal stelle sie sich vor, sie erhasche einen flüchtigen Blick auf sie, wenn sie nur plötzlich ihren Kopf wendete. Die lebendige Gegenwart dieser zukünftigen Wesen, wie sie in ihrer Vorstellung sehr klar existiere, sei eine Gnade und habe eine deutliche Wirkung auf ihr Leben und befeuere ihren Aktivismus.

Und sie fügt wie zur Bestätigung hinzu, dass auch Philosophen und Mystiker sagen, dass chronologische Zeit ein Konstrukt sei, eben eine Funktion unserer Denkweise; auch sie wiesen auf eine andere Dimension hin – in der alle Zeit simultan sei, dort, wo wir mit der Vergangenheit und der Zukunft zusammenlebten.[2]

Wir sind gewohnt, Zeit lediglich als eine Linie zu sehen; wir stellen uns einen Strahl wie in einem Diagramm vor, der sich linear und nur in eine Richtung bewegt, fortschreitend von der Vergangenheit über die Gegenwart und dann in die Zukunft. Uns selbst verorten wir dann in der sogenannten Gegenwart, welche die Vergangenheit hinter sich gelassen hat und die Zukunft nur als Abstraktion kennt. Gleichzeitig ist die Zeit per Definition genau getaktet und gemessen, aufgeteilt wie Stücke auf diesem Strahl oder Segmente in einem Raum, in Tage, Stunden, Minuten, Sekunden. Sie folgt dem historischen Datum und der Uhr, und das gilt weltweit. Unstimmigkeiten aufgrund geographischer Unterschiede bezüglich des Tag- und Nachtrhythmus wurden durch die Definition von Zeitzonen gelöst, so dass wir immer mit vergleichbarer, festgelegter Uhrzeit weltweit verbunden sind.

Doch was uns jetzt so selbstverständlich vorkommt, war nicht immer so. Erst gegen Ende des 19. Jahrhundert führte man die auf Greenwich bezogene Weltzeit ein, und seit 1972 gibt die durch Atomuhren präzise gemessene „koordinierte Weltzeit" den Takt vor. Vor der Greenwich-Zeit lebten wir in regional durchaus unterschiedlichen Zeitmessungen; die Glocken der Kirchturmuhren schlugen die Stunden in den jeweiligen Orten. Aufgang und Untergang der Sonne bestimmten das Zeitgefühl der Menschen. Dann setzte eine Entwicklung ein, in der die Zeit für den ganzen Erdball einheitlich und allgemeingültig gemessen und skaliert wurde, und die verlief so rasant, wie unsere Wahrnehmung der Zeit selbst es inzwischen ist: Jetzt leben wir in einer Kultur, die Zeit nur als ein Rennen kennt. Rasend schnell und hektisch scheint sie immer zu knapp, genauso wie all die Güter, die man in unserer von Materialismus bestimmten Welt nicht ausreichend zu besitzen glaubt. Ausgehend von einem Alltag, orientiert am Lauf und Licht der Sonne oder dem Lauschen auf die Kirchenglocken, bis hin zur heutzutage verbreiteten Smart-Watch, die nicht nur die Zeit misst und einteilt, sondern fast jede unserer Lebensäußerungen auf diese Zeit bezieht, sind nicht einmal 150 Jahre vergangen – etwa fünf bis sechs geschätzte Menschen-generationen. Von diesem relativ neuen rationalen Zeitbewusstsein sind wir stärker geprägt, als es uns bewusst ist, denn es bestimmt alle Bereiche des Lebens und unsere Haltung zur Welt, zum Endlichen und Unendlichen und zum Kommen und Gehen der Generationen.

Zu großen Teilen haben wir vergessen, dass es in uns auch Bewusstseinsebenen gibt, die die Zeit anders erfassen – relativ und jenseits der Messung durch Uhren. Dabei brauchen wir uns nur an eine Erfahrung zu erinnern, die wir alle kennen: Je selbstvergessener wir uns einer Sache hingeben, umso mehr schwindet unser an die Uhr angepasstes Zeitgefühl: Plötzlich zeigt die Uhr zwei Stunden später an, unser Gefühl jedoch ist, dass nur zehn Minuten vergangen sind. Anders ausgedrückt, je weniger wir auf unser abgegrenztes Ich bezogen sind, je mehr wir mit der Gegenwart verschmelzen und eins mit unserer Umgebung werden, um so weniger stimmt die subjektiv empfundene Zeit mit der objektiv gesetzten Uhr-Zeit überein. Auf der anderen Seite kann Zeit auch verlangsamt erlebt werden: In lebensbedrohlichen Situationen entsteht das Gefühl des Erlebens in Zeitlupe, Bruchteile von Sekunden nach der Uhr werden zu langen Minuten in der Wahrnehmung. Zeit ist also mehr als der Takt der Uhr, sie ist dehnbar und komprimierbar.

Offenbar scheint ihre Wahrnehmung zum einen mit unserem Zustand des Ich-Bewusstseins und zum anderen mit einer besonderen Qualität der Gegenwart zu tun zu haben. Und beides hängt tatsächlich zusammen. Denn je weniger wir uns in einem isolierten Ich-Gefühl zugunsten eines Wir-Gefühls, einer Verbundenheit mit dem Leben um uns herum, befinden, umso tiefer lassen wir uns auf den gegenwärtigen Augenblick ein, auf eine Gegenwart, die alles umfängt und nichts ausschließt oder trennt. Und was dieser alles umarmende Moment somit auch einschließt, das sind die Dimensionen, die wir Vergangenheit und Zukunft nennen.

Während unser rationales Bewusstsein sie als voneinander getrennte Abschnitte auf einer Linie betrachtet, erlebt eine andere Ebene des Bewusstseins sie als eine Einheit: Vergangenheit, Zukunft und Gegenwart kommen in uns, in unserer Erfahrung des Moments, zusammen. Das geschieht nicht nur, wenn wir träumen oder meditieren, also in Bewusstseinszuständen, die sich bekanntermaßen vom rationalen Verstandesbewusstsein unterscheiden. Auch wenn wir malen, musizieren, kreativ tätig sind, mit Hingabe gärtnern oder unsere Körper und Seelen in eine liebende Umarmung geben, können wir uns in einem Zustand befinden, den wir Zeitlosigkeit nennen. Dann wird nicht nur deutlich, dass wir ein Teil der ganzen Geschichte der Menschheit sind, bis hin zurück in die Anfänge, sondern auch der Zukunft; in diesem Augenblick jenseits aller Grenzen ist sie vollkommen gegenwärtig.

Fragen wir uns nun, was das für unser Thema der Generationen bedeutet, so wird klar: Wenn wir uns dem Augenblick hingeben und aus unserer isolierten Ich-Wahrnehmung heraustreten, wenn also Vergangenheit und Zukunft Teil unserer Gegenwart werden, so sind auch unsere Ahnen und Ahninnen wie auch die zukünftigen Generationen in diesem Jetzt eingeschlossen. Während Menschengenerationen kommen und gehen, berühren sich Lebenszyklen in ihren unterschiedlichen Phasen, begrüßen und verabschieden einander, teilen Erfahrungen. Geboren werden, an dieser Welt teilhaben, sterben, in neuen Generationen wieder geboren werden – das betrifft für eine endlose Generationenfolge nicht nur den Menschen, sondern auch die Pflanzen, Tiere, das ganze Leben auf dieser Erde. In diesen Momenten, wo wir „mit der Vergangenheit und der Zukunft zusammenleben", können wir uns bewusstwerden, dass wir in einer Tiefe miteinander verbunden sind, die wir mit dem Verstand gar nicht ausloten können. Alles, was wir in diesem Moment denken, fühlen und tun, hat eine Auswirkung auf die zukünftigen Generationen, auf die Menschenseelen, die auf ihrem Weg hierher sind – nicht nur auf unsere direkten Nachfahren, unsere Enkelkinder und Urenkelkinder, sondern weit darüber hinaus. Überdies hat unser Leben nicht nur eine Wirkung auf die menschlichen Wesen, die noch kommen werden, sondern auch auf die Nachfahren unserer Mitgeschöpfe, die Urenkel der Wale und der Korallen, der Bienen und Schmetterlinge, der Falken, Rotkehlchen und Zaunkönige, der Pappeln, Zedern, Buchen und Lärchen.

Wir sind Ahn:innen. Und damit reicht unsere Gegenwart weit in die Zukunft, und die Zukunft ist auf eine eigene Weise *jetzt* präsent. Gleichzeitig sind wir die Nachfahren unserer Ahn:innen, wir sind diejenigen, die deren Zukunft einmal waren. Ihre Freude und ihr Leid, ihre Erfahrungen, ihre Erkenntnisse und ihre Weisheit, wir tragen sie in uns. Wir tragen die Erinnerung der Menschheit in uns, aber auch die Erinnerungen der Pflanzen und Tiere, des Wassers und der Steine. Ohne sie wären wir nicht hier. Wenn wir so in die Tiefe der Zeit tauchen, können wir zu einer Kraft zurückkehren, die uns nähren und leiten kann. Wir werden wieder Teil der sozialen, ökologischen und spirituellen Verbindungen, die sich wie ein mächtiger Fluss durch die Zeitalter bewegen.

Mit dem Gewahrsein dieser Verbundenheit und der Wahrnehmung jener Kraft erreicht uns etwas Drittes: Wir werden von einem Gefühl der Verantwortung berührt. Es ist eine freudige Verantwortung, ein Ja zum Leben, eine Nahrung für die Seele. Denn wir sehen, unser Leben ist nicht eine zufällige, abgesteckte Strecke zwischen zwei Pfeilern, der Geburt und dem Tod, unverbunden und wahllos in die historische Geschichte geworfen. Vielmehr sind wir ein Teil in diesem großen Gefüge des Lebens, das sich auch über die Zeiten hinweg miteinander vernetzt – lange bevor wir geboren wurden und weit über unseren physischen Tod hinaus. Wie wir uns heute auf das Leben beziehen, wirkt sich auf die Beziehungen und das Leben unserer Nachfahren aus. Es spielt eben nicht nur eine Rolle für unser eigenes Leben.

Ein solches Bewusstsein, das die zukünftigen Generationen mit im Blick hat, und mehr noch, auch die Verantwortung zwischen den Generationen einschließt, ist in unserer heutigen westlichen Gesellschaft kaum noch sichtbar. Vielleicht lebt es noch in einzelnen Nischen, wird angemahnt von Kulturkritiker:innen und Ökolog:innen, existiert in kleinen Zellen von Großeltern-Enkel-Verbindungen. Aber das Kollektiv, das in uns allen unbewusst wirkt, hat sich längst davon verabschiedet. In unserer gegenwärtigen Kultur ziehen wir, wenn wir Entscheidungen treffen, die zukünftigen Generationen nicht nur nicht mehr in Betracht, wir leben auch so, dass wir, was die Konsequenzen betrifft, ihnen die Lebensgrundlage sogar entziehen. Wir sorgen nicht für sie, wir leben auf ihre Kosten. Wir legen keine Saat, die später aufgehen darf, wir vernichten – auch buchstäblich – das Erdreich, das die Samen umfangen und nähren sollte. Wir schauen nicht mehr danach, was wir zurückgeben, wie wir das Leben bereichern können, wir saugen gierig für unseren eigenen momentanen Wohlstand alle Schätze aus der Erde, ohne uns darum zu kümmern, was bleibt, was nachwächst, und wie sehr es das Klima, das alles Leben in seiner Vielfalt für lange Zeit so wunderbar hat gedeihen lassen, in rasantem Tempo zerstört. Der sogenannte Erdüberlastungstag *(Earth Overshoot Day)*, jenes Datum, an dem wir alle zur Verfügung stehenden Ressourcen der Erde für das betreffende Kalenderjahr bereits verbraucht haben, rückt für unsere hochindustrialisierten Länder Jahr für Jahr weiter nach vorne, inzwischen bereits in den Frühling. Das bedeutet, zwei Drittel unserer Ausbeute stehlen wir von den zukünftigen Lebewesen der Erde. Die Menschheit macht sich noch immer zu wenige Gedanken um die

Nachfahren all der Arten, die unsere Erde bewohnen, es kümmert sie nicht einmal ernsthaft, dass die aussterbenden Arten gar keine Nachfahren mehr haben werden und dass dieses Sterben das gesamte Gewebe des Lebens, das gegenseitige Nähren, Befruchten und Wachsen zerstört. Und anstatt dass wir eine Saat für Freude und Lebendigkeit der zukünftigen Generationen säen, hinterlassen wir ihnen Müll – Atommüll, der in Tausenden von Jahren noch strahlen wird, vergiftete Flüsse, Meere, in denen mehr Plastik schwimmen wird, als sich Fische darin tummeln, und in sogenannten Dritte-Welt-Ländern Halden voller giftigen Elektronikmülls.

Die Erzählung, die bisher noch zu großen Teilen an unsere Kinder und Kindeskinder weitergegeben wird, ist eine des grenzenlosen und schamlosen Wachstums und der Bereicherung, koste es, was es wolle. Es ist eine Geschichte, die das einzelne menschliche Individuum maßlos überbetont und leicht vergessen lässt, dass wir auch Wir-Wesen sind, untereinander und mit dem ganzen Netz des Lebens verbunden. Eine Geschichte, die blanke, kahle Stellen enthält, wo unsere Seelen sich nach dem Heiligen sehnen – dem Heiligen mitten im Leben und auf der Erde. Glücklicherweise wandern auch solche Wesen durch die Zeitalter, die sich an eine andere Geschichte erinnern und die uns mahnen können. Das oben skizzierte Bild ist finster und beunruhigend. Doch es ist wichtig, hinzuschauen und damit Licht in das Dunkel zu bringen. Dann erst ist es uns möglich, uns dem zuzuwenden, was Hoffnung bringt. Eingeschlossen in diese Hoffnung ist das Gefühl für Verantwortung.

Die Pfade jener Wanderer durch die Zeitalter, die uns erinnern, hinterlassen Spuren, und in diesen Spuren finden sich diejenigen wieder, die eine solche Verantwortung empfinden, die über die Begrenztheit der gegenwärtigen Geschichte hinausblicken, die im Wir-Gefühl die Liebe fühlen für alles, was ist, gewesen ist und sein wird. Die meisten der Großmütter, mit denen ich mich austauschte, hielten diesen Horizont, der sich über die eigene Lebenszeit hinausstreckt, in ihrem Bewusstsein. Sie setzten sich damit auseinander, wie sie der Zukunft ihrer Enkelkinder und darüber hinaus dienlich sein können. Sicherlich haben nicht alle Großmütter und Großväter diese Haltung, auch wenn sie ihre Enkelkinder lieben und sich an deren Gegenwart erfreuen. Meine Gesprächspartnerinnen sind keinesfalls repräsentativ für *die* Großmütter oder Großeltern in unserer westlichen Welt. Doch allein die Existenz derer, seien es noch so wenige, die ein Gespür für die Tiefe der Zeit haben und mit einem Bewusstsein für die Zukunft die Beziehung zu ihren Enkelkindern leben, sollte uns Mut machen. Ich bin überzeugt, dass noch viele weitere Großmütter und Großväter, deren Stimme wir nicht hören, die kein Echo für ihre Haltung in den gegenwärtigen Medien und der Literatur finden, mit einem ähnlichen Bewusstsein leben, oder dieses zumindest im Keim spüren. Auch darum schreibe ich dieses Buch: Wir können uns gegenseitig ermutigen, dass der Pfad, den wir beschreiten, nicht nutzlos ist. Dass er Sinn macht. Wenn wir die Vergangenheit und die Zukunft in unsere Gegenwart einbeziehen, aktivieren wir Hoffnung und beflügeln die Liebe – *die* Kraft, die wir brauchen, um uns dem zu stellen, was vor uns liegt.

Nach der Betrachtung des Alters einerseits und der Weiblichkeit und des Frau-Seins andererseits beleuchten wir als Drittes also, um uns dem Sein der Großmutter zu nähern, das Gefühl und Bewusstsein für das Generationen-Leben. Großmütter sind naturgemäß immer älter, sie sind weiblich und sie stehen in Beziehung zu nachfolgenden Generationen. Diese verschiedenen Aspekte, die uns einen erhellenden Blick auf das Ganze des Großmutter-Seins ermöglichen, bilden die Fäden, die diesem Gewebe einer besonderen Lebensphase ihre Farbe und auch ihre Schönheit verleihen.

# Erinnern - Unsere Haltung zur Vergangenheit

Meine Großmutter väterlicherseits, so erinnere ich es aus sehr frühen Kindertagen, pflegte, bevor sie in der Bauernstube inmitten zahlreicher hungriger Enkelkinder den großen Laib frisch gebackenen Brotes anschnitt, mit ihren Händen ein Kreuz auf das Brot zu zeichnen. Sie segnete es, bevor sie es zerteilte und bevor wir davon aßen. Dies war eine selbstverständliche Geste, ein Ritual, so kam es mir vor, vielleicht tausendmal vollführt, über Generationen einfacher, gläubiger Christinnen und Christen. Mir erschien das in keiner Weise außergewöhnlich; es war einfach das, was sie tat, und doch hatte der Moment etwas Feierliches. Es war ein Gebet, es brachte eine andere Dimension in unser Zusammensein. Eine Scheibe des duftenden Brotlaibs, bestrichen mit der frisch gerührten Butter, war nicht nur etwas, das wir mit Genuss verschlangen, ein appetitliches Mahl, das unsere Mägen füllte. Der wohlriechende Laib war auch ein Geschenk, er war heilig; und zugleich war er sinnlich - warm und erdig und köstlich. Diese kleine Geste meiner Großmutter machte die Nahrung für den Körper auch zu einer Nahrung für die Seele.

Das ist eine von sehr wenigen Erinnerungen an meine Großmutter aus meiner früheren Kindheit. In meinem Innern hat sich dieses Andenken einen sicheren Platz gesucht und ist geblieben. Heute zeichne ich keine Kreuze, und das tat ich auch nicht zu früheren Zeiten. Doch das Wesentliche aus dieser Erfahrung ist geblieben: Wir können das Essen, das wir zubereitet haben, bevor wir es zu uns nehmen, heiligen – oder besser noch, seine Heiligkeit anerkennen. Die ganze Schöpfung ist auch Nahrung für die Seele, wenn wir diese Dimension zulassen. Körper und Seele verschmelzen hier zu *einer* Erfahrung. Und wir können unser Essen segnen. Jeder Mensch, nicht nur Geistliche, Auserwählte, Würdenträger. Meine

Großmutter hat dabei nicht gelehrt und gepredigt, sie hat gar nichts gesagt. Sie hat es einfach still und selbstverständlich gemacht. Und doch hat sie etwas an mich übertragen, wahrscheinlich, ohne es zu wissen. Heute bin ich mir dessen bewusst, wenn ich mit meinen Enkelkindern am Tisch sitze.

Als Großmütter geben wir den Enkelkindern etwas aus dem Schatz der Erinnerung weiter. Vielleicht sind es Erinnerungen, die weit zurückreichen, etwa zu unseren eigenen Vorfahren, auf jeden Fall aber in die Zeit vor der Geburt der Enkelkinder. Das kann eine Bereicherung für beide Generationen sein und ist ein Vorzug des Generationenunterschieds, der Spanne, die zwischen unseren Geburten liegt. Das Weiterreichen unserer Erinnerungen ist zudem eine alte Tradition in allen Kulturen der Menschheit. Denn wie sonst ist in früheren Zeiten Kultur entstanden, Wissen und Erfahrung weitergegeben worden, wenn nicht über die Überlieferung durch die älteren Generationen an die Jüngeren? Ist dies nicht genau das, was „Kultur" erst möglich macht? Dass wir im Fortlauf der Generationen Erkenntnisse und Werte kultivieren, das heißt durch Weitergabe und Wiederaufnahme auch verfeinern, festigen, fruchtbar machen, verändern und erneuern.

Welche Geschichten erzählen wir, die heutigen Großmütter in unserer westlichen Welt? Was sind Erinnerungen, die es wert sind, weiterzutragen und den Enkelkindern im Miteinander zu vermitteln? Können wir auf Traditionen zurückblicken, die wir gern weitergeben möchten? Dass der Mensch jederzeit seine Geschichte und die gesamte Geschichte der Menschheit mit sich trägt, wie C.G. Jung einmal sagte, bedeutet sicher nicht, dass der Mensch sie bewusst hat, und auch nicht, dass er sie nicht auf eigene Weise interpretiert.

Ein Großteil der Geschichte, der tradierten Werte und Überzeugungen, nehmen wir als Kinder unbewusst von unserem Umfeld, vor allem von den Eltern auf, um sie dann erstmalig in Frage zu stellen, wenn wir in die Pubertät kommen. In einem aufkeimenden Hunger nach Echtheit, nach Essenz und Wahrheit, stellen die meisten von uns in der Adoleszenz das, was wir als „Tradition" kennen, auf den Prüfstand; zumindest, wenn der Raum dafür gegeben wird. Einiges geht in dieser Zeit der Entwicklung zwar drunter und drüber, weil es um nicht weniger als eine Revolution, eine Umwälzung im wahrsten Sinne des Wortes geht, doch Jugendliche haben ein klares, untrügliches Gespür für Unechtes, für Verkrustetes im Althergebrachten. Wenn sie den erstarrten Gewohnheiten und Bräuchen mit dem sehr eigenen, kreativen Humor begegnen, den sie in diesem Alter oft ans Licht bringen, ist das Hinterfragen für alle anderen Generationen herzerfrischend und ein Segen. Es lädt zum kritischen Überdenken ein, wenn man dafür offen ist. Und später, wenn sich die Wogen der Pubertät wieder glätten, wählen wir als junge Erwachsene für den eigenen Lebensweg – mehr oder weniger bewusst – einzelne tradierte Elemente aus, andere lassen wir fallen, manche beleben wir in neuen Formen, und darüber hinaus suchen wir das Eigene, das Neue. Bei Weitem das am meisten Spannende ist natürlich das Ungewohnte, Frische.

Dabei gibt es jedoch eine Falle: Wir dürfen nicht vergessen, dass wir sehr anfällig, das heißt unbewusst aufnahmebereit sind für die kollektive Geschichte, die in der jeweiligen Zeit erzählt wird. Sie mag uns als rasante Neuerung verkauft werden, die alte, verkrustete Traditionen über Bord geworfen hat, doch in unserer Zeit ist der Inhalt der Packung in Wahrheit eine Geschichte, die alt und vorbei ist, die nicht mehr überlebensfähig ist. Begeisterungswürdige technische Neuerungen können sich als trojanische Pferde erweisen für eine Erzählung, die buchstäblich die Zukunft dieses Planeten und seiner Bewohner:innen nicht überleben lässt, wenn wir sie weiterverfolgen. Der „neueste Schrei" birgt häufig das Risiko, in der Geschichte des angeblich unbegrenzten Wachstums weiterzuleben, das getragen wird von menschlicher Gier und Ausbeutung. Es wird immer wichtiger, unterscheiden zu lernen, ob eine Neuerung uns in eine größere Harmonie führen kann oder ob sie uns noch weiter in jene Erzählung einwickelt, dass Konsum glücklich macht, dass die so glücklich Gemachten von den Unglücklichen getrennt sein dürfen, von denen, die das Nachsehen haben, während erstere triumphieren, wenn sie sich bereichern. Dieser tragende Mythos der Trennung und des Getrenntseins – der Seele vom Körper, der Erde vom Menschen, des Menschen von allen anderen Geschöpfen und des Alltäglichen vom Heiligen – gründet, wie wir bereits zuvor schon gesehen haben, auf Traditionen der westlichen Zivilisation. Auch wenn die Geschichte in derartiger Zuspitzung relativ neu ist, auch wenn sie sich paart und prahlt mit den gewaltigen technischen Neuerungen der aktuellen Zeit, es handelt sich um die alte Geschichte, und es ist notwendig, zu unterscheiden und sorgfältig zu schauen, wo wir es mit Tradition zu tun haben, die es wert ist, weiterzugeben.

Wegweiser, die uns die Richtung zeigen, sind durchaus erkennbar und machen diese Unterscheidung leicht: Werte und Lebensweisen, die Zugehörigkeit und gegenseitige Fürsorge, Gemeinschaftlichkeit, Integration und Verbundenheit mit der Natur und der Erde betonen. Es stellt sich die Frage, ob wir als westliche Großmütter auch Überbringerinnen, Vermittlerinnen solcher Traditionen sein können, so wie wir es aus anderen Kulturen, vor allem den indigenen, kennen.

Vielleicht mag es abwegig erscheinen, dass gerade die Ältesten unter uns diese Traditionen weitergeben. Zum einen wegen der bereits beschriebenen geringen Wertschätzung der Älteren, zum zweiten, weil die Generation der jetzt über 60-Jährigen gerade wegen ihres vergangenen und gegenwärtigen Lebensstils nicht den besten Ruf bei der klimawachen Jugend genießt. Wir vergessen dabei jedoch, dass einige von uns schon in jungen Jahren, das heißt in den 60er, 70er und 80er Jahren des letzten Jahrhunderts mit diesen Themen nicht nur befasst waren, sondern auch konkret nach Lebensformen suchten, in denen Werte wie Gemeinschaftlichkeit und Verbundenheit mit der Natur und dem Planeten einen wichtigen Platz einnahmen. Schon in dieser Zeit keimte ein neues Bewusstsein auf, in dem erkannt wurde, dass unsere westliche Lebensweise zerstörerisch und freudlos ist. Es schien, dass damals bereits der Same einer neuen Geschichte aufkeimte; zumindest tat er das für kurze Zeit.

Wir, die Großelterngeneration der ersten zwei bis drei Jahrzehnte des neuen Jahrtausends, wir waren damals die jungen Menschen, die – aus heutiger Sicht gewiss naiv – neue Formen des Zusammenlebens ausprobierten. Es gab die eher politisch Motivierten, die sich sozialistischen oder feministischen Bewegungen anschlossen, Kommunen gründeten und auf diese Weise eine neue Zeit ins Leben rufen wollten. Und es gab die „Blumenkinder". Die Hippies unter uns glaubten an die Kraft der Liebe, die nicht trennt, sondern eint, die alles Fremde einschließt und Frieden ermöglicht. Schönheit und die Liebe zur Natur traten an die Stelle von Materialismus und Konsum; alte spirituelle und mythische Traditionen wurden wachgerufen und nährten die Seele. Östliche Kultur und Spiritualität erreichte den Westen, und sie hatten noch nicht den Warencharakter wie heute. Wenn man Teil dieser Bewegung war, suchte man das Wesentliche, das Echte. Es gab kein Internet und keine Zoom-Meetings, man musste wie die Beatles nach Indien reisen, wenn man dort nach spirituellen Impulsen suchte, man musste sich physisch damit auseinandersetzen.

Das ist lange her, würde man vielleicht einwenden, und diese aufkeimende Saat hat sich wieder ganz in die Unsichtbarkeit zurückgezogen. Jetzt leben wir in einer völlig anderen Zeit. Das ist richtig, und dennoch ist es Teil unserer Geschichte, für uns heutige Großeltern sogar manchmal Teil unserer persönlichen Geschichte. Zwar hatten wir noch nicht die leiseste Ahnung davon, in welchem Ausmaß Flüchtlingsströme aufgrund der sozialen Ungleichheit, der kriegerischen Auseinandersetzungen und der Folgen des Raubbaus an unserem Planeten zunehmen würden, in welch rasantem Tempo sich nur eine bis zwei Generationen später Artensterben und Klimawandel entwickeln würden. Doch einige Menschen waren auch schon damals wach für das zerstörerische Verhältnis des Menschen zur Natur, und dafür, dass dies Konsequenzen hat. Nicht nur warnte schon zu Beginn der 70er Jahre der *Club of Rome* mit seinem Bericht zur Lage der Menschheit vor den „Grenzen des Wachstums", es entwickelte sich in den 1970er und 1980er Jahren auch eine Umweltbewegung, die sich vor allem in Kreisen junger Menschen verbreitete. Sie benutzten „Jute statt Plastik" und verbanden ihre Versuche, weniger zu der Ausbeutung und Vergiftung der sogenannten „Umwelt" beizutragen, mit der Haltung des Konsumverzichts, der sich als eine Alternative zur Wohlstandsideologie verstand.

Ich erinnere mich, dass ich in meinen frühen Zwanzigern bei einer Rucksack-Reise durch Südeuropa angesichts der Berge von verwaisten Plastiktüten inmitten wilder und atemberaubend schöner Natur von einer überwältigenden Trauer ergriffen wurde. Es war, als ahnte ich, was auf uns zukommen würde, und ich spürte Verzweiflung und Ohnmacht, weil so deutlich war, dass die Menschheit nicht ernsthaft auf das reagierte, was man damals bereits wusste. Das „Umweltbewusstsein" der damals jungen Generation, dort wo es aufblitzte, blieb weitgehend eingeschlossen in einer Subkultur. Man gehörte zu den „Alternativen", den „Ökos", und Öko war ein Schimpfwort, als solches benutzt von jenen, die im Gegensatz dazu einen angepassten und anerkannten Platz in der Gesellschaft einnehmen wollten. Sicherlich, es handelte sich um ein Insel-Dasein. Doch viele dieser damals so vom Kollektiv bespöttelten Menschen sind heute Großmütter und Großväter. Und selbst wenn sie als junge Generation im Aufbruch für eine andere Welt nicht Teil der damaligen Alternativkultur waren, und auch, wenn diese Zeiten lange vorbei sind, so haben diese Impulse doch einen Eindruck in ihnen, in uns allen hinterlassen.

Das ist ein Kleinod unter den Saatkörnern, die wir, die jetzige Großelterngeneration, im Reservoir der vermittlungswürdigen Traditionen tragen. Sicherlich nur mehr oder weniger erfolgreich, vielleicht manchmal auch halbherzig, haben wir anschließend die Werte, die uns wichtig erschienen, in unsere Leben zu integrieren versucht und ihnen durch individuelles Gestalten eine einzigartige Farbe gegeben. Manche dieser Werte sind Teil eines langen Lebens geworden, begleitet von Versagen und zuweilen auch Gelingen, von Versuchen und Irrtümern, von Resignation, Enttäuschungen und Hoffnung. Wir haben vergessen und wir haben uns wieder erinnert, und dann wieder vergessen. Wie ein Gesicht, dessen Falten die Zeichen der Zeit offenbaren, ist unsere innere Beziehung zum Leben und die daraus folgende ethische Haltung zu einer ganz eigenen, plastischen Realität geworden, geformt durch die Erfahrung vieler Lebensjahre. Und sie verändert sich weiter, solange wir leben, auch wenn sie nicht zu vergleichen ist mit der Frische des jugendlichen Beginns. Wenn wir uns erinnern, was darin wesentlich ist, können wir aus der Erinnerung heraus etwas weitergeben.

In meinen Gesprächen mit Großmüttern zeigte sich, dass viele nicht nur den Wunsch äußerten, solche Werte weiterzugeben, sondern auch in dieser Hinsicht selbst geprägt waren von ihren Großmüttern. Die Erinnerung daran tauchte oft ganz neu in den Gesprächen auf, und es wurde erst dann offenbar, dass es sich tatsächlich auch um so etwas wie Tradition handelte. Im Laufe der Gespräche wurden Linien, oder, vielleicht besser gesagt, Ströme der Übermittlung lebendig. Eine meiner Gesprächspartnerinnen erzählte von der innigen Liebe zu ihrer eigenen Großmutter Liese, die sie sehr bewunderte; sie schwärmte von ihrer integrierenden, alles umarmenden Art. Im Verlauf des Gesprächs kamen wir auf die Frage, ob sie selbst etwas an ihre Enkelkinder weitergebe.

*Natürlich gebe ich Dinge weiter wie Rezepte von Plätzchen, bestimmte Lieder, bestimmte Spiele, Knobeln zum Beispiel. Wenn wir auf etwas warten, ich hab' immer Streichhölzer dabei, das hat meine Oma schon immer mit mir gemacht, das geht jetzt weiter. Und das ist auch schön. Aber ich habe schon den großen Wunsch, auch etwas anderes weiterzugeben. Meine Verbindung zu dem großen Ganzen, meine Liebe dazu, dass alles zusammenhängt, dass nichts alleinsteht. Das möchte ich schon den Kindern weitergeben. Ich weiß nicht genau, wie das geht. Vielleicht mache ich es schon.*

*Und ja, die Liebe zur Erde - über den Garten, wenn ich mit den Enkeln zusammen etwas pflanze, darüber kann ich das sehr gut mit ihnen leben, diese Verbindung. Aber auch auf der inneren Ebene frage ich mich manchmal, ob ich mich da auch noch verbinden kann, im Hinblick auf die Kinder, auf alle, die noch kommen, das geht dann auch in das Große, nicht nur persönlich zu meinen Enkeln. Ich weiß es nicht, aber ich habe den Wunsch, ich habe auch die Sehnsucht danach, mehr weitergeben zu können – das, was gebraucht wird. Worauf sie zurückgreifen können, so wie ich mit meiner Oma Liese.*

Aus der Perspektive der Enkelin erzählte mir eine andere Gesprächspartnerin:

*Und für mich selbst kann ich mich an eine ganz schöne Geschichte erinnern: Als ich 13 war, nahm ich einmal eine Gelegenheit wahr, im Auto einer Freundin meiner Mutter mitgenommen zu werden. Ich saß auf der Rückbank, wir haben uns unterhalten. Wir unterhielten uns sehr viel auf dieser Fahrt. Und am Ende, als ich ausstieg, meinte sie: Da kam doch eine Stimme von hinten, die sagte „ich will dich wiedersehen". Daraus ist eine Freundschaft entstanden, die blieb bis zu ihrem Lebensende, bis vor wenigen Jahren, als sie starb - eine ganz lange Freundschaft, und das war eine Art Großmutter-Beziehung. Obwohl sie nicht meine leibliche Großmutter war, aber sie hatte diese Großmutter-Qualität: In dieser Beziehung habe ich erlebt, wie aus Geschichten eine Welt entstehen konnte. Sie hat mir oft Fragen gestellt – nicht aus Neugierde, sondern im*

*Gespräch - die mich in eine weitere Weltsicht gebracht haben.*
*Und ich hatte das Gefühl, ich denke über die Welt nach. Später*
*als Erwachsene habe ich sie noch zu Reisen begleitet, die sie für*
*Projekte als Künstlerin gemacht hat.*

Was wir erinnern und was wir weitergeben, geht über die persönliche, privat-familiäre Dimension hinaus. Die Dankbarkeit, die wir fühlen mögen, für das, was uns von Vorangegangenen geschenkt wurde, und die Verantwortung, die wir im Hinblick auf die kommenden Generationen spüren, beziehen sich nicht allein auf unsere leiblichen Vorfahren und Nachkommen. Sobald wir uns für die Verbundenheit der Generationen öffnen, für die Erkenntnis, wie kostbar sie ist, verlassen wir unweigerlich den engen Rahmen unseres isolierten Familien-Kosmos. „Ich stehe auf den Schultern von Tausenden von Jahren des Wissens. Ich denke, es ist so wichtig, dass wir dies alle erkennen: es gibt so viel Wissen, das wir ignoriert haben"[3], das sagt in einem Interview die Forstwissenschaftlerin und Autorin Suzanne Simard, die auf faszinierende Weise wissenschaftliche Erkenntnisse über die „Weisheit der Wälder" mit den ökologischen und spirituellen Themen unserer Zeit zu verknüpfen weiß.

Dennoch sollten wir – die Älteren dieser Zeit – das Erinnern und Weitergeben nicht einseitig betrachten und auch nicht romantisieren. Gerade was die persönlichen Erinnerungen angeht, gibt es einige Fallen. Und auch der Begriff der Tradition ist nicht unumstritten, darauf komme ich gleich zurück. Im Erinnern selbst und in dem, was wir daraus auswählen, lockt Trügerisches. Sie werden mir beipflichten, dass wir Menschen dazu neigen, Erinnerungen zu verändern, und dabei auch gern eine plausible Geschichte über uns selbst entwickeln. Nur zu leicht geschieht es, dass wir den Schatten verdrängen, weil wir Mühe haben, den eigenen Fehlern ins Gesicht zu schauen. Eine solch „bereinigte" Geschichte, wenn sie weitererzählt wird, verblendet, und die jungen Menschen spüren die Täuschung. Hier zeigt sich wieder, was wir im Kapitel über die weise Alte schon bedacht haben: Wie wichtig es ist, in älteren Jahren das Leben, das man hatte, zu akzeptieren und sich dabei mit dem eigenen Scheitern anzufreunden.

Vielleicht entgehen wir dann auch einem weiteren Fallstrick des biographischen Erinnerns, der Nostalgie. Denn machen wir unsere Gegenwart zum „Museum unserer Vergangenheit"[4], so wird die Luft um uns bald stickig und verstaubt. Die Erinnerung und das Schwelgen in der Vergangenheit sind mitunter nicht leicht voneinander zu trennen. Doch einer der augenfälligen Unterschiede zwischen Nostalgie und Erinnerung scheint mir zu sein, dass Erinnerung immer in der Gegenwart stattfindet, während die Nostalgie eine Vergangenheit erschafft, um sich dann in ihr einzusperren, getrennt von der Gegenwart und der Zukunft, isoliert in einem Raum des Gestern. Sicherlich hat sie auch mit Sehnsucht zu tun: Da war etwas, und dahin möchte ich zurück: „Those were the days ...". Das jedoch verweigert der lebendigen Gegenwart die echte Grundlage. Und auch die Beziehung, in der wir jemandem eine Geschichte aus der Erinnerung erzählen, geschieht ja in der Gegenwart, wie die Essenz einer Erinnerung selbst, sie ist lebendig. Kommt die Nostalgie ins Spiel, bieten wir den Jüngeren nichts Lebendiges, sondern lediglich ausgestopfte Tiere und Mumien an. Es macht also keinen Sinn, schon gar nicht für die jüngere Generation, Überlieferungen aus der Erinnerung mit Nostalgie zu färben. Und ein „Früher-war-alles-besser" ist weder wahr noch dient es einer lebendigen Tradition.

Wie ist eigentlich unsere Beziehung zu Tradition in der westlichen Welt? Den Begriff und seine Bedeutung sehen wir kontrovers, denn unser Verhältnis zu Tradition ist unklar bis gespalten. Traditionelles wird einerseits generell da abgelehnt, wo wir es als konservativ und allein dem Alten, Überholten verhaftet betrachten, und in anderen Teilen der Gesellschaft wird es heraufbeschworen – da, wo spaltende, nationalistische Kräfte auf Tradition pochen, weil sie „kulturelle Identitäten" abgrenzen und zementieren wollen und jede Diversität ablehnen. Kulturelle Identitäten gibt es nicht, sagt der französische Philosoph Francois Jullien[5], er schlägt vielmehr den Begriff der Ressourcen vor, wenn es um Tradition und Bräuche geht. Und diese Ressourcen können alle Menschen nutzen, in jeder Ethnie, in jedem Landstrich dieser Welt. Traditionen müssten sich nicht voneinander abgrenzen, denn Kultur bedeute stetige Veränderung. Doch dem scheint wiederum eine andere Meinung entgegen zu stehen: Gleichzeitig nämlich hat in den letzten Jahren der Begriff der „kulturellen Aneignung" die Runde gemacht, das bedeutet, wer traditionelle Bräuche aus gewissen Kulturen übernimmt, wird gesellschaftlich sanktioniert wegen unrechtmäßiger Besitznahme dieser formgewordenen Bedeutungen. Zumindest werden solche Adaptionen als übergriffig angesehen, denn sie deuten auf fehlenden Respekt vor eingeborenen Kulturen und ihren Traditionen hin.

Wie also sollen wir uns in diesen Widersprüchen, in diesem Wirrwarr von verschiedenen Haltungen zu Tradition zurechtfinden? Schauen wir die unterschiedlichen Facetten des Umgangs mit Tradition an, aus den verschiedenen weltanschaulichen Richtungen, so wird deutlich, wie schwer wir es in diesen Zeiten des Umbruchs damit haben, eine klare, innere Verbindung mit ihr zu leben. Das Entscheidende, um sich von der Instrumentalisierung von Tradition für populistische Zwecke abzusetzen und einen helleren Blick auf Tradition zu gewinnen, ist zum einen, die Natur der ständigen Veränderung anzuerkennen, wie der Philosoph Jullien es aufzeigt. Zum anderen sollten wir beachten, dass eine Tradition beide Eigenschaften innehat: Form *und* Essenz. Diese Unterscheidung ist auch hilfreich, wenn wir es mit der pauschalen Ablehnung von Tradition zu tun haben, mit dem Verweis auf reinen Konservatismus. Solange der Begriff mit etwas Formalem verbunden wird, das seiner zeitlosen Essenz beraubt ist, wird jede Ablehnung nachvollziehbar. Denn so wird eine alte Tradition zur leeren Hülle; sie bleibe nur dann lebendig, wenn man sie – so sagte es der amerikanische Autor Joseph

Campbell, der sich intensiv mit alter Mythologie befasst hatte – immer erneuere, wenn sich die Umstände änderten.[6]

Überlieferte Bräuche können sich wandeln, während die innere Bedeutung bleibt und weitergereicht wird. Die Formen sind so lange wichtig, wie wir sie brauchen, auch weil sie Träger der Erinnerung sind. Wenn wir das Wesentliche erkannt haben, können wir Bräuche von der Form befreien, über die wir uns erinnern durften. Die Form in meiner Erinnerung an meine Großmutter am bäuerlichen Tisch war das Zeichnen des Kreuzes, ich habe es deutlich vor Augen; aber die Essenz, das eigentliche an mich übermittelte Geschenk, war und ist das Würdigen der Speise als etwas Heiliges, als eine Gabe, die den Körper und die Seele nährt. Ich habe etwas erfahren, ich erinnere mich daran, und ich kann diese Essenz weitergeben: Wir segnen die Nahrung. Oder eigentlich, wir bitten um diesen Segen; und dadurch geschieht es bereits. Das Kreuz war ihre Form, wir finden andere, und meine Enkelkinder werden vermutlich wiederum ganz andere Formen finden, wenn sie viele Jahre später mit ihren Enkelkindern am Tisch sitzen werden. Oder wenn sie mit ihnen im Kreis zusammensitzen – vielleicht werden es ja keine Tische mehr sein, anders als wir es gerade gewohnt sind.

Es gibt auch einen Unterschied zwischen Gewohnheit und Tradition. Gewohnheiten, so sagen die spirituellen Lehren, sollte man immer wieder ablegen. Sie hinter sich zu lassen, im Sinne einer ständigen Erneuerung, lässt uns lebendig bleiben. Immer wieder neu zu wagen, Gewohntes abzulegen, verhindert Starre und Trägheit. Tradition bedeutet dann wirklich, einer Essenz treu zu bleiben. Was sie für die Seele und für unser Leben bedeutet, können wir unterschiedlich leben, der jeweiligen Zeit und der Umgebung angepasst. Bei der Weitergabe von Tradition geht es uns hier also nicht darum, Formales zu übermitteln und der nächsten Generation aufzudrücken. Letztlich geht es darum, beides zusammenzubringen: Tradition *und* Neues, die Essenz des Überlieferten einerseits und das Nie-Da-Gewesene des Neu-Geborenwerdens andererseits. Um zu den Großmüttern zurückzukehren: Wenn die Älteren beides vereinen, wenn Tradition und Neues sich nicht getrennt voneinander auf verschiedene Generationen verteilen, so können die Großmütter springlebendige Tradition weitertragen, die immer wach und bereit ist, sich innerhalb der Beziehung zu den Jüngsten zu erfrischen und zu erneuern.

Werfen wir noch einen Blick auf die Art und Weise der Überlieferung. Wir mögen zuerst an eine sprachliche Vermittlung denken, aber geht es tatsächlich vornehmlich darum, etwas nur in Worten weiterzugeben? Hier könnte die Versuchung naheliegen, dass man belehren möchte; beispielsweise dadurch, dass wir den Jüngeren aus der Perspektive der Besser-Wissenden Einsichten und Erfahrungen aufbürden. Geschieht das, ist eine Chance vertan: die der lebendigen Vermittlung zwischen Generationen. Manche sehen im „Weitergeben" gar keinen Sinn, so wie eine meiner Gesprächspartnerinnen es deutlich machte:

*Weitergeben – ich habe keine Mission. „Deine Kinder sind nicht deine Kinder", wie in dem Gedicht von Kalil Gibran. Das ist sehr wahr für mich. Und deine Enkelkinder gehören dir auch nicht. Das Leben geht seine eigenen Wege, und was für mich ganz zentral ist, ist zu wissen, dass das Leben weitergeht, dass das Leben nach mir weitergeht.*

*Meine Enkelkinder werden ein Teil dieser Welt sein. Natürlich ist das ein Wunsch, wenn ich denke, es wäre schön, wenn meine Enkelkinder etwas Gutes in dieser Welt bewirken würden, für die Menschheit, jeder an seinem Platz.*

*Ich glaube auch, dass sich sehr Vieles sehr radikal ändern wird und ändern muss. Und ich sehe schon, dass meine Enkelkinder eine Rolle übernehmen werden in der Welt, die sich neu formt, und da habe ich natürlich den großen Wunsch, dass sie einen Beitrag zu einer besseren Welt geben können. Eine Welt, in der das Leben wertgeschätzt wird, Leben auf allen Ebenen. Es geht ja darum, dass der Mensch das Leben und die Erde nicht mehr rücksichtslos ausbeutet. Es ist klar, dass sich da ganz radikal was ändern muss, und es wäre schön, wenn meine Enkelkinder dabei auch an ihrem jeweiligen Platz ihre jeweiligen Aufgaben übernehmen würden. Da bin ich auch sehr zuversichtlich.*

Auch wenn diese Großmutter „keine Mission" hat und sich deshalb, durchaus nachvollziehbar, gegen ein Weitergeben wehrt, spürte ich in ihrem Reden dennoch eine starke Leidenschaft. Ihr „Wunsch" ist echt und kommt aus einem echten Gefühl.

Es stellt sich die Frage, ob wir gar nicht so sehr über verbale Vermittlung, sondern gerade über das *Fühlen* etwas weitergeben. Gefühl hat bekanntlich in unserer rational betonten Welt keinen anerkannten Platz, abgesehen von der Verwechslung mit kitschiger Romantik und einer übersteigerten Sentimentalität in Selbstdarstellungen, sozusagen auf dem Nebengleis der Rationalität. Dennoch spielen Gefühle eine große Rolle in unseren Beziehungen, nicht nur zwischenmenschlich, sondern auch in unserem Bezug zum Leben und zur Welt. Betty Kovács, Professorin für Literatur und symbolische Sprache, legt in ihrem Buch über das sich wandelnde Bewusstsein dar, wie unsere heutige westliche Kultur Gefühle eher entwertet, während unsere Vorfahren wussten, dass tiefgründige Weisheit durch *Gefühle* kommuniziert werde.[7] Auch *unsere* Art, Weisheit zu überliefern, kann über Gefühle vermittelt werden, so wie es vor langer Zeit unsere Vorfahren getan haben. Wenn wir uns die Beziehung zwischen Großmüttern und Enkelkindern später näher anschauen, wird deutlich werden, wie intensiv sich unser Austausch über Gefühle vermittelt, und das selbstverständlich gegenseitig. Darüber hinaus ist es sicher das einfache Sein, durch das wir das Essenzielle, das uns wichtig erscheint, übermitteln können. Auch dieser Qualität geben wir später noch einmal Raum, wenn es um das konkrete Großmutter-Sein geht.

Was aber ist eigentlich jenes Essenzielle, von dem die Rede ist? Der Wesenskern, den wir herausschälen wollen, wenn wir die äußeren, veralteten Formen von Tradition verlassen wollen. Was können wir erinnern, wenn wir tiefer schauen, weit unter die Schichten unseres alltäglichen Bewusstseins, das durch Jahrhunderte, wenn nicht Jahrtausende trennenden Denkens geprägt ist? Die Erinnerung daran, wie meine Großmutter das Brot segnete, war nicht meine uranfängliche Erinnerung. Sie dabei zu sehen, diese einfache, zierliche Frau in Kittelschürze, Mutter von sieben Kindern und Großmutter von neunzehn Enkelkindern, für einen Moment ausgestattet mit einer archaischen Kraft, berührte etwas viel Tieferes in mir, das ich schon früh als Kind gespürt hatte. Diese Erfahrung klopfte sanft an eine uralte Erinnerung an, wie eine Ahnung. Nur deshalb, vermute ich, hat diese einfache Gebärde sich so sehr eingeprägt. Es geht um eine Zeit vor der Zeit. Wenn wir daran teilhaben wollen, eine neue Geschichte für die Menschheit zu entwickeln und dabei gleichzeitig auf eine alte Erinnerung zurückgreifen – von der wir auch schon früher hier sprachen –, so müssen wir die Erinnerung an jene Zeit vor der Zeit, an jenen grundlegenden Bewusstseinszustand wiederbeleben.

Nichts in der Welt bildet diese Verbindung – die Verknüpfung des Erinnerns an den Anfang mit der Sorge für die Zukunft – so einfach ab wie ein Same. Er trägt, ganz unscheinbar, die gesamte DNA seiner Vorfahren in sich, die Erfahrung von Wind und Wetter, von Stürmen und Sonnenwärme, hält über die Zeiten hinweg die umfassende Geschichte in seinem innersten Kern, und gleichzeitig trägt er die Möglichkeiten und die Hoffnung, die unverzichtbare Grundlage für etwas völlig Neues, das noch verborgen ist und erst später im Licht der Sonne wachsen wird. Um für die Zukunft zu sorgen, eine Zukunft, die für die Kinder unserer Kindeskinder und alles Leben auf der Erde wieder lebenswert wird, ist es auch notwendig, das Uranfängliche zu erinnern. Die Kinder, sie spiegeln es, wenn wir mit ihnen zusammen sind, sie rufen es in uns wach. Ihre einfache Freude, ihr unvoreingenommenes Lachen, ihre Liebe, die keine Bewertung kennt. Es geht nicht darum, zu vergangenen Lebensweisen zurückzukehren. Das können wir nicht und wir müssen es auch nicht, denn wir haben, wenn auch verborgen, in uns immer noch Zugang zu jener Bewusstseinsqualität, zu einer Erinnerung der Seele. Die Seele kann aus der Linearität der Zeit heraustreten, in ihrem Reich sind Vergangenheit und Zukunft eingebunden in die Gegenwart.

Es gab jene Zeiten, weit vor der Zeit des kolonialisierenden Denkens, in denen die Welt nicht Trennung bedeutete, sondern Fülle war, wie der Philosoph und Biologe Andreas Weber einmal schrieb, und diese Fülle sei Beziehung gewesen; auf der Welt sein hieß, diese Fülle durch Beziehungen zu nähren und zu bewahren.[8] Vorfahrin sein kann bedeuten, sich selbst an diese Beziehung zu erinnern, aber auch die Erinnerung weiterzutragen, eine Erinnerung, die durch lange Ketten unserer Vorangegangenen weitergegeben wurde, aus einer Zeit, in der wir in inniger Beziehung mit der Schöpfung lebten und unsere Seelen im alltäglichen Leben genährt wurden. Dabei müssen wir natürlich den Begriff der Vorfahren viel weiter auffassen als nur, dass er lediglich einige wenige Generationen von Großeltern und Urgroßeltern betrifft. Doch selbst wenn wir weit zurückgehen, wird die sogenannte „Erinnerung" nicht unbedingt einen historischen Zeitpunkt, eine bestimmte Gesellschaft von vor tausenden Jahren betreffen, zu der wir ohnehin nicht zurückkehren können.

Es geht eher – und hier greife ich erneut auf, womit wir uns bei der Heilung des Weiblichen schon beschäftigt haben – um einen gewissen Bewusstseinszustand, der eine solche Art zu leben auch in alter Zeit und in anderen Kulturen erst ermöglicht hat; es geht um eine Erinnerung der Seele. Der Mystiker und spirituelle Lehrer

Llewellyn Vaughan-Lee spricht davon, dass „dieses ursprüngliche Gewahrsein wie ein Bewusstseinssamen ist, den wir für eine neue Erzählung brauchen, für eine neue Weise, mit der Erde zu sein. Wir müssen an den Anfang zurück, zu dem Moment, als die Magie völlig lebendig war, als wir auf einer belebten Erde gegenwärtig waren und all unsere Sinne wach. Dieser Augenblick, außerhalb der Zeit zu sein, ist nicht so weit weg; er wartet in einem Land, das wir ausgeblendet und vergessen haben, das unser rationales Ich zensiert hat."[9]

Wenn wir hier von Erinnerung sprechen, geht es nicht um ein mentales Gedächtnis; es geht um das innere, das Herz-Gedächtnis, das wir alle auffrischen können, ob alt oder jung. Und wenn wir erkennen, dass in unserem Herzen der Same einer Zukunft liegt, die zum Anbeginn zurückkehrt, so sind auch die Älteren unter uns von dieser Zukunft nicht ausgeschlossen. Mit dieser Erinnerung wirken wir in eine Zukunft hinein, in der unsere Füße diesen Erdboden nicht mehr berühren werden, in der aber Samen aufgehen können, die einst in unseren Herzen träumten, und deren Träume wir weitergereicht haben. Es wird nicht morgen sein, und nicht übermorgen. Jedes Samenkorn braucht eine Zeit des Wartens in der Dunkelheit.

Wichtig ist zu erinnern, dass Samen auch ein Vermächtnis in sich tragen; ohne dieses Erbe kann keine Hoffnung für das Neue wachsen, jene Hoffnung, die aus der Dunkelheit des Noch-Nicht-Wissens leise keimt. Wir sind Nachfahren und wir sind Vorfahren. Ob es uns bewusst ist oder nicht, wir sind die Erbinnen und Erben eines uralten Weisheitsschatzes der Menschheit, und die Großmütter unter uns die Erbinnen einer langen Kette von Müttern, Großmüttern und Urgroßmüttern. Wir, die wir gegenwärtig leben, können uns dieses Erbes würdig erweisen, indem wir selbst zu bewussten Vorfahrinnen werden. Wir sind diejenigen, die diese Samen des Bewusstseins weitergeben müssen.

# Sorgen und hegen – Unsere Haltung zur Zukunft

Es gibt eine Fotografie, die mich vor Jahren einmal sehr fasziniert hat: Das Bild strahlt Wärme aus, eine innige Vertrautheit zweier Menschen, deren Lebensalter kaum weiter auseinanderliegen könnten. Sie wirken einander und der Welt, die sie umgibt, innig zugewandt. Diese Welt ist ein Regenwald, üppig grüne, wilde Natur. Mittendrin sieht man den alten Mann mit seiner kleinen Enkelin, sie pflanzen Setzlinge am Rande eines Gebirgsflusses. Was hier entsteht, so erfahre ich im Begleittext, wird den Kindern und Kindeskindern des kleinen Mädchens einmal die Möglichkeit geben, diese Schlucht zu überqueren. Denn an diesem Ort wird eine lebendige Brücke wachsen. Bevor sie jedoch von vielen Menschen tatsächlich überquert werden kann, werden Generationen dieses Wachstum begleitet haben. Das Wissen, wie die stetig wachsende Brücke zu pflegen ist, wird über die Nachkommen weitergegeben.

Der Ort dieses beeindruckenden Gestaltens gibt Aufschluss über die Gründe und seinen praktischen Sinn: Wir befinden uns im Nordosten Indiens, zwischen Assam und Bangladesch, hier liegt das Bergland des Bundesstaats Meghalaya, das bedeutet „Heimstätte der Wolken". Es regnet nämlich in der Monsunzeit in solchen Mengen, dass von der feuchtesten Region der Erde gesprochen wird. Tiefe Schluchten füllen sich mit Wasser, und Kaskaden von Wasserfällen ergießen sich über die Hänge, Gebirgsbäche werden zu reißenden Strömen. Die Verbindung zwischen den Dörfern wäre tatsächlich während der Regenzeiten unüberwindbar, gäbe es hier nicht diese besondere Konstruktion von „lebenden Brücken", entworfen, gebaut und gepflegt von der indigenen Volksgruppe der Khasi, die dieses Gebiet bewohnt.

Das Wachstum der Brücken beginnt mit der Pflanzung des indischen Gummibaums, der nach einer Weile Luftwurzeln bildet.

Nach und nach wickeln die Menschen dann diese Luftwurzeln kunstvoll um Bambusstangen und führen sie durch Stämme der Betelnusspalme, bis sie das andere Ufer erreichen, wo sie dann wieder eingepflanzt werden. Doch das ist erst der Beginn dieser lebendigen Brücken, denn nun gilt es, die neu wachsenden Tochterwurzeln genauso zu leiten, sie immer wieder mit bestimmten Schlingtechniken einzuweben, und die ganze Konstruktion mit Erde, Stöcken und Steinen zu festigen. Durch weitere Belastung und die manuelle Verbindung der Wurzeln wird die Pflanze angeregt, ihr Wurzelwerk immens zu vergrößern, und die wachsende Brücke wird damit zunehmend stabiler. Bis eine solche natürliche Brücke fertig ist, vergehen viele Jahrzehnte, manchmal Jahrhunderte. Bezeichnend ist, dass sie nicht nur haltbar ist, wesentlich haltbarer als Brücken aus Holz oder Stahl, sondern auch – ganz im Gegensatz zu den in unserer modernen Architektur bekannten Brücken – über die Jahrhunderte noch zunehmend stabiler wird.

Jahrhunderte – mit diesen Zeitspannen lebt das Volk der Khasi; sie bauen tatsächlich für die folgenden Generationen, und dies weit über die Enkelgeneration hinaus. Diejenigen, auch die Jüngeren, die am Ufer Gummibäume pflanzen, werden vermutlich niemals über diese zukünftige Brücke laufen. Dass dies für den einzelnen Menschen gar keine Rolle spielt, ist unseren Denkmustern fremd. Wir haben in unserem westlichen Verständnis gar keinen Rahmen für ein solches Generationendenken. Heutzutage sind wir es gewohnt, für uns selbst zu bauen und zu fertigen, allenfalls noch für unsere Kinder. Bei der Anschaffung von Dingen für Alltag oder Freizeit ist die Spanne noch wesentlich kürzer. Gewiss ist es derzeit auch schwierig, Dinge zu erwerben, die auch unsere erwachsenen Enkelkinder noch werden nutzen können, denn die Industrie, wie alle Bereiche unserer Gesellschaft dem ökonomischen Interesse verfallen, fertigt für ein kurzes Leben. Es soll eben nicht, wie bei den lebendigen Brücken der Khasi, zum Wohl der zukünftigen Generationen das natürliche Wachstum mit langer Lebensdauer angeregt werden, sondern im Gegenteil, der oft wiederholte Konsum, also gerade die kurze Lebensdauer. Überflüssig ist es zu sagen, dass diese Lebensweise blind ist, was den Blick in die Zukunft betrifft und die Sorge für die kommenden Generationen.

Die Brücken der Khasi verbrauchen weder Beton noch Stahl, und dennoch sind sie haltbarer und langlebiger als diese Materialien, können viele Menschen auf einmal tragen, weit mehr als fünfzig Meter lang werden und fünfhundert Jahre lang halten, trotz extremen Wetters und gelegentlicher Erdbeben.[10] Dies aber nur, weil die Generationen über solch eine lange Zeitspanne zusammenarbeiten und die Bevölkerung über all die Menschenalter hinweg die Brücken sorgfältig pflegt und hegt. Man stelle sich vor, unsere Nachfahren nach fünfzehn bis zwanzig Generationen könnten eine Brücke überqueren, die wir in diesen Tagen über ein Tal in einem europäischen Land bauten! Und dies, nachdem die Kette aller Eltern-, Kinder- und Großelternjahrgänge dazwischen sich unermüdlich und ununterbrochen aus Fürsorge für die Zukunft an der Pflege beteiligt hätten!

Interessant zu erwähnen ist, dass die Volksgruppe der Khasi auf einer matrilinearen Gesellschaftsform gründet. Die weibliche Linie ist also zentral. Mir sind zwar keine Studien bekannt, die den Zusammenhang von matrilinearen Gesellschaften mit der Fürsorge für kommende Generationen einerseits und dem intimen Wissen über die Natur andererseits untersuchen, aber die Vermutung liegt nahe, dass es eine Verbindung zwischen beidem gibt. Sollten wir womöglich wieder ein anderes Verhältnis zur Zukunft und zum Generationendenken entwickeln, wenn weibliche Qualitäten wie Fürsorge und die instinktive Nähe zur Natur wieder Raum bekommen – in unserer Lebensgestaltung, in Wissenschaft, Technik, Kultur und Bildung? Inzwischen gibt es tatsächlich ein Forschungsprojekt an deutschen Universitäten, das sich mit den lebendigen Wurzelbrücken der Khasi befasst und von der Baukunst lernen will, da man hier erkannt hat, dass unsere immensen Umweltprobleme nicht nur uns, sondern die nachfolgenden Generationen betreffen werden.

Vom Volk der Khasi ist auch bekannt, dass es ein inniges, seelenvolles Verhältnis zu seinen Wäldern hat. Die Menschen unterhalten „heilige Haine" und hüten und beschützen sie. Wir können daraus schließen, dass gerade, weil ihnen die Wälder heilig sind, weil die Ehrfurcht vor der Natur ihr Leben prägt, sie auf so vortreffliche Weise mit der Natur zusammenarbeiten, ihre Wachstumsphasen nutzen, und so nachhaltige Bauwerke errichten, die das Interesse der westlichen Wissenschaft und Ingenieurskunst wecken.[11]

Vor allem aber bauen diese Menschen im Nordosten Indiens für nachfolgende Generationen. Und dies völlig ohne Eigennutz für die eigene Generation. Eine Erklärung, warum sie im Unterschied zu unserer westlichen Zivilisation dazu in der Lage sind, dürfte sein, dass sie sich nicht getrennt fühlen, nicht getrennt voneinander, nicht getrennt von der Natur und nicht getrennt von der Zukunft. Wie andere indigene Völker wissen sie, dass alle Erscheinungen in dieser Welt miteinander verbunden sind, dass alles in Beziehung miteinander steht. Im Bewusstsein dieser Tatsache nehmen sie sich selbst als Teil dieses Beziehungsgeflechts wahr – anders als im noch immer vorherrschenden Denken unserer westlichen Zivilisation. Hier ist der Mensch, und vor allem das einzelne Individuum, der Mittelpunkt der Welt, mit dem eingebildeten Recht, nur für das eigene Wohl und die eigene Lebensspanne zu sorgen. Unser Selbstbild als isolierte Wesen, getrennt von der Umgebung, der Natur, von anderen Menschen lässt uns auch als getrennt von zukünftigen Generationen erscheinen.

Wir verfügen zwar über „Fürsorge"-Programme und Sozialsysteme, doch, kaum verwunderlich, münden die ebenfalls häufig in der Isolation: Die alten Menschen stecken wir in Ghettos, die wir Seniorenheime nennen, und isolieren sie so von der Gemeinschaft. Und unsere Kleinkinder verbringen einen Großteil ihres Alltags in

Einrichtungen, die eben nur Kleinkinder beherbergen, getrennt von anderen Generationen, wenn man von den Betreuungspersonen absieht. Wir haben unsere Lebensformen so eingerichtet, dass sie häufig gar kein anderes Modell erlauben. Innerhalb unserer Gesellschaft haben wir viele einzelne Inseln erschaffen, Generationeninseln wie Kleinkindkrippen, Kindergärten und Altenheime, sowie Inseln für Kranke und solche, die für die Gesellschaft „untauglich" sind, Inseln für Arme und natürlich auch Inseln für diejenigen, denen es materiell an nichts fehlt und die unter sich bleiben wollen. In einem solchen Klima der Trennung ist es nur nachvollziehbar, dass wir wenig Sinn für das Wohl der kommenden Generationen haben. Dazu kommen noch Egoismus und Eigennutz: Wenn es schon so vielen schlecht geht, dann rette sich doch, wer kann, diese Haltung ist nicht selten. Man sorgt dafür, sich in vermeintlicher Sicherheit einzubunkern, koste es unsere Natur, was es wolle, und dabei ignoriert man auch die Vergänglichkeit allen Lebens.

Mein individuelles Leben ist vergänglich, doch das ganze große Leben geht weiter, wenn meines endet. Und Verbindungen und Beziehungen werden weiter bestehen, nicht persönlich, nicht zu meinem Nutzen, nicht einmal mit meiner Kenntnis. Was ich heute „säe", was ich denke, fühle, wie ich handele, wird irgendwann in der Zukunft an einem noch unbekannten Ort keimen, wird sich verbinden, unter günstigen Bedingungen wachsen und erblühen, auf jeden Fall aber eine Wirkung haben. Und diese Wirkung kann kein menschlicher Verstand und kein Algorithmus ermessen, vorhersehen oder einordnen. Ich weiß also nicht, was sein wird, aber ich kann in meine Gegenwart die Zukunft so einschließen, dass ich sie und ihr Wohl in meiner Haltung, meinem Handeln und Denken mit im Sinn führe. Das braucht vor allem Vertrauen. Die Menschen in Meghalaya haben dieses Vertrauen, wenn sie beginnen, ihre Wurzelbrücken zu bauen, die ihre Kindeskinder einmal sicher über die Schluchten bringen werden.

Auch von den Ureinwohner:innen anderer Kontinente kennen wir die Haltung, die zukünftigen Generationen im gegenwärtigen Sein zu berücksichtigen. Bei amerikanischen „First Peoples" sind es sieben Generationen, sowohl was die Vergangenheit als auch die Zukunft betrifft, die man im Denken, Handeln und Fühlen selbstverständlich im Sinn hat. Das Sieben-Generationen-Prinzip der Indigenen von „Turtle Island" bedeutet also, dass Entscheidungen dahingehend geprüft werden, wie sie sich auf die nächsten sieben Generationen auswirken, auf die Ur-ur-ur-ur-ur-Enkel. Bei einem Generationenalter von fünfundzwanzig bis dreißig Jahren sind das zweihundert Jahre. Diese Zeitspanne im Sinn zu haben – in Gestalt lebendiger Nachkommen und Vorfahren, nicht historischer Jahreszahlen –, erfordert ein Verantwortungsgefühl und eine innere Verbundenheit, die unserem westlichen Denken und Fühlen fremd geworden ist.

Doch auch wir könnten diese Haltung wieder ergreifen, sie in unserem Innern lebendig werden lassen und sie ähnlich wie unsere Verwandten aus den indigenen Völkern zur Grundlage unseres Seins und Tuns machen. In einem kleineren Maßstab ist mir diese Einstellung in meinen Gesprächen mit Großmüttern begegnet. Natürlich sind die Enkelkinder, mit denen man gleichzeitig im Leben ist, am nächsten, und die Gedanken an ihre Zukunft weniger weit entfernt, doch die meisten Frauen sprachen auch von den weiteren Generationen, in einer Zukunft, die wir nicht mehr übersehen können.

Diese Haltung, als Ahnin eine Verantwortung zu tragen, kann Teil unseres Seins als Großmütter werden. Schauen wir in die Natur, entdecken wir bei den Pflanzen Vorbilder für uns Menschen. Die Biologin Suzanne Simard, von der bereits die Rede war, beschreibt von ihren Studien des Waldes, wie die kleinen Setzlinge sich an die Netzwerke der alten Bäume anschließen und wie sie von den Alten erhalten und genährt werden. „Das ist Sorgen für ihre nächsten Generationen", sagt sie, und bleibt nicht bei den Bäumen: „Ich wollte, dass die Menschen verstehen, dass wir mit unseren zukünftigen Generationen verbunden sind. Wir haben auch eine Verantwortung für sie: Wir wollen, dass unsere nächsten Generationen gesund sind und aufblühen, dass sie ihr Leben lieben, dass sie ein glückliches Leben haben, dass sie nicht leiden und einer trostlosen Zukunft entgegensehen.“[12]

Wir alle sind verbunden wie die Bäume, in einem großen „unterirdischen“, auf uns übertragen, unsichtbaren Netz, und über dieses Netzwerk, das auch das Kommende nährt, leben wir in einer Beziehung mit den Generationen weit in der Zukunft. Dass wir eine von vielen Generationen sind, dass wir eine wichtige Rolle in unserer eigenen Zeit haben, dass wir Dinge weitertragen und in die Zukunft senden, das war, so sagt Suzanne Simard, eine sehr wichtige persönliche Offenbarung für sie.

Wir sind die Ahninnen für viele, weit hinaus über den Horizont unserer Zeit. Für all jene, die noch nicht da, aber auf ihrem Weg hierher sind. Und auch sie, auch unsere Nachkommen, werden einmal Ahninnen und Ahnen sein. In einem meiner Gespräche wurden mir diese Zusammenhänge durch die Schilderungen einer Großmutter über ihre eigene Großmutter in einem neuen Licht deutlich. Aus dem Mitschnitt gebe ich hier meine Gedanken wieder, die sich in jenem Moment des Gesprächs spontan aus dem Erzählten auffalteten:

*Wenn du von deiner Großmutter erzählst und dich mit diesem Gefühl verbindest, und ich das bei dir so deutlich spüren kann – so denke ich, sie hat dich bestimmt auf eine Art genährt in dem, wie du jetzt Großmutter bist.*

*Ich glaube – auch wenn es nicht überall so ist –, dass es einen Faden gibt, der vor allen Dingen über die weibliche Linie geht, ein Faden, der sich durch die Kette der Vorfahrinnen webt, und dass diese Verbindung uns nährt. Und dass es auch für uns wichtig sein könnte, dies in unserer eigenen Verbin-*

*dung zurück zu unseren Ahninnen wieder wachzurufen. Und vor allem, dass wir uns klarmachen, dass es auch von uns aus weitergeht: Zu sehen, dass unsere Enkel, unsere Nachkommen auch Ahnen sind. Das heißt, auch wir nähren sie damit, ebenfalls einmal Ahninnen zu sein.*

Jetzt, wo wir der Großmutter-Generation angehören, ist eine gute Zeit, uns an die Verbindung und Verantwortung für die zukünftigen Generationen zu erinnern. In jüngeren Jahren, als wir Mütter von kleineren Kindern waren, verschlang die Fürsorge für die unmittelbar folgende Generation unsere ganze Aufmerksamkeit. Da war wenig Raum, an Kindeskinder zu denken, auf direkt persönlicher Ebene zumindest auch unvorstellbar, waren doch die eigenen Kinder noch ganz und gar von unserer elterlichen Sorge abhängig. Natürlich dachten wir an ihre Zukunft, aber waren wir uns immer bewusst, wie wichtig es ist, auf eine Weise zu leben, dass es ihre Zukunft nicht einschränkt oder, schlimmer noch, vergiftet und verödet? Und hatten wir ihre Enkeltöchter und -söhne im Sinn, ihre Urenkel und Ur-ur-Enkel? Die Kinder waren so dicht vor unseren Augen, dass wir oft nicht weiter über sie hinaussehen konnten. Doch jetzt, als Ältere, als Großmütter, kann sich der Blick weiten. Wir schauen bereits über zwei Generationen, einige von uns sogar als Urgroßmütter schon über drei Generationen, und zudem sind die eigenen Kinder in eine gewisse Distanz gerückt. Der Horizont weitet sich.

In diesem bewussten Ahnin-Sein liegt ein Ja zum Leben. Wir geben uns wach hinein in das weite Netz des Lebens, das sich über die Zeiten spannt, das die Menschen über Generationen hinweg miteinander verbindet, ein lebendiges Geflecht, das diese Verbindungen nährt und damit das ganze Lebensgefüge. Als damals vor meinem inneren Auge das Bild des Floßes, bevölkert mit den vielen Generationen von Kindern, erschien, war es wohl dieses wirkliche Ja, das meine Seele berührte.

Betrachten wir die augenblickliche Welt am Beginn der Zeit eines großen Übergangs, in der klar wird, dass unsere alte Lebensweise nicht mehr trägt und wir einer neuen Ära entgegenfiebern, so gewinnt das Säen für eine noch unbekannte Zukunft eine besondere Bedeutung. Die schwierige Zeit des Übergangs ist eine Zeit der Umwandlung. Und in dieser Zeit legen wir und unsere Nachkommen ein Fundament für die Zukunft, wir alle, Junge und Alte. Das Ja in der Saat, die wir jetzt für diese Transformation säen, ist die Grundlage für eine Zukunft von sieben Generationen und weit darüber hinaus.

Spannend wird nun die Frage, wie wir Tradition und Zukunft, das Erinnern und die Verantwortung für das Kommende, verbinden, ohne dass wir die lebensfeindlichen Muster der Vergangenheit mit einweben - so dass wirklich etwas Neues entstehen kann.

# Behüten - Unsere Haltung zur Erde

Meine knapp dreijährige Enkelin macht mit ihrer Familie für eine Woche lang Sommerurlaub bei den Großeltern. Es gibt reichlich Gelegenheit für kleine Großmutter-Enkelin-Erlebnisse; insbesondere liebt sie die Ausflüge mit mir zum Tomatenhaus im Garten. Begeistert erntet sie die saftigen Kirschtomaten, rot und reif vom Strauch, und lässt sie sogleich in den Mund wandern, genießt das köstliche Aroma, das Früchte nur haben, wenn sie erfüllt von Sonnenwärme frisch geerntet sind. Bald darauf entdecke ich, dass dies nicht der einzige Grund für ihren immer wieder geäußerten Wunsch ist, mit mir die Tomaten zu besuchen. Sie erklärt mir, sie wolle schauen, wie es ihnen geht. Und tatsächlich, als wir auf ihren Wunsch hin beim nächsten Mal das Tomatenhaus besuchen, tritt sie ein, und fragt: „Ist alles gut? Wie geht es euch, liebe Tomaten?" Sie lauscht. Dann, zu mir gewandt, ‚übersetzt‘ sie: „Es geht ihnen gut."

Nun wendet sie sich der Tür zu. Der Mechanismus fasziniert sie, das Öffnen und Schließen der Schiebetür eines Gewächshauses findet sie so interessant, dass sie es viele Male wiederholt. Und dann verbindet sie dieses Entdecker-Glück mit dem Wohlergehen der Tomaten: Ihr fällt plötzlich ein, die Tomatenpflanzen zu fragen, ob sie lieber möchten, dass die Tür offensteht oder geschlossen wird. In einem zärtlich freundlichen Ton stellt sie ihre Frage an die Pflanzen, lauscht, wendet sich wieder zur Tür. Ich erkundige mich nach der Antwort. Mit dem Selbstbewusstsein eines Wesens, das in diesem Moment ungestört in der Einheit mit der Natur lebt, antwortet sie: „Sie möchten, dass die Tür aufbleibt." Also beendet sie nun ihre lebhafte Beschäftigung mit der Gewächshaustür, lässt sie offenstehen, nimmt meine Hand und wir setzen unseren Streifzug durch den Garten fort.

Zwischen den Generationen treffen sich Vergangenheit, Gegenwart und Zukunft. Wir können die Vergangenheit mit der Zukunft verbinden, indem wir gemeinsam innerlich in eine Welt zurückkehren, in der wir mit der Erde in lebendigem Austausch und in Liebe verbunden waren. Eine Zeit, in der wir eine gemeinsame Sprache hatten mit allen Lebewesen, in der wir Menschen uns nicht als die Herrschenden über alle anderen Geschöpfe sahen, sondern die Sonne unsere Schwester war, wie der heilige Franziskus es ausdrückte, und als wir auf die Erde als unsere Mutter blickten, so wie die indigenen Völker noch immer ehrfurchtsvoll mit ihr kommunizieren.

Die Fähigkeit, uns in die Natur einzufühlen, ihr zuzuhören, ist noch immer im Erinnerungsschatz unserer Zellen gespeichert. Wenn auch die Prägung durch das westliche Denken – sich so zu sehen und zu verhalten, als sei der Mensch Mittelpunkt, Beherrscher und Nutznießer aller Dinge im Kosmos – unsere ursprüngliche verwandtschaftliche Vertrautheit mit der Erde unter sich begraben hat, haben wir, wir können es nicht oft genug wiederholen, die Möglichkeit, uns zu erinnern. Die Kinder tun es, wenn man sie lässt. Und die Alten können es, wenn sie sich den Raum dafür in den weiten Landschaften der Erinnerung nehmen. Gemeinsam, und auch zusammen mit der Generation der jüngeren Erwachsenen, können wir uns erinnern und mit dieser Erinnerung als Grundlage eine neue Zukunft schaffen, indem wir uns gegenseitig inspirieren.

Unsere älteste Vorfahrin, das ist die Erde selbst, sie, die uns Leben gibt und unser Leben erhält, das Wasser, die Luft, das Land, ihre Pflanzen und Tiere. Es sind die Mineralien, die, einst als Sternenstaub auf dieser Erde angekommen, in unseren Felsen gespeichert und in ihren Wasserquellen gelöst sind. Dieses Wasser fließt durch uns alle hindurch, löscht unseren Durst, erhält uns am Leben. Wir alle, Tiere, Pflanzen und Menschen trinken von den Wasserquellen der Erde, und wir ernähren uns von ihren Früchten, wir atmen ihre Luft. Nur so kann sich das Leben fortpflanzen und immer wieder neue Generationen hervorbringen. Die Erde, sie ist auch eine Ahnin, und das ganze Universum, mit dem sie in Beziehung steht. „Alle Wesen sind Vorfahren", sagt die indische Wissenschaftlerin und Aktivistin Vandana Shiva. Der Wunsch allen Lebens sei, zukünftige Generationen zu haben, denn alles Leben gründe sich auf Regeneration. Und genau diese Erneuerungskraft zerstöre der Mensch gerade.[13]

Wenn wir denen, die nach uns kommen, etwas weitergeben wollen, wenn wir Verantwortung als Ahninnen übernehmen möchten, wäre es dann nicht unsere erste Pflicht, die vertraute Beziehung zu unserer ältesten Ahnin, der *Erde*, zu erneuern und zu heilen, und diese Möglichkeit an unsere Nachkommen weiterzureichen? Wenn wir die Achtung vor den alten Menschen wiedererlangen möchten, sollten wir dann nicht wieder beginnen, die Erde, die unsere Vorfahren für Jahrtausende genährt hat, als liebenswerte, verehrungswürdige, über alle Maßen großzügige Ahnin wertzuschätzen? Und wenn wir wollen, dass uns selbst als Ahninnen ein Ohr geschenkt wird, sollten wir nicht wieder lernen, unserer ältesten Ahnin, der Erde, zuzuhören, dem Wind und den Wellen zu lauschen, den Bäumen und Kräutern, den Vögeln und den Insekten? „Wir sprechen nur mit uns selbst", sagte der Verfechter einer neuen Gemeinschaft mit der Erde, Thomas Berry. „Wir sprechen nicht mit den Flüssen, wir lauschen nicht dem Wind und den Sternen. Wir haben das große Gespräch abgebrochen. Mit dem Abbruch dieses Gesprächs haben wir das Universum zertrümmert."[14] Diese menschliche Selbstbezogenheit und die Fokussierung allein auf die Eindrücke durch die äußeren Sinne und die Vernunft ist so weit fortgeschritten, dass wir im Westen jede andere Art von Wahrnehmung und Beziehung als lächerlich, bestenfalls sonderbar entwerten, oder sie verunglimpfend und als nicht ernst zu nehmend mit dem Begriff „esoterisch" beteln – einem inzwischen gern verwendeten, verallgemeinernden und seiner eigentlichen Bedeutung entfremdeten Mainstream-Schimpfwort.

Wer die Erde, wie die indigenen Völker und wie auch unsere europäischen indigenen Vorfahren, als ein lebendiges Wesen wahrnimmt, kann ihr zuhören. Natürlich spricht sie nicht unsere menschliche Sprache, und zweifellos erreicht sie uns nicht auf der Ebene des rationalen Verstandes. Um sie zu verstehen, ist es notwendig, in die innere Welt einzutauchen, einen Ort, wo wir nicht getrennt, sondern verbunden und verwandt sind; hier öffnet sich die Tür, die für viele von uns lange versperrt war. Die Mystikerinnen, aber auch Künstler, Dichterinnen, Maler, Musikerinnen oder Filmschaffende kennen diese Tür und können durch ihre symbolische Sprache Unterhaltungen aus dieser Welt übermitteln.

Durch jedes Geschöpf kann die Erde zu uns sprechen, alle Wesen sind Teil dieser lebendigen Einheit. Empfangen wir denn nicht eine Botschaft von der Erde, wenn wir bei Sonnenaufgang von den zauberhaften Melodien der Amsel geweckt, in hellen Mainächten vom Gesang der Nachtigall berührt werden, oder wenn wir uns über das Aufblühen der Krokusse nach einem langen Winter freuen? Wie die Erde als uralte Vorfahrin bis tief in unser Innerstes zu sprechen vermag, schildert die Naturschützerin Eleanor O'Hanlon auf eindrückliche Weise, wenn sie von der Begegnung mit einem weiblichen Wal erzählt: „Während sie sich auf eine Seite dreht, blickt der Wal durch das Wasser hoch zu mir; und als ich hinunter in ihr dunkles Auge sehe, das mit Hautfalten umringt ist, treffe ich den luziden und ruhigen Blick einer Vorfahrin, eine der Uralten der Erde. Ich fühle, wie sie mich heraushebt, weit heraus aus Gedanken und linearer Zeit, jenseits der begrenzten Belange meines gewöhnlichen Verstandes, in den tiefgründigen Sinn einer Begegnung mit einem anderen Wesen, dessen Bewusstsein nicht getrennt ist von meinem eigenen."[15]

Wir sind so sehr daran gewöhnt, selbst zu sprechen, zu definieren, zu erklären, Theorien zu entwickeln, Erkenntnisse zu sammeln und diese für unumstößlich zu halten – eben die Natur und die Eigenschaften aller Wesen aus einer menschlichen Perspektive festzulegen, dass wir vergessen haben, dass diese Wesen und dass die Erde selbst uns etwas zu sagen haben. Noch mehr haben wir vergessen, dass wir zuhören könnten. Der in den Anden beheimatete Schamane Arkan Lushwala erklärt uns, dass indigene Methodik nicht bedeutet, Theorien über die wahre Natur der Dinge zu formulieren, vielmehr lasse sie die Dinge uns erzählen, was sie sind.[16] Auf klare, einfache Weise lässt er uns verstehen, wie das möglich ist: „Die Erde und das Universum sind Milliarden von Jahren alt, und sie wissen bereits, was wir Menschen schmerzlich versuchen herauszufinden. Wir sind keine Fremden, die die Erde oder das Universum besuchen; wir sind ein Teil von ihnen, wir gehören zu ihren großen Körpern, genauso wie Zellen zu unserem Körper gehören, und es ist essenziell, zu wissen, wie man auf ihre Führung lauschen kann."[17] Doch wir haben gar nicht gefragt.

Sehr anschaulich beschreibt Arkan Lushwala unsere menschliche Ignoranz:

„Die moderne Welt hat Wunder produziert, die wir alle genießen. Es ist ein Vergnügen, einen Film auf einem High Definition Bildschirm zu schauen oder ein Motorrad zu fahren. Das Problem ist, dass die Menschheit die moderne Welt kreiert hat, ohne auf die Erde zu lauschen. Sie wurde niemals gefragt, ob es ihren Körper schädigt, wenn Öl herausgenommen wird, oder ob ihre reine Luft mit rußenden Emissionen verschmutzt werden möchte, oder ob ihre Pflanzen Pestizide trinken wollen. Als die Möbelproduktion für den menschlichen Komfort industrialisiert wurde, hat man die Bäume nicht gefragt, ob sie Kettensägen mögen oder ob sie zustimmen, in Massen für diese Sache zu sterben. Als Plastik so zweckmäßig wurde, dass endlos Gegenstände aus ihm geformt wurden, haben wir nie die Erde oder die Wale gefragt, ob sie wollen, dass dieses invasive Element in ihren Arterien feststeckt. Als die Städte in riesige Dimensionen wuchsen und Kanalisationssysteme den Menschen erlaubten, ohne Anstrengung Wasser zu bekommen und so oft ein Bad zu nehmen, wie sie wollten, wurde das Wasser nicht gefragt, ob es in den Rohren lebendig bleiben kann."

Es schien lächerlich, diese Fragen zu stellen, nachdem die Menschen so viel Macht über die Elemente der Erde bekommen und ihren Komfort und ihre Sicherheit so sehr vergrößert hatten. „Aber heute, wenn wir die Verwüstung sehen, die vom Klimawandel verursacht wird, realisieren viele Menschen, dass es keine schlechte Idee ist, die Erde zu fragen; moderne Menschen wissen einfach nicht, wie man das tut."[18]

Und welche Haltung wir brauchen, um überhaupt lauschen zu können, das erklärt uns der peruanische Indigene in seinem Buch *Deer & Thunder* ebenso: Dass es nämlich vollkommen von unserem Seinszustand abhänge, davon, wie still, offen und zärtlich wir in dem Moment des Lauschens sind. Es hänge davon ab, wie demütig wir sind, selbst wenn wir gleichzeitig auf der Suche nach Kräften sind, die eine Veränderung bewirken könnten. Es sei das tiefe Zuhören, durch das wir in eine andere Frequenz gebracht werden könnten;

und das Überwinden unserer gewohnten geistigen und emotionalen Frequenzen sei bereits das Schaffen von Veränderung. So mündet seine Beschreibung in der Erkenntnis: „Wenn unser denkender Geist sich in unbekanntes Territorium bewegt, weitet sich unser Verstehen ganz natürlich aus und wir werden befähigt, eine Entdeckung zu machen, wie ein unvoreingenommenes Kind."[19]

Für das unvoreingenommene Kind in Gestalt meiner Enkeltochter war ihre Unterhaltung mit den Tomaten – die Möglichkeit, ihnen zuzuhören, und auch ihre Sorge um deren Wohlergehen – selbstverständlich und überhaupt nicht außergewöhnlich. Würde sie in einer indigenen Kultur leben, wäre dies für ihr Umfeld gleichermaßen natürlich und wahr, anders als in unserer modernen westlichen Lebensart. Hier würden die meisten Erwachsenen ihr Verhalten nicht ernst nehmen, allenfalls schmunzeln über die niedliche Episode eines Kleinkindes, oder bereits jetzt mit rationalen Erklärungen aufwarten. Vielleicht würden sie ihr die gut gemeinten ersten Grundlagen biologischen Wissens vermitteln – die, nebenbei bemerkt, fast immer in irgendeiner Weise im Zusammenhang mit ihrem Nutzen für den Menschen stehen.

Man könnte entgegnen, dass auch wir in unserer Kultur die magische Welt der Kinder, in der jeder Stein und jedes Tier seelenvoll lebendig ist, in gewisser Weise anerkennen - in Geschichten, zahlreichen Kinderbüchern, Videos und Comics. Gleichwohl behandeln wir sie als eine „Kinderwelt", auf die wir von außen und von oben schauen; unsere Welt, die der Erwachsenen, ist eine andere, eine, in der Pflanzen und Tiere und die gesamte Erde leblose Dinge sind, die wir definieren, handhaben, nutzen oder töten, und die außerhalb von uns existieren. Und so schauen viele Erwachsene aus ihrer getrennten, der „vernünftigen" Welt in die kindliche Welt der Einheit, sind möglicherweise auch berührt davon, oder schmunzeln darüber, tragen ihnen Geschichten vor, aber kommunizieren dabei durch eine unsichtbare Glaswand. Wir haben weitgehend vergessen, dass diese Welt tatsächlich existiert, für uns alle, dass sie wirklich ist, hier und nicht jenseits von etwas, und dass wir uns mit denen, die noch nicht vergessen haben, dort hineinbegeben können. Diejenigen, die hier noch unbekümmert leben, laden uns in diese Welt ein, unaufhörlich. Und es ist ganz einfach, hineinzuschlüpfen und *innerhalb* dieser magischen Welt der Ganzheit miteinander zu sein und uns aufeinander zu beziehen.

Das Miteinander schließt ein, dass wir den Kindern nicht nur Geschichten erzählen oder Dinge beibringen, sondern dass wir ihnen auch zuhören. Ihnen zuzuhören öffnet uns Türen in zauberhafte Räume, in die sie uns unentwegt locken. Indem wir erlauschen, was sie uns mitteilen möchten, entwickelt sich eine gemeinsame lebendige Erfahrung, in der alle gestärkt werden: Das Licht in der Erde wird wahrgenommen, das Kind entfaltet sein ureigenes Wesen und Potenzial, und es kann durch die lebhafte Erfahrung der gegenseitigen Beziehung sein Wesen weiter in unsere irdische Welt bringen. Obendrein werden wir, die wir die Kindheit lange hinter uns gelassen haben, in die reiche Welt eingeladen, die wir vielleicht vergessen und verloren hatten. Möglicherweise werden dann uralte Erinnerungen geweckt, und eine alte Weisheit, die auch in uns schlummert, kommt zum Vorschein. Wir können allen zuhören, den menschlichen Kindern und allen anderen. Sie winken uns zu, von jedem Ort. Zu Beginn seines Buches *The Great Work,* in dem es um das Aufblühen der Erdgemeinschaft geht, widmet Thomas Berry seine Gedanken *allen* Kindern, denen, die in den Wogen des Meeres schwimmen, denen, die im Humus der Erde leben, den Kindern der Blumen in den Wiesen und der Bäume in den Wäldern, den geflügelten, die mit den Winden ziehen, und auch den menschlichen Kindern, auf dass alle Kinder zusammen in die Zukunft gehen mögen - in der ganzen Vielfalt ihrer Herkunft und ihrer jeweiligen Gemeinschaften.[20]

Diese gemeinschaftliche Zukunft ist nur möglich auf der Grundlage jener Kraft, die jedes Miteinander und jede Beziehung trägt: *Liebe*. Wirkliche Veränderung, so wurde der bekannte Zen-Meister Thich Nath Hanh nicht müde zu betonen, kann nur geschehen, wenn wir die Erde lieben, wenn wir uns in sie verlieben.[21] Jede technische Erneuerung, alle Erfindungen, die auf weitere Ausbeutung verzichten und Alternativen anbieten, sind gut; sie helfen dabei, einen anderen Umgang mit der Natur, mit dem Leben selbst zu finden, das ansonsten in unvorstellbarem Maß bedroht ist. Solche Lösungsversuche werden jedoch bedeutungslos bleiben, wenn sie nicht aus dem Grund der Liebe für die Erde wachsen. Die Liebe kann die Trennung wieder auflösen, die wir geschaffen haben; ohne sie bleiben wir trotz aller technischen Versuche in der Haltung gefangen, die erst jene Zerstörung verursacht hat. Die Liebe für die Erde hat in uns allen einen Ort. Er ist uralt, möglicherweise verschüttet, aber wir können ihn freilegen. Für Momente kennen wir das alle, vornehmlich, wenn wir uns in der Natur aufhalten: Wir fühlen uns nicht getrennt, nicht überlegen, nicht in Herrschaft über die Natur. Wir haben nicht das Bedürfnis, sie zu kontrollieren, und wir nehmen die Natur nicht als Fremde wahr, nicht einmal als „Umwelt", wir sind vielmehr ein Teil dieser Welt, untrennbar. Dieses Gefühl von Einheit ist Liebe.

Die Liebe zur Erde zu leben und in dieser Beziehung zu sein ist auf vielfältige Weise möglich, so wie jede Liebe ganz individuell gelebt wird. Und wie jede gelebte Liebe braucht sie unsere Aufmerksamkeit, unsere Zuwendung und unsere Bewusstheit. Wir sagen, ich sehe dich, ich nehme dich wahr, ich höre dir zu, ich erkenne deine Seele, deine heilige Natur. Und ich achte sie. Der Dichter und Farmer Wendell Berry sagt: „Für die Erde zu sorgen, ist unsere älteste, würdigste und schließlich auch vergnüglichste Verantwortung"[22]. Diese Verantwortung, die wir Menschen so folgenreich vernachlässigt haben, ist eine, die allein aus der Liebe zur Erde fließen kann.

Wenn wir diese vergnügliche Aufgabe mit unserer Verantwortung als Älteste verbinden, so können wir als Großmütter zusammen mit unseren Enkelkindern einen Raum schaffen, in dem wir miteinander die Erde innig lieben.

Diesen Ort der Liebe müssen wir lediglich in uns wachrufen, und gleichzeitig lassen wir uns von den jungen Menschen erinnern, denn sie sind dieser Liebe näher, sie sind noch nicht gänzlich eingefangen von einer Weltanschauung, die das Kontrollieren, Erobern und Beherrschen in den Mittelpunkt stellt. „Auf meinem Weg, eine Ahnin zu werden, möchte ich Geschichten der Liebe für die Erde in den Erdboden säen", sagt die Wissenschaftlerin und Indigene Robin Wall Kimmerer. Denn es sei unser Versagen, die Erde ausreichend zu lieben, das uns erlaube, sie entgleiten zu lassen.[23]

Geschichten der Liebe zur Erde sind die neuen und zugleich uralten Geschichten, die wir über sie erzählen können. Sie sind bei Weitem kraftvoller als die Erzählung, die wir gewohnt sind zu hören, nämlich die Erde als ein Gegenstand, eine Sache, die wir markieren, erobern und kolonialisieren. Traurigerweise ist nämlich dies eine Geschichte, die gänzlich unterschlägt, dass die Erde unser Zuhause ist, und dass sie es ist, die uns nährt, in ihrer unendlichen Großzügigkeit. Eine Großmutter erzählte mir im Gespräch:

*Ich habe manchmal ein Loch mit den Kindern im Garten gebuddelt und geschaut, wer da alles wohnt. Und wir haben für die Regenwürmer gesungen. Und da ist ja etwas, was so hin- und hergeht, von meinem Inneren zu ihrem. Und dann nährt auch etwas mich. Es ist so wichtig, dass man das nicht nur in Bilderbüchern sieht, sondern es erlebt.*

Zu fühlen, wie innig sie die Erde lieben, ist den Kindern natürlich am ehesten möglich, wenn sie mit der Natur direkt in Berührung kommen. In all meinen Gesprächen mit Großmüttern hatte das gemeinsame Erleben von Natur, sei es in einer bäuerlichen Umgebung in Norddeutschland, einem ländlichen Gebiet in Nordamerika oder in einer riesigen asiatischen Hauptstadt, eine zentrale Bedeutung. „Als ich aufwuchs", sagte die bekannte, inzwischen über 90-jährige Artenschützerin Jane Goodall in einem Interview, „hatten wir nicht einmal Fernsehen, so versenkten wir uns in Bücher und tauchten in die Natur ein. Die Kinder heutzutage haben weniger Zeit dafür, weil sie von iPhones, Laptops und Videospielen fasziniert sind. Auch wachsen viel mehr Kinder in Städten, umgeben von Beton, auf. Wichtig ist, sie in die Natur zu bringen – je jünger, umso besser."[24] Und sie folgert, wie auch andere Autor:innen, die sich mit dieser Thematik befassen, dass nur über die direkte Erfahrung der Natur die Sorge und der Wunsch, sie zu schützen, aufkeimt. „Die Kinder müssen wieder mit der wirklichen Welt in Berührung kommen, denn sie werden sie nicht beschützen, wenn sie ihnen Angst macht oder fremd ist", sagte auch die bekannte Kinderbuchautorin Cornelia Funke in einem Interview.[25]

Der Psychologe Robert Wolff, der auf faszinierende Weise das einfache und stille Leben der lächelnden „Senoi" im malaysischen Dschungel schilderte, sprach von einer „Menschlichkeit, die auf der Verbindung mit der Erde gründet". Und diese Verbindung beruht wie in jeder liebenden Beziehung in großem Maß auf dem Zuhören. Alle, die mit der Natur in Berührung sind, sagt er, können die Energien, Gefühle und Absichten anderer Wesen spüren. „Wenn wir zuhören, können wir wissen – wir müssen nur davon ablassen, die Kontrolle haben zu wollen. Inneres *Wissen* ist nichts Ungewöhnliches, es gehört zu unserem Wesen. Alle Menschen können mit Allem-was-ist verbunden sein. Diese Verbindung ruht in uns."[26]

Gemeinsam mit jungen Menschen die Erde lieben, indem wir Erfahrungen in der Natur teilen, das ist selbstverständlich kein Privileg und keine alleinige Aufgabe der Großeltern. Doch wie häufig sind solche gemeinsamen Erfahrungen im strukturierten Alltag unserer modernen westlichen Welt noch möglich? Sie brauchen bestimmte Bedingungen. Zuerst natürlich eine gewisse Haltung, die wir gegenüber der Natur und dem jungen Menschen selbst haben, mit dem wir in Beziehung sind. Darüber hinaus brauchen sie Zeit und Raum. Und hier kommen die Großeltern ins Spiel. Auch in unserer westlichen Welt, deren Fokus auf den Erwerb von Geld häufig mit der Notwendigkeit verbunden ist, viel zu arbeiten, und noch dazu mit der weit verbreiteten Suche nach Selbstoptimierung, der viele Menschen ihre Freizeit opfern, auch in dieser Welt gibt es diesen Raum. Es gibt Menschen, die Zeit haben, und das sind häufig die Älteren.

Die Generation dazwischen, die unserer Kinder – der Eltern unserer Enkelkinder – ist meistens vollauf damit beschäftigt, den Lebensunterhalt für die Familie zu verdienen, ihr Leben mit Kindern zu organisieren, dafür zu sorgen, dass die Kinder an den gesellschaftlichen Ereignissen und Einrichtungen teilhaben. Dazu kommt die materielle Versorgung mit Nahrung und Kleidung, die medizinische Fürsorge, die Kommunikation mit Kindergarten oder Schule, der Erziehungsauftrag. Alle Großeltern unter uns erinnern sich, wie aufreibend das war, und sehen es an den eigenen Kindern, die Familien gründen. Jetzt, wo meine Kinder schon seit einer Weile erwachsen sind, wundere ich mich manchmal und kann nur noch schwer fassen, wie wir es als Eltern damals geschafft haben, bei all den damit verbundenen Aufgaben vier Kinder großzuziehen, in unserem Fall leider auch ohne die unterstützende Gegenwart von Großeltern. Ich bin auch deshalb manchmal so verwundert und ungläubig, weil ich heute in einem anderen „Raum" lebe. Einerseits sind die körperliche Verfassung und das Energiepotenzial wesentlich geringer als in meinen Dreißigern und Vierzigern, der intensivsten Zeit meines Elterndaseins, andererseits gibt mir das Leben jetzt mehr äußeren und inneren Raum. Und ich schaue aus einer anderen Perspektive.

Diese andere Perspektive taucht auch manchmal in den Erinnerungen bereits Erwachsener auf, wenn sie davon berichten, wie ihr Verhältnis zur Natur durch die Großeltern geprägt wurde. Der Autor und Naturwissenschaftler David George Haskell berichtete in einem Interview, dass er die wichtigsten Dinge über den Naturschutz von seinen Großeltern gelernt habe. Die erzählten ihm schon damals, wie vergleichsweise weniger Vögel nun in der britischen Landschaft sangen, wie ihre Zahl abgenommen habe, verglichen mit der Zeit, als sie selbst jung waren, in den 1920er und 1930er Jahren. Er habe seitdem Tausende von Artikeln über den Rückgang der Vogelpopulationen in Europa und darüber hinaus gelesen, doch die Geschichten seiner Großeltern seien diejenigen, die wirklich haften geblieben seien. Warum? Weil sie, wie er sagt, von Menschen kamen, die er kannte und liebte. Das englischsprachige Interview, in dem er das erzählt, hat den Titel „Zuhören und die Krise der Unaufmerksamkeit" und beschäftigt sich mit Tönen und Vogelgesang – und mit der Zukunft. Im gegenwärtigen Moment müssten wir aufmerksam sein und lauschen, damit, so folgert Haskell, wir der Zukunft etwas erzählen könnten, so dass die zukünftigen Generationen von uns lernen könnten – so wie er von seinen Großeltern gelernt habe.[27]

Die Großeltern spielen also eine wichtige Rolle in dem, wie die Enkelgeneration mit der Natur verbunden bleiben kann. Und hier haben die Groß*mütter* eine eigene Bedeutung. Es gibt eine alte Prophezeiung der Hopi, die sagt: Wenn die Großmütter sprechen und gehört werden, wird die Erde beginnen zu heilen. Diese Weissagung wird auch vom „Internationalen Rat der 13 indigenen Großmütter" zitiert, der sich vor vielen Jahren zusammengeschlossen hat, um unsere Verbindung zum Heiligen wiederzubeleben.

Die weibliche Beziehung zur Erde und zum Heiligen in der Schöpfung gibt den Großmüttern eine einzigartige Chance, überall in der Welt. Im Westen gibt es für die Großmütter viel nachzuholen, im Erinnern und Wiederbeleben, doch es ist nicht zu spät, uns dessen bewusst zu werden. Die Aufgabe wartet auf alle Großmütter:

Durch unsere Beziehung mit den Jüngsten Sorge für die Zukunft zu tragen. In allen Kulturen dieser Welt, auch in denen, die sich weit von einer ursprünglichen Einheit des Lebens entfernt haben, gibt es die geheimen Pfade zu der Erinnerung an die weibliche Art, das Leben zu feiern, zu wissen, dass das ganze Universum ein kosmisches Fest ist. In diesem Wissen gründet der Same, den wir für die Zukunft pflanzen können.

# 4

# Großmutter sein.
# Eine Reise

*In the dream there is a very tall black grandmother …*

*Im Traum erscheint mir eine hochgewachsene Schwarze Groß-*
*mutter. Sie ist voller Würde und vermittelt ein Gefühl von*
*Autorität. Auf kraftvolle Weise sagt sie: „Ich bin Großmutter".*
*Ich sage ihr, dass ich so froh bin, sie kennenzulernen. Und sie*
*erwidert: „Wo warst du? Ich habe auf dich gewartet."*
*Und dann kommt ein Mann vorbei. Er wiederholt diese Worte:*
*„Finde deine Stärke. Finde deine Stärke. Finde deine Stärke."*
*Für mich bedeutet Großmutter zu werden eine Reise, die mich*
*die innere Stärke finden lässt, um den Bedürfnissen dieses Le-*
*bens gerecht zu werden.*

EINE NORDAMERIKANISCHE GROSSMUTTER ÜBER EINEN NÄCHTLICHEN
TRAUM

Sie heißt Oma, Nonna, Abuelita und Mamie. Kinder-
stimmen rufen Bubbe, Granny, Babička, Jiddah, Nenek und
Anane. In manchen Sprachen ist ihr Kosename auch Amma, ein
Wort ebenso für Kinderfrauen wie auch für beschützende und
weise Frauen. Die Großmutter hat vielerlei Namen in den menschlichen Sprachen, und sie alle klingen zärtlich. In manchen Sprachen
wird unterschieden zwischen der mütterlichen und der väterlichen
Großmutter, wie beispielsweise im Schwedischen mormor für die

mütterliche und farmor für die väterliche Großmutter. Das macht es Kindern leichter zu unterscheiden, doch häufig finden sie ohnehin ihre eigenen Kosenamen für die geliebten Großmütter. Auch einige meiner Gesprächspartnerinnen erzählten von den einfallsreichen, ureigenen Namen, die ihre Enkelkinder für sie erfunden hatten.

Es ist unsere Beziehung, die in den Lauten und der Melodie der Namen mitschwingt, mit denen wir andere ansprechen und uns ihnen zuwenden. Sie ertönt in dem Klang, mit dem wir „gerufen" werden, und in diesen Klang der Anrede legen Menschen ihre Zuneigung, ihre Wärme und Verehrung oder auch ihre Verniedlichung, Distanziertheit oder Fremdheit. Wenn sie nicht mit eher unnahbaren Großmüttern verknüpft sind, die einen emotionalen Abstand zu ihren Enkelkindern bevorzugen, so schwingen die Namen für die Großmütter immer in einer Frequenz der Nähe und Liebe. Das Wesen der Beziehung, wie wir es auch als weibliches Prinzip bereits angeschaut haben, spielt eine zentrale Rolle im Großmutter-Sein.

Eine wissenschaftliche Studie aus dem Jahr 2013, die am soziologischen Institut des Boston College durchgeführt wurde, fand heraus, dass Großeltern und Enkel messbare Auswirkungen auf die gegenseitige psychologische Gesundheit haben, die überdies für eine lange Zeitdauer in das Erwachsenenalter der Enkel reiche.[1] Auf den ersten Blick erscheint ein soziologisches Forschungsergebnis einfach nur einleuchtend, wenn eine „emotional enge Beziehung zwischen Großeltern und Enkeln mit weniger Symptomen von Depression für beide Generationen verbunden ist"[2], und wenn tatsächlich, je größer die gegenseitige emotionale Unterstützung, die psychologische Gesundheit bei beiden umso besser war. Über ein subjektives Empfinden hinaus, und auch im Widerspruch zu der nicht wenig verbreiteten Annahme der Existenz großer Generationen*konflikte*, greifen die Forschungsergebnisse noch weiter; sie zeigen, welch tiefgreifende Bedeutung genau diese, sich über drei Generationen streckende Beziehung *beiderseitig* hat. Selbsterklärend führt größere emotionale Unterstützung zu größerem psychischem Wohlbefinden; und auch die psychische Gesundheit der Alten in Abhängigkeit von emotionaler Nähe ist keine neue Erkenntnis. Doch dass gerade diese intergenerationale Beziehung – trotz des erheblichen Altersunterschieds – eine solch zentrale Rolle im Beziehungsgeschehen spielt, mit auffällig positiven Auswirkungen, mag einigen Menschen zuvor nicht deutlich gewesen sein. Beachtenswert ist, dass eben nicht nur die Enkelkinder eine große Bedeutung für die Großeltern haben, sondern auch umgekehrt, die Großeltern sind sehr wichtig für die Enkelkinder. Die sinnvolle Aufgabe, die manch eine Großmutter in Verbindung mit der Enkelgeneration sieht, wird hier wissenschaftlich bekräftigt. Und nicht nur die amerikanische Untersuchung, auch eine Studie des Deutschen Jugendinstituts aus dem Jahr 2018 kam zu dem Schluss, dass eine emotionale Nähe zwischen Großeltern und Enkeln für Wohlbefinden und psychische Gesundheit bei beiden Parteien sorgt.[3] Ausgehend von der Erkenntnis, dass durch die steigende Lebenserwartung der älteren Menschen Großeltern und Enkelkinder heutzutage eine relativ lange Zeitspanne miteinander verbringen können, wurde in dieser Studie der Frage nachgegangen, ob und wie Familien dieses „neue Potenzial" nutzen. Denn die konkrete Gestaltung der Beziehung zu Enkelkindern erlaube heute überraschend viele Freiräume, so die Beschreibung dieses Projekts.[4]

Dass diese „Freiräume" sich auch in anderen Bereichen und Sphären wiederfinden lassen, als es Babysitten, das Füllen von Betreuungslücken oder das Angebot finanzieller Unterstützung vordergründig vermuten lassen, haben die Großmütter, mit denen ich sprach, auf sehr lebendige Weise geschildert. Kinderbetreuung und Babysitting sind dabei nicht ausgeschlossen, sie können ein äußerer Rahmen sein. Während es in wissenschaftlichen Studien darum geht, wie und durch welche Aktivitäten die Großeltern gezielt diese Beziehungen gestalten, sind wir hier jedoch daran interessiert, was *innerhalb* der Gestaltung – welche Form auch immer sie annimmt – geschieht, wie sich diese so einzigartige Beziehung auch auf inneren Ebenen entfaltet. Wir stellen Fragen, welches Potenzial darauf wartet, gelebt zu werden, welche Geschenke gegeben werden können. Wir betrachten einen Austausch, der weit über die persönliche Dimension von Verwandtschaft und Individualität hinaus fortwirken kann, zu den Kindern und Kindeskindern der Zukunft.

Was die großmütterlichen „Zaubermittel" sein können und wie sie in der Erfahrung einzelner Frauen gelebt werden, sehen wir uns auf den folgenden Seiten an. Wenn die Hüterin indigener Erzählungen Clarissa Pinkola Estés die Jahrtausende alten „Zaubermittel der archetypischen Großmutter, mit denen sie eine innere Transformation bewirkt", aufzählt, so findet sicher fast jede Großmutter die eine oder andere magische Zutat darunter, die sie selbst aus ihrem eigenen Leben kennt – sei es der Küchentisch oder der schalkhafte Sinn für Humor, die liebevolle Hand oder das kokette Lächeln, sei es die fein geschliffene Sinnlichkeit, das freundliche Wort oder das lauschende Herz, um nur wenige der angeführten zauberhaften Attribute zu nennen.[5]

Wie das „lauschende Herz" großmütterlichen Segen spendet und tatsächlich Transformation bewirken kann, sehen wir uns zunächst einmal bei Großmüttern aus einem anderen Kontinent an. Hier geht es nicht um leibliche Enkelkinder und individuelle Beziehungen. Diese Großmütter spenden ihren Segen großzügig überall da, wo er gebraucht wird.

# Die Großmutter-Freundschaftsbänke

Reisen wir im Geist einmal einige Tausend Kilometer nach Süden, von Europa aus über den Äquator in die südlichen Breiten des afrikanischen Kontinents. Im Schatten der Bäume stehen einfache Holzbänke, und auf ihnen sitzen die Großmütter Simbabwes und hören zu. Genauer gesagt, einige der Großmütter Simbabwes, inzwischen mehrere Hundert, die sich bereit erklären, nach einer gewissen Schulung für Menschen in seelischer Not zuverlässig da zu sein. „Die verlässlichste Ressource, die wir in Afrika haben, sind die Großmütter", das war der rettende Einfall des Gründers der „Freundschaftsbänke", nachdem er verzweifelt nach einer Lösung für das Problem der Unterversorgung von Menschen mit psychischen Problemen gesucht hatte.[6] Großmütter gibt es in jeder Gemeinde, so sagte er sich, und sie sind vor Ort, denn sie wandern nicht mehr wie die Jüngeren Glück suchend weiter. Dixon Chibanda, der Gründer, war einer von 12 Psychiater:innen in einem Land mit 15 Millionen Einwohner:innen. Die seelische Not ist groß, zumal durch extreme Armut, eine hohe Rate an HIV-Infizierten und aufgrund politischer Konflikte viele Ängste und Depressionen in der Bevölkerung entfacht und weiter verstärkt werden. Die Suizidrate ist erheblich und steigt weiter an. Gleichzeitig werden in dieser Gesellschaft seelische Erkrankungen wie Depressionen häufig als Besessenheit angesehen; aus Scham und Furcht vor Ächtung trauen sich betroffene Menschen kaum, professionelle Hilfe anzunehmen – sofern sie überhaupt über die Mittel verfügen, zu oft weit entfernt ansässigen Ärzt:innen oder Therapeut:innen zu reisen.

Eine Großmutter jedoch ist etwas anderes. Sie ist leichter erreichbar, und es ist einfacher und unbedenklicher, sich ihr anzuvertrauen. Großmütter halten in Simbabwe wie in vielen anderen Ländern traditionell die Familien zusammen, sie haben eine reiche Lebenserfahrung, werden als weise angesehen, und sie sind geduldig und können zuhören. Die zuvor als unüberwindlich erscheinenden Hindernisse verflüchtigen sich für die Hilfesuchenden schnell, denn es gehört zum alltäglichen Leben, sich auf eine Bank im Freien zu setzen und mit jemandem zu reden, erst recht, wenn die Gesprächspartnerin eine Großmutter ist; und die Zuversicht der Ratsuchenden, mit dem eigenen Leid angenommen zu werden, nimmt zu, während die Furcht vor Spott und Ablehnung schwindet. Sichere Räume schaffen und ein Gefühl der Zugehörigkeit in Gemeinschaften bieten, so bezeichnen sie selbst die Aufgabe ihrer Nicht-Regierungs-Organisation, die auf privater Freiwilligkeit beruht.[7]

Häufig sind es junge Mütter, die unter *kufungisisa* – übersetzt: „zu viel Denken" – leiden und die es dann wagen, Großmütter auf den Freundschaftsbänken, aufgestellt in der Nähe von Kliniken, aufzusuchen. „Ich bin für dich da", so eröffnen die Großmütter das Gespräch. „Was möchtest du erzählen?" Und dann hören sie zu, lauschen, nehmen Anteil. *Die Gedanken öffnen* ist der Begriff in der einheimischen Sprache, damit beginnt die erste Sitzung. Über sich selbst zu sprechen ist neu für viele der Menschen, die so viel Leid und Ausweglosigkeit auf ihren Schultern tragen. Die Wirkung der großmütterlichen Zuwendung ist enorm: Wissenschaftliche Studien zeigten, dass die Großmütter durch ihr Zuhören effektiver in der Behandlung von Symptomen waren als ausgebildetes medizinisches Personal, so der Gründer, der selbst psychiatrischer Arzt ist. Das Ziel, die Menschen von *kufungisisa* zu befreien, wurde signifikant häufig erreicht, die Symptome von Angst und Depression sowie die suizidalen Gedanken waren bei einem hohen Prozentsatz derer, welche die Großmütter aufgesucht hatten, nach sechs Monaten verschwunden, auch im Unterschied zu einer Vergleichsgruppe.

„Wir sind nicht konventionell, unsere geschulten Laientherapeutinnen sitzen mit ihren Klienten im Freien, unter den Bäumen auf hölzernen Parkbänken, in diskreten sicheren Räumen in der Gemeinde", so stellt sich die Organisation der Gemeinschafts-Großmütter auf ihrer Webseite vor.[8] Wichtig zu betonen ist ihr jedoch, dass ihre Empathie und Verbundenheit in der Forschung verankert ist. Die Verbindung von Wissenschaft einerseits und menschlicher Erfahrung und Herzqualität andererseits ist hier auf beeindruckende Weise gelungen. Die Freundschaft der Großmütter auf Parkbänken fußt sowohl auf erprobten und wissenschaftlich fundierten Elementen westlicher Therapie als auch auf traditionellen Methoden, die soziale Kommunikationsformen, lokale kulturelle Werte und die menschlichen und transformativen Fähigkeiten der älteren Frauen einschließen. Die Großmütter urteilen und verurteilen nicht, sie hören zu, sie haben Zeit und sie haben Geduld, sie haben Verständnis, sie geben ihre Zuwendung und vielleicht hin und wieder einen Rat. Wer in Not ist und nicht mehr weiterweiß, kann möglicherweise in fußläufiger Entfernung eine Bank unter einer Akazie aufsuchen, sich zu einer erfahrenen, weisen Großmutter setzen und sein oder ihr Herz ausschütten. Und in den meisten Fällen ist diese Hilfe der Anfang zu einem glücklicheren, weniger leidvollen Leben. Doch trotz des offensichtlichen Erfolges bleiben die Großmütter auf dem Boden: Wir erstellen keine Diagnose oder suchen nach Symptomen, sagt eine Großmutter von sechs Enkelkindern und Mutter von drei Kindern. „Wir stabilisieren, wir finden neue Wege im Alten. Wunder vollbringen wir nicht. Am Ende liegen das Leben und der Tod in Gottes Hand."[9]

Die Vision dieser Initiative ist: Eine Freundschaftsbank mit Großmüttern für alle Menschen überall auf der Welt, in allen Ländern, in fußläufiger Entfernung.

# Die Großmutter-Gespräche

Wann immer sich eine Gelegenheit bot, ob auf einer Geburtstagsfeier oder in einer alltäglichen Begegnung, suchte ich in den letzten Monaten und Jahren das Gespräch mit Großmüttern. Manchmal war es nur ein kurzer Austausch, oft ein gegenseitiges Verstehen ohne viele Worte; einige Unterhaltungen berührten mich auf besondere Weise, alle jedoch hinterließen einen starken Eindruck in mir – unabhängig davon, ob es um Freude oder Leid ging. Wenn genug Raum war, ging es sowieso um beides. Immer war eine starke emotionale Beteiligung zu spüren, eine Wichtigkeit. Großmutter-Sein war für keine meiner Gesprächspartnerinnen eine Nebensache in ihrem Leben. Die persönlichen Gespräche gaben mir wichtige Inspiration und Einsichten, wesentlich mehr, als ich je in Büchern oder Artikeln, die diesbezüglich ohnehin rar gesät sind, finden konnte.

Unter allen Großmüttern, mit denen ich sprach, gibt es zehn Frauen, mit denen ich eigens vereinbarte Gespräche aufgezeichnet habe. Sie waren zunächst als eine Art Interview gedacht, entwickelten sich jedoch immer sehr schnell zu einem Dialog. Es entstand ein Fluss, der sich nicht an die starren Grenzen einer Interview-Struktur mit Fragen und Antworten halten konnte. Wir tauchten gemeinsam ein, wir tauschten uns aus, die Gewichtung war je nach Persönlichkeit und individuellem Leben in jedem Gespräch eine andere. Ich hatte Fragen vorbereitet, und wenn der Fluss zu sehr mäanderte, kehrte ich zu meinen Fragen zurück.

Mit neun dieser zehn Frauen führte ich ein Online-Video-Gespräch, das ich aufzeichnete und anschließend transkribierte – es war die Zeit der Pandemie. Jedes Gespräch dauerte zwischen einer und zwei Stunden. Mit einer Frau hatte ich statt des Video-Gesprächs eine Konversation per E-Mail, die sich über mehrere Monate erstreckte – entlang einer Entwicklung, die bei ihr und ihrer Enkelin stattfand.

Sieben der zehn Frauen leben in Deutschland, zwei Großmütter leben in Nordamerika, eine lebt in Südostasien. Es gibt unter den zehn Großmüttern eine „Wahl-Oma", die in einer Gemeinschaft mit jungen Familien lebt, alle anderen Großmütter haben leibliche Enkelkinder, einige auch aus mehreren Familien ihrer Kinder.

Die Auswahl dieser Gesprächspartnerinnen hat keinerlei Anspruch auf Repräsentativität. Die Frauen bilden nicht die gesamte Gesellschaft ab, vielmehr ergab sich die Idee zu einem vertieften Gespräch eher intuitiv. Entscheidend war für mich, dass der Kontakt zu unserem Thema das Versprechen hielt, gemeinsam in eine tiefere Ebene eintauchen zu können, und das Gefühl, dass diese Frauen sich aufgeschlossen und sensibel mit ihrem Großmutter-Sein auseinandersetzten. Selbst wollte ich so wenig wie möglich vorgeben, denn ich war neugierig auf die Erfahrungen anderer Großmütter, die mir möglicherweise ganz neue Erkenntnisse vermitteln konnten. Ich war also Interessierte und Fragende, gleichzeitig war ich eine Gesprächspartnerin auf Augenhöhe, denn auch ich bin Großmutter und teile essentielle Erfahrungen mit anderen Großmüttern.

Aus allen Gesprächen ging ich mit einem tiefen Gefühl der Dankbarkeit, denn meine Gesprächspartnerinnen entfalteten eine Offenherzigkeit und innere Beteiligung, die ich mir zuvor gar nicht hätte vorstellen können. Durch den Austausch von Zweien wurde etwas Drittes enthüllt, das nicht nur uns hielt und nährte, sondern über uns hinaus uns mit allen Großmüttern, mit der großmütterlichen Essenz selbst zu verbinden schien. Dieses Dritte ist Liebe. Uns allen wurde deutlich, wie kostbar dieser Austausch war. Wir erkannten, dass es ein großes Bedürfnis danach gibt und dass uns in unserer Kultur diese Verbindung unter Großmüttern fehlt. Die Erkenntnis, wie kraftvoll und unterstützend ein Miteinander sein könnte, führte uns zu dem Entschluss, uns einige Monate nach dem letzten Interview tatsächlich in einem Kreis persönlich zu treffen – diejenigen, denen es von den Entfernungen her möglich war. Wir teilten Erfahrungen, hörten uns zu, meditierten miteinander und aßen und tranken zusammen. Die Zusammenkunft war nährend auf allen Ebenen.

Die Erzählungen während der sogenannten Interviews ermutigten zu einem differenzierten Bild des Großmutter-Seins. Es gab Licht *und* Schatten. Ganz und gar konnten wir auf sentimentale „Oma-Geschichten" verzichten, auf Glorifizierungen und Klischees. Mit einer Ausnahme sprachen die Frauen nicht nur über das Glück, sondern auch über Schwierigkeiten und Schmerzen, die mit ihrem Sein als Großmütter verbunden sind, manche auch über Zweifel und Versagen, bei sich und in seltenen Fällen auch bei den Kindern, also den Eltern der Enkelkinder. Doch auch unter dem Leidvollen, unter den dunkleren Wolken mancher Sorgen wogte ein Meer von Licht. Seine hellen Wellen erreichten wieder und wieder unsere Themen, auch dann, wenn sie schwierig waren. Das Licht der großmütterlichen Liebe zu den Enkeln nahm die gesprochenen Worte in sich auf, ohne etwas zu verklären oder zu beschönigen. Es gab ihnen Kraft und es leuchtete im Augenblick – der so ist, wie er ist.

Die Dankbarkeit war auf beiden Seiten. Eine Großmutter drückte es so aus:

> *Ich danke dir auch für das Gespräch. Weil ich mir sonst den Raum nicht nehme, so darüber zu reflektieren. Und es ist wirklich leichter im Miteinander als allein. Das ist schön.*

Eine andere Großmutter hatte diese Worte:

> *Alle Dinge, die immer in meinem Privatraum waren, was in meinen Gedanken aufgehoben war oder was ich in mein Heft aufgeschrieben habe, das hat jetzt eine Resonanz bekommen,*

*das ist so lebendig geworden. Ich bin so berührt davon und denke jetzt, alles ist richtig, so wie es ist. Denn wenn ich damit allein bin, dann zweifele ich manchmal und denke, ich spinne.*

# Die Beziehung

Der erste Moment, in dem die Kinder ins Leben kommen, hält selbstverständlich für die Eltern, aber offensichtlich auch für die Großmütter eine besondere Nahrung, eine Art Nektar für ihre lebenslange Beziehung bereit. Hier öffnet sich bereits die Quelle für eine innige Großmutter-Enkel-Beziehung. Meine Interviews begann ich gewöhnlich mit einer einfachen Frage – wie ich glaubte, zum „Aufwärmen": Kannst du uns erzählen, von wem du Großmutter bist? Schnell stellte ich fest, wir brauchten keine Aufwärmphase. Das Eis war sofort gebrochen. Die Erzählungen sprudelten, und interessanterweise begannen die meisten Frauen gleich von der Geburt des ersten Enkelkindes und den Geburten der weiteren zu erzählen, und in den Schilderungen lebte ihre innige Ergriffenheit wieder auf. Ihre Antwort auf die Frage, wessen Großmutter sie seien, kristallisierte sich darin, dass sie die Geburten der Enkelkinder und ihre eigenen Gefühle dazu schilderten. Nur wenige waren während der Geburten physisch anwesend, aber die innere Verbindung während des Geburtsprozesses war häufig sehr stark.

Eine Frau, Großmutter von fünf Enkelkindern, teilt eine Erfahrung, die ihr das Gefühl einer nahen Beziehung zum Enkelkind gab, schon bevor es geboren wurde:

*Zu ihr hatte ich eine ähnlich nahe Beziehung wie zu dem erstgeborenen Enkel, schon bevor sie geboren war. Wir hatten so lange gewartet. Sie war lange übertragen.*

*Eines Morgens bin ich gejoggt, und habe mir währenddessen so viele Gedanken gemacht, dann wurde mir klar, ich muss damit aufhören, und ich habe die negativen Gedanken abgestoppt. In dem Moment hatte ich wieder Kraft zu laufen, und dann plötzlich kam so ein Gedanke: „Yara ist geboren".*

*Ich wusste nicht, ob Junge oder Mädchen. Ich wusste nichts. Sie wussten es auch nicht vorher. Und ich kannte diesen Namen auch überhaupt nicht. Hatte ihn nie gehört.*

*Ich war völlig freudig! Natürlich rief ich nicht an, um nicht zu stören, aber einen Tag später hat mein Sohn angerufen mit der Nachricht: „Heute Nacht ist Sarah geboren".*

*Da gab es auch so etwas, wo ich dachte, es gibt eine Verbindung. Ab dem Moment, wo ich diese Intuition hatte, war ich total ruhig und hatte keine Sorgen mehr. Ich wusste, alles ist gut. Obwohl sie weit übertragen war, und die Geburt schwer war. Aber schwere Geburten gibt es. Die Geburt hat zwei Tage gedauert, und die Intuition kam, als sie schon im Gange war.*

Wegen der Pandemie und entsprechender Beschränkungen konnte eine andere Großmutter, die weit entfernt von ihrer Tochter lebt, entgegen ihrer ursprünglichen Pläne, nicht in deren Nähe sein, während diese ihr zweites Kind gebar:

*Ich war, von einem anderen Kontinent aus, in der Nacht während der Geburt dabei. Es war eine schwere Geburt, nicht so einfach. Ich bin die ganze Nacht wach geblieben. In einem bestimmten Moment setzte ich mich sehr bewusst hin, denn ich fühlte, jetzt muss ich nochmal helfen und mit aller Kraft Energie schicken. Und 10 Minuten später kam die Nachricht, das Baby ist da.*

*Später stellte sich heraus, der Moment, in dem ich das spürte, war tatsächlich ein Punkt, an dem meine Tochter total erschöpft war und der Arzt schon einen Kaiserschnitt machen wollte, meine Tochter dann aber nochmal alle Kraft gegeben hat. Das war genau die Zeit, wo ich mich ganz bewusst und voll darauf konzentriert hatte.*

*Das war ein sehr intensives Erlebnis für mich, und es war eine Bestätigung dafür, dass es nicht notwendig ist, am selben Ort zu sein. Dass Raum und Zeit dann auch nicht existieren, dass wir mit unserer Energie diese Räume überbrücken können.*

*Solche Erfahrungen helfen mir, mit der Situation der Trennung auch klarzukommen, gelassener und ruhiger zu werden.*

Für diese Großmutter zeigte sich, dass die Beziehungen sich auch auf einer anderen Ebene abspielen – dort, wo wir nicht durch äußeren Raum getrennt sind. So fügt sie hinzu:

> *Ich habe jetzt in der Pandemie auch fühlen können – anfangs habe ich sehr damit gehadert, dass ich die Enkelkinder, die weiter weg leben, nicht sehen kann –, dass wir eine ganz enge, ganz tiefe Verbindung haben. Inzwischen weiß ich das.*

Zwei Großmütter berichteten davon, wie sie bei Geburten der Enkelkinder anwesend waren; hier handelt es sich immer um die eigenen Töchter, die das Kind zur Welt brachten. Die Erfahrung, bei der Geburt des Enkelkindes physisch mit dabei zu sein und sie mitzuerleben, hat die Beziehung auf besondere Weise geformt:

> *Bei meinem ersten Enkelkind hatte ich das große Glück, bei der Geburt dabei sein zu können, was sich zufällig so ergeben hat. Und das war wirklich unglaublich schön. Die Geburt begann abends, dann fuhr ich ins Krankenhaus, das ist bei uns in der Nähe. Und ich war mit ihr und ihrem Mann im Wehenzimmer. Und da konnte ich auch helfen, meine Tochter zu versorgen, weil sie durch die ganze Nacht sehr gearbeitet hatte und Unterstützung brauchte. Und ihr Mann war froh,*

*dass ich dabei war. Die Schwestern schauten sehr selten rein. Und da war es auch so, dass ich gemerkt habe, dass das Baby jetzt bald kommt, und so habe ich eine Hebamme gerufen. Dann ging man in den Kreißsaal, ich fragte die Hebamme, wie viele mitkommen können, es durfte nur eine Person mitgehen, und ich ließ natürlich dem Vater den Vortritt. Doch an der Tür drehte sich die Hebamme noch einmal um und sagte, ach, kommt doch alle beide mit.*

*Und so durfte ich bei der Geburt dabei sein, und das war ein ganz großes Erlebnis für mich. Nachdem es schon so viele Jahre her ist, dass ich meine eigenen Kinder bekommen habe.*

*Und nachdem das Baby versorgt war, und während meine Tochter vom Arzt versorgt wurde, kam die Hebamme zurück und legte der Oma das Baby in den Arm. Ich war der erste Mensch außer der Mutter, die das Baby im Arm hatte. Und das war wirklich ein sehr schönes Gefühl, dieses Menschenkind willkommen heißen zu dürfen. Und ja, wir haben eine sehr enge, eine sehr besondere Beziehung. Ich konnte ihn nach der Geburt auch jeden Tag sehen, und habe ihn viel herumgetragen.*

Eine andere Großmutter erzählt davon, wie sie bei beiden Kindern einer Tochter bei der Geburt dabei war. Sie leben innerhalb Deutschlands geographisch weit auseinander. Auch bei ihr war ihre Anwesenheit bei der Geburt beim zweiten Kind dann ganz spontan und gar nicht geplant gewesen:

*Beim zweiten Kind sollte ich erst das ältere Kind während der Geburt des zweiten nehmen, aber dann haben die Eltern sich kurzfristig anders entschieden. Das ältere Kind wurde anders betreut und ich bin dabeigeblieben. Das war sehr besonders für mich, auch dass der Wunsch von meinem Schwiegersohn kam.*

Auf meine Frage: „Das schafft sicherlich eine ganz besondere Beziehung, wenn du als Großmutter bei der Geburt des Enkelkinds anwesend warst?" antwortete sie:

> *Ja. Obwohl es so weit weg ist, ist da eine Verbindung, die ist so stark. Und die Beziehung ist deshalb auch nah, obwohl wir uns nicht so oft sehen.*
> *Der 4 ½-Jährige sagte neulich zu mir: „Weißt du, was. Ich komme zu dir, ganz allein, ohne Mama, ohne Papa, ohne meine Schwester, nur ich", dann hat er überlegt: „Aber nicht so lange".*
> Wir lachen.

Einige Großmütter fühlten deutlich, dass die Beziehung zu den Enkelkindern sogar schon viel früher begann, bereits vor der Geburt:

> *Ich hatte von ihr geträumt, bevor sie geboren war. Es fühlte sich mehr wie eine wirkliche Erfahrung als wie ein Traum an. Ich sah einfach ihr Gesicht, und ich fühlte, dass sie mir zeigen wollte, wer sie ist – ihre Essenz. Es war ein unvergessliches Bild, von Licht erfüllt.*

*

> *Ich habe schon das Gefühl, zu beiden Enkeln eine sehr tiefe Verbindung zu haben, und ich würde sie auch als eine sehr alte Verbindung bezeichnen, zu beiden auf eine ganz unterschiedliche Art und Weise. Ich hatte, bevor sie geboren wurden, bei beiden jeweils eine Begegnung mit ihrer Seele im Traum, die auch ein bisschen die Qualität dieser Verbindung zum Ausdruck gebracht hat.*

*

*Unmittelbar bevor meine Enkelin geboren wurde, hörte ich in der Nacht diese Worte: „Die Freude eines Kindes". Zwei Nächte später hörte ich wieder in der Nacht: „Du wirst Freude kennenlernen".*

Diese Erzählungen bezeugen die innere Klarheit, die durch einen Traum kommen kann, den Klang einer deutlich vernommenen inneren Stimme. Helen Luke, eine sehr kundige Autorin zu Psyche, Alter und Weiblichkeit, schrieb zur Bedeutung der inneren Stimme, dass sie, ob wir sie nun bewusst hörten oder nicht, einen alles durchdringenden Einfluss in unserem Leben habe. Und sie fährt fort, dass jene von uns, die auf ihre Träume achteten, Momente erlebten, in denen eine wirkliche „Stimme" mit solcher Autorität spreche, dass wir unmittelbar klar wüssten, dass wir die Botschaft nicht beiseiteschieben könnten, auch wenn wir sie nicht gleich ganz verstünden. Gleichzeitig spielt sie auf die Bedeutung der Unterscheidungsfähigkeit an, denn es gäbe selbstverständlich auch Stimmen, die äußerst suspekt seien. Natürlich können wir uns auch viel vormachen und Wünsche, die aus unserem kleinen Selbst kommen, als innere Stimme verkleiden, die aus der großen Ganzheit aufzutauchen scheint. So folgert auch Helen Luke, dass wir alle, die nach einem Sinn in unserem inneren Leben suchten, unterscheiden lernen müssen. Die innere Stimme komme vom Grund unseres Seins und bringe uns eine Intuition der „unveränderlichen Einheit des Lebens", während sie durch Bilder oder durch Worte spräche.[10]

Die Einheit des Lebens war unverschleiert spürbar für die Frauen, die von diesen Erfahrungen berichteten, denn die Botschaften kamen mit durchdringender Kraft und haben die Frauen mit Gewissheit erfüllt, in einer der Geschichten sogar die gesamte Situation verändert. Einige Erzählerinnen der zuletzt zitierten Beiträge blicken auf Jahre der Arbeit an sich selbst und eines spirituellen Wegs zurück, so ist es möglicherweise nicht verwunderlich, dass sie das Erlebnis einer inneren Verbindung nicht als seltsam oder zweifelhaft empfinden. Doch auch andere Großmütter und solche, mit denen ich in Alltagssituationen und ohne aufzuzeichnen sprach und die sich bisher weniger bewusst mit ihrer inneren Welt beschäftigt hatten, konnten von ähnlichen Erfahrungen berichten. Offenkundig waren sie ebenso empfänglich, im Traum eine Begegnung mit der Seele ihres Enkelkindes zu haben, und ich vermute, dass es vielen anderen Großmüttern auch so geht.

In den Gesprächen zeigte sich, dass die Großmütter immer eine gefühlsstarke Verbindung spürten, durchaus unterschiedlich zu den verschiedenen Enkelkindern, aber da war bei allen dieses lebendige Band von Bezogenheit. Oft zeigte sich die besondere Beziehung, während die Kinder zur Welt kamen, manchmal leuchtete sie schon vor ihrer Geburt auf, und häufig verstärkte sie sich durch den körperlichen Kontakt nach der Geburt. Da einige Großmütter – bei den Töchtern eher als bei Schwiegertöchtern – nach der Geburt zur Unterstützung der Eltern, für die Erholung der Mütter oder zur Betreuung eines älteren Geschwisterkindes anwesend waren, hatten sie auch, unter Wahrung des Respekts für die Privatheit der Familie, Gelegenheit, die Enkelkinder schon als winzige Neugeborene im Arm zu haben.

Eine der Großmütter berichtete von ihrer Enkeltochter, die wegen einer Komplikation gleich nach der Geburt eine ganze Weile mit ihrer Mutter in der Klinik bleiben musste. Sie, die Großmutter, war von weit her angereist und täglich mit Tochter und Enkeltochter zusammen.

*Da habe ich auch solch eine starke, auch wirklich körperliche Erinnerung daran, bis heute, wie ich Stunde um Stunde dasaß und das Kind im Arm hatte.*

*Und was auch unglaublich schön war, als wir uns verabschiedeten für die Rückreise, da war sie knapp einen Monat alt und schon wieder zuhause, da hatte ich sie vor der Abreise zum Abschied noch einmal im Arm, und dann hat sie mir ein so wunderschönes Lächeln geschenkt, überhaupt das erste bewusste Lächeln. Sie hat mich wirklich direkt angeschaut und gelächelt. Das ist etwas, was ich nie vergessen werde, der Moment, in dem eine so starke Bindung in diesem Blick entstanden ist.*

Auch eine „Wahl-Großmutter" erzählt von einer starken Verbindung bald nach der Geburt eines Kindes und zeigt uns, dass man nicht leibliche Großmutter sein muss, um eine solch innige Beziehung zu spüren:

*Zu einem der Kinder habe ich eine besondere Beziehung, sie zeigte sich gleich nach seiner Geburt. Er ist als Baby einfach ganz leicht bei mir eingeschlafen. Und später wollte er häufiger bei mir Mittagsschlaf machen.*

*Da war schon immer so eine enge Beziehung, die wird jetzt lockerer, weil er älter wird. Jetzt wird er größer und geht mehr in die Welt. Aber da ist immer von meinem Herzen her was ganz Inniges.*

Die Beziehungen sind unterschiedlich, auch bei den leiblichen Großmüttern, es ist keineswegs so, dass es eine „Schablone" gibt. Jede Großmutter empfindet und lebt sie individuell einzigartig, und auch bei mehreren Enkelkindern sind die Beziehungen verschieden. Das ist anders, als wir es von klischeehaften Oma-Enkel-Geschichten kennen. Es gibt nicht *die* Großmutter-Enkel-Beziehung, die man womöglich anstreben sollte, oder umgekehrt, von der man sich abgrenzen wollte. Entscheidend ist die Qualität von Beziehung, eine Bezogenheit in einem gewissen Gefühl von Verbundenheit und Liebe, ganz gleich wie sie sich lebt. Gerade die Vielfalt, auch innerhalb einer Familie, in der es verschiedene Enkelkinder gibt, ist bereichernd. Die Schilderungen, wie sie die Geburten aller ihrer vier

Enkelkinder aus zwei Familien erlebte, fasste eine Großmutter am Ende so zusammen:

*Es war sehr, sehr unterschiedlich. Jedes Kind war auf seine eigene Weise zu mir gekommen. Jedes anders. Und so sind sie auch jetzt.*

Und eine andere Großmutter sagt über die Beziehung zu ihren fünf Enkelkindern:

*Zu allen Enkelkindern habe ich eine ganz enge Beziehung, jedes Enkelkind ist so ganz besonders. Genau das, was sie an Besonderheit mitbringen, das verbindet uns. Das verbindet sich mit einem Teil von mir.*

Eine Frau, die von der besonders intensiv empfundenen Verbindung zu ihrer ältesten Enkelin sprach, fragte ich im Gespräch danach, wie sich dies gezeigt habe, und sie antwortete:

*Ich hatte schon vorher von ihr geträumt. Und immer so ein inniges Gefühl. Bei allen anderen vieren habe ich nicht die Verbindung wie zu der Ältesten. Das Innige ist nur bei ihr, obwohl bei allen ganz viel Liebe ist. Die anderen vier sind alle sehr unterschiedlich.*

Eine weitere Besonderheit in der Beziehung zu Enkelkindern wurde mehrmals erwähnt: Auch längere räumliche Trennungen scheinen, wenn die Beziehung einmal da ist, selbst den Kleinkindern nicht die Vertrautheit zu nehmen. Nahezu erstaunt berichten Großmütter, die ihre Enkelkinder nicht oft sehen konnten, von den Wiedersehen:

*Natürlich hat man in der Beziehung nicht so eine Kontinui-tät, weil wir weiter auseinander wohnen, das hat die Abstände größer gemacht. Als ich die Familie am Flughafen abholte, nach einer langen Pause wegen Corona, war mein Enkel sofort ganz vertraut mit mir. Er sah mich, lief auf mich zu, umarmte mich.*

Eine andere Frau erzählt davon, wie ihr Enkelsohn, ein knappes Jahr alt, mit seiner Familie in ihre Nähe gezogen ist, nachdem sie ihn zuvor nur um seine Geburt herum und einige wenige Male danach gesehen hatte:

> *Dann gab es den Umzug, sie sind in die Nähe gezogen. Ich hatte in der Nacht, bevor sie kamen, einen Traum, wo ich meinem Enkel begegnet bin, oder wir uns begegnet sind, und das war unglaublich freudvoll. Er hat seine kleinen Arme geöffnet und wir haben uns umarmt, und es war erstaunlich, weil wir uns ja so wenig gesehen hatten.*
>
> *Und dann war es tatsächlich so: Als meine Schwiegertochter mit dem Auto vorfuhr und auf der gegenüberliegenden Straßenseite parkte, konnte ich das Strahlen des Jungen sehen, und er lachte, und es war genauso wie im Traum zuvor, er hat seine kleinen Arme aufgerissen und sich so gefreut, mich zu sehen. Es war der erste lebendige Ausdruck dieser Beziehung. Und obwohl ich innerlich ja wusste, dachte ich: Wie geht das? Ein Teil von mir wusste, und man ist dennoch so überrascht.*

Wenn es darum ging, die Beziehung zu beschreiben, waren die Beiträge sehr vielfältig. Manche Großmütter fanden sich in ihren Enkelkindern wieder, hatten eigene Erinnerungen an Kind- und Muttersein und stellten so Verbindungen her. Sie sprachen aus, was die Enkelkinder in ihnen auslösen, sie beschrieben Unterhaltungen und gemeinsame Aktivitäten, und einige betonten sehr, was ihnen durch diese Beziehung gegeben wird. Was allen gemeinsam war, ist die Liebe und die klare Wahrnehmung von etwas Wesentlichem in den Kleinen: Wir können sagen, sie schauen auf die Seele.

Eine sehr berührende Schilderung der Beziehung kam von einer Großmutter, die in den ersten Jahren teilweise mit ihrer Tochter zusammen eine Elternrolle hatte:

*Ich erlebe tatsächlich eine besondere Verbindung mit diesem Kind. Auf eine Art kann ich einfach ein wenig zurücktreten, um eine Großmutter zu sein, statt eines Elternteils, obwohl ich in ihren früheren Jahren manchmal das Gefühl hatte, auch elterngleich mit aufzuziehen. Die Verbindung bedeutet auch, dass ich in schwierigen Zeiten das Bild ihrer essenziellen Natur halten kann, wenn sie darum kämpft, ein Gleichgewicht in sich selbst zu finden, und in der Distanz zwischen ihren Eltern.*

*Ich fühle dies sehr innig in meinem Herzen und in meiner Bewusstheit für ihre besonderen Bedürfnisse, ihre Talente, ihre lebendige Freude und Kreativität. Ich erfahre dies auch als ein Geschenk vom Leben, mit all seinen Herausforderungen und Ansprüchen. Diese Enkelin, die sowohl tief vertraut als auch völlig ihr eigenes Selbst ist, ganz anders als ich, öffnete mich für eine tiefe Bedeutung in meinem Leben.*

Viele Großmütter „kennen" oder „erkennen" ihre Enkelkinder. So wurde tatsächlich ihre Beziehung zu den Jüngsten häufig durch die Schilderung ihres Wesens deutlich. Wie beispielsweise eine der Frauen ihren „Wahl-Enkel" beschreibt:

*Er hat auch eine besondere Qualität. Wie wichtig ihm die unsichtbare Welt ist. Und er ist unglaublich kommunikativ. Er kann so gut auf Menschen zugehen und in Kontakt treten.*

Oder eine andere Großmutter:

*Er hat eine gute Eigenschaft, er kann ganz lange und ruhig dasselbe machen. Es ist schon ein Wesenszug. Und als Großmutter ist es schön, dass man mehr Raum hat zu schauen, was das für ein Wesen ist.*

Besonders deutlich wurde bei einer Frau, die ihre drei ältesten Enkel beschreibt, wie bewusst sie sich über das Wesen der Kinder mit ihnen verbindet und wie sie auf sie schaut:

*Der Älteste ist mir ganz nah, das ist einfach der erstgeborene Enkel. Der ist so in sich. Da ist eine tiefe Verbindung zu ihm.*

*Was mich oft sehr berührt, ich kann das schlecht in Worte fassen, aber es ist so, als würde er auch mich gut kennen, und ich kenne ihn auch irgendwie. Vielleicht ist es ja auch vermessen, aber manchmal habe ich das Gefühl, wir kennen uns schon sehr, sehr lange. Tief in mir weiß ich, es ist eine ganz alte Verbindung. Und so eine tiefe Liebe, die da irgendwo in uns ist.*

*Und bei dem zweiten ist es auch so: Wenn er mir in die Augen schaut, dann habe ich das Gefühl, er guckt ganz tief in mich hinein. Jetzt am Wochenende haben wir viel Zeit zusammen verbracht, und auch Alltägliches gemacht, und dabei schaut er mich an, schaut in meine Augen ... wo ich manchmal denke, wo schaut er hin. Und: Wir können so viel zusammen machen, mit den Händen. Weil ich eher jemand bin, die etwas macht.*

*Und der dritte, der ist die Granate für mich. Der ist einfach so intensiv, in seinen Gefühlen. Das ist so eine Wucht an Intensität. Wenn er mich sieht und in meine Arme läuft, rennt er mich fast um. Wenn er lacht, dann lacht er, dann wackelt der ganze Bauch. Wenn er weint, dann weint er, dann denkst*

*du die Welt geht unter. Und wenn er wütend ist, krachen die
Wände. Das ist mir manchmal ein bisschen viel. Mit seinem
Temperament.*

Auch die Schwierigkeiten der Enkelkinder werden von einigen
Großmüttern sehr bewusst wahrgenommen, und eine der Großmütter brachte diese Art von Bewusstheit auf prägnante Weise in
einen Zusammenhang mit der Beziehungsqualität:

> *Das empfinde ich wirklich als das Privileg, dass ich, weil ich
> die Distanz habe, den Kindern näher bin als die Eltern.*
>
> *Auf eine andere Art natürlich gar nicht, denn sie sind na-
> türlich die Eltern, die Verlässlichen, die, die absolut an erster
> Stelle stehen. Das stelle ich null in Frage. Aber Nähe dadurch,
> dass ich sie manchmal „sehen" kann, weil ich Distanz habe.
> Ich weiß, dass ich meine eigenen Kinder auch nicht so sehen
> konnte. Das ist zu verwickelt, und die eigene Beziehung spielt
> da rein, der Mann, der Vater, und man will gute Mutter sein
> … und ich will noch arbeiten … und, und, und.*
>
> *Ich habe das Gefühl, ich habe jetzt die Chance, noch ein-
> mal anders zu schauen, je nachdem, wie sie das annehmen.
> Aber trotzdem merken die Kinder, dass ich sie sehe. Soweit
> ich sie sehen kann, ich sehe sicher nur einen Teil, aber immer-
> hin. Da ist eine Beziehung, die ist auf einer nicht-alltäglichen
> Ebene, und sie hat eine andere Tiefe und Nähe.*

Nähe und Distanz. Nicht alle Großmütter leben in räumlicher
Distanz, und sie haben möglicherweise tatsächlich viel alltäglichen
Kontakt zu ihren Enkelkindern, doch ein gewisser Abstand stellt
sich auch hier ein, einmal allein durch den Alters- und damit auch
Reifeunterschied, zum anderen aber vor allem durch die Gegenwart
der Generation dazwischen, zumindest dann, wenn die Kinder Eltern haben, die in ihrem Leben präsent sind. In Ausnahmefällen

ziehen auch Großmütter die Enkelkinder selbst auf, und hier gestaltet sich die Beziehung sicherlich komplexer, da die Mutter- und die Großmutterrolle sich für die Bezugsperson durchmischen. Doch auch hier gibt der Teil, der Großmutter ist, ein gewisses Licht in die Beziehung, das durch eine Form von Distanz, sei sie innerlich oder äußerlich, das Sein mit den Enkelkindern durchdringt. Das wurde auch in den Gesprächen mit jener Großmutter deutlich, die sich in den ersten Lebensjahren ihrer Enkelin auch in elterlicher Funktion wiederfand; gleichzeitig war sie auch immer Großmutter.

Der Psychologe und Professor Günter Heisterkamp, der, selbst Großvater, ein sehr persönliches und gleichzeitig wissenschaftlich psychologisches Buch über das *„Glück der Großeltern-Enkel-Beziehung"* geschrieben hat, verweist auf die Bezeichnung der *intimen Distanz,* die diese ganz eigene Qualität der Beziehung zwischen Großeltern und Enkeln beschreibt.[11] Was hier erst einmal als paradox erscheint, und es vielleicht auch ist – Ferne und Nähe zur gleichen Zeit – erzeugt gerade durch die Spannung eine besondere Kraft in der Beziehung zwischen diesen beiden Generationen.

Das zeigt sich auch ganz konkret in Wiedersehensfreuden. Als ich in einem meiner Gespräche einmal nach einer typischen Geschichte oder einem charakteristischen Moment für die Großmutter-Enkel-Beziehung fragte, erhielt ich diese erfrischende und einfache Antwort:

> *Einfach die Aufregung, wenn er in mein Haus kommt. Das Lächeln in seinem Gesicht, das Lächeln in meinem Gesicht. Wir rennen aufeinander zu. Seine Begeisterung, dass wir uns sehen. Und das ist eine typische Geschichte.*

Großmütter kommen immer wieder auf die *Beziehung* zurück, wenn sie über ihre Enkelkinder sprechen. Sie ist ganz offensichtlich der Kern des Großmutter-Wesens, und sie ist auch das Herz der weiblichen Qualitäten. Aus der Bezogenheit, die auch das Wesen der ganzen Schöpfung ausmacht, entspringt die Quelle des großmütterlichen Beitrags für die Zukunft.

# Das Weibliche leben

Meine Frage an die Großmütter, was wir wohl aus den Quellen unserer Weiblichkeit an die Enkelgeneration weitergeben können und wie sich das konkret in der Beziehung lebt, führte zu einer Vielfalt von Gedanken und Themen. Und dennoch enthielten alle Beiträge einen gemeinsamen Kern: die jeweils eigene innere Verbindung der Frauen mit dem Weiblichen. Wir schauten gemeinsam darauf, wie wir durch diese, die Generationen überbrückende Beziehung zur Enkelgeneration eine Saat auch für die weiblichen Qualitäten legen können, so dass sie überleben und gedeihen mögen.

Ein erster Gedanke in einem der Gespräche galt dem Bedürfnis, zunächst einmal die eigene Würde als Frau anzuerkennen.

*Ich finde auch, dass es wichtig ist, dass ich als Frau, als Mutter, als Großmutter selbst Respekt vor mir habe. Auch wenn meine Töchter das weitervermitteln, möchte ich auch selbst, dass dies in mir ist. Wenn man sich so anschaut, wie schwierig es überall ist, dass Frauen sich selbst gegenüber wertschätzend und respektvoll sind...*

Als wir darüber sprachen, dass Frauen diesen Mangel an Wertschätzung nach der langen Zeit, in der das Weibliche missachtet wurde, selbst übernommen haben, fügte sie hinzu:

*Ich habe den Anspruch an mich als Großmutter, dass ich das kann. Dass die Kinder das [die Wertschätzung und den Res-*

*pekt] sehen, die Jungen und die Mädchen, dass sie das lernen.
Dafür muss ich sorgen, das ist mir ganz wichtig.*

*Um diese Würde leben zu können, musste ich mich mit
meinem Tochter-Sein auseinandersetzen, aus der Rolle, die mir
als Tochter gegeben wurde, rausgehen. Um wirklich eine Frau
zu werden. Das war mein Prozess und mein Werdegang, das
war sehr schmerzhaft.*

Auf meine Frage, wie diese Rolle als Tochter aussah, antwortete sie:

*Nichts Eigenes zu haben, für die anderen da sein, gute Tochter
sein, ganz viel Verantwortung für die Familie übernehmen,
überhaupt ganz viel Verantwortung übernehmen, ohne zu
wissen, was ist denn eigentlich ,mein' Leben. Da war eines
Tages so ein Gefühl, ich habe ja gar kein eigenes Leben. Da
musste ich rauswachsen, alle Fäden abschneiden, damit ich
mein Eigenes finde.*

Und da sie selbst ursprünglich aus einer anderen Kultur stammt und
nach Deutschland eingewandert war, fügte sie hinzu:

*Und ich glaube, das hat nicht nur mit dem Migrationshin-
tergrund zu tun; auch wenn ich andere sehe, da sind dann
eben andere Fäden. Da sind Energiefäden, die uns halten. Wir
müssen uns lösen, damit unsere eigene Würde und unsere Liebe
zu unserer Weiblichkeit entstehen.*
*Ich wusste eines Tages, dass dies aufhören muss. Ich kann nicht
mehr in dieser Tochter-Rolle sein, wenn ich selbst schon Mutter
oder gar Großmutter bin.*

Das Gefühl für Würde und die Liebe zur Weiblichkeit lässt die weibliche Kraft zum Vorschein kommen und erblühen, eine Kraft, die

zwar anwesend ist, aber so lange gefesselt bleibt, wie wir sie nicht respektieren und ihr ihre Würde nicht zurückgeben.

Den Sinn für die Würde des Weiblichen wiederzugewinnen, so wurde auch in unseren Gesprächen deutlich, hat nicht nur Bedeutung für die eigene individuelle Existenz, sondern für die Zukunft unserer Welt. Haben wir einen Zipfel davon erhascht und entwickeln wir den Wunsch, das weiterzugeben, so werden wir entdecken, dass wir es tatsächlich nur direkt, allein durch Erfahrung, durch gelebte Beziehung übermitteln können. Es funktioniert nicht über theoretische Lehren, Vorträge oder Erklärungen, nicht über Bücher oder Blogs, nur über das unmittelbare Erleben. Darum auch befassen wir uns mit diesen alltäglichen Beiträgen, sie sind Beispiele und mögen die Leserin dazu anregen, ihr jeweils eigenes, einzigartiges Erleben in diesem Licht zu betrachten.

Auch eine andere Frau spricht von der Notwendigkeit, zu ergründen, was ,weiblich' für sie bedeutet und wie dieses Weibliche dann durch ihr Sein ins Leben und in den Umgang mit der jungen Generation fließt:

*Das Weibliche ist ein langes Lebensthema von mir. Über Frauenbewegung bis dahin, die spirituelle Dimension des Weiblichen anzuerkennen und ins Leben zu bringen. Das macht mich als Person aus. Ich versuche als Frau das immer auszuloten, was heißt das eigentlich, weiblich zu sein? Ich glaube, das gebe ich den Kindern über mein ganzes Sein mit. Und auch durch das Sein als Frau. Ihnen zu zeigen, du kannst einfach so sein als Frau. Du musst nicht bestimmten Rollen genügen. Es zu teilen, so wie ich das lebe. Es ist mir wichtig, dass ich im Leben eine Frau bin und dass ich diese Weiblichkeit zeige und lebe.*

Eine weitere Gesprächspartnerin, Großmutter zweier Enkelsöhne, beschreibt diesen Weg als ihre ‚Reise als Frau' und wie genau diese Reise ein Saatgut für die Zukunft sein kann:

> *Ein Saatgut könnte sein, meine eigene Reise als Frau in das Weibliche zu mir zu nehmen, meine eigene Weiblichkeit wertzuschätzen, und zu wissen – innerlich, nicht aus dem Ego heraus –, ich bin eine weibliche Frau, ich verkörpere das, es ist ein Seinszustand. Das bewusst zu leben, ist schon ein Saatgut, den heranwachsenden jungen Männern ein Bild mitzugeben, eine Erfahrung des Weiblichen, in seiner bestmöglichen Kraft, die ich so weit entwickeln konnte.*

Selbstverständlich beschreiten auch die jüngeren Mütter einen Weg als Frau, doch die Großmütter blicken auf eine weit längere Reise zurück, auf einen Kreis der Lebenszyklen, der sich dem Punkt nähert, an dem er sich schließen wird. Sie haben die Erfahrung des Frühlings und des Sommers verinnerlicht, manche auch bereits die des Herbstes. Sie sind in einer anderen Jahreszeit der Weiblichkeit angekommen als die Mütter.

Eine weitere Großmutter betrachtet die Bedeutung des Weiblichen hinsichtlich der Generationenfolge und bringt einen neuen Aspekt ein:

> *Wenn wir ein Enkelkind haben, ist das, weil wir ein Kind hatten und weil wir ein Kind aufgezogen haben. Und das ist in sich selbst schon ein Wunder. Wir haben jemandem das Leben geschenkt, die anderen Leben schenkt. Das ist Teil des Weiblichen.*
>
> *Seit ich älter werde, denke ich viel an meine Vorfahren, ich habe das nicht getan, als ich jünger war. Ich beginne mich zu fragen, wie meine Großmutter war. Es ist eine weibliche*

*Qualität, die Ahnen mehr zu würdigen und zu versuchen, sich mehr mit ihnen zu verbinden. Es geht zurück zur Erde, der lebendigen Beziehung mit der Erde. Dass sie lebendig ist, dass sie da ist, und sie zu lieben und über sie zu sprechen als Mutter Erde. All diese Dinge fühle ich, wenn ich mit meinen Enkelkindern zusammen bin.*

Beschäftigen wir uns nun weiter mit den verschiedenen Aspekten weiblicher Qualitäten, so wie sie aus den Erzählungen der Großmütter in unseren Gesprächen hervorblitzen. Da die Unterhaltungen einem intuitiven und assoziativen Strom gefolgt waren, gab es zunächst keine strukturierte thematische Trennung der einzelnen Eigenschaften – ein Abbild dessen, wie natürlich verwoben sie in einer Ganzheit sind. Doch damit sie beim Lesen leichter aufgenommen werden können, habe ich die einzelnen Qualitäten aus den Beiträgen herausgefiltert und jeweils zugeordnet. Das gibt den Leser:innen auch die Möglichkeit, nach Belieben zu springen und nach einzelnen Themen zu schauen, zu wählen, was gerade interessiert.

Zuvor haben wir bereits beobachtet, dass es in allererster Linie das *Sein* ist, das wie ein roter Faden die Gespräche durchzieht und durch das sich die weiblichen Qualitäten im Leben und Wirken der Großmütter entfalten. Eng verbunden mit dem Sein sind Präsenz, Empfänglichkeit und Zuhören. Lauschen wir also den Großmüttern aus ihrem alltäglichen Leben.

## SEIN

*Das sage ich immer meinen Töchtern: Ich habe keine Verantwortung. Ich kann mit den Enkelkindern nur ‚sein‘. Natürlich ist da Fürsorge, das ist ja klar. Aber es ist ein Sein. Das ist so wunderbar, so frei.*

189

*Ja, das ist die wichtige Qualität. Frei und nicht verwickelt.*

Eine der Großmütter versucht im Zusammensein mit ihrem Enkel ein Gegengewicht zum alltäglichen ‚Tun' zu setzen:

> *Er ist so sensitiv, sieht alles, nimmt alles auf. Aber dann habe ich gedacht, es ist ‚ihr' Kind [das der Eltern]. Doch es geht bei ihnen so viel um etwas machen, und das ‚Sein' hat so wenig Raum, das hat in unserer Gesellschaft ja auch so wenig Raum.*
>
> *Und das Schwierige ist auch, so habe ich gemerkt, dass man sie allmählich so konditioniert. Ich sehe bei den Eltern: Wenn es schwierig wird, dann geht man los, statt zu bleiben und zu lassen. Sie lösen viele Konflikte darüber, dass sie dann sagen, wir gehen jetzt los. Man tut etwas.*
>
> *Das Meditative, die innere Wahrnehmung, die tritt dann schnell zur Seite, denn du musst dann ja alle Scheinwerfer nach außen richten.*
>
> *Es ist manchmal traurig zu sehen, dass einfach der innere Zugang zurückgeht. Es wäre schön, wenn in dieser Zeit vor der Schule diese Prägung noch nicht so stattfindet.*

Wir alle, Frauen wie Männer, Alte wie Junge, sind durch diese gesellschaftliche Norm geprägt und erfasst von dem Glauben, dass unsere Probleme und die der Welt nur durch das Tun, nur durch Aktivität gelöst werden können. Kaum jemand von uns ist frei davon. Allzu schnell, bevor wir innehalten, fragen wir uns gehetzt: Was soll ich jetzt tun? Vor allem in jener Zeit, als wir selbst in elterlicher Verantwortung standen – so wie jetzt die Eltern unserer Enkelkinder –, waren wir weit mehr in dieses Rad von Leistung, Aktivität und Funktionieren-Müssen eingespannt. Doch jetzt, als Großmütter, können wir einen Schritt zurücktreten, wir können dem Sein Platz machen. Das besondere Geschenk in diesem Sein ist die Freiheit.

Die „Wahl-Oma" unter meinen Interview-Partnerinnen brachte diese Freiheit so auf den Punkt:

*Ich bin nicht die Erziehungsberechtigte. Ich kann ihnen einfach vom Herzen begegnen, ich muss mich nicht um so viele Dinge kümmern.*

*Das hat eine unglaubliche Freiheit im Kontakt.*

*Ich kann einfach ich sein, ich respektiere, was die Eltern wollen, aber ich bin selbst so frei, und ich kann mit ihnen meinen Humor teilen. Faxen machen. Mit den eigenen Kindern machst du das nicht so wirklich, da bist du anders involviert. Hier kann ich meine Leichtigkeit teilen.*

*Es fällt mir auch leicht, sie in der Art und Weise zu sehen, wie sie sind. Ihre Qualitäten zu sehen, und sie wachsen zu sehen. Und das zu genießen. Das ist ein großer Unterschied.*

Während dieser Gespräche ist mir selbst einmal mehr deutlich geworden, wie es in der Zeit, als wir unsere Kinder großzogen, neben all der Freude auch einen gewissen inneren Druck gab. Es wäre leicht, ihn einfach nach außen auf andere und die Gesellschaft zu schieben, doch offen gestanden, diese Impulse waren auch in mir: Ich *wollte* etwas für sie. Ich wollte, dass sie glücklich werden, gesund bleiben, im Leben zurechtkommen, und natürlich, dass das Leben ihnen nur Gutes bringt. Auch ich hatte Absichten und Pläne.

*Gut, dass du das sagst! Darüber habe ich auch nachgedacht. Da war so viel ‚ich will'. So viele Konzepte,*

antwortete eine der Großmütter, als ich dies aussprach.

*Und das habe ich mit den Enkelkindern nicht mehr,*

fügte ich hinzu.

*Ich will nichts mehr, ich möchte einfach nur sein. Möchte antworten auf das, was von ihnen kommt, und mein Sein für ihren Weg zur Verfügung stellen. Wohin sie dann gehen, das ist schließlich ihre eigene Wahl und das Schicksal ihrer Seele. Aber ich habe darin keine Karten mehr, kein Wollen.*

Welch eine Freiheit. Welch ein Potenzial in dieser Freiheit. Doch hier kommt der Wermutstropfen, der die Begeisterung dämpft: Natürlich existiert dieses Nicht-Wollen nicht in Reinform, das würde unsere Menschlichkeit übersteigen. Als Absolutheit würde es zu einem Ideal gerinnen oder eine Tugend darstellen, nach der wir begännen zu streben. Doch nichts zu wollen, danach kann man nicht streben, es kommt auf natürliche Weise. Und zweifellos ist es niemals vollkommen. Menschlich, wie wir sind, bleibt immer ein Wünschen. Als Ältere haben wir aber vom Leben gelernt, dass nicht jeder Wunsch erfüllt werden muss. Wir können eher *sein lassen*. Und zu den Kindeskindern besteht eine Nähe und gleichzeitig eine Distanz, die uns so viel leichter das Wollen aufgeben und das liebende Sein erlaubt lässt. Wie sich dieses Freisein vom Wollen auf das Kind auswirkt, verdeutlicht die Großmutter eines Kleinkindes:

*Dieses Nicht-Müssen schafft einen viel größeren Freiraum für die Kinder. Mein Enkel und ich, wir gehen oft zusammen los und sagen niemandem, wo wir hingehen, und dann sag' ich, entscheide du, und dann läuft er einfach los und ich gehe mit.*

*Und dann guckt er vielleicht einfach nur an einer Baustelle, schaut den Arbeitern und den Baggern zu, und ich muss nichts tun, nicht einkaufen oder etwas anderes erledigen, ich muss mir nur den Rückweg merken! Und dann bin ich einfach mit ihm. Da entsteht ein Raum, der ihm auch eine Möglichkeit gibt, was im Innern so vorgeht, zu gestalten.*

Ist die Großmutter jedoch, wie es ja häufig vorkommt, in die Betreuung größerer Kinder involviert, die bereits in einen gewissen Alltagsrhythmus gepresst sind, und dient sie in dieser Situation als Elternersatz, lässt sich dieses freie Sein nicht so leicht gestalten. Doch obwohl wir dann wieder in der Elternrolle sind und als ‚Managerinnen' des voll getakteten Alltags der Kinder funktionieren müssen, ist etwas anders: Wir haben eine innere Distanz, die uns deutlich und manchmal auch schmerzlich spüren lässt, was fehlt. Mir erging es so, als ich einmal einsprang, um meine beiden Enkelkinder im Krippen- und Kindergartenalter vom frühen Morgen an zu betreuen und damit auch dafür zu sorgen, dass sie in den jeweils vorgegebenen Zeitspannen in ihren beiden Einrichtungen ankommen sollten – nicht früher, nicht später. Für die Eltern ist dies Routine; für mich bedeutete es, aus dem inneren Raum des Abstands einen Schmerz zu fühlen. Sie aus ihren Tagträumen zu zerren, wenn sie noch versonnen im Pyjama in die hinter dem Fenster aufgehende Sonne blinzelten, sie zum Waschen und Anziehen anzutreiben, sie aus ihrem eigenen Rhythmus zu reißen, während sie ihr Müsli kauten, und dabei ständig zur Uhr zu schielen, das war für mich herzzerreißend. Ich erinnere mich natürlich gut: In dieselben Zwänge war ich eingebunden, als ich Mutter kleiner und auch größerer Kinder war. Es war nicht immer schön, aber es musste halt sein. Wenn beide Eltern Arbeitsverpflichtungen und auch die Kinder Termine hatten, mussten träumende Kinder gedrängt werden. Ich hatte gelernt zu funktionieren und praktisch zu sein – was ich vor meiner Zeit als Mutter nicht so gut beherrscht hatte.

Jetzt jedoch, als Großmutter, gibt es mir einen Stich im Herzen, und er lässt sich durch Erfordernisse des Alltags auch nicht verdrängen. Deutlicher als damals kann ich nun in meinem Bewusstsein zulassen, dass ich dabei bin, den Kindern etwas aufzunötigen: einen Rahmen und eine Dimension von *Zeit* – etwas, das für sie gar nicht existiert. Kleinere Kinder leben jenseits der Zeit, im zeitlosen Augenblick, in einer Art himmlisch-irdischen Ewigkeit. Auf dem Weg zur Kita – wir hatten es schließlich geschafft, recht*zeitig* unterwegs zu sein – erregt der weiße Mond am hellen Himmel die Aufmerksamkeit des Kleineren. Und dann ist da nur Staunen, mitten in dem Treiben einer Großstadt. Stehen bleiben, in den Himmel schauen; es existiert keine Uhr und keine Zeitnot, nicht einmal mehr die Kita, zu der man unterwegs ist, nicht, was kommt, und nicht, was war. Nur der Mond. Und ein unsichtbarer Lichtstrahl, der vom Kind auf dem Gehweg zum Himmel und wieder zurückwandert.

## SEIN LASSEN

Mit den Enkelkindern zu sein bedeutet auch, sie in ihrem eigenen Sein zu *lassen*. Es bedingt sich gegenseitig: Wenn ich mir selbst erlaube zu sein, so kann ich auch andere leichter sein lassen. Mit viel Freude, aber auch Nachdenklichkeit, schilderten die Großmütter, wie sie die Enkelkinder in ihrem Sein begleiten und bestärken, wie wichtig es ihnen ist, dieses Sein zu bekräftigen. Wesentlich dabei ist, das zeigte sich in vielen Betrachtungen, sie zu *sehen*; zu sehen, wer sie sind und wie sie sind, ihr einzigartiges Wesen wahrzunehmen. Wir hatten zuvor ja schon erfahren, wie die Großmütter ihre Beziehung zu den Enkelkindern schildern, indem sie deren Wesenszüge so deutlich wahrnehmen. Hier geht es nun um einen Schritt weiter: sie auch darin zu bestätigen und zu bezeugen. Eine Großmutter beschreibt, wie sie das erlebt:

> *Wichtig ist: „Ich sehe dich", das heißt, dass sie das Gefühl haben, sie sind gesehen. Man kann es fast eher körperlich machen, indem man dabeisitzt, wie ein ruhender Pol. Was ich total schön finde, ist dann auch einfach sie zu spiegeln, vielleicht nur wiederholen, was sie grade machen.*

Eine andere Großmutter betrachtet es als ein Geschenk der Enkelkinder an sie, *einfach ihre Wesen zu erfahren. Und es ist auch hilfreich in ihrem Leben: Zu wissen, dass sie erkannt worden sind.*

Vor vielen Jahren – meine Kinder waren noch klein – hatte ich einmal ein Zitat auf einem Zettelchen notiert. Als ich es kürzlich wiederfand und las, erinnerte ich mich sofort, wie sehr mir die Worte dieses berühmten Musikers damals aus dem Herzen gesprochen hatten. Wo ich es gefunden hatte, weiß ich nicht mehr. Es war der spanisch-katalanische, im neunzehnten Jahrhundert geborene Cellist und Komponist Pablo Casals, der dies gesagt haben soll. Bekanntermaßen hatte sich dieser große Musiker ebenso wie für die Musik für Frieden und Freiheit eingesetzt, und aus dem Englischen übersetzt lauten seine Worte in etwa: „Jede Sekunde, in der wir leben, ist ein neuer und einzigartiger Moment des Universums, ein Moment, der nie wieder sein wird. Und was lehren wir unsere Kinder? Dass zwei und zwei vier ergibt, und dass Paris die Hauptstadt Frankreichs ist. Wann werden wir sie auch lehren, was sie sind? Wir sollten ihnen allen sagen: ‚Weißt du, was du bist? Du bist ein Wunder. Du bist einzigartig. In allen Jahren, die vorübergegangen sind, hat es niemals noch ein Kind wie dich gegeben. Ja, du bist ein Wunder. Und wenn du groß wirst, kannst du dann anderen schaden, die, wie du, ein Wunder sind?‘ Wir müssen alle daran arbeiten, die Welt ihrer Kinder würdig zu machen.“

Wenn wir das hier erwähnte Lehren weniger pädagogisch sehen und weiter fassen, vielleicht im Sinne von zeigen oder spiegeln, so deuten diese Worte genau auf die großmütterlich erwähnte Einzigartigkeit des Wesens hin, die es zu stärken gilt. Bedeutsam dabei ist auch – um sogleich jeder Pathetik zu entkommen –, dass dieses „Wunder“ der eigenen Natur auch die Schwierigkeiten beherbergt, die zur Einzigartigkeit gehören und dem Kind auf seinem Weg begegnen. Eine der Großmütter sprach ausführlicher über Nöte und Sorgen, über Themen, bei denen eines der Enkelkinder es nicht leicht hat. Sie sieht es als sehr wichtig an, das Kind darin zu sehen, und das Wissen um die Probleme für das Kind in sich zu halten.

*Und ich glaube wirklich, wenn da noch jemand anderes auf sie guckt, dass dies wirkt. Dass es gar nicht darum geht, was man tut, sondern es ist diese ganz innere Beziehung. Dass ich anders auf sie schaue. Dass ich manches sehe, was ich auch nicht verändern kann und ein bisschen wie mittrage, dass ich auch nicht eingreifen kann, vielleicht ganz vorsichtig nur ein bisschen, aber eigentlich nicht.*

*Und eigentlich habe ich das Gefühl, sie müssen diese ganze Dynamik auch ausleben.*

Dieses „Sehen" ist ein Bezeugen im wahrsten Sinn. Es ist kein Tun; es ist ein Sein und ein Seinlassen. Hier bewirken wir keine Veränderung durch eine Aktivität. Aber ändert sich möglicherweise dennoch etwas, gerade durch unser Halten und Bezeugen? Es macht einen Unterschied, ob da jemand ist, die darum weiß und die es hält und auch einen Kummer oder ein Leiden aushält. Weil es aus dem Herzen geschieht, hat es Kraft. Durch die Gespräche wurde mir deutlich, dass eine innere Aufgabe für uns Großmütter sein könnte, für die Jungen das Wissen zu halten, wer sie sind. Zeuginnen zu sein, weil wir sie auf eine besondere Weise zu sehen vermögen. Selbstverständlich sind die Großmütter nicht die einzigen, die sie in ihrem Wesen sehen, auch andere Bezugspersonen haben einen Blick auf ihr Wesen, und vor allen anderen sind Mütter und Väter nah bei den Seelen ihrer Kinder. Doch die elterliche Nähe braucht manchmal einen Schutz. So beschrieb eine der Großmütter, wie sie, anders als die Eltern, gewisse Auffälligkeiten bei einem der Enkelkinder wahrnahm, die sie an das Autismus-Spektrum denken ließ:

*Aber da hatte ich auch das Gefühl, da sehe ich etwas, was die Eltern nicht sehen. Das konnten sie nicht zulassen, aber das*

*war auch gut so, da sie dann nicht so in Sorge gegangen sind.*
*Da war ich die Trägerin der Bedenken und Befürchtungen.*

Die Bedenken gingen jedoch nicht so weit – dank ihres großmütterlichen Abstands -, dass sie in ihrer Fantasie dem Kind den Weg versperrten oder sich in Sorgen zusammenzogen. Der Blick für den Weg des Enkels blieb weit:

*Er ist immer noch ein Besonderer; es gibt viele Riten, die*
*eingehalten werden müssen. Aber er kann sich gut auf Neues*
*einlassen, wenn er bei uns ist. Wenn er weiß, auf was er sich*
*einlassen soll. Er wird es schaffen. Und das ist wunderbar. Das*
*Tolle finde ich an ihm: Er geht seinen Weg.*

Wenn die Großmütter ihr Zusammensein mit den Enkelkindern beschreiben, so entsteht ein Gefühl oder Bild des Schwingens. Sie schwingen mit. Mir scheint, gerade dieses Mitschwingen ist eine besondere Form des Seins und des Seinlassens. Sie bestimmen nicht, sie gehen mit, auch im wahrsten Sinne des Wortes, wie es das Beispiel einer der Großmütter zeigt, die ihrem Enkelsohn auf seinen Erkundungswegen durch die Straßen einer ihr fremden Stadt folgt und sich nur den Weg merken muss. Der Psychologe Günter Heisterkamp spricht in diesem Zusammenhang von einer „beweglichen Anpassung", die ihre tiefe Motivation aus dem Glück erhalte, „am sich entwickelnden Seelischen der Kinder bzw. Enkelkinder teilzuhaben." Er beschreibt eine spielerische Situation mit seinem Enkel, „in der ein Großvater Anteil nehmend und erfreut an dem kreativen Entdeckungsweg seines Enkels teilhat." Als pädagogischer Psychologe ist ihm begreiflicherweise an der Entwicklungsförderung gelegen, doch selbst wenn wir dieses Mitschwingen über den pädagogischen Wert und Nutzen hinaus betrachten, treffen seine Erklärungen sehr genau die Erfahrungen meiner Gesprächspartnerinnen – wenngleich sie gar nicht erzieherisch unterwegs sind. „Das Kind freut sich seiner

Entdeckungen und wird in diesem schöpferischen Prozess von einer nahen Bezugsperson begleitet und wahrgenommen. Sie schwingt mit dem Selbstwerdungsprozess eines ihm am Herzen liegenden Kindes mit." Die Erwachsenen haben es nicht nötig, so fährt er fort, durch voreilige Belehrungen oder ängstigende Vorannahmen das Kind um seine Erfahrung zu bringen. Das Förderliche liege insbesondere darin, „dass die Bezugsperson dem Erleben des Kindes folgt und sich das Kind in seinem Interesse gehalten und in seinem Werden gesehen fühlt." Das Kind freue sich und die Bezugsperson nehme es dabei freudig wahr.[12]

Die Freude, das heißt, die gemeinsame Freude, ist eine bedeutende Grundstimmung in diesem Sein und Seinlassen. Überflüssig zu sagen, dass selbstverständlich auch Groß-*Väter* diese Qualität mit Enkelkindern erleben, so wie der hier zitierte Autor, der seine persönlichen Erlebnisse mit einer pädagogisch-psychologischen Analyse verbindet. Letztere hilft dem Verstand und möglicherweise der Wissenschaft; doch die grundlegende Fähigkeit, dieses Seinlassen und Mitschwingen spontan zu leben, entspringt der weiblichen Seite in Großmüttern, Großvätern und uns allen.

Bezogenheit, Sein, Mitschwingen - wie feinste Fäden in einem edlen Gewebe hängen die einzelnen Aspekte weiblicher Qualitäten zusammen und bilden ein untrennbares Ganzes, das nur unser denkender Verstand sortiert und in verschiedene Eigenschaften unterteilt. Dennoch ist es hilfreich, sie uns in einzelnen Aspekten menschlichen Seins zu vergegenwärtigen, um sie wiederzuerkennen, wertzuschätzen und für eine zukünftige Welt ins Leben zu bringen. Organisch mit dem Sein verflochten sind, so haben wir vorher schon gesehen, die weiblichen Qualitäten der Präsenz und des Sinns für Raum.

## PRÄSENZ

Das Kostbarste, so lehrte der weltweit verehrte buddhistische Lehrer Thich Nhat Hanh in seinen Vorträgen, das Kostbarste, das wir den Menschen, die wir lieben, geben können, sei wahre Präsenz. Um wahrhaft präsent zu sein, brauchten wir nur einzuatmen und auszuatmen und „frisch wie eine Blume" zu werden. Für den Menschen, den man liebt, da zu sein, das sei ein Geschenk. Er erinnerte immer wieder daran, dass präsent zu sein bedeute, „frisch" zu sein, und er erklärte, wie das möglich sei: zu entspannen, einzuatmen, auszuatmen, zu lächeln. Unsere Sorgen, unseren Ärger niederzulegen, und so werde man frisch. Das sei etwas, das wir den Menschen, die wir lieben, anbieten könnten.[13]

Klingt schön, ist aber nicht so einfach, mag manch eine sagen. Für Großmütter, die keinen Erziehungsauftrag haben, liegt diese Frische jedoch in erreichbarer Nähe. Und bezieht man hier noch die besonderen Möglichkeiten ein, die das höhere Lebensalter uns bietet, sind wir der Frische der Gegenwart schon sehr nah. Im Alter können wir wieder lernen, uns ganz dem Augenblick hinzugeben und völlig in den Moment einzutauchen. Die Hingabe an das Gegenwärtige und das sich Verschenken in dieser Präsenz werden eins. Denn es ist unmöglich, wirklich im Augenblick zu leben und gleichzeitig diese Gegenwärtigkeit nicht an alles, was zu diesem Augenblick gehört, aus vollem Herzen darzubieten.

Die Präsenz ist die Seele, die in Liebe hält, so brachte es Marion Woodman, die sich intensiv mit weiblicher Psychologie beschäftigte, auf den Punkt.[14] Wenn wir über die Herzenergie redeten, über die empfängliche Seite der Seele, die einen Raum füllen könne, dann gehe es um die weibliche Qualität der Präsenz. Dieses Gegenwärtig-Sein bestimme die Qualität in einer Beziehung. Und wenn man das für verrückt halte, so erinnere man sich an die Quantenphysik, die deutlich gemacht hat: Die Gegenwart, die ein Experiment beobachtet, beeinflusst auch das Experiment.[15] Und so sei die weibliche Präsenz auch fähig, eine Situation zu verändern.

Vermutlich haben wir alle genau das schon erlebt, doch wir haben es uns nicht immer bewusst gemacht: Wir sind ganz und gar gegenwärtig in einer Situation, halten diese Aufmerksamkeit und Gegenwart in der Beziehung zum anderen Menschen oder Wesen, treten einen Schritt weg von unseren eigenen Befindlichkeiten, nehmen mit unserem ganzen Sein in diesem Moment wahr, was ist – und wie von unsichtbarer Hand geschieht eine Verwandlung. Eine Stimmung verändert sich, oder eine vormals schwierige Situation relativiert sich durch ein Lächeln, oder plötzlich wird die Schönheit des Augenblicks oder die Liebe wahrgenommen. Nur dadurch, dass wir „frisch" geworden sind, wie Thich Nhat Hanh es ausdrückte, dass wir zur Seite getreten, dass wir leer und empfänglich für den Augenblick geworden sind, ist diese Wandlung möglich. Präsenz würdigt den Augenblick und gleichzeitig öffnet sie für etwas Neues, vorher nicht Dagewesenes. Eine der Großmütter beschreibt es so:

*Ja, dieses Wachsein, dieses Lauschen: Was braucht es, was braucht die Situation, was braucht das Kind? Das war anders als junge Mutter. Das ist jetzt viel intensiver, diese Präsenz. Es ist mir egal, ob aufgeräumt ist oder nicht. Nur das ist jetzt wichtig, ich höre jetzt zu. Egal, was ist. Ist das weiblich?*

*Und in diesem Wachsein mich zur Seite zu stellen. Schon auch deutlich machen, was ich will, aber es fällt mir nicht schwer, mich hintanzustellen.*

Im Zuhören liegt eine Weisheit, die oft übersehen wird. Davon war schon die Rede bei der Betrachtung der weiblichen Qualitäten, und wir haben ihre heilende Wirkung bei den Großmüttern Simbabwes kennenlernen dürfen. Da wir in unserer Kultur gewohnt sind, vor allem das wertzuschätzen, was sichtbar und laut ist, entgeht uns oft die Feinheit des Zuhörens, die Kraft des Lauschens. Sie ist eng verwoben mit der Qualität des Präsent-Seins und setzt Empfänglichkeit voraus. Helen Luke sagte einmal, das Empfängliche sei wie ein Gefäß, in dem das Licht so lange verborgen sei, bis es zur rechten Zeit erscheinen könne, es habe kein Bedürfnis nach Erfolg.[16]

Viele meiner Gesprächspartnerinnen sprachen vom Zuhören – die einen ganz wortwörtlich hinsichtlich des Lauschens auf die Worte und Erzählungen der Enkelkinder, andere im Hinblick auf empfängliches Nach-innen-Hören.

> *Zuhören. Das ist, was mir zuerst einfällt. Wie wir zuhören und die Tiefen eines Kindes dazu einladen, aufzutauchen. Eine Großmutter zu sein, hat von mir verlangt, innerlich weiter zu werden, um mich dem zu stellen, was alt ist und verworfen werden kann, und offen dafür zu sein, was danach ruft, ins Leben zu kommen.*

Und über das direkte Zuhören – präsent zu sein, wenn die Kinder etwas zu erzählen haben – sagte mir die „Wahl-Großmutter", die mit vielen Kindern in einer Gemeinschaft lebt:

> *Zuhören, auch wenn ein Kind viel redet. Das ist sowas, was einfach da ist. Das hat mit dem Respekt vor den Kindern zu tun: Dass ich es nicht abtue, sondern ernst nehme, was sie erzählen.*

Im Zuhören und Empfänglich-Sein geben wir Raum und halten Raum. Raum, der im eng getakteten Alltag der Kinder oft zu wenig zugegen ist, Raum, den unsere Kultur auch in seiner inneren Dimension häufig nicht achtet.

## RAUM

Kürzlich habe ich eine junge Großmutter dabei erleben dürfen, wie sie bei einem Treffen von fünf Frauen ihren sechs Monate alten Enkel dabeihatte. Es ging um Gespräche und Planungen für ein ehrenamtliches Projekt, und diese Großmutter konnte nur teilnehmen, wenn sie ihren Enkel mitbrachte, den sie an diesem Nachmittag hütete. Die Entscheidung, ob sie mit dem Baby dazukommt, hatten wir der betreuenden Großmutter überlassen, denn wir kannten den Kleinen nicht und wussten nicht, wie er auf eine solche Situation reagiert, ob es gut für ihn ist, und natürlich auch, ob die Frauen nicht vor Entzückung zu sehr von ihm abgelenkt sein würden. Sie kam und er schlief im Kinderwagen, und so hatte sie es auch geplant. Doch bald hielt er sich nicht mehr an diesen Plan und wachte auf; und so nahm sie ihn mit in den Kreis.

Alle Frauen bemühten sich, nicht zu übergriffig auf das kleine Kind zu reagieren und ihm seinen Raum zu lassen. Das Gespräch konnte konzentriert fortgesetzt werden, während der Kleine, geborgen auf dem Schoß der Großmutter, sich ruhig umblickte. Die Frauen, alle ungefähr im Großmutter-Alter und teilweise selbst Großmütter kleiner Kinder, erwiderten seinen Blick oder sein Lächeln, wenn er sie ansah, blieben dabei aber gleichzeitig mit ihrer Konzentration im Gespräch. Das Kind war aufmerksam und sehr wach, dabei ganz ruhig und gesammelt, gleichzeitig aber wie ein Teil des Kreises, ohne dass ihn dabei irgendetwas zu stören schien. Als seine Großmutter – noch bevor der Kleine das physisch wirklich signalisiert hatte – spürte, dass er Bewegung brauchte, legte sie ihn neben unsere Runde auf einen Teppich und setzte sich zu ihm auf den Boden. So nahmen beide weiter teil, und das Kind war wie selbstverständlich ein Teil des Kreises und dennoch ganz es selbst.

Nach einer Weile wurde mir bewusst, warum dieses Treffen so natürlich und störungsfrei mit dem kleinen Kind stattfinden konnte; das Baby hatte ja nicht einmal seine Mutter dabei und kannte auch niemanden von uns anderen. Sicherlich verdankten wir diese Leichtigkeit auch der respektvollen und einfühlsamen Haltung der anwesenden Frauen, doch das Wesentliche war, dass seine Groß-mutter einen unsichtbaren Raum geschaffen hatte, in dem sie zu-sammen mit ihm verweilte. Dieser Raum war auf nahezu greifbare Weise erfüllt von Sicherheit und Geborgenheit. Und doch hatte er keine Wände, keine Grenzen, er engte nicht ein. Die Großmutter war in beständiger Verbindung mit dem Kind und gleichzeitig mit uns im Gespräch. Sie erspürte seine Bedürfnisse, antwortete mit kleinen Gesten und Berührungen, während das Baby, von seinem sicheren Ort aus, seine Umgebung wahrnahm. Zugleich war sie die Tür zur Welt außerhalb dieses unsichtbaren Kokons. In diesem ge-schützten Raum konnte der Kleine zufrieden ganz er selbst sein, und gleichzeitig war es ihm erlaubt, über die Großmutter, mit der ihn ein ständiger Fluss von Liebe zu verbinden schien, im Kontakt mit der ganzen Szene und mit uns anderen zu sein. Das geschah still, unaufgeregt, und ohne, dass es im Geringsten den Prozess unserer Zusammenkunft gestört hätte.

In den Gesprächen mit Großmüttern wurde deutlich, sie halten einen äußeren Raum und sie halten einen inneren Raum, und beide sind nicht getrennt voneinander. Das Thema Raum tauchte in nahe-zu jeder Unterhaltung auf, das war auffällig und besonders.

Zur Veranschaulichung möchte ich einen längeren Gesprächs-abschnitt mit einer der Großmütter hier wiedergeben, denn sie entwickelte die Bedeutung von Raum im Zusammensein mit ihren Enkelkindern besonders einleuchtend. Es ging konkret um die Frage, wie sie nach ihrem Gefühl das Weibliche in ihrer Beziehung zu den Enkelkindern wirken lasse. Dabei schaute sie auch auf die Unterschiede zum Großvater, der seine Beziehung zu den Enkel-kindern sehr liebevoll, aber ganz anders lebt.

*Ich empfinde es so, dass ich mehr Raum gebe. Und eher in Beziehung bin, als irgendwas als Input zu zeigen, zum Beispiel neue Anregungen zu geben. Wenn ich das so angucke, mein Ehemann ist derjenige, der Gute-Nacht-Geschichten erzählt. Alle Kinder lieben das. Er erzählt immer weiter, in Fortsetzungen. Und da führt er sie in seine Welt ein. Es ist ja nicht die Welt der Kinder, aber sie sind total begierig danach.*

*Oder er geht mit ihnen raus und macht Feuer, oder in die Werkstatt. Ich mache auch mit ihnen Holz und wir machen zusammen, was anliegt, aber insgesamt habe ich das Gefühl, ich versuche sozusagen meine Welt mit ihrer zu verbinden, nicht ihnen meine Welt zu zeigen.*

*Ich würde nicht sagen, dass das andere nicht in Beziehung ist, aber anders.*

*Also ich möchte ihnen nicht so viel beibringen oder so viel zeigen, sondern ich will ihnen mehr Raum geben.*

*Ich war neulich mit ihnen am Fluss. Und dann sage ich schon, wir sollten Eimer und Schaufel mitnehmen. Das ist wichtig. Und dann fangen sie an und zeigen mir, dass sie eine Königsburg haben und die Wellen über die Burg fließen, und dann bin ich mit ihnen in der Königsburg. Aber ich würde nicht mit ihnen anfangen, eine Burg zu bauen. Mein Mann würde das tun, und dann sind sie auch begeistert dabei, mit Wällen und Gräben. Und ich finde beides total wertvoll.*

Ja, beides ist wichtig, so gingen meine Überlegungen in diesem Gespräch weiter. Doch weil wir diesem einen, dem aktiven Lehren und Lernen, in unserer Kultur viel mehr Wertschätzung und Gewicht geben, ist das andere so lange zu kurz gekommen: Raum zu geben und Raum zu halten. Es heißt dann: „Da passiert nichts, da lernt man nichts", man vermisst die Aktivität, das sichtbare Ergebnis. Doch einfach offen Raum zu geben ist eigentlich das, was wir oft vermissen.

*Der Raum heißt symbolisch für mich, ich nehme den Eimer und die Schaufel mit, darauf achte ich, damit die Möglichkeit da ist, und die stehen dann da, und dann mal gucken und schauen, was passiert. Sie bieten die Möglichkeit.*

Wir sehen hier, Raum geben bedeutet nicht, sich völlig der Passivität hinzugeben. Es ist wie eine Einladung aussprechen, ohne zu bestimmen und festzulegen. Vielmehr eröffnen wir eine Möglichkeit. Wie sie gefüllt wird, überlassen wir dem schöpferischen Impuls. So wie wir einen inneren Raum öffnen, um zu lauschen, wie wir innerlich einen Raum öffnen, um zu beten, oder einen Raum in unserem Sein und unserem Körper eröffnen, um schwanger zu werden und ein Kind zu empfangen. Wir füllen den Raum nicht, wir bestimmen nicht, wir bereiten etwas vor, damit eine Möglichkeit sich einfinden kann. Wir sind nicht die Akteurinnen und nicht die Protagonistinnen, und dennoch sind wir nicht unbeteiligt und nicht unbewegt. Wir bereiten den Boden für Möglichkeiten, so schaffen wir Raum. Diesen Raum zu erleben und zu halten ist Teil weiblicher Erfahrung.

Mit einer anderen Großmutter sprachen wir in einem gewissen Bedauern darüber, wie das Raum geben so wenig Beachtung findet, während das Anleiten ein so großes Übergewicht in unserer Kultur hat. Wir ließen keinen Zweifel daran, dass beides wichtig ist, das Interesse am kognitiven Lernen der Kinder und andererseits der offene Raum, die Leere, die Möglichkeiten schafft und spontane Entwicklung zulässt. Aus ihrer Erfahrung berichtete sie:

*Wenn man es abstrakt sieht, es ist der eigene kreative Wunsch. Der beginnt ja schon mit der Geburt. Und es ist ja das große Desaster, dass du von dem immer mehr abgeschnitten wirst.*

*Ich habe es von außen beobachten können. Auch bei meinem Enkelkind. Und es war ein bisschen traurig, weil ich manchmal spüre, wenn da so zwei verschiedene Willen sind –*

*der der Eltern und der des Kindes. Der Kleine, der will auch, dass es gut ist mit Mama und Papa, aber da ist eben auch noch das Eigene. Die Kinder sind wie Seismographen und orientieren sich und richten sich dann danach aus. Und ich, ich habe keinen Erziehungsauftrag, ich will einfach nur eine schöne Zeit mit ihm haben, und die ist am schönsten, wenn ich eigentlich nichts will.*

Selbst nichts zu wollen scheint eine unglaublich große Hilfe zu sein. Und wenn wir in jenem Raum auch selbst sein können, wenn wir das zulassen und vertraut damit sind, können wir ihn auch zur Verfügung stellen.

*Das ist ein Raum, der mit Sein zu tun hat, nicht mehr mit Fragen und Machen. Und es gibt nicht mehr diese Anstrengung. Das ist eine Bereicherung am Älterwerden, dass die Anstrengung geht, und das Wollen.*

So eine andere Großmutter. Und eine weitere Schilderung führt den Faden wieder zurück zur Präsenz:

*Für mich ist einen Raum halten, einfach total im Moment zu sein. Die Kinder haben das Gefühl: Das, was ich tue, was ich bin, wird gesehen.*

Es gibt noch einen anderen Raum, der für Enkelkinder bedeutend sein kann, einen sehr inneren in den Großmüttern selbst. Er leuchtete ganz hell im Austausch mit einer Großmutter auf, deren Enkeltochter eine schwierige Zeit durchmachte. In der Art, wie sie dies begleitete, in aller Sorge, aber auch in großem Vertrauen, erkannte ich, dass sie innerlich einen Raum für dieses Kind hielt, einen heiligen und geschützten Raum, in dem der Schmerz und die Sorge *sein* durften. Auch die Schönheit dieses Wesens und die Gnade, als die Dinge sich wendeten, waren im Innern dieses Raums zuhause. Dies allein im Austausch miterleben zu dürfen, war ein kostbares Geschenk.

Was wir hier den Kindeskindern geben können, ist unsichtbar und es ist still, es macht nicht auf sich aufmerksam, und doch hat es eine große Bedeutung und Wirkung, denn es kommt aus dem Raum des Herzens. Da wir keine Agenda haben, da unserem Älterwerden zufolge die „Anstrengung und das Wollen" gehen, und da wir die weibliche Erfahrung haben und den Sinn für die Qualität der empfänglichen Leere, können wir diesen inneren Raum zur Verfügung stellen. Das Einzige, was es von uns braucht, sind Bewusstheit und Liebe. Sie geben uns den Mut und die Stärke zu halten, was schwierig und möglicherweise auch leidvoll ist.

## NÄHREN

Sichtbarer und damit auch leichter vorstellbar ist die weibliche Qualität des Nährens. Bevor ich Kinder und eine Familie hatte, habe ich dem Zubereiten von Nahrung, dem Kochen und Backen, nicht übermäßig viel Aufmerksamkeit und Wertschätzung gegeben. Wurde es doch früher der traditionellen Rolle der Frau als Hausfrau, mehr oder weniger eingesperrt am häuslichen Herd, zugeschrieben. Und da ich in meinen frühen Zwanzigern erklärt feministisch unterwegs war, bedeutete es für mich wie für viele andere erst einmal Befreiung, mich von diesen Zuschreibungen zu lösen. Dass ich damit „das Kind mit dem Bade ausschüttete", die Essenz nicht von der Umgangsweise trennte, wurde mir erst später klar – nachdem sich schon alles verändert hatte: Zuerst hat sich der Instinkt Bahn gebrochen. Kinder haben und sie nähren und nähren wollen ist eins. Dann übernahm die Freude. Die Begeisterung, die ich empfand, wenn ich die ganze Familie um einen Tisch versammelt erlebte. Und schließlich das Glücksgefühl bei der Zubereitung, beim Kochen einer Mahlzeit; das war eine überraschende Neuigkeit in meinem Leben. Aus der Rückschau betrachtet entwickelte sich das ganz natürlich. Sobald ich mehrere kleine Kinder hatte, wurde der Alltag zu meiner Meditation, denn ich konnte nicht mehr wie zuvor störungsfrei Stunden in Stille und Kontemplation verbringen.

In dieser Situation, und weil meine spirituellen Lehrer:innen mich sanft, aber sehr klar darauf hinwiesen, lernte ich, die Liebe, die mich innerlich mit Macht ergriffen hatte, in das zu lenken, was für mich zuvor eher alltägliche Pflicht war. Ich lernte, mit Liebe zu kochen. Und ich lernte, dass ein wirkliches Nähren immer die Zutat der Liebe braucht. Nahrung brauchen wir auf allen Ebenen, wir wachsen, erneuern und entwickeln uns durch Nähren und Genährt-Werden, körperlich und seelisch. Das seelische Nähren war mir zutiefst vertraut, im Zusammensein mit Freunden und in meiner Arbeit. Auch den Hunger nach dieser seelischen Nahrung kannte ich. Doch erst im Leben mit den eigenen Kindern wurde mir deutlich, dass physisches und seelisches Nähren nicht voneinander getrennt sind. Staunend lernte ich, dass das Zubereiten einer Mahlzeit ein gleichsam alchemistischer Prozess ist, in dem die Liebe der Erde, die uns ihre Früchte schenkt, und die Liebe in der Achtsamkeit der Köchin sich mischen und eine Speise zaubern, die Körper und Seele gleichermaßen nähren können. Die physikalische Energie, die aus dem erhitzenden Feuer der Herdplatte kommt, und die feinstoffliche Energie der Liebe, die ich bei der Zubereitung hineingebe, vereinen sich gleichsam zu einem heilsamen Wundermittel für beide, Körper und Seele.

Großmütter mit Nahrung in Verbindung zu bringen ist ein allzu bekanntes Klischee: Die Oma, die ihre Enkelkinder mit Kuchen und Süßigkeiten beglückt. Aber schauen wir auf das Nähren als eine zutiefst weibliche, im wahrsten Sinne erfüllende Qualität für Körper und Seele (die selbstverständlich auch Männer leben), so befreien wir die Großmütter und uns selbst aus diesem holzschnittartigen

Bild. Die Zweifel sind noch da, wie eine meiner Gesprächspartnerinnen es anklingen ließ, nachdem sie zuerst begeistert von ihrer Liebe zum Nähren erzählte:

*Ich habe was Nährendes, versorge sie gern. Ich liebe es mittlerweile, in großen Mengen zu kochen und Kuchen zu backen. Dieses Nähren über die Nahrung, die da ist. Aber das ist natürlich mehr die traditionelle Rolle …*

Eine andere Großmutter verband die Freude am Nähren damit, eine Atmosphäre des Wohlseins zu schaffen:

*Es ist sicherlich einmal so, dass ich das Weibliche im Praktischen lebe, dass ich gern koche, dass ich gern versorge, dass ich sie gern um mich habe, mit ihnen zusammen bin, das Schöne liebe, dafür sorge, dass es schön ist – nicht schön als gut gestylt, sondern dass ich eine gute Atmosphäre schaffe, wo wir miteinander sind. Nicht eine heile Welt, in dem Sinne, „alles ist wunderbar“, sondern einfach mich darum kümmere, dass es allen gut geht.*

Eine glückbringende Erfahrung kann auch das gemeinsame Zubereiten sein, wo wir nicht nur allein versorgen, sondern diesen schöpferischen Prozess mit den Enkelkindern teilen und anschließend genießen.

*Ein anderer Enkel backt mit mir und liebt es. Und dann wird der Kuchen auch verteilt an die Mitbewohner und Nachbarn.*
*Als Mutter konnte ich nicht immer mit den Kindern backen, wenn sie das wollten.*

Mir geht es genauso wie dieser Großmutter, und mehr noch, ich hatte als Mutter nicht nur oft nicht die Zeit, mit den Kindern zu backen und zu kochen, es war mir auch zu anstrengend. Ich liebte es zwar – wenn der Raum dafür da war – mit ihnen um einen großen Tisch zu sitzen und zu malen, und das Chaos der Farben, Tiegel und Blätter störte mich nicht. Doch das heillose Durcheinander in der Küche, wenn die Kinder mitgewirkt hatten, Mehl und Zucker auf dem Fußboden und ein unübersichtlicher Berg von Töpfen und Tassen, als hätte eine Sturmflut sie angespült, das konnte ich nur schwer ertragen. Heute, als Großmutter, ist das anders. Zwar ist noch immer der Großvater, wie schon früher als Vater, der Praktischere und vielleicht auch Tolerantere, wenn es um das gemeinsame Backen mit Kindern geht – ein Beleg dafür, dass die weiblichen Qualitäten nicht nur den Frauen und nicht nur den Großmüttern zugänglich sind. Doch mit den Enkelkindern fließt mir eine neue Art von Geduld zu. Und es gibt den Raum, in dem wir in einem vollendeten Kreislauf erst gemeinsam im Garten ernten, der Erde danken, die Nahrung dann zubereiten und sie schließlich bei einer Mahlzeit zusammen genießen können.

„Nahrung ist Leben. Essen ist nicht nur unsere vitale Notwendigkeit: Nahrung ist das Netz des Lebens", so schreibt die indische Naturwissenschaftlerin Vandana Shiva; sie ist Gründerin einer Bewegung zum Schutz der Artenvielfalt und der Saatgüter. Und weiter sagt sie: „Nahrung ist lebendig: Sie besteht nicht nur aus Kohlehydraten, Proteinen und Nährstoffen, Nahrung ist ein Wesen, ein heiliges Wesen."[17]

In meiner Kindheit wurde immer am Tisch gebetet. Vor dem Essen falteten wir die Hände und baten um Segen, nach dem Essen dankten wir. Natürlich begannen wir, als wir älter wurden, diese wortgebundenen Gebete reflexhaft herunterzuleiern, vor der Mahlzeit vor Hunger schmachtend und nach dem Essen begierig darauf, endlich aufzustehen; und manchmal kicherten wir Geschwister auch, wenn wir uns verhaspelten, oder brachen sogar in Gelächter aus, weil dieser Automatismus sich gar nicht mehr stimmig anfühlte. Das Ritual war leer geworden, die Bedeutung verblasst. Ursprünglich jedoch war das Gebet zum Essen sicherlich eine Andacht, und es bot die Möglichkeit, der Heiligkeit der Nahrung unsere innere Aufmerksamkeit zu geben und damit dem Leben einen Sinn zu verleihen. Auch für meine Eltern war es wichtig, dem Segen, bevor wir aßen, und der Dankbarkeit, wenn wir genährt waren, Achtsamkeit zu schenken; nur die Form war veraltet und überstrapaziert, und für uns heranwachsende Jugendliche auch nicht mehr angemessen. Sie war nicht mehr mit dem inneren Gefühl verbunden.

Die weibliche Verbindung zur Erde wird über das Nähren erfahrbar, das Nähren von Körper und Seele. Mit den Enkelkindern zu ernten, zu kochen und zu backen ist eine Form, wie die Großmütter berichteten, diese Qualität ganz körperlich zu leben. Da die Frauen bekanntlich Himmel und Erde verbinden, meint das Nähren aber nie nur die körperliche Dimension. Einigen Großmüttern war es sehr wichtig, darauf zu schauen, wie sie die *Seele* der Kinder nähren können.

## HUMOR

Auch Humor nährt die Seele. Es mag das Letzte sein, das uns in den Sinn kommt, wenn wir uns fragen, was der Seele Nahrung gibt. Möglicherweise denken wir zuerst an Ernst und Sinnhaftigkeit. Und Humor – macht der Sinn? Allemal. Er entzieht sich dem Sinn des logischen Verstandes, ja, aber genau deshalb können wir lachen. Wir lachen genau dann, wenn die Vernunft und die Logik sich verabschieden müssen. So vereint unser Sinn für Humor Gegensätze, die unser Verstand nicht zusammenbringt. Er versöhnt uns mit dem, worunter wir leiden, und macht das Unerträgliche tragbar. Er rettet und beglückt uns, wenn wir nichts mehr zu verlieren haben. Doch humorvoll können wir nur sein, wenn wir uns selbst nicht zu ernst nehmen und wenn unser Geist so frisch ist, dass er Dogmen und Konventionen ein Schnippchen schlägt. Erinnert das nicht an die bereits erwähnte Narrenfreiheit des Alters? Als Großmütter besitzen wir ein Füllhorn an Humor, zumindest potenziell, und wir können diesen Reichtum ausgießen, immer wieder, und mit den Enkeln lachen, die nichts lieber tun als das. Je nach Alter der Kinder wird die Art des Humors sich ändern, aber das befreiende Lachen wird immer die Seele nähren, ebenso wie den Körper, weil es bekanntlich die physische Gesundheit stärkt.

Als meine Enkeltochter in ihrem dritten Lebensjahr eine recht gute Reife ihrer Sprachfertigkeiten erlangt hatte, konnten wir gemeinsam Stunden damit verbringen, uns vor Lachen auszuschütten, indem wir abwechselnd Nonsens-Wörter erfanden und sie uns gegenseitig zuriefen, mit seltsamem Klang, zungenbrecherischen Lautbildungen und verrückten Rhythmen. Zugegebenermaßen löste für mich nicht allein dieses Spiel, sondern vor allem ihr unbändiges Lachen meine eigene Heiterkeit aus. Lachen ist ansteckend; nichts in der Welt sei so unwiderstehlich ansteckend wie Lachen und guter Humor, soll der Schriftsteller Charles Dickens einmal gesagt haben. Und was bedeutet es, wenn etwas „ansteckend" ist? Eine Energie springt über, von einer zur anderen, es ist unmöglich, sich vor ihr abzuschirmen. Im gegenseitigen Anstecken erleben wir eine tiefe Form von Kommunikation und heilen einander, denn dieses Lachen eint uns und wir teilen das, was ihm zugrunde liegt. Gerade weil das Kind diese Entwicklungsstufe erreicht hatte, jenes exklusive menschliche Vermögen, sich durch Sprache, durch Wortschatz und Grammatik, mitteilen zu können, wurde genau diese Fähigkeit zur Quelle von Heiterkeit, weil sie sich selbst darin wieder relativierte und eben gar nicht so ernst nahm. Was wir für richtig halten, wird auf den Kopf gestellt, das ist häufig die Voraussetzung für Kreativität, aber auch für Heiterkeit. Humor sagt: Ich bin nicht nur dies, ich bin auch das. Deshalb erlauben strenge Moral, zähe Dogmen und allzu feste Konventionen keinen Humor. Eine meiner Gesprächspartnerinnen erzählte von ihrer eigenen Großmutter:

*Ich bin sehr moralisch aufgewachsen, aber bei der Großmutter gab es keine Moral. Sie hat nicht moralisch reagiert.*

Als wir uns darüber austauschen, wie wir selbst zu einer solchen freien Haltung gegenüber unseren Enkelkindern gelangen, erklärte sie:

*Das lernen wir über die Liebe. Über die Liebe zu den Enkeln lernen wir das einfach, denn wir sehen sie, und deswegen kann man jenseits der Moral sein. Das kommt von allein. Da muss man sich nicht darum bemühen. Wenn du offen bist und liebst, kommt es von allein.*

Wichtig zu erwähnen ist, dass es hier natürlich nicht darum geht, „unmoralisch" zu sein; vielmehr *jenseits* von Moral, das heißt, außerhalb von engen moralischen Konzepten, jedoch immer innerhalb einer ethischen Grundhaltung. Die Ethik wird dabei nicht in Frage gestellt: Die Achtung vor dem Leben, der Respekt und das Bemühen, niemanden zu verletzen.

Echter Humor geht Hand in Hand mit der Liebe. Das Lachen, das ihn begleitet, ist nicht ein Lachen *über* etwas oder *über* jemanden, es ist ein Lachen *mit* dem Leben. Es stimmt ein in das Lachen, das aus dem Leben selbst kommt, das sich daran freut, wie es uns immer wieder neu überraschen kann.

Als Großmütter haben wir schon so viel erlebt, und wir wissen inzwischen, dass die Dinge selten so eintreten, wie wir sie geplant haben, dass das Leben uns hier und da einen Streich spielt, und dass dies schließlich das Leben viel spannender macht, als wir es je selbst hätten entwerfen können. Wir erkennen, dass viele Dinge letztendlich nicht die Bedeutung haben, die wir ihnen früher einmal beigemessen hatten, und dass wir uns selbst zu oft viel zu wichtig nahmen. Jetzt können wir wirklich darüber lachen. Und wir können über, oder besser *mit* uns selbst lachen.

Diese Narrenfreiheit verbindet uns Ältere auf einzigartige Weise mit den Jungen. Die kleinen Kinder sind weit geöffnet für das Leben, mit jeder Pore nehmen sie das Neue in sich auf, sie haben noch keine Vorstellung davon, wie sich das Leben gestalten sollte, sie sind bereit für jede Überraschung, für jedes wunderliche Ereignis, das hinter der nächsten Ecke wartet; und gleichzeitig haben sie noch kein festes Konzept von sich selbst, kein ausgereiftes Ego, das es zu verteidigen gilt, keinen Glauben an eine Identität, die nicht in Frage gestellt werden darf. Und wir Älteren, so lange wir nicht starr geworden sind, geben all das gerade wieder auf: Uns selbst zu ernst zu nehmen, die Wirklichkeit kontrollieren zu wollen, die gesellschaftlichen Konventionen, wie man zu sein hat, die engen moralischen Ideen. Und mittendrin, zwischen „noch nicht" und „nicht mehr", dort treffen wir uns, da hat der Humor Platz. Das Lachen packt uns und trägt uns aus uns selbst heraus.

Für Mystiker:innen verschiedener Traditionen, besonders aber für die Sufis, haben das Lachen und der Humor eine große Bedeutung. Um in der Einheit mit dem Göttlichen zu leben und für die Wahrheit zu erwachen, müssen wir uns selbst verlieren. Humor ist da eine große Hilfe. Vom Sufi-Dichter Hafiz, der sich besonders gut auf den Humor der Liebenden Gottes verstand und der auch immer wieder betont, dass auch Gott selbst lacht, ist ein Gedicht überliefert und neu gefasst, in dem er nach der „kostbaren Liebe und dem Lachen" fragt, das in unseren Herzen aufbricht. Was ist das? „Es ist der herrliche Klang / Einer Seele, die erwacht."[18]

Lachen kommt aus der Mitte des Herzens; nicht verwunderlich, dass wir von *herzhaftem* Lachen sprechen, wenn jemand so voll und ganz von innen heraus lacht.

Nicht nur mit den Kleinen, auch mit den größeren Enkelkindern können Großmütter einen guten Humor teilen. Erinnern Sie sich an ihre Zeit als Jugendliche? Manchmal hockte man zusammen und lachte sich „schlapp". Alles schien lustig, wenn es nicht gerade ganz traurig war. Es ist die Zeit, in der wir einen Teil dessen, was wir von den Eltern übernommen haben, abstreifen, um herauszufinden, wer wir wirklich sind. Wir brechen aus Konventionen und Glaubenssätzen aus und beginnen, uns eigene Gedanken zu machen. Jugendliche haben oft einen sprühenden Humor und einen großen Einfallsreichtum, wenn es zum Beispiel um neue Wortschöpfungen geht. Während die Beziehung zu den Eltern häufig durch Abgrenzung gekennzeichnet ist, können Großmütter mit den jungen Menschen lachen. Sie teilen die Freiheit, sich von überholten und starr gewordenen Konventionen zu trennen, aus einem alten, einengenden Mindset auszubrechen und schaffen damit zusammen einen neuen Raum. Altersweisheit gepaart mit jugendlichem Esprit, das ergibt eine humorvolle Mischung. Und manches Mal findet bei der jüngeren Generation Anklang, was Großmütter lebenserfahren und mit trockenem Humor zu sagen haben. Der Rapper Clueso – schon etwas über das Jugendlichen-Alter hinaus, aber noch mit einer lebenden Großmutter gesegnet – wurde einmal in einem Interview gefragt: „Was ist der beste Ratschlag, den Sie je von Ihrer Familie bekommen haben?" Seine Antwort: „Oma haut immer so Dinger raus." Und er nannte ein Beispiel, wie trockener Humor und Altersweisheit ein Paar bilden: „Wenn jemand Erfolg mit etwas hat, wovon ich denke: ‚Es kann doch nicht wahr sein, dass die Leute so was gut finden!' Dann sagt Oma immer: ‚Lass laufen, rennt sich von alleine tot'."[19]

Für eine der Großmütter, mit denen ich sprach, stand der Humor im Zusammensein mit den Jüngsten an allererster Stelle:

*Ich kann meinen Humor hier ausleben, der hat hier mehr Raum,*

sagte die Wahl-Großmutter über ihren Umgang mit den Kindern in ihrer Lebensgemeinschaft.

*Ich fühle mich nicht mehr in Formen gefasst, wie man zu sein hat. Es ist viel abgefallen dadurch, dass ich nicht mehr arbeite. Weil ich aus den beruflichen Zwängen raus bin, kann ich meine Narrenfreiheit mehr leben.*

Bei Durchsicht meiner Aufzeichnungen über die Gespräche mit Großmüttern fiel mir auf, dass bei Weitem nicht alle Großmütter das gemeinsame Lachen mit den Enkelkindern erwähnten. Ich bin jedoch sicher, dass es existiert, denn alle drückten ja ihre Liebe aus. Ein Grund, warum es nicht auftauchte, mag sein, dass wir diese „Interviews" noch etwas zu ernst nahmen, zumal sie ja aufgezeichnet wurden. Sicher wollte jede „etwas Gutes" beitragen, und wir waren möglicherweise auch ziemlich fixiert auf die Ernsthaftigkeit unserer Aufgabe. Ja, wir haben eine Aufgabe, aber wir sollten sie und uns dabei nicht zu ernst nehmen!

## MAGIE UND GEHEIMNIS

Wenn wir lachen, weil unsere Pläne durchkreuzt werden, wenn eine vernünftig und säuberlich geordnete Welt auf den Kopf gestellt wird, dann ist Magie im Spiel. Was ist Magie? Der Begriff wird inzwischen nahezu inflationär gebraucht, was die Bedeutung des Wortes verflacht. So geht es uns mit vielen Begriffen, die einen Bezug zur inneren unsichtbaren Welt haben und auf etwas hinweisen, das größer ist als wir selbst. ‚Dies ist ein magischer Abend', sagt der Starmoderator vor der Glitzerkulisse einer ausgebuchten Halle. Was ist daran wirklich magisch? Wenn wir mit den Kindern in eine magische Welt eintauchen, dann meinen wir etwas ganz anderes, sicher nicht eine Welt voll Glitzer und oberflächlicher Illusion.

Das Wort Magie stammt aus dem Altpersischen, und dort wurden Priester und Traumdeuterinnen Magier genannt. Ihre Aufgabe war, die Verbindung der Welten, der unsichtbaren und der sichtbaren, für Menschen deutlich zu machen. Für Kinder sind diese Welten noch nicht getrennt, und wenn man sie lässt und sie nicht mit der uns so geläufigen Trennung zwischen Geist und Materie, zwischen Verstand und Intuition belästigt, so bewahren sie sich möglicherweise eine Ahnung von dieser ursprünglichen Ganzheit tief unter all dem, was sie in unserer Kultur des Trennens unweigerlich lernen werden.

Im Kleinkindalter, so sagt die Entwicklungspsychologie, bestimmt das sogenannte *magische Denken* die Ausbildung der kindlichen Intelligenz. Das kleine Kind lebt in einer Welt, in der alles belebt ist und es erschafft Welten, indem es imaginär den Dingen Leben einhaucht. Aber Magie ist noch mehr und sie ist zugegen, auch wenn wir dieser Entwicklungsphase entwachsen sind. Das Leben selbst hat Magie. Sie ist der Funke im Leben, der uns überrascht, uns zum Lächeln bringt, uns weinen und lachen lässt, der uns einen Blick erhaschen lässt auf die beständige Gegenwart der Seele und des Unendlichen. Ohne Magie zeigt sich das Leben als eine öde, farblose und verdorrte Landschaft. Magie ist das Spiel des Göttlichen mit unserer menschlichen Existenz, und sie zeigt uns, dass es so etwas wie eine festgelegte und begrenzte Realität nicht gibt und dass wir das Leben nicht kontrollieren können. In unserer materialistischen Kultur, die auf der Dominanz des Menschen und der Vorherrschaft des Verstands beruht, haben wir den Kontakt zur echten Magie weitgehend verloren; wir haben verlernt, mit ihr zu spielen und zu arbeiten. Doch versteckt ist sie immer gegenwärtig, mitten in unserem Alltag. Das Weibliche ist mit der Magie des Lebens vertraut, es kennt die verborgenen Pfade zwischen den Welten, der inneren und der äußeren; es weiß, dass wir das Leben nicht kontrollieren und nicht so eng fassen können, wie es uns der rationale Verstand vorschlägt. Die Magie des Lebens tanzt zwischen den verschiedenen Ebenen der Realität, sie erinnert uns an den tieferen Sinn des Lebens. Manchmal brechen magische Kräfte ganz unvermutet in unsere festgefahrenen Konzepte ein, und Dinge werden plötzlich möglich, die wir nie für möglich gehalten hätten. Magie ist immer dort zugegen, wo wir staunen.

Als der indigene Weise und Lehrer der Unangan (Aleut) aus Alaska, Ilarion Merculieff, einmal zur Weisheit der Ältesten befragt wurde, konkret, ob er etwas mitteilen könne, um Jung und Alt an die Magie des Lebens zu erinnern, betonte er, dass an jedem einzelnen Tag Magie im Leben sei, wenn man nur die Sinne habe, sie wahrzunehmen. Und er wies darauf hin, dass wir alle als Kinder dieses Verständnis von Magie in uns trügen – bevor uns dann an einem bestimmten Punkt gesagt werde, dass wir nicht daran glauben sollten. Und überdies habe das Wort „glauben" keine Relevanz für ihn, er selbst „glaube" nicht, er wisse aus eigener Erfahrung. Und jeder Mensch wisse etwas anderes und sei auf einem heiligen Pfad. Doch das Verständnis von Magie verlören wir irgendwann. „Doch es sind jene Menschen, die an diesem Kindheitswissen in das Erwachsensein hinein festhalten, die dann die spirituellen Leute werden", fügt er hinzu. „Und die Magie geht nicht weg. Sie ist immer noch da. Und sie ist da, in dir und außerhalb von uns. Und wir können sie zu jeder Zeit wiederfinden, egal in welchem Alter wir sind."[20]

Das können wir auch als Großmütter. Als wir vom Zusammensein mit den Enkelkindern sprachen, erzählten einige Frauen begeistert von dieser magischen Welt, in die sie mit den Kindern eintauchen. Durchweg waren sie weniger daran interessiert, den Kindern Fakten beizubringen als sich mit ihnen in zauberhafte Welten zu vertiefen. Eine der Großmütter, die auch beruflich mit der Erziehung von Kindern befasst ist, betonte auf eine meiner Fragen hin, ob ihr Fachwissen eine Rolle spiele im Umgang mit den Enkelkindern:

*Ich schaue nicht mit dem Fachblick. Ich kann mit meinem Enkel spielen, und wir können sofort in tausend Fantasiewelten gehen. Wir können uns auf diese Weise treffen, zusammen in*

*Vorstellungen gehen, in Welten, die für andere nicht sichtbar sind, die aber trotzdem da sind.*

*Dass er mit mir solche Sachen machen kann, dass ich ihm so etwas geben kann - das ist nicht aus einem pädagogischen Wissen, sondern aus dem Gefühl.*

*Das ist eine besondere Verbindung, in diese magische Welt zusammen einsteigen zu können.*

Inzwischen gibt es eine Menge Bücher, Spielzeug und digitale Medien für Kinder, die „magische" Figuren zum Inhalt haben, und gewiss, sie bedienen das tiefe Bedürfnis des Menschen nach Magie und Geheimnis. Manches spielt tatsächlich auf einen verborgenen Zauber an, vieles ist jedoch an Kommerz und Mainstream orientiertes Zeug, das der Unterhaltung und Ablenkung dient. Gemeinsam und interaktiv im Spiel oder im Gespräch in die Magie einzutauchen, die zum Wunder und Mysterium der Schöpfung gehört, ist etwas ganz anderes als allein mit einem Gerät eine Animation mit kulleräugigen, rosafarbenen Einhörnern im i-Pad anzuschauen. Im zugewandten Gegenüber spiegelt sich das geheimnisvoll Schöpferische; es entfaltet sich aus diesem Zusammensein und entwickelt sich weiter, es ist lebendig.

„Ist das Auge deines Herzens einmal offen, werden sich dir in jedem Atom hundert Geheimnisse enthüllen"[21], schrieb der Sufi-Dichter Attar aus dem 12./13. Jahrhundert. Das Mysterium enthüllt sich, und doch bleibt es ein Geheimnis. Es gibt den Forschungsdrang im Menschen, Dinge zu erklären und zu ergründen, und es gibt die Sehnsucht nach dem Geheimnisvollen. Beides gehört zum Menschsein. Unser Verstand möchte gefördert und benutzt werden und erfreut sich dieser Beschäftigung und seiner Erkenntnisse, doch das Herz sehnt sich nach dem Geheimnis, nach dem, was wir nicht entschlüsseln, nicht vorhersagen, nicht benennen können. Nur wenn beides in Balance bleibt, werden wir nicht anmaßend. Was die Hybris des Menschen bewirkt, wenn wir dieses Gleichgewicht zerstören, wenn wir die Demut vor dem Leben und seinem innersten Geheimnis verlieren, ist hinreichend bekannt und überall sichtbar. Der Mensch muss ein Geheimnis haben, sagte der Psychoanalytiker Carl Jung, es gebe dem Leben etwas Unpersönliches, Numinoses und das Unerwartete und Unerklärliche gehöre in diese Welt. Auch die Naturwissenschaftler:innen mit ihren beeindruckenden Erkenntnissen, beispielsweise in der Teilchenphysik, wo sie ebenfalls „in jedem Atom hundert Geheimnisse" in Gestalt von Quarks und Gluonen finden, erreichen einen Punkt, wo sie sagen, hier geht es nicht weiter, hier stoßen wir auf ein Mysterium, hier wird es unerklärlich.

Wenn wir die Wirklichkeit des Geheimnisses aus unserem Leben ausklammern, werden wir unglücklich, weil etwas Entscheidendes fehlt. Mithilfe unserer wissenschaftlichen Erkenntnisse und unseres technischen Fortschritts wie der inzwischen recht verbreiteten künstlichen Intelligenz können wir vieles vorausberechnen und vorhersagen, doch es bleibt immer ein Moment des Unvorhersehbaren. Manchmal nennen wir es „Wunder", wenn es um die unerwartete Heilung einer Krankheit geht, ein anderes Mal „Unglück", wenn wir eine Katastrophe eben nicht vorhersehen konnten. Auch der Tod ist ein Mysterium, und das ganze Leben, dem er angehört. Geheimnisse nicht zuzulassen sperrt uns in die Illusion einer verzweifelten Logik ein, die uns vorgaukelt, wir könnten alle Probleme lösen und für immer vor Unwägbarkeiten sicher sein. Hat das Geheimnis aber einen Platz in unserem Leben, können wir uns in der Gewissheit entspannen, dass unser Lebenssinn nicht darin liegt, Probleme zu lösen. Auch mit einem Kind, das sich noch wundern und staunen kann, *zusammen* ein „Geheimnis" zu teilen und zu hüten, nimmt ihm nicht seinen Zauber. Eine der Großmütter erzählte davon, wie sie mit ihrem Enkelsohn, als er noch ein Kleinkind war, ihre Unternehmungen in der Umgebung machte und sie sich Geschichten dazu erzählten. So besuchten sie eine nahe gelegene Kirche und schauten sich die Schnitzereien an den Holzbänken an, die Tiere darstellten, und entwickelten daraus eine gemeinsame Fantasiewelt.

*Ich habe auch gemerkt, wenn sich mit ihm solche Geschichten entspinnen, entsteht eine eigene Welt. Mit gemeinsam gesponnenen Geschichten gibt es eine geheime Welt zwischen uns.*

Das Leben in unserer derzeitigen Welt und damit auch in den Familien, wo Kinder großgezogen werden, ist durchgetaktet und durchorganisiert. Ein Ort der Entspannung, eine Art Schutzraum mittendrin, das kann die geheimnisvolle Welt zwischen Großmüttern und Enkelkindern bieten. Vielleicht kommt daher das Sprichwort: „Der hat gut leben, dessen Großmutter hexen kann." Ersetzen wir das Wort „hexen", das seit der Verfolgung der weisen Frauen mit einer negativen Bedeutung versehen ist, durch „zaubern", oder durch „das Geheimnis lieben", erkennen wir die Wahrheit hinter dem Spruch.

Wenn wir dem Leben seinen Lauf lassen, dann taucht auch das Geheimnis auf, so schreibt Joan Chittister in ihrem Buch über das glückliche Alter; und genau das beschrieb jene Großmutter in einem wortwörtlichen Sinn von den Exkursionen mit ihrem Enkel. Die Ausflüge waren ein „Laufenlassen", ohne bestimmte Absicht, ohne Zielführung. Und das Geheimnis gehört zum Alltag, das Magische ist nichts Spektakuläres. Wir sehen bei den Kindern, dass wir keine ausgefallenen und sensationellen Dinge erfinden müssen, um in diese Welt einzutauchen. Alltag, wie „Holzhacken und Wasser holen", das beschreiben die Zen-Buddhisten aus alten Tagen, sind der Ort der „magischen Kraft".[22]

## GESCHICHTEN

*Ich erzähle ihnen Geschichten, und ich lese auch viel vor, sie lieben das auch, und das sind immer wieder sehr innige Momente, die dann entstehen. Manchmal sind dann alle fünf*

*Enkelkinder zusammen, wenn ich vorlese, und das ist beson-*
*ders, mit allen in ihren verschiedenen Altersstufen.*

*Und wir schauen Fotos an. Meine Eltern, ihre Urgroßel-*
*tern, leben auch noch, die sehen sie auch manchmal, und sie*
*finden einiges sehr lustig.*

*Spannend für sie sind auch die Geschichten von früher,*
*sie fragen auch danach, und ich mache das sehr gern. Zum*
*Beispiel erzähle ich von meinen Großeltern, die ich sehr geliebt*
*habe.*

Nehmen wir das Bild, das diese Großmutter von fünf Enkelkindern uns aus ihrem Leben zeigt, für einen Moment in uns auf, so offenbart sich die Kostbarkeit, die sich darin verbirgt. Es ist nicht das Klischee der Oma mit Brille und Dutt, umringt von braven Kindern in ein Märchenbuch blickend, das ich meine und das hier und da noch in unseren Köpfen herumgeistert. Es ist die Beziehung, die Verbindung über die Generationen hinweg, die Liebe, die im Moment liegt, die Bedeutung von Geschichten, die wir uns erzählen – und die Lebendigkeit des Augenblicks. Es ist kein starres, holzschnittartiges Bild sittsamer Kinder mit Oma. Dieselbe Großmutter sprach auch davon, wie anstrengend es manchmal ist, wenn alle fünf bei ihren Großeltern beisammen sind.

Auch das Geschichtenerzählen hat einen Zauber. Wir erleben dabei, um den abgegriffenen Ausdruck dennoch und hier mit wirklicher Bedeutung zu gebrauchen, magische Momente.

Vergegenwärtigen wir uns, was das Leben der Kinder und Jugendlichen in der heutigen Zeit bestimmt – und das hat sich in einer unglaublichen Geschwindigkeit verändert und entwickelt sich ebenso rasant noch weiter –, so wissen wir das persönliche Erzählen von Geschichten, von Mensch zu Mensch, umso mehr zu schätzen. Smartphones und die Flut von Videos und kurzlebigen Mitteilungen in den sogenannten sozialen Medien überfluten die Sinnesorgane der älteren Kinder, und auch viele kleinere Kinder werden bereits mit digitalem Spielzeug und Videos beschäftigt, wenn nicht sogar „beaufsichtigt". Eine völlig andere Erfahrung ist es, wenn die Geschichte von einer vertrauten Stimme erzählt wird, mit einem Klang, der mehr als nur das Gehör erreicht, wenn die Augen sich im Blick des geteilten Erlebens treffen, wenn die körperliche Nähe eines geliebten Menschen Vertrauen und Zuversicht spendet, vor allem dann, wenn die Geschichte aufregend ist und allerlei Emotionen weckt. Und vornehmlich die Geschichten selbst: Sie beflügeln, sie stärken und nähren, wenn sie einen Bezug zur eigenen Wirklichkeit und zu den eigenen Gefühlen haben, wenn sie helfen, innerlich einen Platz zu finden im komplexen Gewebe des Lebens, wenn sie die Sehnsucht der Seele nach Sinn und Bedeutung berühren. Eine wirkliche Geschichte erreiche nicht nur den Verstand, sondern auch die Vorstellungskraft und die unbewussten Tiefen in einem Menschen, so schrieb auch Helen Luke in ihrem Essay *The Way of Story*, und sie könne für lange Zeit im Innern dieses Menschen bleiben, um später dann hin und wieder an die Oberfläche des Bewusstseins zu kommen und neue Einsichten hervorzubringen.[23]

Ich selbst erinnere mich nur an wenige Geschichten, die meine Großmütter erzählt haben. Wenn ich meine Großmutter mütterlicherseits in den Ferien in ihrem kleinstädtischen Appartement besuchte, so gab sie mir – was ich von meinem Elternhaus nicht kannte – Illustrierten der Regenbogenpresse zu lesen, und am Abend sah sie mit mir fern. Bilder und Geschichten, die über einen Bildschirm flimmern, habe ich bei ihr kennengelernt, zuhause gab es noch keinen Fernseher. Natürlich war ich fasziniert davon, obwohl ich mich manchmal gruselte, wenn ich danach allein im kalten Bett lag, auf der leeren Seite des Ehebetts – meine Oma war verwitwet –, während sie noch bis spät in die Nacht mit ihrem Glas Moselwein vor dem Fernseher saß. Geschichten hat sie mir selbst also kaum erzählt, abgesehen von den Episoden aus den Königshäusern, die sie in der Regenbogenpresse gelesen hatte und die mich eigentlich nicht interessierten. Aber sie war lustig, und auch ein bisschen amoralisch, wie wir es schon über andere Großmütter gehört haben. Natürlich blieb ich an diesen gemeinsamen Fernsehabenden viel länger auf, als ich es zuhause durfte, aber meine Oma hatte gute Tipps und Tricks auf Lager: Oben über dem Fernseher hing eine Wanduhr, und sie riet mir, bloß nicht nach oben zu schauen, also einfach nicht in Richtung Uhr zu blicken. Denn dann müsse ich zuhause auch nicht lügen, wenn meine Eltern mich später fragen würden, zu welcher Uhrzeit ich denn bei Oma ins Bett gegangen sei.

Meine Großmutter väterlicherseits war ernster, eine integre, gewissenhafte und kluge Frau, die ein arbeitsreiches Leben mit sieben Kindern auf einem kleinen Bauernhof geführt hatte und noch im Alter auf dem Hof und in der Familie eines ihrer Kinder mithalf. Wenn sie uns für ein paar Tage besuchte, erzählte sie uns Kindern manchmal das eine oder andere, während sie unsere Socken stopfte. Doch diese Unterhaltungen waren eher spärlich, sie war eine zurückhaltende, stille Person, die nicht übermäßig viel sprach. Eine einzige Geschichte, eine wahre Geschichte aus ihrem Leben, ist mir jedoch eindrücklich in Erinnerung geblieben. Ich muss mit ihr allein gewesen sein, denn meine Geschwister kannten diese Geschichte nicht, und ich selbst war in frühem jugendlichem Alter, mehr erinnere ich nicht von der Szenerie, doch die Geschichte selbst hatte meine ganze innere Aufmerksamkeit gefesselt. Sie, die Älteste von vielen Kindern einer eher armen Familie, geboren am Ende des 19. Jahrhunderts in einem kleinen Dorf, wurde mit etwa 16 Jahren Vollwaise und übernahm dann die Verantwortung für ihre sieben oder acht jüngeren Geschwister. Um die Familie zu ernähren und zu versorgen, verdingte sie sich als Magd auf dem kleinen Bauernhof eines kinderlosen Ehepaars, und als die Frau starb, beschloss der Bauer – mein Großvater, den ich nie kennengelernt habe –, sie zu heiraten. Sie war gerade mal zwanzig, mein Großvater ein paar Jahrzehnte älter. Ihr schien damals keine andere Wahl zu bleiben, und, wie sie mir erzählte, war sie sehr unglücklich, ja verzweifelt darüber. Sie habe in der Nacht vor der Hochzeit zu Gott gebetet, dass er sie sterben lassen möge, damit sie am nächsten Tag nicht vor den Traualtar treten müsse. Sie starb nicht, und sie gebar im Verlauf der nächsten Jahre sieben Kinder, eines davon war mein Vater. Mein Großvater soll glücklich gewesen sein, in seinem nun schon fortgeschritteneren Alter noch mit Kindern gesegnet worden zu sein. Und meine Großmutter war nun zufrieden mit ihrem Leben. Was die beiden Menschen geeint hatte, war ihre tiefe Religiosität und Hingabe, um die ihr Leben kreiste. In diesem Geist zogen sie gemeinsam ihre Kinder groß, die alle zu friedliebenden, charakterfesten und klugen Menschen heranwuchsen.

Die Geschichte meiner Großmutter traf mich damals bis ins Innerste, rüttelte mich auf und ließ mich auch verwundert zurück, da meine Großmutter eine Seite von sich gezeigt hatte, die ich bisher nicht an ihr kannte. Für mich war sie so eins mit dem, was sie lebte und tat, dabei einfach, demütig und niemals in Auflehnung, obendrein ganz nüchtern und praktisch. Ich weiß nicht, was sie dazu bewegt hatte, mir diese Geschichte zu erzählen, mir diesen Riss in ihrer Lebensgeschichte zu zeigen, ihre Verwundbarkeit, ihren Schmerz und ihre Auflehnung gegen die Ausweglosigkeit in jenem schicksalhaften Moment ihres Lebens. Sie war meine Oma und ich hatte sie gern, aber da war keine innige Nähe zwischen uns, die einen solchen Austausch hätte vermuten lassen, überdies war ich nur eines von neunzehn Enkelkindern. Und sie schien nicht aufgewühlt oder verzweifelt, während sie erzählte, sie sprach zu mir von einem Ort der Würde und Klarheit. Im Unterschied dazu befand ich selbst mich zu diesem Zeitpunkt im Gefühlschaos der Pubertät, ich ersehnte die erste romantische Verliebtheit, und ich glaubte fest an die wahre Liebe. Ich war verwirrt und gleichzeitig gab es ein tiefes Verstehen, ich spürte ihren Schmerz von damals und genauso nahm ich ihre gegenwärtige Würde und ihre Akzeptanz wahr. Dass sie mir diese Geschichte selbst erzählt, ja anvertraut hatte, dass ich sie nicht *über*

sie gehört hatte, war von großer Bedeutung. Sie muss in mir weiter-
gewirkt haben, als ich in späteren Jahren begann – etwa im selben
Alter, als sie jene verzweifelte Nacht des Gebets vor ihrer Hochzeit
durchlebt hatte -, mich mit Weiblichkeit und der Geschichte der
Frauen auseinanderzusetzen.

Diese Erzählung meiner Großmutter ist keine Lehrgeschichte im
engeren Sinn, sie tradiert keine Werte und keinen Wissensschatz,
der bewahrt werden soll, sie zu erzählen gründete nicht in einer
belehrenden Absicht. Es war viel einfacher: Sie berührte mich. Sie
ließ mich den Schmerz und die Verwundbarkeit der Frauen spüren,
weit zurück in die Vergangenheit, und sie vermittelte mir auch ein
Gefühl von weiblicher Stärke, Würde und Widerstandskraft. Weil
sie von meiner Großmutter kam, spannte sich ein Bogen in die Vergangenheit, und von dort weit in die Zukunft.

„Wenn eine Geschichte einem gegenwärtig ist", so sagte Joseph
Campbell in einem Gespräch über Mythen, „dann erkennt man ihre
Relevanz für etwas, was einem im eigenen Leben passiert. Man kann
das, was einem widerfährt, in Perspektive sehen." Wir erzählen uns
also Geschichten, so ergänzte sein Gesprächspartner, „um mit der
Welt ins Reine zu kommen, um unser Leben in Einklang mit der
Wirklichkeit zu bringen."[24] Wenn es in diesem Gespräch auch um
die großen und unpersönlichen Mythen einer ganzen Kultur ging,
so gilt dies sicher auch für die Welt im Kleinen, die Geschichten, die
wir in den Familien und unter Freund:innen teilen, die wir auch an
die übernächste Generation weitergeben. Manche Gemeinschaften
betrachten ihre Älteren als Hüter eines Schatzes der Geschichte,
denn sie verkörpern lebendige und erfahrene Geschichte, die man
kaum in Geschichtsbüchern findet.

Die Bedeutung der Geschichten liegt aber nicht nur im Bereich
historischer oder biographischer Geschichte. Es gibt Erzählungen
über die Erde als unser Zuhause, in denen unsere Mitgeschöpfe, die
Tiere und Pflanzen, die Flüsse, Meere und Berge eine Rolle spielen,

in denen die Erde nicht ein Objekt der Ausbeutung und Kolonialisierung ist. Es sind Geschichten über unsere wahren Beziehungen untereinander, über die Einheit allen Lebens. Sie können uns helfen, einen Weg in die kommenden Geschichten unserer kollektiven Zukunft zu finden.

Viele der Großmütter, mit denen ich mich austauschte, sprachen von solchen Geschichten, die sie ihren Enkeln erzählten; Geschichten, die kleine Samen enthalten.

*Ich begann, ihr Geschichten zu erzählen, als sie noch sehr klein war. Die Geschichten waren immer verschieden, aber die Figuren blieben dieselben. Die Geschichten veränderten sich, je nachdem was gerade los war und was gebraucht wurde. Manchmal waren sie Erzählungen der Beharrlichkeit, der Freude, der Entdeckung von Stärke, wenn es um die Konfrontation mit Herausforderungen ging. Es gab immer ein Gefühl von Wiederholung am Anfang, oft ging es um einen Schäfer, der sich um seine Schafe kümmerte, und die Abenteuer, die sie mit den Tieren erlebten, die sie besuchten. Die Geschichten waren ein Ort, der Sicherheit gab, weil sie meine Enkelin fest in eine Liebe für die Welt der Tiere verankerten.*

*Das Grundgefühl der Geschichten war immer ein Sinn für Zugehörigkeit und Verwandtschaft.*

Eine andere Großmutter berichtete, wie sehr ihr Enkel Geschichten liebt, die sie über sie beide, ihn und die Großmutter, ersinnt. Auch wenn darin keine besondere Bedeutung liege, seien diese Geschichten unglaublich beliebt.

*Wir lesen oft Bücher. Was er jedoch noch mehr liebt, ist, wenn ich einfach eine Geschichte erzähle, in der er und ich die Charaktere sind. Wir haben eine sehr einfache Geschichte, wir benennen sie nach seiner kleinen Cousine, die noch ein Baby ist. Und er liebt diese Geschichte: Wir machen uns auf zu einem Picknick, wir packen die Dinge zusammen, wir laufen zum Fluss, und auf einer Decke bei uns liegt das Baby. Und dann beschreibe ich all das Essen, das wir mitgebracht haben. Und manchmal kommen die Vögel und nehmen einen Keks und fliegen wieder davon. Er ist fasziniert davon. „Erzähl mir mehr", sagt er.*

*Vielleicht wird keine große Botschaft darin vermittelt, aber er liebt einfach Geschichten über Dinge, die wir zusammen erleben. Und er hat einen großen Sinn für Humor.*

Neben Erzählungen aus der eigenen Kindheit – „Wie, Oma, warst du auch mal ein Kind?", so fragte ein Enkel ganz erstaunt eine unserer Großmütter – spielen die selbst erfundenen Geschichten eine große Rolle. Geschichtenerzähler zu sein, mag besonders die Älteren auszeichnen, doch selbstverständlich sind wir nicht alle geborene Dichterinnen; wir verfügen nun mal über sehr unterschiedliche Qualitäten. Gleichwohl erfüllen viele Großmütter eine bestimmte Voraussetzung: Um sich aus der Fantasie eine fiktive Erzählung auszudenken, brauchen wir vor allem Zeit und Raum, einen inneren Raum, und darüber hinaus das Gefühl der Beziehung zu den Menschen, die zuhören; wir müssen spüren können, was nährend und unterstützend für sie ist.

Die Geschichten sind auch nicht unser Eigentum; sie scheinen uns zuzufliegen wie ein Vogel, der sich auf einen nahegelegenen Ast setzt und ein Lied trällert. Leonard Cohen, dessen Songs von vielen geliebt und millionenfach gehört wurden, sagte einmal in einem Interview (im Dokumentarfilm *Hallelujah: Leonard Cohen, A Journey, A Song*), niemand wisse, woher die Songs kämen. Sie seien Geschenke, die einem nicht gehören. Ich denke, so ist es auch mit den Geschichten, die Großmütter für ihre Enkelkinder erfinden.

*Den großen Enkeln habe ich ganz viele Geschichten erzählt, wir haben Geschichten erfunden, ich habe kaum etwas vorgelesen. Nach einer immer gleichen Vorgeschichte geht eine Tür auf, und dann steigen wir in die Geschichte ein. Je nach Alter ging es um Zwerge, später Piraten. Ich habe es erzählt und wir haben es gemeinsam erlebt.*

*Sie erinnern sich immer noch daran. Leider habe ich die Geschichten nicht aufgeschrieben, schade.*

*Das mache ich auch mit den kleinen Enkeln jetzt. Ich erzähle erfundene Geschichten. Das ist die besondere Verbindung. Morgens kommt der Kleine ins Bett, kuschelt, und dann muss ich oft eine Geschichte erzählen. Er gibt vor, was darin vorkommen soll, und ich fülle die Geschichte dann.*

Das Geschichtenerzählen, gemeinsame Lesen oder Vorlesen schenkt uns, den Alten wie den Jungen, gerade in schwierigen und dunklen Zeiten Erholungsorte der inneren Entspannung. Es vertieft die menschliche Fähigkeit, in Bildern zu denken, Geheimnisse zu berühren, sie an einem Ort zu erspüren, wo Innenwelt und Außenwelt zusammenfinden.

Seit jeher haben Menschen im Kreis gesessen, um ein Feuer oder ein anderes Herzstück, das ihrem Kreis den Mittelpunkt gab, und haben sich Geschichten erzählt. Innerhalb eines sehr kurzen Zeitraums der historischen Geschichte haben wir diese Art des Zusammenseins nahezu verloren. Inzwischen erzählen die Kanäle auf den Smartphones die Geschichten – selten sind es Geschichten, die die Seele nähren –, und Menschen sitzen isoliert davor, allein nur in Gemeinschaft mit dem Gerät, zuhause am Küchentisch, in den Straßen, an Haltestellen, in Cafés. Ohne Wärme zu spenden, ersetzt das Gerät die einstigen Feuerstellen. Es geht nicht darum, dass technische Entwicklung schlecht gemacht oder zurückgedreht werden soll, wir nutzen sie fast alle, in den entlegensten Winkeln der Erde sogar.

Diese Dinge sind in der Welt und wir müssen noch herausfinden, wie wir sie in ein gutes Leben integrieren können: Wie, auf welche Weise wir sie nutzen; entscheiden, welche Geschichten wir uns mit ihrer Hilfe wirklich erzählen wollen – solche, die uns zerstören, oder solche, die das Leben fördern. Was wir allemal entdecken können, ist, dass gemeinsam eine Geschichte zu erleben, die zu unserem Innersten spricht, uns erquickt wie eine Oase in ausgedörrten Landschaften. Von diesen blühenden Gärten strömen Düfte hinaus in die sandige Wüste. Und Großmütter können inmitten dieser Gärten sitzen.

## SPIELEN

Auch die Kinder selbst erzählen Geschichten. Die Erzählungen entfalten sich im Spiel, vor allem bei den Kleinen. Mit großer Freude können Großmütter Anteil an diesen Geschichten haben und Teil davon werden. Ich möchte von einer Begebenheit erzählen, als meine fünfjährige Enkelin und ich fast einen ganzen Tag zu zweit in ihrem Zuhause verbracht hatten, während die übrige Familie nicht da war.

Eigentlich wollte sie mit mir basteln, doch ich bin nicht sofort verfügbar, da ich noch dabei bin, den Frühstückstisch aufzuräumen. In diesem Vakuum flackert schnell die nächste Idee auf: Sie baut eine Höhle. Und während sie noch die Sofakissen und Decken arrangiert, ist es schon keine Höhle mehr, sondern das Gehege für einen Leoparden. Sie selbst ist der Leopard. Sie glüht vor Begeisterung, der Bastelplan ist längst vergessen. Natürlich werde ich in das Spiel mit einbezogen, es ist unser gemeinsames Spiel. Für mich ist es ganz einfach, ich muss nur ihren Regieanweisungen folgen. Mit großem Vergnügen folge ich ihr, lasse mich von ihr führen und in ihre Fantasiewelt einladen.

Sie hat mit Hilfe von Decken ein Fenster in dem dunklen und beschützenden Gehege eingebaut, eine Öffnung zur Außenwelt, die man mit einem Kissen aufschieben und schließen kann. Ich darf kommen und schauen. Und jetzt hat der Leopard ein Baby, aber ob ich das Baby wohl zu sehen bekomme? Nicht immer könne man es sehen. Ich besuche den Leoparden am Fenster, und siehe da, der große Leopard zeigt mir sein Baby, welche Freude. Ich darf es auch streicheln, aber nur ganz vorsichtig. Als nächstes soll auch ich ein Baby haben, ein Menschenbaby, mit dem ich die Leopardin, die jetzt eine Mama ist, mit Kind besuchen komme. Meine Enkeltochter teilt mir ihre Stoffpuppe zu und besteht darauf, dass dies jetzt mein Kind sei. Auf ihr Geheiß besuchen mein Puppenkind und ich zusammen die Leoparden; sie bietet mir Worte an, die ich sagen soll, was ich natürlich auch tue. Mein Puppenbaby darf das Leopardenkind, das soeben eine Metamorphose vom Stoffhasen zum Raubkatzenbaby durchlebt hat, vorsichtig streicheln und liebkosen.

Dann verschwindet das (echte) Kind zwischen Decken und Kissen und ist für einen Augenblick allein in sein imaginäres Geschehen vertieft. Diesen Moment nutze ich, um mich kurz einer anderen Sache zu widmen. Als sie das bemerkt, erweitert sie die Geschichte, eine Änderung in der Dramaturgie war jetzt dringend nötig. Der Zoodirektor habe die Leopardin und ihr Kind freigelassen und jetzt werde sie in einer Familie aufgenommen, und diese Familie bin ich mit meinem Puppenkind. Meine Rolle musste aufgestockt werden, damit ich bei der Sache bleibe. Mit dieser Erweiterung habe ich nun auch einen größeren schöpferischen Spielraum, ich kann hier und da auch ohne Regieanweisung improvisieren. Doch mir ist sehr bewusst, dass ich auf einem schmalen Grat laufe. Ich möchte eine Balance halten, um ihre Spielfreude nicht zu trüben. Weder darf ich zu sehr in ihren schöpferischen Raum eindringen, der völlig beseelt ist von ihren eigenen Ideen, noch sollte ich mich zu sehr raushalten. Denn für sie bin ich auch keine Statistin, ich bin Teil ihres Spiels, Teil der Geschichte, es braucht meine ungeteilte Präsenz und den einen oder anderen lebendigen Impuls – ein Gefühl, ein Staunen oder eine Berührung.

Wir spielen lange – oder vielleicht auch nicht lange, in einer Art zeitlosem Raum, bis zum Mittag. Seelisch erfüllt und körperlich hungrig beginnen wir irgendwann, gemeinsam das Mittagessen zu kochen.

Das Spielen, so sagt der Biologe und Philosoph Andreas Weber, dem es um eine „Poetik des Lebendigen" geht, spiegele Wirklichkeit, jedoch nicht so, wie wir es gewohnt seien zu denken, nicht, dass es die Realität nachahmend abbilde oder lernend einübe. Vielmehr bringe es Kreativität, Sinnhaftigkeit und Freude hervor, also genau die Qualitäten, welche die Wirklichkeit charakterisieren. Der Sinn des Spiels bestehe darin, „der Welt inne zu werden", und dies auf schöpferische Weise.[25]

Von Friedrich Schiller ist der Satz bekannt, dass der Mensch nur da ganz Mensch ist, wo er spielt, und Andreas Weber schreibt, dass Kinder im Spiel ihre Menschlichkeit ausdrücken, sie also nicht durch das Spiel erst üben, sondern Menschlichkeit so *erfahren* und eine Identität dabei aufbauen. „Dieser Aufbau ist wiederum durch und durch ein Austausch in Bezogenheit. Spielen heißt also lebensfördernde Beziehungen zu erfinden – und genauso lebensschädigende, denen man sich ebenfalls im Spiel zu entziehen lernt."[26]

Und hier sind wir wieder bei dem Wesen von Beziehung, das uns wie ein roter Faden durch die Themen des Großmutterseins begleitet. Alle Großmütter, mit denen ich sprach, betonten die Beziehung in ihrem Sein mit den Enkelkindern. Unser ganzes Universum, die ganze Schöpfung, gestaltet und erfährt sich durch Beziehungen, und indem wir uns in diesem Geflecht von Beziehungen erfahren, fühlen wir uns lebendig. „Kinder sind selbst die Essenz des Lebendigen", hebt Andreas Weber hervor. „Es drängt sie, im unbestimmten Bereich zwischen Risiko und Sicherheit ziellos schöpferisch zu sein. Im Spiel definieren sie beständig Leben als den kreativen Übergang zwischen Kontrolle und Unkontrollierbarkeit." Spielen enthülle sich als eine Praxis der Liebe zur Welt. Denn im Spiel liebt das Kind die Welt. „Und es liebt sich selbst in dieser Welt, indem es seine Freude auskostet und sich begeistern lässt. Dem Kind ist alles angeboren, was es braucht, um die Beziehungsfähigkeit der Welt mittels selbst hervorgebrachter schöpferischer Beziehungen nachzuvollziehen."[27]

Das freie Spiel mit den Kindern, das „poetische Spiel", wie Joseph Campbell es nennt, scheint, wenn wir auf die Generationen blicken, eher den Alten als der Generation dazwischen, den Eltern, vorbehalten zu sein. Vor allem spielen ja Kinder miteinander, wenn Geschwister oder Spielfreunde und Freundinnen in der Nähe sind. Sind jedoch Erwachsene beteiligt, so spielen zwar auch Eltern oder Erzieher:innen mit den Kindern, eine besondere Attraktivität aber genießt das gemeinsame Spiel von Alten und Jungen. Die gegenseitige Anziehung im Spiel gründet in besonderen Eigenschaften von Großmüttern, von denen bereits die Rede war: Die Großmütter sind häufig weniger eingebunden in weltliche Pflichten, und sie haben seltener eine Agenda in der Erziehung. Spiele, die einen Nutzen haben, pädagogische Ziele, die die Kinder für die äußere Welt ertüchtigen und sie möglichst früh auf ihr Leben als Erwachsene vorbereiten sollen, sind ihnen meistens weniger wichtig als den Eltern. Großmütter haben Zeit, um geduldig zu sein, sie können gelassener sein, besitzen die Narrenfreiheit des Alters, in dem sie ihre einfache und unbändige Freude am Spiel, die vielen Erwachsenen im sogenannten Ernst des Lebens verlorengeht, wiedergewinnen.

Vor einigen Jahrzehnten schon schrieb Helen Luke, es sei auffällig, dass die ursprüngliche Gabe des Kindes, die Gabe des Spiels, in unserer Gesellschaft oft fehle. Sie stellt eine Verbindung her zwischen dem Lachen des Kindes in uns und unserer Fähigkeit zu spielen: Unsere natürliche Fröhlichkeit verschwinde in exaktem Verhältnis zum Verlust unserer Neigung zum Spielen. Wir sollten, so schlägt sie vor, Sophia, der heiligen Weisheit des Weiblichen, lauschen, um intuitiv erfassen zu können, was die Natur des wahren Spiels sei. Erinnern wir uns: Die göttliche weibliche Weisheit tanzte zur

Schöpfung. Helen Luke macht uns darauf aufmerksam, wo faszinierenderweise das Wort *Spiel* überall gebraucht wird: Beim Spiel der Musiker, beim Schauspiel, beim Spiel der Sportler. Wir benutzten es unbewusst, ohne uns der ursprünglichen Bedeutung gewahr zu sein, und deshalb verliere das Wort so oft seine Verbindung mit jener natürlichen Freude.[28]

Mir fiel kürzlich auf, dass Gesellschaftsspiele, Puzzles oder auch Bewegungsspielzeug häufig mit einer pädagogischen Notiz versehen werden: „Fördert die Intelligenz" oder „Schult die Feinmotorik" oder „Bereitet auf die Schule vor". Ein Aufdruck „Macht einfach Freude" findet sich dagegen nicht. Diese natürliche Freude am Spiel, in einem aus gesellschaftlicher Sicht sinnfreien Raum, können Großmütter mit ihren Enkelkindern teilen; und einmal mehr deren Impulsen folgen statt einer eigenen Absicht. Eine Großmutter erzählte, wie sie über Stunden und schier endlos mit ihrem vierjährigen Enkel Dinosaurier spielte, denn die faszinierten ihn zu jener Zeit am meisten. Zuvor hatte sie keinerlei Beziehung zu diesen Urtieren, aber durch das Spiel und die für sie gedachten „Regieanweisungen" des kleinen Jungen, und vor allem durch die geteilte Freude beim Spiel, habe ihr Verhältnis zu Dinosauriern sich tatsächlich verändert. Indem Großmütter eine eigene Absicht, sei sie noch so wohlmeinend, zurückstellen, geben sie den Kindern Raum für deren Schaffenskraft und Erfindungsreichtum. Das kann auch dadurch geschehen, dass die Großmütter selbst gar nicht mitspielen, sondern einfach nur den Raum dafür bieten, wie eine der Großmütter schilderte:

*Die beiden Älteren kommen zusammen hierher [zu den Großeltern] und spielen sofort in der Ecke. Und sie tauchen in Spielwelten ein und spielen tagelang Geschichten, und sind von ihren eigenen Geschichten völlig eingenommen und gefesselt. Sie sind selbst so fasziniert von diesen Geschichten – was andere eben im Fernsehen sehen, aber das haben meine Enkel nicht. Es sind ihre eigenen Geschichten. Und sie sind gespannt und wissen immer selbst nicht, wie es weitergeht...*

*Das machen sie auch zuhause, und sie können auch wirklich toll spielen, aber die Chance, tagelang in so eine Welt einzusteigen, das haben sie nur hier. Zuhause müssen sie halt immer unterbrechen. Schule, Kindergarten, der Kleine, dann müssen sie wieder wegräumen...*

*Das ist auch ein Privileg, warum sie es total genießen, hier zu sein. Weil sie ihre Lieblingssachen machen können.*

Solche Möglichkeiten stehen den Kindern wie den Großeltern selbstverständlich in der hier geschilderten Weise nur offen, solange die Sprösslinge im Kleinkind-, Kindergarten- und Grundschulalter sind. Unsere bisherigen Beispiele beziehen sich vorwiegend auf diese Altersstufen. Doch was geschieht, wenn sie älter werden, wenn sie kindlichen Rollenspielen entwachsen sind, wenn Spielen bedeutet, auf den Handys zu daddeln? Als eine der Großmütter vor ungefähr zwei Jahren über die enge Beziehung zu ihrem Enkel sprach, hörte sich das noch so an: „Ich habe mich mit ihm entwickelt und mit ihm Schritt gehalten, seinen Interessen zu folgen, seine Spiele zu spielen. Wenn du Kinder hast, musst du dich ja mit ihnen weiterentwickeln, und genauso mit Enkelkindern. Du kannst nicht einfach stehenbleiben." Wie schnell sollte sich das ändern! Kürzlich, als ich wieder einmal mit ihr sprach, erzählte dieselbe Großmutter, dass sie mit den Spielen, die der nunmehr neunjährige Enkel mit seinen Freunden auf den Handys spiele, nicht mehr mitkomme. Das habe sich, obwohl von den Eltern so früh eigentlich nicht gewollt, in der Corona-Pandemie entwickelt, als die Kinder sich physisch nicht mehr treffen konnten. Mit diesem Alterssprung hat die Entwicklung der Großmutter offenbar doch nicht Schritt halten können. Wie geht es Großmüttern also mit älteren Enkelkindern?

## JUGENDLICHE ENKELKINDER

Im Kern verhält es sich mit älteren Enkelkindern sicher nicht anders als mit kleinen: Es geht vor allem darum, für ihre Welt offen zu sein.

> *Und dann fing er in der beginnenden Pubertät an, sich von mir abzuwenden – was ja nachvollziehbar ist. Da habe ich mich gefragt, was kann ich machen, was ist jetzt meine Aufgabe als Großmutter, so dass ich die Verbindung zu ihm halte? Was könnte uns jetzt verbinden?*

Die Großmutter, die sich sehr bewusst mit dieser Veränderung auseinandergesetzt hatte, erfreut sich inzwischen eines guten und natürlichen Kontakts zu ihrem ältesten jugendlichen Enkel. Wir sprechen darüber, dass es ja „normal" sei und nachvollziehbar, wenn die Jungen in der Adoleszenz beginnen sich abzuwenden, denn sie suchen danach, in ihr eigenes Leben zu finden. Gewiss sind in diesem Alter auch die *peers*, die Gleichaltrigen, wichtiger denn je zuvor. In unserem Gespräch wird mir deutlich, dass es dann die Aufgabe der Großmütter ist, trotzdem, wenn auch möglicherweise einseitig, eine Verbindung zu halten.

> *Ja, ich sehe das als meine Aufgabe, auch sein Abwenden nicht gegen mich zu nehmen. Ich kenne das von meiner Mutter. Sie hat, als die Enkel sich zurückzogen, dies als Kränkung aufgefasst und sich dann auch selbst zurückgezogen. Das erinnere ich noch genau: Da habe ich mir damals gesagt, das mache ich nicht.*
>
> *Die Jungen können das nicht halten. Sie müssen das ja alles leben. Es ist UNSERE Aufgabe. Sie dürfen gern sagen, dass sie mal keinen Bock haben, uns zu sehen, und wir halten es.*

Mit ihrem Enkel kocht und isst sie nun in regelmäßigen Abständen, auch weil er die Küche liebt, die aus der anderen Kultur kommt, in der die Großmutter ihre Wurzeln hat.

*Und diese Gespräche beim Essen, und wie er Dinge erzählt, die er seinen Eltern nicht erzählt – das war gar nicht meine Intention, das ist so entstanden …*

Wichtig ist ihr, sich für die Welt ihrer Enkelkinder zu interessieren. So sieht sie sich auch gemeinsam mit den beiden älteren Enkelsöhnen Filme an.

*Sie sehen gern Zukunfts-Filme. Ich setze mich mit ihnen hin und schaue mit, wofür sie sich interessieren. Weil es deren Welt ist. Ohne aufdringlich zu sein, möchte ich sie da begleiten. Ich möchte nicht aufdringlich sein, ich sitze einfach dabei, und dann sprechen wir auch darüber. Das finden sie gut.*

*Und manchmal probieren wir Chips zusammen aus … so banale Sachen. Wir machen Dinge zusammen, die sie mit ihren Eltern eher nicht machen würden.*

Erlebnisse teilen, die „sie mit ihren Eltern eher nicht machen würden", ist ein wichtiges Moment der Großeltern-Enkel-Beziehung gerade bei beginnender Pubertät, wo eine schrittweise Ablösung von den Eltern ja zentrale Entwicklungsaufgabe ist. Vor allem in der Übergangsphase, in der die Gleichaltrigen zwar eine große Rolle im sozialen Leben der Jugendlichen spielen, das neue Terrain aber auch noch unbekannt und unsicher ist, können Großeltern eine Rolle als verlässliche und erfahrene Erwachsene einnehmen. Und hier ist auch eine so radikale Ablösung wie die von den Eltern nicht in gleicher Weise notwendig. Der Psychologe und Analytiker Günter Heisterkamp zitiert in diesem Zusammenhang den Kinderarzt Donald Winnicott, dessen bedeutendes Werk es war, die

Kinderheilkunde mit der Psychoanalyse zu verbinden; Winnicott sprach von dem Bedürfnis des Menschen nach einem „sich ständig erweiternden Kreis". Diesem Verlangen kommen die Großeltern entgegen. Heisterkamp beschreibt, wie sie sozusagen als „Nebeneltern" den Enkeln bei der Loslösung von ihren Eltern und bei der eigenen Verselbständigung helfen können. „Sie stehen den Eltern der Enkel sowohl nahe (als deren Eltern) und werden doch entfernt und getrennt von ihnen erlebt. Darüber hinaus haben Enkelkinder zu ihren Großeltern eine freiere und unverbindlichere Beziehung als zu den eigenen Eltern, zu denen ja aus psychologischen Gründen eine grundlegende Ambivalenz- und Konfliktspannung besteht." Das sei nicht nur eine Hilfe bei der Loslösung, sondern auch eine Relativierung der tatsächlichen elterlichen Macht bzw. der erlebten elterlichen Macht. Denn die Kinder, so Heisterkamp, erfahren ihre Eltern dann als Kinder ihrer Großeltern.[29]

Eine sehr ausführliche Studie über „intergenerationelle Beziehungen" zwischen Großeltern und jugendlichen Enkelkindern aus der Schweiz, in der beide Generationen befragt und auch paarweise verglichen wurden, kam zu dem Ergebnis, dass zwar aus Sicht der älteren Generation die Erwartung an die eigene Rolle häufig die der Vermittlung zwischen allen drei Generationen war, die heranwachsenden Enkelkinder jedoch eher den Wunsch hatten, die Großeltern als von der Elterngeneration losgelöste Kontaktpersonen zu erleben. Diese Studie hat eine Besonderheit: Sie hat, anders als andere Studien, nicht nur die Großeltern befragt, sondern auch die Enkelkinder, Jugendliche zwischen 12 und 16 Jahren, und dies jeweils zu allen einzelnen Großelternteilen gesondert, so dass sich ein sehr differenziertes Bild ergibt. Im Gegenzug wurde sowohl ein größerer Teil der betreffenden Großeltern befragt als auch eine weitere Repräsentativbefragung von Großeltern ausgewertet. Überraschend mag – entgegen weitläufiger Vorurteile – das Ergebnis sein, dass sowohl Großeltern als auch jugendliche Enkelkinder mehrheitlich übereinstimmend die Bedeutung der intergenerationellen Beziehung als sehr wichtig bis wichtig einschätzten.

Nach den Erwartungen gefragt, gaben die Jugendlichen an erster Stelle an, dass die Großeltern „einfach da sind, wenn man sie braucht". Erinnert das nicht an das einfache „Sein" der Großmütter im Umgang mit den Enkelkindern? Hier wird deutlich, dass dies auch explizit von der jungen Generation gewünscht wird. Die Autor:innen der Forschungsarbeit fassen zusammen, dass 'Zuhören und sich Zeit nehmen' oft wichtiger sei als ,Reden und Agieren'. Hier gibt es offenbar sogar die größte Übereinstimmung unter den befragten Enkelkindern. Und für die Großeltern erlaube gerade der offene Charakter dieser Erwartung einen besonderen Freiraum, die Beziehung individuell zu gestalten.[30] Die Erwartung, verfügbar zu sein und Zeit zu haben, besteht bei beiden Generationen; in der Studie findet sie die stärkste gemeinsame intergenerationelle Zustimmung.

Interessanterweise hat die Reise durch diese Themenlandschaft uns wieder zum Ort der weiblichen Qualitäten geführt – Zuhören mehr als Reden, zeitlichen Raum geben mehr als Agieren. Großeltern haben alle Voraussetzungen dafür, diesen Wünschen entgegenzukommen, und laut der Studie tatsächlich eher die Großmütter als die Großväter. Auch wenn die Mehrheit der Großväter hier als liebevoll eingestuft wird, schätzen die befragten Jugendlichen ihre Großmütter signifikant häufiger als liebevoll und großzügig ein.

Das Geschlecht der Großeltern wird in allen Bereichen als bedeutend für die Beziehung angegeben: Nach Aussage der Enkelkinder sind Großmütter engagierter, zeigen sich deutlich interessierter an ihrem Leben, und mit ihnen führen sie häufiger als mit den Großvätern Gespräche und Diskussionen. Umgekehrt haben jedoch Unterschiede zwischen Enkeltöchtern und Enkelsöhnen gar keine Bedeutung; Mädchen und Jungen werden von den Großeltern, namentlich den Großmüttern, weitgehend gleichbehandelt.

Es gibt auch eine gewisse Kontinuität der Beziehung entlang der Entwicklung der Enkelkinder. Durchaus nachvollziehbar ist, dass Großeltern, die sich schon im Kleinkindalter der Enkel bei der Pflege und Betreuung engagiert hatten, auch in späteren Jahren eine engere Beziehung zu den Enkelkindern haben. Die Befragung ergab, dass sich aus Sicht der Enkelkinder mehr gemeinsame thematische Interessen ergeben, wenn die Großeltern sich schon früher auf den Kontakt eingelassen hatten. Die Autor:innen dieser Forschungsarbeit schließen daraus, dass ein mangelndes früheres Engagement bei Großvätern sich im Vergleich zu Großmüttern tendenziell negativer auf die spätere Beziehung zu den Enkelkindern auswirke, und dass daher die Tatsache, dass Großväter sich bei der Betreuung der Kleinkinder weniger häufig engagierten, nachhaltige Folgen für die Generationenbeziehungen habe.[31]

Diese rollenspezifischen Unterschiede allerdings sind bekanntlich einem Wandel unterworfen, und die zitierte Studie liegt derzeit mehr als 15 Jahre zurück. Während mein Vater in den 50er Jahren des letzten Jahrhunderts noch eine sehr seltene Ausnahme unter den Vätern seiner Generation darstellte, weil er bei allen Geburten seiner Kinder anwesend war und sich an der Säuglingspflege und dem Windelwechsel beteiligte, hat sich meine Generation – die der jetzigen Großeltern – schon als Eltern wesentlich weniger rollenspezifisch verhalten. Und bei der nächsten Generation, unseren Kindern und den heutigen Eltern, löst sich das rollenspezifische Denken in einigen Kreisen ganz auf. Da sich auch die klassische Familienstruktur ändert, da Patchworkfamilien eine Vielzahl verschiedener Großeltern beteiligen und da wir auch häufiger gleichgeschlechtliche Elternpaare erleben, die sich die Erziehung teilen, verändert sich ohnehin das Bild der Eltern und Großeltern im Hinblick auf ihre Diversität. Ein Vergleichen zwischen Großmüttern und Großvätern führt nicht weiter, und selbstverständlich unterliegt das hier auch keiner Wertung.

Im Fokus unserer Betrachtung sind hier die Großmütter, ungeachtet dessen, dass Großväter ebenso liebenswert sind und sicherlich auch eine Aufgabe haben. Bemerkenswert ist, dass die Jugendlichen sich weibliche Eigenschaften wünschen, wenn es um die Beziehung zu den Großeltern geht. Dieses „einfach da sein" ist eine weibliche Qualität, jedoch nicht eine rollenspezifische. Rollenbezogene Elemente würden, so die Studie, Enkelkinder spontan auch kaum anführen, charakterliche Eigenschaften und emotionale Nähe jedoch betonten sie als besondere Qualitäten der Großeltern.

Ein wichtiges Ergebnis dieser Studie ist auch, dass die Großeltern-Enkel-Beziehung „quer zur üblichen Leistungsgesellschaft" steht. Laut den Autor:innen liegt die heutige Bedeutung der Großeltern für Schulkinder und Jugendliche darin, dass Großeltern jenseits von Schul- und Berufsstress stehen. Damit könnten sie Kindern und Jugendlichen etwas anbieten, was sie in allen anderen Lebensbereichen möglicherweise vermissen: eine Beziehung, die weder schulischen Stress noch Probleme des Heranwachsens im Fokus habe, und vor allem Zeit und Gelassenheit gewähre.[32] Von Seiten der Jugendlichen werden die Großeltern dabei als großzügig und tolerant bezeichnet.

Die Lebensumstände könnten nicht unterschiedlicher sein, so möge man denken: Hier die Älteren, die beginnen, sich mit ihrer zurückliegenden Lebensgeschichte und mit einer vergleichsweise kurzen zukünftigen Lebensperspektive auseinanderzusetzen, dort die Welt der Heranwachsenden, die physisch, psychisch und sozial mitten in einem gewaltigen Umbruch und Aufbruch stehen. Hier die Welt der meistens schon über 60-Jährigen, die sich mit den rasanten Neuerungen in Technik, Kultur und Gesellschaft mehr oder weniger mühsam auseinandersetzen, und dort die Welt der Jugendlichen, die in diese Neuerungen gleichsam hineingeboren wurden und darin wie Fische im Wasser schwimmen. Jedoch – es gibt eine wichtige Gemeinsamkeit: Beide Generationen befinden sich in einem *Übergang*. Hier kann eine intuitive Einfühlung sehr viel Nähe schaffen. Und ein gegenseitiges Interesse baut Brücken über die Klüfte der Verschiedenheit. Diese Großmutter schildert die Notwendigkeit des gegenseitigen Interesses von ihrer Seite aus:

> *Natürlich, wenn ich meine Enkel sehe, wie sie mit Handy und Laptop umgehen, da ist auch eine Sorge.*
>
> *Aber ich habe erkannt, ich muss auch an dieser neuen Welt teilhaben. Ich finde die Handyspiele eigentlich merkwürdig. Dann dachte ich, du kannst nicht alles merkwürdig finden. Dann musste ich mir einen Ruck geben. Ich habe mir das mal von meinem Enkel zeigen lassen, das fand er toll. Dass seine Oma sich dafür interessiert. Ich habe gemerkt, ich möchte mich davor auch nicht verschließen, ich möchte weiterhin zeigen: Ich interessiere mich für dich. Das ist ja auch ein Teil, der zu ihm gehört.*

Auch die zuvor angeführte Studie kommt zu dem Schluss, dass ein Interesse am Leben heranwachsender Enkelkinder die Beziehungsqualität erhöht, wobei die gleichzeitige Nichteinmischung durch die Großeltern von beträchtlicher Bedeutung ist. Moderne Großeltern könnten für heranwachsende Enkelkinder genau deshalb wertvolle Bezugspersonen sein, weil sie sich nicht einmischten und die gegenseitige Beziehung auf diesem Vertrauen beruhe.

Vielleicht fällt es der einen oder anderen Großmutter schwer, aber doch weitgehend einstimmig betonten alle Frauen im Gespräch, dass sie sich nicht in das Leben der Enkelkinder einmischen wollen. Großmütter scheinen zu spüren, dass diese respektvolle Distanz, die einen Übergriff in das Leben der jugendlichen Enkelkinder ausschließt, die feine Grundlinie ihrer sehr besonderen gegenseitigen Beziehung zeichnet. Im Austausch, im Mitteilen, im Zuhören und Diskutieren scheinen dabei alle Themen willkommen zu sein, mit Ausnahme – fraglos selbsterklärend – des Intimlebens. Wirklich interessieren können wir uns nur für einen anderen Menschen, wenn nicht ein Werturteil die Offenheit für die Realität der anderen Person versperrt. Der wechselseitige Paarvergleich der Studie konnte sehr gut deutlich machen, dass ein gegenseitiges Interesse und die jeweilige Achtung vor der Meinung der anderen – von beiden Seiten – die beste Qualität der Beziehung zwischen den Generationen garantiert. Heranwachsende Enkelkinder, so die Autor:innen der Untersuchung reagierten auch empfindlich darauf, wenn Großeltern ihre Meinung nicht ernst nähmen.[33]

Jene Großmutter, die sich die Handyspiele von ihrem Enkel zeigen ließ, fügte hinzu:

> *Das ist ein Teil, den ich nicht aus dem Blick verlieren will. Ich bewerte das ja schnell, aber ich möchte Offenheit zeigen. Auch den Respekt davor. Das fordert mich noch heraus, denn es wird ja immer mehr.*
>
> *Meiner Oma war das damals nicht geheuer, zu telefonieren. Als das Telefon so aufkam. Dass man da spricht und sich hört. Und ich fand das witzig damals. Und jetzt ist es ähnlich. Hier Offenheit zu behalten, das finde ich auch wichtig als Oma.*

Auf das Interesse der Großmütter antworten die Heranwachsenden mit einer Offenheit für deren Werte, die diese nicht nur vermitteln, sondern auch beispielhaft leben. Das ist bemerkenswert für unsere Frage, inwieweit wir als Großmütter eine Saat für die Zukunft legen können. In der Literatur werden entsprechende Erhebungen zitiert, die belegen, dass Großeltern bei ihren jugendlichen Enkelkindern „vor allem im Bereich sozialer Verantwortung und Kooperation einen bedeutsamen Einfluss" aufwiesen, und der Einfluss auf die Wertorientierung der Enkel sei dort am nachhaltigsten, wo Großeltern eine Einmischung vermeiden und ihre Auffassungen den jungen Menschen nicht überstülpten.[34] Die Jugendlichen schätzen an den Älteren Toleranz und Humor – Eigenschaften, die auch die Bewältigung des Alterns erleichtern – sowie soziale Kompetenzen und ein Verhalten, das nicht wie im sonstigen gesellschaftlichen Umfeld den Akzent auf Leistung legt. Die Beziehung zwischen Großeltern und adoleszenten Enkelkindern blüht offenbar gerade da auf, wo sie sich jenseits gesellschaftlicher Leistungsnormen bewegt. So wie die Großmütter ihre Enkelkinder „sehen", wenn sie klein sind, so können sie diese auch später in ihrem innersten Wesen, nämlich abseits der gesellschaftlichen Leistungserwartungen, wahrnehmen und unterstützen. Offensichtlich schätzen die jugendlichen Enkelkinder genau das an ihren Großeltern.

Die Nähe ist allerdings nur möglich, wenn die Großmütter selbst angesichts des Übergangs von der Kindheit zur Adoleszenz der Enkeltöchter und -söhne eine gewisse Entwicklungsaufgabe meistern: Die Jugendlichen wollen nicht mehr als „Kind" behandelt werden, und die Großmütter müssen analog zur Entwicklung der Enkelkinder auch selbst eine Transformation zulassen. Jetzt ist es angebracht, auf Kinderspiele und Zauberwelten zu verzichten und stattdessen die jungen Menschen auf neue Weise verstehen zu lernen und ihre Meinungen ernst zu nehmen. Soziale, ökologische und ethische Fragen wollen auf der Ebene des Verstandes diskutiert werden, die Gesprächskultur verändert sich, Wissen und Geschichten können gegenseitig ausgetauscht werden. Man nennt diese Fähigkeit zur Wandlung auch *großelterliche Reife*. Sie fällt wohl kaum jemandem in den Schoß, sie erfordert eine gewisse Arbeit an sich selbst.

Je schneller sich die derzeitigen technischen Entwicklungen und Kommunikationsformen entwickeln, und das tun sie ja mit exponentieller Beschleunigung, umso schwieriger mag diese Aufgabe erscheinen. Die hier zitierte Studie wurde vor der Erfindung von TikTok durchgeführt, und Handys waren vor nicht allzu langer Zeit noch Mobiltelefone und keine Smartphones. Der Medienkonsum der jüngeren Generationen hat in einem solchen Ausmaß zugenommen, dass ein Interesse der Älteren an der Welt der Jugendlichen nicht jeden konkreten Inhalt konsumierter Videos und Memes betreffen kann. Aber es ist möglich, sich generell darüber auszutauschen: über ihre Wirkung, über die Gefühle, die sie hervorrufen, über den Missbrauch oder über andere ethische Themen, die damit verbunden sind.

In diesem Austausch kann auch eine weniger ernste Note anklingen, wenn die Enkelkinder den Großeltern einige „Übersetzungen" anbieten. Mir fällt die Geschichte einer Großmutter ein, die sie in einer Runde von Frauen zur allgemeinen Erheiterung von einer Begebenheit mit ihrem jugendlichen Enkel erzählte. Bei einem Essen zu zweit unterhielten sie sich sehr angeregt miteinander, sie verstanden sich gut. Plötzlich klingelte das Handy des Enkels, er entschuldigte sich kurz und ging ran. Eine eigenartige Verwandlung geschah mit ihm, und sie verstand ihn nicht mehr. Seine Sprache hatte von einem Moment zum anderen gänzlich gewechselt. Nicht nur ein anderer Tonfall, auch völlig andere Vokabeln. Die Großmutter war fasziniert. Wir wissen, dass Jugendliche untereinander kreativ mit Sprache experimentieren, auch wir Älteren haben das in unserer Jugend getan und hatten unsere eigenen Begriffe, mit denen wir uns von der Elterngeneration abgrenzten. Damals blickten manche Eltern mit Unverständnis darauf, andere mit Verachtung. Aber niemals teilten sie diese Sprache, und auch als wir selbst Eltern wurden, teilten wir die Jugendsprache unserer Kinder nicht, denn es wirkt lächerlich und würde niemals gut ankommen, ist es doch eigens als Abgrenzung gedacht und als Code unter den Gleichaltrigen. Mit einigen Ausnahmen, wie *cool* und *chillig*, die es dann auch in die älteren Generationen geschafft haben, gehört diese Sprache immer ihren Schöpfer:innen, den Jugendlichen. Manchmal fühlen sich die Älteren abgelehnt, wenn die Jungen „ihre" Sprache benutzen. Diese Großmutter aber war sehr interessiert, sie fragte ihren Enkelsohn, ob er ihr eine Art Vokabelheft schreiben könne, eines mit den wichtigen Ausdrücken und ihrer jeweiligen Übersetzung. Was er tatsächlich dann auch tat. Sie hatten viel Spaß dabei. Zwischen verschiedenen Generationen ist dies offenbar nur möglich unter Großeltern und

Enkelkindern. Sie finden wieder zu einer gemeinsamen Ebene, obwohl sie vom Alter her weit voneinander entfernt sind.

Erwähnt sei auch noch, dass die bei Jugendlichen beliebten digitalen Kommunikationsformen auch der eigenständigen Beziehung zwischen Großeltern und Enkelkindern einen großen Dienst erweisen. Die intergenerationellen Kontakte seien intensiver, wenn sich heranwachsende Enkelkinder und Großeltern selbst und nicht vermittelt über Eltern um Kontakte bemühten, sagt die Schweizer Studie. Das gelte vor allem für moderne Formen der Kommunikation - und zu dieser Zeit waren das E-Mail, SMS und Mobiltelefon, die bereits heute als altmodisch gelten. Mit WhatsApp und vergleichbaren Kommunikationskanälen ist der Kontakt heutzutage noch einfacher – und wird in einigen Jahren vielleicht schon wieder durch ganz andere, neue Technologien ersetzt sein.

## Über die Generationen

Um ein volles menschliches Wesen zu sein, so soll die durch ihre interkulturellen Forschungen bekannte Ethnologin Margaret Mead gesagt haben, brauche jeder Zugang zu sowohl Großeltern als auch Enkelkindern. Was ist das Geheimnis, das besondere Band zwischen diesen beiden Generationen?

Wir schwingen in einem uranfänglichen Rhythmus, so sah es die Musikerin und Komponistin Layne Redmond, die sich mit der weiblichen Geschichte des Rhythmus befasst hat. Denn der Puls des Blutes unserer Mutter, der durch ihre Adern vibriert, ist der erste Ton, der unser neu entwickeltes Hörsystem im Mutterleib in Schwingung versetzt. Interessant wird es jetzt: Dieser Rhythmus komme von weit her, aus viel tieferen Schichten der Zeit, und schon lange vor unseren Anfängen als Fötus erreichten uns seine Wellen. Denn noch bevor wir Ohren hatten zu hören, bevor wir empfangen wurden, existierten wir zu einem Teil als eine Eizelle in den Eierstöcken unserer Mutter. Und unsere Mutter wiederum besaß bereits als vier Monate alter Fötus im Leib ihrer Mutter – unserer Großmutter – alle Eizellen, die sie jemals in sich tragen würde. Unser zelluläres Leben als ein Ei begann also im Leib unserer Großmutter, und wir verbrachten so fünf Monate dort. Wir spürten in unserer allerersten Zelle bereits den Rhythmus ihres Herzens, des Herzens unserer mütterlichen Großmutter, der allererste Rhythmus, der unseren zellbiologischen Anfang in Schwingung versetzt hat. Auch unsere Großmutter verbrachte diese Monate im Leib ihrer Großmutter, und so schließt Layne Redmond, dass dieser Puls eine Linie beschreibt, die den ganzen Weg über die Großmütter zurückführt bis hin zur ersten Mutter.[35] Rhythmus sei ein ursprüngliches Charakteristikum der Großen Mutter, schreibt Anne Baring in *The Dream of the Cosmos*; die Bewegung des Mondes, der Sonne und der Sterne, die Jahreszeiten der Erde, sie alle spiegelten den tragenden Rhythmus des Lebens. Und darin vibrierten wiederum alle in ihrem ureigenen Rhythmus, der wiederum den unseren beeinflusse.[36] Es passt ins Bild, dass unsere Großmütter, als eine Art Stellvertreterin der Großen Mutter, uns die ersten Wellen von Rhythmus erfahren lassen.

Rhythmus ist Leben, er bewegt uns, lässt uns lebendig fühlen und verbindet uns mit der Erde. Kleine Kinder beginnen oft, sich rhythmisch zu bewegen, sobald sie Musik hören. Und wir haben ihn, biologisch gesehen, zum allerersten Mal durch das schlagende Herz unserer Großmütter erfahren. Das gilt für uns alle, für Frauen und Männer. Dass es aber in Bezug auf die Großmütter nur die weibliche Linie betrifft, ist ein Hinweis auf die Besonderheit der Großmutterschaft über die weibliche Linie. Darauf werden wir noch zurückkommen. Schauen wir aber weniger zellbiologisch auf die Verbindungslinien und bewegen uns weiter in feinstofflichere Bereiche, so können wir die Entwicklung unseres Lebens auch energetisch betrachten und damit die uranfängliche Schwingung eines Rhythmus auch in den väterlichen Vorfahren erahnen. Faszinierend ist an diesem auf die physischen Grundelemente bezogenen Beispiel, dass wir ein Gefühl für die Verbindungen, für die Kette der Übertragung bekommen, die ihren Ursprung im Leben selbst hat. Wenn das Herz der Großmutter den allerersten Takt der Musik des Lebens für uns schlug, so ist es nicht verwunderlich, dass es eine ganz besondere Verbindung zwischen Enkelkindern und Großeltern gibt.

Bleiben wir noch eine Weile – in Begleitung der persönlichen Schilderungen der Großmütter – bei den individuellen Beziehungen und schauen auf die verschiedenen Generationen und wie sie verflochten sind; wir lassen den Blick über die ganze Kette der Generationen schweifen. Wir gehen in beide Richtungen, zu den Nachkommen und den Vorangegangenen. Wir betrachten, wie auch die jungen Menschen die Beziehung nähren, und wir schauen auf die Uralten, die Vorfahrinnen, das heißt die Großmütter der Großmütter. Bevor wir versucht sind, das Großmuttersein rosarot zu malen, wollen wir uns auch noch den Herausforderungen und Schattenseiten stellen. Im Hinblick auf eine aufrichtige und realistische Beschäftigung mit diesem Thema ist es sinnvoll, wachsam zu sein für die Fallen, die uns in ein unechtes oder idealisiertes „Großmutterglück" locken und uns von der wesentlichen Aufgabe ablenken.

Im nächsten Abschnitt beschäftigen uns diese Themen: „Groß-Mütter" waren auch einmal Mütter; wie unterscheidet sich in ihrem Erleben Großmutterschaft von Mutterschaft? Und welche Rolle spielen die eigenen Kinder, die Zwischenglieder in der Kette, wie wirken sie auf die Beziehung mit den Enkelkindern ein? Und wie erleben die Großmütter das Zusammensein mit den Enkelkindern allein, ohne den Familienverband?

## DIE DREI-GENERATIONEN-BEZIEHUNG

Die Großmutter-Enkel-Beziehung überbrückt eine Generation, die beiden Seiten sehr nahesteht und aus dieser Beziehung nicht wegzudenken ist. Wir schauen auf ein Sternbild, eine Konstellation aus drei Hauptsternen. Mit Ausnahme der besonderen Situation, in der die Großeltern die Aufgabe der Eltern übernehmen und eine Lücke aufgrund von Tod oder Abwesenheit füllen, spielt auch die mittlere Generation, die der Eltern, eine wichtige Rolle in der Generationenbeziehung. Manchmal hören wir von den außerordentlich traurigen Fällen, wo aufgrund von Trennung oder tiefgreifenden Konflikten zwischen Großeltern und ihren erwachsenen Kindern ersteren der Kontakt zu den Enkelkindern verwehrt wird. Hier wird die Abhängigkeit der großelterlichen Beziehung vom Verhältnis zu den eigenen Kindern besonders deutlich. Umgekehrt lohnt es sich, darauf zu schauen, wie das komplexere Beziehungsgefüge gelingen kann.

Die früher erwähnte Studie des Deutschen Jugendinstituts kommt zu dem Schluss, dass die Beziehung zwischen Großeltern und Enkelkindern *immer* als Drei-Generationen-Beziehung betrachtet werden müsse. Die Elterngeneration spiele sowohl im Zustandekommen des Kontaktes als auch bei der Qualität der Großeltern-Enkelkind-Beziehung eine wichtige Rolle. Diese Verbindung bliebe über das Kindes- und Jugendalter hinaus bestehen und finde sich auch bei älteren Enkelkindern, die gar nicht mehr bei den Eltern wohnten und bereits ihre eigenen Lebensziele verfolgten. Das Fundament für eine gute Großeltern-Enkel-Beziehung werde im Kindesalter mit den Erfahrungen im Elternhaus gelegt.[37]

In unseren persönlichen Gesprächen haben die Großmütter ihre Beziehung zu den eigenen Kindern häufig ausgespart, jedoch wurde ihre Relevanz für die Beziehung zu den Enkelkindern zwischen den Zeilen durchaus deutlich. Eine Großmutter, mit der ich mich während einer Feier unterhielt – ihre Töchter und Enkeltöchter waren bei diesem Fest auch anwesend, und die Enkelkinder waren der

Großmutter ganz offensichtlich sehr zugetan – war hier erfrischend klar: Als ich sie fragte, wie sie, die im Alter von über siebzig Jahren noch sehr umfangreiche Betreuungsaufgaben für ihre kleinen Enkeltöchter übernimmt und zudem auch weite Anfahrten dafür in Kauf nehmen muss, diese Anstrengungen verkrafte, antwortete sie: „Ich spüre die Anstrengung und Belastung, wenn es Konflikte mit meiner Tochter gibt. Wenn es gut zwischen uns läuft, also zwischen meiner Tochter und mir, ist es mit den Kindern nicht anstrengend. Da überwiegt immer die Freude."

Auch aus den Gesprächen, die weniger auf die Beziehung zu den Kindern, den Eltern der jüngsten Generation, eingingen, ließ sich einiges schließen: Die Nicht-Einmischung in Erziehungsfragen seitens der Großmütter einerseits und die Gewährung einer gewissen großmütterlichen Autonomie seitens der Eltern andererseits lässt die Großmutter-Enkel-Beziehung zur Zufriedenheit aller gedeihen. Ähnlich sind die Ergebnisse der Studie des Deutschen Jugendinstituts: „Großeltern fühlen sich in ihrer Autonomie selten eingeschränkt. Ein gegenseitiger Respekt vor der Selbstbestimmung aller Beteiligten trägt zu einem guten Gelingen der familiären Beziehungen bei."[38] Dies scheint noch nicht immer so gewesen zu sein, zumindest gesamtgesellschaftlich. Denn die Autor:innen der Studie stellen fest, dass es im Vergleich zu früheren Jahrzehnten heutzutage weniger Konflikte bei der Gestaltung dieser Drei-Generationen-Beziehung gebe. Das Prinzip des „Engagements ohne Einmischung" ist sicher ein wichtiger Faktor, und es scheint sich – zum Wohle aller, denn auch die Jugendlichen selbst schätzen es – immer mehr durchzusetzen. Großmütter haben den Jungen etwas zu geben, das jenseits von Erziehung liegt. Und gerade die Abstinenz von Erziehungsfragen ermöglicht ihnen eine besondere Freiheit.

Eine Großmutter äußerte, dass sie die Drei-Generationen-Konstellation als Ganzes sehr genießt:

*Es gibt keine Erfahrung auf dieser irdischen Ebene, die mehr Freude bringt, als mit Enkelkindern zusammen zu sein, die du*

*liebst, und mit ihren Eltern, und einfach ganz normale Sachen*
*zusammen zu machen.*

Ansonsten war der allgemeine Tenor in den Gesprächen eher der,
dass man es schätzte, mit den Enkelkindern allein, ohne die Eltern,
Zeit zu verbringen.

*Ich sage das auch meinen Töchtern: Die Enkelkinder habe ich*
*am liebsten alleine. Das sage ich ihnen offen. Denn dann bin*
*ich auch ganz anders mit ihnen. Ich muss nicht mehr darüber*
*nachdenken, ob ich das alles mit ihnen so nach dem Willen der*
*Eltern mache.*

Selbstverständlich achtet diese Großmutter darauf, dass sie sich mit
den Eltern der Enkelkinder abspricht, dass sie nicht gegen deren
Prinzipien handelt, das betonte sie gleichzeitig. Dass dies jedoch
manchmal ein Eiertanz ist, wurde mir im zweiten Lebensjahr meiner ersten Enkelin klar – zu der Zeit, als sie begann, sich physisch
mehr von der Einheit mit ihrer Mutter zu lösen und autonomer zu
werden. In meiner Unsicherheit gab ihr Vater mir eine wertvolle
Hilfestellung, als er uns einmal mit ihr besuchte. Wohlwissend, dass
ihre Eltern vernünftige und klare Vorstellungen von ihrer Ernährung hatten, bemühte ich mich, immer wieder nachzufragen, was
ich ihr zu essen geben dürfe, beispielsweise kleine Köstlichkeiten,
die sie sich wünschte. Und irgendwann sagte ihr Vater: „Mach es,
wie du möchtest. Wir sind ja bei Oma, da ist eben alles anders." Das
war für mich eine große Erleichterung. Jetzt hatte ich die Erlaubnis,
dass es bei mir als Großmutter einfach so ist, wie es bei mir ist. Allerdings weiß auch mein Enkelkind das inzwischen und nutzt es als
schlagendes Argument für die Bitte um Ausnahmegenehmigungen:
„Bei Oma ist doch alles anders".

Das Vertrauen der Eltern in uns Großeltern und ihr Zugeständ-
nis, dass unsere Beziehung zu ihren Kindern, dem Allerliebsten,

das sie haben, eine ganz eigenständige ist, gibt uns eine starke und tragende Grundlage für unser Sein mit den Enkelkindern, auch und gerade, wenn wir mit ihnen allein sind. Darüber unterhalte ich mich mit der oben zitierten Großmutter, und sie pflichtet mir bei, dass die Beziehung zu den Enkelkindern auch wesentlich von der Offenheit und dem Vertrauen der Eltern und damit auch von der Beziehung zwischen uns und unseren Kindern abhängt. Sie bringt aber noch einen anderen Aspekt ein und fügt hinzu:

> *Das stimmt. Aber es kommt auch auf meine Auseinandersetzung mit meiner Rolle als Großmutter an. Mein Gefühl ist, je mehr ich mich damit auseinandersetze, je mehr etwas in mir wächst, desto mehr gibt es eine Wechselwirkung. Meine Haltung, wie ich als Großmutter innerlich bin, das lebt dann, das wird lebendig, und dann kommt eben auch wieder etwas Entsprechendes zurück von den Töchtern, den Eltern der Enkel.*

Wir wachsen also in wechselseitigen Prozessen, man kann auch sagen, in lebendigen Beziehungen. Für ein gelingendes Großmuttersein innerhalb der drei Generationen scheint gegenseitige Offenheit für die verschiedenen Lebenswelten von großer Bedeutung zu sein. Auf diese Weise gewinnt die Freiheit, von der die Großmütter leidenschaftlich sprechen, Raum und damit wird sie auch genährt. Die älteste Generation ist nah und dennoch distanziert, was die Verwicklungen betrifft. Es handelt sich um eine Freiheit aufgrund eines gewissen Abstandes. Diese Distanz wiederum ermöglicht eine ganz andere Nähe, eine ursprüngliche, eine Seelen-Nähe.

> *Ja, das Sich-Verwickeln ist mit den Enkelkindern nicht da, ich muss eher aufpassen, dass ich mich mit meinen Töchtern, meinen Schwiegersöhnen, nicht verwickele. Im Zusammensein mit den Enkeln und ihnen, da ist manchmal etwas wie so eine leichte Störung.*

Mit den Enkelkindern allein zu sein, ohne die Anwesenheit ihrer Eltern, scheint für viele Großmütter eine eigene Qualität, ein anderes Gefühl zu erzeugen. So sehr man die eigenen Kinder liebt, so gern man sie sieht, das Zusammensein mit den Enkelkindern gestaltet sich für sie anders im Kreis mit den Eltern. Manche sagen, es ist verwickelter. Genauso brachte es eine der Frauen im Gespräch auf den Punkt:

> *Es ist ein ganz großer Unterschied, wenn man sie allein hat, das ist viel freier.*

Manchmal geht es dabei auch nicht, wie wir üblicherweise geneigt sind zu denken, um die Aufweichung elterlicher Grenzen, sondern eher umgekehrt um das klarere Setzen von Grenzen. Eine meiner Gesprächspartnerinnen betonte auch den Balanceakt, den sie bei aller Freiheit meistern muss, wenn es um die Unterschiede zwischen ihren Einstellungen und jenen im Elternhaus geht:

> *Sie allein zu haben, ohne die Eltern, ist die bestmögliche Form. Für mich ist tatsächlich die größte Herausforderung, zum einen ihre Eltern als Eltern zu akzeptieren, zum anderen meinen Werten aber treu zu bleiben. Das empfinde ich als eine sehr große Aufgabe. Sie haben andere Vorstellungen, oder vielleicht auch nicht, sie leben es halt auf ihre Weise. Ich habe andere Grenzen und Regeln. Die Herausforderung ist: einerseits sie zu respektieren, andererseits aber auch zu sagen, hier ist ein Punkt, hier seid ihr bei mir, hier läuft es anders. Das ist immer eine Gratwanderung, die sehr bewusst gegangen werden muss.*

Schwierig wird es für die Großeltern natürlich, wenn die Eltern nicht gut loslassen können. Dann wird sich die Atmosphäre von Freiheit auch nicht einstellen, selbst wenn man die Enkelkinder allein hat. Eine Großmutter, die sowohl leibliche als auch „Bonus"-Enkelkinder hat, berichtet von einer der Stiefenkel-Familien:

> *Die anderen Stief-Enkel, da ist es unfreier, weil die Eltern so hohe Ansprüche haben. Wenn sie bei uns sind, rufen die Eltern ständig an, das ist nicht gut, da fühlen die Kinder sich nicht frei und denken, hier stimmt was nicht.*
>
> *Wenn Eltern mit einem hohen Anspruch sehr kontrollierend sind, dann ist es schwierig, Großeltern zu sein, weil der Raum nicht da ist.*

Hier handelt es sich um Kinder, die bereits im Schulalter oder fast jugendlich sind, also nicht mehr ganz klein. Gerade in diesen Altersstufen kommt noch eine ganz andere Dynamik der Drei-Generationen-Konstellation zum Tragen. Es mag sein, dass manche Eltern sie unbewusst fürchten. Der Autor Günter Heisterkamp beschreibt es so: „Die reife und distanzierte Position, die Großeltern zu ihren Kindern, also zu den Eltern der Enkelkinder, einnehmen können, wirkt auch der Tendenz der Kinder entgegen, an der Idealisierung der Eltern festzuhalten." Und er folgert, dass Großeltern also auch dabei helfen, ein realistisches Bild der Eltern entstehen zu lassen. „Sie stehen den Enkelkindern in dem schwierigen Prozess der allmählichen Entidealisierung der Eltern bei. Hier werden Oma und Opa tatsächlich zur ‚großen' Mutter und zum ‚großen' Vater, die genealogisch ‚über' den lange Zeit als übermächtig erlebten Eltern stehen."[39]

Eltern, die mit einer solchen Entwicklungsaufgabe – der eigenen, die das Loslassen beinhaltet, und der ihrer Kinder, die sich loslösen wollen – wachsam umgehen, können den Großeltern diesen Raum leichter gewähren, möglicherweise sogar dankbar dafür sein. Die Großeltern, wenn sie denn zu dieser Ernüchterung beitragen, und zwar nicht durch Abgrenzung, sondern durch ihr Sein, entlasten damit auch die Eltern in der schwierigen Aufgabe, für ihre Kinder zu „ganz normalen Menschen" zu werden. Hier können wir deutlich sehen, dass die bewusste innere Arbeit und Wachsamkeit aller drei Generationen einer gelingenden Großmutter-Enkel-Beziehung besonders zuträglich sind.

Einen Aspekt der Drei-Generationen-Beziehung, der sich hier aufdrängen mag, haben wir noch nicht angeschaut: Was hat es mit dem Klischee der schwierigen Schwiegermutter-Schwiegertochter-Beziehung auf sich? Das Bild ist alt und sitzt sehr hartnäckig in unseren Köpfen, ist es doch schon zu einer ziemlich abgegriffenen Karikatur verkommen. Keine von uns möchte diese unschöne Vorstellung einer wenig gelittenen Schwiegermutter bestätigen, und wir geben uns alle viel Mühe dabei; das wurde in den Gesprächen mit den Großmüttern deutlich, die Enkelkindern über ihre Söhne hatten. Interessanterweise betonen dennoch die Großmütter, die sowohl Enkelkinder von Töchtern wie von Söhnen haben, dass die Beziehungen unkomplizierter sind, wenn die Mutter der Enkelkinder die eigene Tochter ist. Doch gleichzeitig ist in der Beziehung über und mit Schwiegertöchtern auch ein großes Potenzial verborgen. Unsere Söhne, nicht wir, haben diese Frauen, die einmal Mütter unserer Enkelkinder werden, gewählt; gleiches gilt natürlich für Töchter, die eine weibliche Partnerin als Mutter wählen. Da kommt ein Mensch – eine Frau, wie wir selbst es sind – in unsere Familie, die wir erst kennenlernen müssen, eine ganz neue Beziehung, die erst einmal aufgebaut werden will. Das ist manchmal herausfordernd, es kann aber auch eine große Bereicherung sein.

Wenn die Enkelkinder geboren werden, begegnen sich zwei Mütter, die durch das neugeborene Kind eng verbunden, aber nicht so vertraut sind wie Eltern und Kinder. Die eine ist erfahren im Muttersein, hat bereits zahlreiche Krisen, Herausforderungen und Glücksmomente erlebt, die andere ist mittendrin, unmittelbar, und sie erlebt gerade den Zauber des Anfangs. Hier ist auch eine besondere Behutsamkeit gefragt. „Die Familie ist heilig", hat eine der

Großmütter gesagt, als es um die Situation direkt nach der Geburt des Enkelkindes ging. Damit meinte sie die Kleinfamilie, außerhalb von ihr selbst. Der Respekt gebührt der ganzen Familie, aber auf besondere Weise der Mutter-Kind-Beziehung, ganz gleich, ob die Mutter hier die eigene Tochter ist oder nicht. Und später können Mütter und ihre Schwiegermütter ihre unterschiedliche „Herkunft" auch nutzen, um sich gegenseitig zu inspirieren und neue Elemente in die Beziehung zum Kind/Enkelkind einzubringen. Umgekehrt gibt es durchaus ja auch Konfliktpotenzial in den leiblichen Beziehungen: Mutter-Tochter-Dynamiken können neu aufflammen, wenn Enkelkinder in der direkten mütterlichen Linie geboren werden. Andererseits kommt es auch vor, wie es eine der Großmütter schilderte, dass Schwiegertöchter die Probleme mit ihren eigenen Müttern auf die Schwiegermutter und Großmutter ihrer Kinder projizieren, wenn ihnen die direkte Auseinandersetzung mit der eigenen Mutter verwehrt ist.

Die Beziehungen zwischen Eltern, erwachsenen Kindern und Schwiegerkindern sind sehr individuell, so zeigte es sich in den Gesprächen, und darum sind ihre Auswirkungen auf die Großmutter-Enkelkinder-Beziehung auch nicht zu generalisieren. Deutlich wurde jedoch, dass in allen Konstellationen eine Bereitschaft zur ehrlichen Auseinandersetzung mit allen Einzelbeziehungen zum Gelingen einer guten Großmutterschaft notwendig ist, sei es im eigenen Innern oder auch durch die Kommunikation untereinander.

Eine außergewöhnliche Situation, in der Großmütter mit den Enkelkindern mitten in der Familie sind und hier eine ganz besondere Aufgabe haben, ist bei der Geburt eines Geschwisterkindes. Hier geht es also nicht um das neugeborene Enkelkind, das, wenn es gut läuft, in einem heiligen Raum ganz mit seinen Eltern ist, sondern um das ältere Geschwisterkind. Durch diese gewaltige Veränderung ist ein Sturm über das Leben des älteren Kindes hereingebrochen, der alles durcheinanderwirbelt. Großmütter bieten dann oft einen vertrauten Hafen, der Schutz gewährt. Durch sie kann ein Teil der neu aufkommenden Unsicherheiten leichter abgefedert werden. Es ist ihre Präsenz, die hier gebraucht wird. Nicht nur leibliche Großmütter, auch sogenannte Wahl-Großmütter kommen hier zum Einsatz:

> *Eine sagte „Halb-Oma" zu mir. Ich war für sie und ihren Bruder da, als die kleine Schwester geboren wurde. Sie haben bei mir geschlafen. Ich war wie ein Familienmitglied, war in den ersten Tagen immer da, habe für sie gekocht, und mich am Baby gefreut, das hatte etwas Prägendes, für die älteren Kinder auf jeden Fall. Ich war da sehr nah mit der Familie.*

Wie stark diese gemeinsam erlebten Ereignisse wie die Geburt eines weiteren Kindes die Großmutter-Enkelkind-Beziehung prägen, habe ich mit meiner älteren Enkelin erlebt. Als ich nach dem zuvor vereinbarten Anruf zu Beginn der Geburt und einer rasanten Autofahrt bei der Familie ankomme, ist es Abend. Meine zweieinhalbjährige Enkelin schläft schon. Die Eltern machen sich sehr bald auf den Weg und verlassen die Wohnung. Natürlich bin ich selbst sehr aufgeregt, ich zünde eine Kerze an, bete, schließe alle in mein Herz ein. Tatsächlich hoffe ich, dass meine Enkeltochter nicht aufwacht, da sie von der Situation sicher überrascht sein würde und ich ihr die nächtliche Aufregung ersparen wollte. Denn alles war unerwartet schnell gegangen, sie war an diesem Abend nicht darauf vorbereitet, dass Oma statt der Eltern da sein würde. Und dann wacht sie doch auf. Und sie weint. „Mama? Papa?" Behutsam schleiche ich ins Schlafzimmer. „Ich bin hier, deine Oma. Mama und Papa sind unterwegs, sie holen das Baby." Ich lege mich zu ihr, sie beruhigt sich. Wenig später kommt eine Nachricht an, das Kind ist schon geboren. Sie kommen bald nach Hause. Meine Enkelin wacht erneut auf, jetzt will sie nicht mehr einschlafen. Es ist schon Mitternacht.

Sie kommt zu mir aufs Schlafsofa. Setzt sich kerzengerade auf und verkündet: „Ich warte." Zusammen warten wir etwa zwei Stunden lang. Eng verbunden, in tiefer Nacht, verbringen wir gemeinsam, halb sitzend, halb liegend, eine zeitlose Spanne der Erwartung; still, andächtig. Gerade, als ich denke, nun ist sie eingeschlafen, geht der Schlüssel in der Wohnungstür, das Bündel neben mir springt augenblicklich mit einem lauten „Juchhuh" auf und läuft zur Tür. Ihr jauchzendes Willkommen für das neugeborene Geschwisterkind. Als sie nach ausführlicher Begrüßung des kleinen Wesens mit ihm und ihren Eltern ins große Bett der Familie wechselt, wendet sie sich noch einmal kurz zu mir um: „Oma, du kannst jetzt allein schlafen, ja?"

Diese Nacht ist ihr in Erinnerung geblieben. Noch immer, einige Jahre später nun, erzählen wir uns gegenseitig die Geschichte, immer wieder aufs Neue. Wie wir in jener Nacht zusammen auf den kleinen Bruder gewartet haben, und wie er dann, wie eingehüllt in einen großen Lichtschein, mit den Eltern nach Hause kam. Das gemeinsame Erleben und seine Intensität prägten unsere Beziehung nachhaltig. Es legte auch den Grundstein für die Begleitung auf dem nicht einfachen Weg, wenn für ein Erstgeborenes ein Geschwisterkind ins Leben platzt und dies alle Beziehungen innerhalb der Familie tiefgreifend verändert. „Großeltern bieten sich in ihrer intimen Distanz bei diesen Entwicklungsproblemen geradezu auf natürliche Weise an", schreibt Günter Heisterkamp. Er spricht von dem Leid der Erstgeborenen, die die Geburt eines nachfolgenden Geschwisterkindes oft als Zurücksetzung erfahren. „Die Erziehungs- bzw. Lebenskunst der Bezugspersonen besteht darin, sich sowohl in die Gefühle des sich benachteiligt fühlenden Kindes einzufühlen und es der Liebe zu ihm zu vergewissern als auch zu den liebevollen Gefühlen dem Neuankömmling gegenüber zu stehen."[40]

Sicher ist dies auch die Aufgabe der elterlichen Bezugspersonen, doch die Großmütter können aus einer anderen Perspektive schauen und wirken. Auch als Mutter war ich mir dieser Bedeutung durchaus bewusst und bemühte mich um ein gutes Gelingen der Entwicklungsaufgabe für mein ältestes Kind, doch ich musste auch einsehen: Ich steckte mittendrin. Ich selbst war ein inhärenter Teil des Beziehungsgeflechts, in dem sich die gesamte Dynamik änderte. Als Großmutter bin ich in einer völlig anderen Situation und verfüge dabei über ganz andere Möglichkeiten, denn ich bin weniger verwickelt.

Die Unterscheidung zwischen Muttersein und Großmuttersein: Auch sie schien in unseren Gesprächen wichtig, hebt sie doch auch die einzigartigen Möglichkeiten hervor, die wir als Großmütter haben.

*Der Unterschied zu den eigenen Kindern ist ja auf jeden Fall, dass du nicht die volle Verantwortung für die Kinder hast, dass du die Kinder in der Regel nicht vierundzwanzig Stunden am Tag hast und immer wieder Abstand haben kannst. Wenn ich mit ihnen Zeit verbringe, dann bin ich auch wirklich voll für sie da. Und ich bin nicht abgelenkt durch andere Verpflichtungen, dann nehme ich mir wirklich die Zeit und kann mich ganz auf sie einstellen.*

*Wie ich mich erinnere, war es mit den eigenen Kindern ja oft so, dass die Kinder nebenherlaufen, während du andere Dinge erledigst, du fährst oft mehrgleisig. Machst Dinge gleichzeitig, neben anderem beantwortest du gleichzeitig Fragen der Kinder, oder putzt die Nase oder machst dies oder jenes.*

*Wenn mein Enkelsohn zu uns zu Besuch kommt, dann bin ich voll für ihn da. Dann ist das seine Zeit. Das ist ein großer Unterschied.*

*Und dann tut es natürlich auch gut, wenn man mal Abstand haben kann. Wenn es zu anstrengend wird, kannst du auch sagen, ich brauche jetzt etwas Ruhe.*

Die äußeren Verpflichtungen sind das eine, das andere ist auch die innerlich empfundene Verantwortung. Einige Frauen erinnerten sich, dass sie als Mütter eher unter dem Druck standen, alles richtig machen zu müssen, viel mehr als den Raum zu haben, gelassen zu sein und zu sehen, „nichts *muss* sein".

> *Als Mutter war nicht immer Raum für das völlige Eintauchen. Man musste sich um dieses und jenes kümmern. Bei den Enkeln will man nicht mehr so viel. Als Mutter willst du ganz viel, du willst, dass es den Kindern gut geht, dass sie einen guten Weg haben. Du erziehst, du willst so Vieles für sie ... Und bei den Enkeln willst du nicht mehr. Du bist einfach.*

Eine andere Großmutter beschreibt eine Situation, in der das Kleinkind im Beisein von Eltern und Großmutter sehr aufgewühlt und schwer zu beruhigen war. Angesichts der unterschiedlichen Versuche, den schwierigen Moment zu bewältigen, blickt sie sowohl auf ihre Tochter als Mutter des Enkelkindes wie auch auf die eigene Erinnerung als Mutter:

> *Dann habe ich überlegt, wie komme ich wieder in eine Ruhe. Es ist eigentlich die Angestrengtheit seiner Mutter, und immer der Anspruch, alles muss klappen.*
>
> *Ich empfinde die Beziehung zu meinem Enkelkind als besonders, einfach, weil da so ein bestimmter Raum entsteht. Man hat als Großmutter den Vorteil, man „muss" nichts. Anders als die Mütter, die Eltern.*
>
> *Und wenn man es von außen sieht, denkt man immer, sie müsse auch nichts. Aber als Eltern –ich kenne es ja auch von mir selbst: Ich habe als Mutter auch mehr das Gefühl gehabt, ich muss, ich muss ...*

Möglicherweise ist dieses Gefühl des „Müssens" für die heutige Elterngeneration sogar noch stärker. Denn die Welt hat sich innerhalb einer einzigen Generation unglaublich verändert. Sie ist komplexer geworden, das Leben hat sich noch mehr auf die Ökonomie ausgerichtet, die Forderungen des Augenblicks sind noch größer. Der Anspruch der sogenannten Selbstoptimierung beherrscht unsere Kultur und flüstert den Menschen im Erwerbsalter ein, unaufhörlich nach noch besseren Alternativen zu suchen – wie sie arbeiten, wie sie Geld verdienen, wo und wie sie leben, was sie kaufen und besitzen sollten. Und in der Anwesenheit der Smartphones und der Erwartung, jederzeit eine wichtige Nachricht erhalten zu können, sind die Momente der Besinnung noch seltener geworden. Die heutige Elterngeneration lebt vielfach in dem Gefühl, ständig in Aktion sein und etwas tun zu müssen, was von ihnen verlangt wird. Die Älteren hingegen sind dem, wenn sie Glück haben, entwachsen. So können die Großmütter zu einem ruhenden Pol werden. Vor allem, wenn sie die weibliche Qualität des Seins in sich entdecken und bewusst leben. Das kann lindernd und ausgleichend zum Tragen kommen, wenn die Kinder mit Schwierigkeiten zu kämpfen haben. Ich erinnere mich, dass ich mich als Mutter in dem Wunsch, dass es ihnen gut geht, häufig gedrängt fühlte, die Probleme der Kinder augenblicklich zu lösen und die Dinge zu verändern. Genau da fügt sich die Weisheit einer meiner Gesprächspartnerinnen ein und tröstet mich:

> *Als Eltern war es ja auch notwendig, dass wir handelten!*
> *Und das ist der große Unterschied: Dass wir als Großmütter*
> *im Zweifel nichts tun.*
> *Es geht darum, zu sein. In dieser Bewusstheit zu sein. Es ist so*
> *wichtig, in der Bewusstheit dabei zu sein.*

Wir haben schon zuvor darüber gesprochen: Wichtig ist das Bezeugen, das Wissen um die Schwierigkeiten. Ganz gleich, wie jung die Kinder sind, sie spüren es. Sie fühlen sich mit ihren Nöten aufgehoben. Als Großmütter können wir Anteil nehmen und sind gleichzeitig frei – ohne uns zu verwickeln. Für Mütter ist das so nicht möglich und würde sich „unzureichend" anfühlen, für Großmütter gibt es hier ein Empfinden von Vollkommenheit.

Dass die Unterschiede zwischen Mutter- und Großmuttersein auch mit der eigenen lebenslangen Entwicklung zu tun haben, rückt eine andere Großmutter ins Licht:

> *Ich glaube, die Beziehung ist anders, weil wir reifer geworden sind, wir haben so vieles im Leben erfahren. Es ist alles wirkliche Lebenserfahrung, viele Hochs und Tiefs. So sehe ich für mich selbst, durch meine eigene Erfahrung, was jetzt am wichtigsten ist: Dass diese Zeit mit diesem jungen Wesen so viel bedeutet. Es bedeutet so viel, weil ich so viel erfahren habe, so viel gesehen habe, ich kann mit einem Menschen in mehr Fülle zusammen sein als zu der Zeit, als ich Mutter war – wegen all der weltlichen Verantwortlichkeiten. Und weil es täglich war, man wird müde.*
>
> *Wenn wir so lange leben, lernen wir, was von Bedeutung ist. Wir brauchen eine ganze Lebenszeit, um auf vielerlei Weise zu lernen, was wir lernen müssen. Ich bin eine langsame Schülerin. Jetzt weiß ich, wenn ich eine gute Sache sehe.*

Und mit einem Lachen fügt sie hinzu:

> *Jemand sagte mir, als ich so aufgeregt war, dass ich Großmutter geworden bin: „Wir lieben sie wie unsere eigenen Kinder. Nur doppelt so sehr."*

Wir können das mit einem Augenzwinkern bestätigen, aber auch widersprechen. Natürlich ist es nicht wörtlich zu nehmen. Liebe ist nicht messbar. Liebe ist Liebe. Doch sie lebt sich unterschiedlich. Die großmütterliche und die mütterliche Liebe sind eng verwandt. Doch – abgesehen von individuellen Unterschieden – wirken sie verschieden und bergen ihre jeweils eigenen unerschöpflichen Möglichkeiten.

Was das Verhältnis zwischen Muttersein und Großmuttersein betrifft, so drängte in unseren Gesprächen noch eine weitere bemerkenswerte Erkenntnis an die Oberfläche: Großmutterschaft kann in persönlichen Biographien auch unerfüllte Entwicklungsaufgaben lösen, die mit dem Muttersein nicht abgeschlossen wurden.

*Ja, in diesem Gespräch wird mir klar: Wir kommen auch an die Punkte, die wir als Mütter nicht bewältigt haben. Irgendwann waren die Kinder ja groß geworden. Was wir als Mütter nicht zu Ende führen konnten, kommt nun nochmal zu uns.*

Für manche gestaltet es sich so, dass sie nun nachholen können, was sie als Mütter versäumt haben:

*Ich war ja eine sehr junge Mutter, und ich habe es genossen, Mutter zu sein, aber ich konnte das damals nicht so sagen, denn man war ja feministisch unterwegs. Doch ich habe es geliebt. Ich habe mich nicht getraut, zu sagen, dass ich es liebe, Mutter zu sein. Ich habe es immer mehr gerechtfertigt. Denn in meiner Umgebung gab es keine Mütter in der Altersstufe.*

*Und das ist jetzt etwas, das ich voll lebe mit meinen Enkeln. Mit ihnen kann ich das jetzt einfach zulassen, die Freude, dass da Kinder sind… wo ich meine Arme ausbreiten kann.*

*Während es bei meinen Kindern oft so eine Anpassung war. Das macht mich manchmal heute noch sehr traurig. Da ist ein Schmerz.*

*Und jetzt: Dass ich zu meinen Enkeln stehe. Dass ich vier
Enkel habe und dass ich sie liebe. Und dass sie das spüren. Das
ist für mich eine andere Erfahrung jetzt als Oma. Da helfen
die Kinder mir, mehr bei mir zu stehen, dieses Weibliche auch
noch mehr zu leben.*

Hier liegt also noch eine große Möglichkeit für die Entwicklung
der Frauen selbst verborgen. Die Kindeskinder geben ihren Großmüttern die Chance, eine nicht abgeschlossene Entwicklung auch
zu Ende führen zu können.

*Es ist eine Riesen-Chance. Und es mag bei jeder was anderes
sein. Dass wir jetzt 'ne andere, freiere Möglichkeit haben, da
nochmal weiterzugehen.*

*Ich bin nicht mehr so in der Verantwortung, ich habe mehr
Lebenserfahrung, ich habe die Chance, das mehr präsentiert
zu bekommen und nach und nach zu integrieren. Und por-
tionsweise, ich muss es nicht mehr jede Nacht machen. Das ist
auch schön.*

Das ist ein Hinweis darauf, dass nicht nur von Bedeutung ist, was
die Großmütter hineingeben. Jede Beziehung ist gegenseitig. Auch
die Beziehung zwischen Großeltern und Enkelkindern ist nicht einseitig, sondern wechselseitiger Natur. Es gibt Geschenke von beiden
Seiten.

## GESCHENKE DER ENKELKINDER

*Ich denke, sie erinnern mich daran, das Leben zu feiern. Sie
erinnern mich daran, dankbar zu sein. Und ihre Liebe ist so
großzügig und so bedingungslos und wertfrei. Sie schätzen es
einfach, mit einem zu sein. Sie brauchen gar nichts, mein
Enkelsohn will nicht einmal essen, wenn wir zusammen sind,*

*weil er völlig versunken im Spiel ist. Sie erinnern mich an die bedingungslose Liebe, einfach mit einem anderen Menschen zusammen zu sein, wie kostbar das ist, zwischen zwei Wesen, zwei Seelen. Und es ist eine sehr reine Liebe. Er denkt nicht: Bringt sie mir ein Geschenk mit, nichts dergleichen. Es ist, wie wenn die Zeit anhält, während wir zusammen sind.*

Vermutlich ist die Liebe nicht überall ganz so „rein", jedenfalls nicht immer auf diese Weise. Meine Enkelkinder freuten sich für eine Weile bei jedem Wiedersehen darauf, dass ich für sie einen Schoko-Stick „zauberte". Es war ein Ritual zwischen uns. Anderen ergeht es vielleicht ähnlich. Dennoch ist die Liebe der Kinder zu den Groß-eltern ein bedingungsloses Geschenk. Und das Leben zu feiern, dies lernen offenbar auch andere Großmütter von ihren Enkelkindern:

*Was lerne ich von meiner Enkeltochter? Das Leben zu feiern. Dieses Kind nimmt jede Gelegenheit wahr, eine Feier zu kreie-ren. Sei es der Geburtstag ihres kleinen Terrier-Hunds, oder die Feiertage des Jahres, sie feiert mit ihrem ganzen Wesen. Sie lädt ihre Freundinnen ein, um mit ihr zu feiern, und sie machen sehr gerne mit.*

Die Freude am Leben gibt den Großmüttern ein neues Gefühl von Lebendigkeit, öffnet auch in ihnen eine frische Lebenslust. In der Unterhaltung mit der Wahl-Großmutter, die mit vielen Kindern in einer Gemeinschaft lebt, spricht sie voller Begeisterung über das, was die Wahl-Enkelkinder ihr geben:

*Ihre Lebendigkeit, ihre Leichtigkeit, ihre Lebensfreude. Ich habe das Gefühl, dass ich hier nochmal ein ganzes Stück leben-diger werde. Dass die Kinder das auch herausgefordert haben. Dass ich am Anfang viel steifer war.*

*Dass eine andere natürliche Lebendigkeit gewachsen ist, die ich selbst auch sehr genieße. Das ist das Wichtigste, was ich von ihnen lernen kann.*

*Auch, ihre Art und Weise, wie sie mit Dingen umgehen, was auch anders ist, als ich es je gemacht habe. Ein Beispiel ist, wie sie Konflikte lösen; dass unsere drei Zweijährigen eine Art des Umgangs miteinander haben, wo sie sich streiten und es gleich wieder lösen. Das Im-Moment-Sein damit, nicht nachtragend sein, nicht dieses Aufwiegen. Sie finden selbst Lösungen.*

Im Volksmund kursiert ein Spruch: „Erwachsen wird man nach dem ersten Kind, zum Kind wird man wieder gemeinsam mit dem ersten Enkelkind." Damit ist nicht gemeint, dass wir kindisch werden, vielleicht auch nicht kindlich. Vielmehr verbinden sie uns wieder mit der Gegenwart und auch mit der Zukunft. Doch die Kinder spiegeln auch eine Art zu leben, die frühe Erinnerungen wachruft. Manche Großmütter werden durch die Enkelkinder – vielmehr als durch die eigenen Kinder – an die eigene Kindheit erinnert.

*Die Erinnerung, wie ich als Kind war, es kommt zurück; da kommt etwas wieder und dadurch kommt es auch zusammen.*

*Ich würde sagen, ich bin sehr gebrochen worden in meiner Kindheit, in dieser ursprünglichen Kraft, und bei den Enkelkindern sehe ich, das passiert nicht, die sind anders gehalten, als ich es damals war. Und was auch zurückkommt, die Erfahrung dieser ursprünglichen Kraft. Von der ich auch heute weiß, dass sie in mir ist und dass ich sie auch leben kann.*

*Da berühren sie etwas in mir, auch in ihrer Unterschiedlichkeit.*

*Und auch diese Liebe des Kleinen ... ich weiß, dass ich so viel Liebe in mir habe; und es war so schwierig mit Menschen in meinem Leben, und dadurch, dass ich das teilen kann mit den Kindern, da kommt was zusammen. Und das fühlt sich so stimmig an.*

Mein Gedanke dazu im Gespräch: „Und das erinnert dich an die ursprüngliche Ganzheit, die auch in dir ist".

*Das erinnert nicht nur, das reflektiert auch, dass sie da ist. Die Ganzheit wird anfassbar, sie ist tatsächlich real.*

*Und da sind auch so viele kleine Dinge, die Kinder sprechen so aus dem Herzen. Und was für Wahrheiten sie von sich geben, die einfach erstaunlich sind.*

*Und auch die Zwiegespräche, die wir manchmal führen. Im Sommer, als es so heiß war und lange hell, da gab es eine Nacht, in der wir zusammen die Sterne guckten. In diesen Sternschnuppennächten. Er hat die Rakete gesehen, und ich die Sternschnuppen. Und da ist auch so ein Zwiegespräch entstanden.*

*Manchmal sprechen wir über das Herz. Neulich hat er mich gefragt, wo kommen die Menschen und die Tiere her, und dann überlege ich, welche Geschichte ich erzähle.*

*Da lerne ich nochmal durch sie. Da kommt auch was zurück, da gebe ich nicht nur. Allein durch diese Fragen werde ich gefordert und herausgefordert, mich damit auseinanderzusetzen, was ist adäquat, was ist altersentsprechend.*

Die Kinder selbst sind mit dem, wie sie sind und wie wir sie erfahren dürfen, ein Reichtum. Eine Großmutter von fünf Enkelkindern erlebt die Diversität, die Wahrnehmung ihrer Verschiedenheit, als eine Gabe.

*Es ist die Bereicherung von dem, was sie mitbringen, ihre Hintergründe, die verschiedenen kulturellen Aspekte. Was ich als ein großes Geschenk empfinde: Die große Unterschiedlich-*

*keit, die sie haben. Wie unterschiedlich sie an Dinge rangehen, an die Welt, da ist auch eine so große Wertschätzung. Wie sie Details wahrnehmen, wie sie anfangen zu malen, wie sie im Garten sind.*

*Die Älteste hat eine starke Verbindung zu Pflanzen, und es ist ein großes Geschenk und wunderschön, mit ihr durch den Garten zu gehen, die Pflanzen anzusehen, und sie kennt die alle. Und wiederum die anderen, die das Handwerkliche so mitbringen, das bewundere ich so. Wie sie so ein Gespür dafür haben, der Älteste meiner Tochter. Der kennt jedes Werkzeug, das ist einfach so schön zu sehen.*

*Und der Kleinste von meinem Sohn, der ist ganz filigran und unglaublich fein und genau, und er liebt die Details und vertieft sich in die Materie.*

*Ich finde es so spannend zu sehen: die unterschiedlichen Herangehensweisen an das Leben.*

Die Jugend sei glücklich, weil sie fähig sei, Schönheit zu sehen, so soll Franz Kafka einmal gesagt haben. Diese Kinder sehen die Schönheit, man spürt es förmlich in den Worten ihrer Großmutter. Und sie wiederum sieht in diesem Talent die Schönheit der Enkelkinder, und allein das ist eine große Gabe.

Ebenso ist der Beginner-Geist der jungen Menschen ein Geschenk an die Alten. Insbesondere Teenager können ihre Großmütter mit diesem schöpferischen Geist anstecken und inspirieren, wenn die Älteren dafür offen sind. Der Zustand der Unsicherheit, der die Zeit des Übergangs vom Kind zum Erwachsenen bestimmt, bringt bekanntlich enorme Kreativität hervor. Das Taufrische, nicht das Althergebrachte, steht im Vordergrund. Großmütter können durch die Teilhabe am Neuen eine gute Portion Lebendigkeit hinzugewinnen. Die Jungen helfen den Alten dabei, sich beständig zu erneuern, und die Freundschaft zwischen Großmüttern und Enkelkindern kann hier sehr fruchtbar sein. Wenn die Zukunft offen und frei bleiben soll, so las ich es einmal in einem Zitat der Ethnologin Margaret Mead, dann brauchen wir Menschen, die das Unbekannte zulassen können, die nicht auf ausgewaschene Blaupausen aus der Vergangenheit zurückgreifen müssen. Das können zweifellos die Großeltern von den Enkelkindern lernen.

Es gibt auch Geschenke, die auf den ersten Blick nicht so schön verpackt sind. Nur wenn wir bereit sind, sie uns ungeschminkt anzusehen, offenbaren sie ihren Wert und zeigen uns, was wir als Großmütter von den Enkelkindern lernen können. Eine der Großmütter erzählt von einer Begebenheit, die sie als sehr schwierig erlebte. Auch solche Ereignisse kommen natürlich vor. Ihre Gedanken dazu:

> *Die Kinder spiegeln mir viel schneller etwas [im Unterschied zu ihren Eltern]. Vor allem die Älteren, wenn sie so herausfordernd sind. Sie zeigen mir, wenn ich an Grenzen komme.*

Sich eine Schwäche einzugestehen, ist die Herausforderung in einem solchen Moment. Anschauen, was mir das Spiegelbild in konflikthaften Situationen mit den Enkelkindern zeigt. Das Ich muss zurücktreten, es geht nicht um unser Ego. Unvermittelt befinden wir uns in einem neuen Lernfeld.

> *Und da sind die Kinder unerbittlich.*
> *Vielleicht nochmal anders als den eigenen Eltern gegenüber. Es ist auch was freier. Das heißt: Sie spiegeln mich da auch klarer. Und das ist nicht immer schön. Das kann auch erschöpfend sein.*

In der angesprochenen Situation fühlte sich die Großmutter sehr verletzlich. Die Enkelkinder hatten ihre Grenzen überschritten, und sie selbst hatte sich in ihrem Re-Agieren verfangen. Doch letztlich fanden sie – nach dieser Einsicht – in liebevollem Verstehen der gesamten Situation wieder zueinander.

*Es ist eine andere Art von Nackt-Sein mit den Enkeln, da wo ich lerne. Ich weiß nicht genau, wie ich das so bezeichnen soll ... Verstehst du das?*

Ich kann es fühlen. Man hat das Angebot dieser Rolle als „weise Großmutter", aber sie wird immer wieder auf den Prüfstand gestellt. In Wahrheit ist das ein großes Glück. So bleiben wir nicht stehen, werden nicht altersstarr und unflexibel, dürfen weiterhin wachsen. Wenn wir uns für dieses Geschenk, den Spiegel unserer eigenen Schwäche, öffnen, wenn wir die Verwundbarkeit zulassen, ermöglichen wir dieser Beziehung eine noch ganz andere, ungeahnte Tiefe. Und nebenbei erleben wir in uns selbst, ganz gleich, wie alt wir sind, einen lebendigen Wandel.

## DIE EIGENEN GROSSMÜTTER

Gibt es einen Faden, der vor allem über die weibliche Linie führt? Gibt es einen Fluss, der auch über die großmütterliche zellbiologische Verkettung hinaus uns alle nähren kann? Was würde es bedeuten, diese Verknüpfung wieder in unserer Verbindung mit denen, die uns vorausgegangen sind, wachzurufen und von dort aus das Licht auf die zukünftigen Generationen zu werfen? Um Antworten auf diese Fragen zu bekommen, sprach ich Großmütter auf ihre Beziehung zu ihren eigenen Großmüttern an. Damit erweiterten wir den Kreis, folgten dem Faden zurück durch das Gewebe der Generationen.

Dass das Band von uns aus weitergeht, ist deutlich geworden, und wie die Verbindung wechselseitig wirkt, haben wir soeben betrachtet. Blicken wir noch weiter, so sehen wir, dass unsere Enkelkinder selbst auch Ahn:innen sind. Was wir ihnen geben, nährt auch sie als Vorfahren für ihre Nachkommen. Die Perlen, die in dieses Band geknüpft sind, werden sich weiter aneinanderreihen, werden gebunden in einer langen Kette von Generationen weit in die Zukunft. Vielleicht ist es das, was wir wirklich Tradition nennen können – nicht äußere Formen und fixe Modelle, sondern innere Erfahrungen und Wandlungen, die in die nächsten Generationen weiterwirken. Beachtenswert dabei ist, der Faden spannt sich in beide Richtungen. Wir sind nicht nur Großmütter, wir sind auch Enkelinnen. Während die Frauen mir Geschichten über ihre eigenen Großmütter erzählten, erkannten sie, was ihnen zuvor noch gar nicht so deutlich gewesen ist: Wie das Verhältnis zu ihren Großmüttern auch die eigene Beziehung zu den Enkelkindern nicht nur prägt, sondern manchmal auch nährt.

*Die Verbindung mit meiner Großmutter - das war mir vor dem Gespräch nicht so bewusst –, dass das auch Nahrung ist. Und es ist ganz unspektakulär.*

*Sie hat mich kurz vor ihrem Tod, als ich dreizehn war, zu sich gerufen. Sie hatte einen Schlaganfall und lag bei uns zu Hause. Und sie sagte mir am Schluss: „Dir muss ich das sagen: Da draußen, in jedem Blatt in jeder Blume ist Gott. Das wollte ich dir sagen, es ist wichtig, dass du das weißt. Gott ist in allem." Einen Tag später ist sie gestorben.*

*Ich hatte auch eine Zeit – das finde ich nochmal wichtig – als ich nicht mehr zu ihr hingehen wollte. Unsere Großmutter hat uns immer etwas Taschengeld gegeben, und man musste hingehen, um es sich abzuholen, und da kam eine Phase, wo es mir irgendwie unangenehm wurde. Als ich pubertär wurde, wollte ich da nicht mehr so gern hingehen, und manchmal habe ich das nicht gemacht. Und das hat sie einfach gelassen. Aber vor ihrem Tod hat sie mich rufen lassen, um mir zu sagen, was sie mir mitgeben wollte. Es hat mich berührt, aber ich konnte es nicht zeigen.*

*Und sie hat es so sein lassen. Sie hat ja gemerkt, dass ich da nicht mehr so gern hingegangen bin. Trotzdem war da sowas wie „auf der Seelenebene sind wir verbunden. Und ich gebe dir das nochmal mit". Das ging mir erst viel später auf, in meinen Zwanzigern, als ich auf der inneren Suche war.*

*Und das Akzeptieren von meiner Distanz-Phase… Sie muss gedacht haben: „Ich erlebe es vielleicht nicht mehr, dass es wieder nahkommt". Und sie hat den Raum gegeben. Trotz des Wissens darum, dass es vielleicht nicht mehr nahkommt. Und die Wertschätzung dafür, die ist mir in diesem Gespräch jetzt besonders bewusst geworden. Und das ist für mich sehr schön.*

*Meine Großmutter hat im Laufe der Jahre Prozesse durchgemacht. Sie hat zu einer Essenz in sich gefunden. Zu ihr hatten wir auch eine besondere Beziehung. Von dieser Beziehung zu meiner Großmutter habe ich viel profitiert, sie war ganz wichtig für uns.*

„In Psychotherapien oder Biographien erfährt man immer wieder", so schreibt der Psychologe und Großvater Günter Heisterkamp, „wie geliebte und tüchtige Großeltern ihre Enkelkinder bewegt und beflügelt haben. Im liebevollen Kontakt mit ihrer Oma und/oder Opa haben sie ein Bild verinnerlicht, das sie über deren Tod hinaus schützend und ermutigend begleitet."[41] Und wir können ergänzen: Es wirkt auch weiter. Sofern wir Wertschätzung und Bewusstheit dafür haben. Es wirkt zu den nächsten Enkelkindern, und weiter.

Von Fürsorge und Ermutigung durch die eigene Großmutter erzählt auch diese Frau, die selbst vier Enkelkinder hat:

*Diese Oma, das war die Stiefmutter meiner Mutter, die hatte was ganz Liebevolles. Sie hatte zwanzig Enkelkinder. Sie hat immer so die Arme für uns Enkel aufgehalten. Sie war sehr arm, hatte nur zwei Zimmer, das Klo überm Hof, aber wir waren oft mit vielen Enkeln bei ihr.*

*Alle meine großen Cousinen und Cousins haben mit ihr Silvester gefeiert, und sie backte einfach Hefekuchen, sie hatte kaum Geld. Obwohl sie nichts hatte, Hefekuchen war immer da. Sie war so versorgend, so liebevoll.*

*Wir schliefen alle im Bett bei der Oma, die Eisblumen an den Fenstern… Sie war einfach da. Sie habe ich sehr geliebt. Sie wohnte allerdings weit weg.*

*Wenn sie uns besuchte, war es so schön, abends mit ihr spazieren zu gehen, an den Wiesen und Hügeln vorbei, den Wäldern und Bächen, sie liebte das, und wir gingen zusammen und wir beobachteten die Rehe.*

*Diese Oma war so warmherzig, sie hat mir viel Sicherheit gegeben. Als sie starb, war das sehr traurig, da war ich dreizehn. Das war ein großer Verlust.*

*Sie gab mir Sicherheit, und diese unglaubliche Fürsorge. Ich weiß nicht, ob sie jemals gefragt hat, wie die Schule für mich ist. Das war nie Thema, sie war vielmehr einfach da. Sie las die Zeitung und ich saß daneben. Diese Nähe, die war einfach wunderschön.*

*Dadurch dass wir so oft umgezogen sind, war ich immer wieder so entwurzelt, aber sie sagte mir immer, du schaffst das schon, du findest schon wieder Freunde. Sie hat an mich geglaubt. Während meine Eltern oft mit mir verzweifelt waren und fürchteten, ich schaffe die Schule nicht. Da die Wechsel immer so große Brüche für mich waren.*

*Wenn wir wieder an einen neuen Ort gezogen waren, lernte ich immer zuerst die Dialekte der bayrischen Dörfer, nahm sie schnell an, um dazuzugehören. Das war meine Strategie. Meine Eltern fanden das nicht so gut, aber meine Oma fand das toll, sie bestärkte mich und freute sich, wenn ich den neuen Dialekt schnell gelernt hatte.*

*Sie hat einfach akzeptiert, das war meine Überlebensstrategie. So konnte ich Wurzeln schlagen.*

Nicht alle Menschen können diese ununterbrochene Linie in ihrer Erinnerung an die Großeltern aufweisen. Manchmal waren durch Kriege, Flucht, Vertreibung und Verschleppung die Fäden physisch zertrennt, manchmal sind die Großeltern früh gestorben. Eine sehr tragische Note hat der Riss in der Generationenfolge bei vielen indigenen Völkern, beispielsweise den Ureinwohner:innen Amerikas, bei denen die lebendige Weitergabe durch die Ahn:innen eine große Bedeutung innehat. Als unzählige Kinder von ihren Familien, auch den Großeltern, getrennt wurden, um in Einrichtungen zur Umerziehung von ihren kulturellen Wurzeln gewaltsam abgeschnitten zu werden, wurde ein großer Teil dieser lebendigen Wege der Übertragung zerstört.

In unserer westlichen Kultur und für die heutigen Generationen liegt eine Unterbrechung der verwandtschaftlichen Linie – wenn sie nicht auf die grausame Zeit der Vernichtungen im deutschen Nationalsozialismus zurückgeht – eher im Wandel der Familie begründet. Innerfamiliäre Konflikte oder einfach die im letzten Jahrhundert zunehmende Fokussierung auf die Kleinfamilie ließen die Bedeutung der Großfamilienbeziehungen schwinden.

Im Unterschied zu anderen Großmüttern, mit denen ich sprach, kann auch ich nicht auf intensive Erfahrungen und Beziehungen mit meinen Großeltern zurückblicken. Meine Großväter waren gestorben, meine Großmütter lebten beide an anderen Orten, und ich erlebte sie nur bei gegenseitigen Besuchen und seltenen Ferienaufenthalten als Kind. Als mein erstes Enkelkind sich ankündigte und ich voller Freude auf die Großmutterschaft hinlebte, wurde mir gleichzeitig klar, dass ich kein wirkliches Modell für diese Rolle kannte. Aus meiner eigenen Lebenserfahrung malte sich kein Bild, das mir hätte veranschaulichen können, was es bedeutet, Großmutter zu sein. Auch in der Erfahrung meiner Kinder gab es die Präsenz der Großmütter nicht. Mein Gefühl war zunächst, dass ich diese Rolle neu für mich erfinden musste. Ich wollte keine Konzepte erstellen oder übernehmen, aber ich hatte auch keine Vorstellung aus der eigenen Erfahrung – abgesehen von wenigen Begegnungen, die mir in Erinnerung geblieben waren. Später konnte ich spüren, dass auch Intuition und ein gewisser Instinkt mich leiten, so wie sie es in meiner Mutterschaft getan hatten. Was ich innerlich gelernt hatte und weitergeben konnte, kam aus dieser Quelle und von Ahninnen, mit denen mich keine physische, sondern eine seelische Verwandtschaftslinie verband. Fasziniert lauschte ich deshalb den lebhaften Erinnerungen in den Geschichten der Frauen über ihre Großmütter, den Ur-Ur-Omas ihrer Enkelkinder.

*Meine Großmutter mütterlicherseits, sie hat mich sehr anerkannt und geliebt. Ich habe viel Zeit mit ihr verbracht. Haushaltsdinge mit ihr gemacht, und sie hat mir gezeigt, wie man arbeiten kann. Sie hatte „Grüne Hände", das bedeutet, gut arbeiten zu können, egal was man vorfindet. Sie hatte wirklich zwei lebendige Hände. Aber sie hat auch manchmal über die Stränge geschlagen, wenn sie uns zum Beispiel Eierlikör gab und meinte: „Ist ja kein Alkohol".*

*Sie war ein Leben lang eine fleißige Frau, aber nicht so gehetzt dabei, sie hat mit Freude gearbeitet. Sie hat mir beigebracht, keine Angst vor Arbeit zu haben.*

*Meine Mutter hatte wenig Zeit. Da war auch ein anderes Vertrauensverhältnis. Meine Großmutter hat meine erste Liebe sehr geschätzt, während mein Freund bei meinen Eltern nicht willkommen, sondern eher eine „Persona non grata" war.*

*Meine Großmutter hat mich später immer wieder nach ihm gefragt, und ich traute mich nicht, ihr zu sagen, dass wir*

*inzwischen getrennt sind. Sie war die Einzige, die meine Liebe*
*zu ihm gesehen hat.*

Auf meine Frage, ob sie das Gefühl habe, dass die mütterliche
Großmutter auch etwas in ihr genährt habe, was über die Kette der
Generationen weitergeht, antwortet sie mit Bestimmtheit:

*Ja. Ihre Anerkennung. Und ihre Liebe, die ich gespürt habe.*
*Das kann ich jetzt hier an die Kinder weitergeben. Und das*
*Vertrauen, das sie in mich hatte.*

Doch nicht immer sind Großmütter liebevolle Ahninnen, die als
nachahmenswert von den Enkeltöchtern geschätzt werden. Der
Ausrichtung für das eigene Leben kann die gegenteilige Erfahrung
jedoch gleichermaßen dienen:

*Dann gab es die andere Oma, die in unserem Haus wohnte.*
*Sie brachte Gift in unser Haus. Sie hat meiner Mutter, ihrer*
*Schwiegertochter, das Leben schwer gemacht. Da war nicht*
*so eine Liebe. Da war immer ein Stück Vorbehalt. Weil ich*
*gespürt habe, wie sie mit meiner Mutter umging. Sie war*
*kein Vorbild. Und ich dachte immer: So möchte ich nicht mit*
*Menschen umgehen.*

Eine meiner Gesprächspartnerinnen hat die „großmütterliche"
Qualität vor allem bei ihrem väterlichen Großvater erlebt.

*Mein Großvater – er war in der bekennenden Kirche, war*
*im Gefängnis unter den Nazis – hatte dieses Wahrhaftige. Ich*
*habe das Gefühl, da ist so viel von ihm auf mich übertragen*
*worden. Es gab eine starke Verbindung.*
    *Mein Großvater hatte dieses Gütige. Er hatte sehr viele*
*Enkel und Urenkel. Meistens stand er bei ihnen, sagte nicht*

*viel. Er hat sie einfach geliebt. Hat die Enkel geliebt. Er hatte
dieses „Sein".*

Hier erlebte sie die weibliche Qualität des Seins, deren Bedeutung
sie heute im Zusammensein mit ihren Enkelkindern sehr wichtig
findet. Auch ihre Großmutter, seine Frau, habe sie sehr geschätzt,
doch da war mehr Abstand.

> *Ich habe sehr viel von dem behalten, was sie mir gesagt hat; ich
> fand sie auch großartig, wie sie gelebt hat, fand, dass sie eine
> tolle Frau war. Eine sehr starke Frau, sie hatte fünf Kinder. Sie
> hat mir auch kritische Sachen gesagt.*

Die Erfahrungen mit den anderen Großeltern waren wesentlich
schlechter, auch hier gibt es eine andere Seite. Wegen der räumlichen
Nähe war sie als Kind jedoch sehr viel öfter bei diesen Großeltern.

> *Sie waren sehr stark. Sie haben mich gebrochen, zum Teil. Das
> war immer belastet für mich. Meine Großmutter war sehr
> dominant, dabei etwas verrückt.*
>
> *Um so schöner waren die Besuche bei den anderen Groß-
> eltern.*

Und dann gab es noch diese Geschichte einer weiteren Gesprächspartnerin. Sie äußerte, dass sie sehr berührt sei von der Frage nach
den Erinnerungen an ihre eigene Großmutter.

> *Meine Großmutter habe ich sehr, sehr geliebt. Ich hatte nur
> eine Großmutter, die andere väterlicherseits war früh gestor-
> ben.*
>
> *Die Tragik meiner Großmutter war, dass ihr Mann im Krieg
> verschollen war und sie zwanzig Jahre auf ihn gewartet hat. Sie
> hat immer noch gehofft, dass er zurückkommt. Ich wusste wenig*

*darüber, aber es gab eine Verbindung zwischen uns. Ich habe erst sehr viel später erfahren, dass es eine sehr große Liebe zwischen den beiden war. Und ich habe das gespürt, in meiner Familie gab es sowas wie Liebe nicht, aber ich habe das bei ihr wahrgenommen. Sie trug immer noch den Ehering.*

*Ich war noch sehr jung, da habe ich zu ihr gesagt, Oma, wenn du nicht mehr da bist, will ich nichts von dir, aber deinen Ring. Ich wusste irgendwie, obwohl nie darüber gesprochen wurde, dass er das Symbol für die Liebe war.*

*Ich habe das Gefühl, sie war diejenige, die die Erinnerung an die Liebe, mit der ich in die Welt gekommen bin, hervorgerufen hat.*

*Ich habe sehr schöne Erinnerungen an die Zeit bei ihr. In diesem großen Haus. Das war auch etwas Erleichterndes, denn ich hatte eine nicht so leichte Kindheit.*

*Das war eine ganz wichtige Verbindung, die mir im Leben geholfen hat. Obwohl es damals nicht diese Worte dafür gab.*

Wir sprechen dann über den Faden, der sich über die Großmutterverbindung immer weiterspinnt, und sie weist mich auch auf die „Zwischengeneration" hin.

*Wenn ich so schaue, ist es wichtig, auch meine Mutter als Groß-mutter zu sehen. Da war sie ganz anders im Vergleich zu dem, wie sie als Mutter war. Und auch meine Kinder haben sie sehr geliebt als Großmutter. Sie haben dann von allein erkannt, was schwierig ist, als sie älter wurden.*

*Aber ich habe diese Verbindung nie gestört und auch sehr ge-schätzt. Obwohl ich vielleicht Gründe hätte haben können, war das nicht so. Und darüber bin ich auch sehr froh.*

*Wenn man von einer Linie oder einem Faden spricht, ist es das Großmutter-Sein, das auch durch meine Mutter gegangen ist. Meine Großmutter hat uns verwöhnt, meine Mutter hat meine*

*Kinder verwöhnt, und ich mache das gewissermaßen jetzt auch mit meinen Enkeln. Obwohl „verwöhnen" – den Begriff finde ich gar nicht so passend. Es hat auch etwas damit zu tun, die Bedürfnisse zu spüren und darauf zu antworten, im Spiel, im Liebe geben, einfach das, was in einer größeren Fülle zur Verfügung steht.*

*Jetzt habe ich auch eine Dankbarkeit ihr gegenüber, wie sie mit den Kindern war. Die Kinder waren auch unheimlich gern bei ihr, die Großeltern haben viel mit ihnen gespielt.*

Selbstverständlich können sich die Fäden der Übertragung von Ururgroßmüttern zu Großmüttern zu Enkelkindern auch in nicht-leiblich-verwandten Verbindungen weiterspinnen und auf unpersönlicher, viel weiterer Ebene wirken. Wir werden später noch einmal darauf zurückkommen.

## FALLEN UND HERAUSFORDERUNGEN

Bei aller Ermutigung sollten wir den Schatten nicht vergessen. Es gibt einiges an Literatur, die das Dasein der Großeltern verklärt oder romantisiert, doch wenn wir hier von einer Aufgabe sprechen, so müssen wir auch über die Herausforderungen reden.

Es ist gut, dass vom Glück der Großeltern-Enkel-Beziehung geschrieben wird, das reflektiert die Freude, lässt sie aufleuchten. So wie sich das Glück vervielfacht, wenn wir uns als Großmütter darüber austauschen und das Strahlen gegenseitig und miteinander wahrnehmen. Und gleichzeitig befinden wir uns in einem Lernfeld, ein Leben lang und selbst, wenn wir sehr betagt sind. Auch als Älteste haben wir die Weisheit nicht „gepachtet", und auch sie verlangt, beweglich zu bleiben. Leben bedeutet in Beziehung zu sein, und Beziehung wandelt sich fortwährend. In diesem Buch möchten wir ja den Pfad zu einem verborgenen Schatz suchen, der auf uns Großmütter wartet. Und obwohl das, was uns lockt, einer Glück verheißenden Kostbarkeit gleicht, ist der

Weg zum Fundort mit Fallen und Herausforderungen gesäumt. Und auch der Schatz selbst muss mit Sorgfalt, Wachsamkeit und Respekt gehoben, genutzt und gehütet werden.

Die Fallen stellt unser Ego, der Ort, wo wir „ich" sagen, wo wir identifiziert sind mit dem, was wir glauben zu sein und zu brauchen. Wo wir uns getrennt fühlen, benachteiligt, bedürftig. Keine Frage, das Ego hilft uns, in der Welt zu sein, zu überleben und unser physisches Leben zu bewältigen. Dagegen steht es uns im Weg, wenn wir innerlich wachsen wollen, wenn es darum geht, zu dienen – ausgerichtet auf etwas, das größer ist als wir selbst. Genau dann gilt es, aufzuwachen für unbewusste Dynamiken, die unser Denken, Handeln und Fühlen steuern, ehrlich uns selbst gegenüber zu werden und mehr Klarheit zu finden. Es geht auch darum, das Geschenk der Liebe zuzulassen, die eine Wandlung in uns bewirken kann. Nicht allein Arbeit an uns selbst ermöglicht innere Transformation, doch ohne sie geht es auch nicht.

Eine der bekannten Fallen für Großmütter ist die, dass sie sich durch die neue Rolle unentbehrlich und somit sehr wichtig fühlen könnten. Dann verschwimmt die Unterscheidungslinie, wo es stimmig ist, präsent zu sein und wo nicht. Das Gefühl, gebraucht zu werden, ist sinnstiftend und für viele Menschen wichtig, wenn sie älter werden, die Kinder aus dem Haus sind und sie aus dem Berufsleben ausgeschieden sind. Dennoch birgt die eingleisige Sinnstiftung in Form von Enkelkindern eine Gefahr, die nicht immer leicht erkannt wird.

*Der Sinn im Leben, Oma zu sein. Das ist für mich kein Sinn.*

So sprach es eine der Großmütter ganz unverblümt aus. Und sie ist keineswegs eine, die ihren Enkelkindern gleichgültig gegenübersteht. Sie nimmt innerlich sehr engagiert an deren Leben teil und verbringt auch Zeit mit ihnen, doch ist ihr ebenso wichtig, ein Leben darüber hinaus zu führen. Vielleicht liegt für manche eine

Versuchung darin, eine eigene Lebensgestaltung für diese Rolle aufzugeben, doch diese Großmutter grenzt sich klar davon ab.

*Ich mache das auch anders als manche andere, ich gebe auch nicht mein Leben auf für die Enkelkinder. Sie dürfen an meinem Leben teilhaben.*

*Das machen ja viele, da sind die Kinder die Könige in ihrem Leben. Das mache ich auch nicht. Dadurch kommt auch mehr Reibung. Wir sind ja eine sehr konfliktscheue Kultur.*

*Aber mir ist das total wichtig. Ich will nicht mein Leben ganz aufgeben und sagen, ich bin jetzt eine Woche nur Oma, wenn sie bei uns zu Besuch sind.*

*Ich sage ihnen dann vielmehr, jetzt ist das und das angesagt, und ihr könnt mitmachen. Und einer von ihnen sagte neulich: „Bei Oma ist das so, immer wenn wir uns streiten, müssen wir raus". Ja. Sie müssen raus, auch im Winter. Szene wechseln. Das habe ich einfach gesetzt, ich will das hier drin nicht haben. Ich bin nicht die Oma, die dann sagt, lass uns doch mal spielen und ablenken. Das machen viele. Das ist das, was manche Kinder von ihren Eltern, den Omas, erwarten. Das mache ich nicht.*

*Ich bin auch froh, dass ich nicht so nah dran bin. Dann wäre die Versuchung, solch eine Oma zu sein, zu groß. Und ich will das nicht sein.*

Die Herausforderung ist, eine Balance zu finden – zwischen dem hingebungsvollen Großmutter-Sein und dem, was für das eigene Leben sonst noch wichtig ist.

Gewiss, manchmal ist genau Ersteres das Wichtigste im Leben und alles andere muss zur Seite treten, wie der folgende Beitrag zeigt. Doch hier geht es nicht nur darum, die eigenen Grenzen zu erkennen, sondern auch herauszufinden, welche Art von Unterstützung, welche großmütterliche Qualität, eigentlich gefragt ist.

*Nachdem meine Enkelin geboren war, wurde ich durch die Arbeit, mit der ich mich um sie als Baby kümmerte, sehr erschöpft. Ihr Vater war anfänglich nicht anwesend, und ihre Mutter hatte Schwierigkeiten, den Herausforderungen gewachsen zu sein. Ich war beides, sowohl Elternteil als auch Großelternteil. Und das war oft verwirrend.*

*Eines Nachts hatte ich einen Traum: Jemand fragte mich: „Warum denkst du, dass du für alles verantwortlich bist, bis hin zum Windelwechsel?" Und das hat mich aufgeweckt. Ich sollte eine andere Art lernen, wie ich ihr helfen konnte. Eine andere Art, sie zu unterstützen. Eine, die eine gewisse Freude und Lebendigkeit bringen könnte.*

Diese Großmutter wohnt mit Tochter und Enkelin am selben Ort zusammen. Eine andere berichtet vom Balance-Akt bei längeren Aufenthalten zur Unterstützung in einer Familie ihrer Kinder, die ihren eigenen Haushalt haben und räumlich weiter entfernt wohnen.

*Als ich im letzten Jahr vier Wochen da war, da habe ich auch mal geweint abends. Dass ich nicht mehr kann. Dass es mir so schwerfiel. Ich wollte ja alles gut machen, es ist mir natürlich nicht immer gelungen.*

*Und es gab Streitereien. Irgendwann habe ich gesagt, ich kann nicht mehr. Die ganze Atmosphäre, das war so schwer. Da konnte ich was sagen.*

*Ansonsten halte ich mich zurück. Ich will da nicht reingrätschen, ich finde, eine Familie ist etwas Heiliges, da darf man nicht reingrätschen.*

*Diese Balance zu halten zwischen einerseits für die Enkel da sein wollen, auch für meinen Sohn und meine Schwiegertochter, und gleichzeitig das Ganze sehen und nicht eingreifen können, das ist schwer.*

*Deshalb ist es leichter, wenn sie bei uns Großeltern sind;*
*wenn sie hier sind, ist es anders. Ich mache das nicht nochmal.*
*Ich war dort Teil der Familie. Hier bin ich Oma. Teil der*
*Familie zu sein war unglaublich schwierig für mich.*

Klare Grenzen zu setzen und auch für die eigenen Grenzen einzuste-
hen ist eine weitere große Herausforderung im Sein als Großmutter.
Das Bedürfnis, keine Schwäche zeigen zu wollen, kann die Neigung,
eigene Grenzen zu überschreiten, noch verstärken. Mir selbst ist dies
bereits bei kleinen Anlässen, wenn es um rein physische Barrieren
ging, deutlich geworden. Ich habe eine Weile gebraucht, bis ich
in der Lage war, meinen Enkelkindern deutlich zu machen, dass
ich nicht mit ihnen auf dem Boden sitzen kann, wenn meine Knie
schmerzen. Anfangs ignorierte ich oft meine physischen Grenzen.
Doch warum sollten die Kinder nicht mitbekommen, dass wir im
Alter körperliche Einschränkungen haben? Wie sollen sie Respekt
lernen, wenn wir ihnen aus Stolz oder falscher Hingabe die tatsächliche Realität nicht zeigen?

In dem Bilderbuch, das ich bereits früher erwähnte, mit dem
Titel „Wie anders ist alt?" werden die Gemeinsamkeiten zwischen
Jung und Alt auf charmante Weise ins Blickfeld gerückt. Auf einer
Buchseite sehen wir die Oma, der es schwerfällt, sich zu bücken und
die sich sitzend, mit Hilfe eines langen Schuhlöffels, die roten Stiefel
anzieht, während auf der gegenüberliegenden Seite das Kleinkind
aufgebracht auf dem Fußboden hockt und es noch nicht schafft,
sich selbst die Schuhe anzuziehen. Noch klein, ärgert man sich über
alles, was man noch nicht kann, und alt, über das, was man nicht
mehr kann, das erfahren wir im begleitenden Text.[42] Für Kinder,
die sich fortwährend einer oft übermächtig erscheinenden Welt
gegenübersehen, kann diese gemeinsam empfundene „Schwäche"
auch als stärkend erlebt werden, und sie kann Akzeptanz, Einfühlung
und nicht zuletzt auch Respekt fördern.

*Früher gab es bei meiner Großmutter noch mehr so einen Respekt und eine Aura des Unberührbaren. Ich hätte die nicht so in meine Welt gezogen.*

*Es wäre nicht denkbar gewesen. Das war keine Option. Und jetzt nehmen sie uns in ihre Welt. Es gibt nicht diesen Respekt des Unberührbaren.*

*Und bei meiner Mutter habe ich gemerkt, die hatte diese Aura noch eher mit den Enkeln, aber noch mehr mit den Urenkeln. Da war sie nachher die weise Alte. Die Energie, da wirklich reingezogen zu werden, die hatte sie nicht mehr, sie war schon woanders. Ich kann das immer besser verstehen, je älter ich werde.*

*Aber ich glaube, traditionell hatten die Alten in meiner Kindheit noch eine Aura von Respekt und Unberührbarkeit. Schon allein körperlich hätte ich sie nie so beansprucht.*

In dieser Familie ist es offenbar so; darüber hinaus jedoch sprechen viele Zeichen und Zeugnisse dafür, dass die mangelnde Achtung vor dem Alter auf eine gesellschaftliche Entwicklung zurückgeht, die schon viel früher begonnen hat. Wenn Respekt und Würde den Älteren in unserer Kultur generell nicht entgegengebracht wird, können Kinder und Heranwachsende dies aus ihrer Umgebung auch nicht aufnehmen und verinnerlichen. Selbst wenn die Eltern, also die Zwischengeneration, innerfamiliär in ihrer Erziehung Wert auf diesen Aspekt legt, kann das die Lücke oft nicht füllen. Wie steht es, so taucht in diesem Gespräch die Frage auf, um die Großmütter selbst? Bedeuten eine klare Selbsterkenntnis und Akzeptanz ihrer eigenen Grenzen nicht auch, an den Respekt für die Älteren zu erinnern und die Würde wieder herzustellen?

*Wenn ich unbedingt noch viel für die Enkelkinder da sein will, ist da kein Respekt vor meinen eigenen Grenzen. Und da es gesellschaftlich nicht mehr die Rolle ist, die mir automatisch gegeben ist, muss ich selbst die Autorität, selbst den Respekt entwickeln.*

*Das heißt, wir bekommen das nicht mehr geschenkt, diese Rolle, so wie früher. Das ist jetzt eine Aufgabe, auch für die Kinder. Da hat es manchmal der männliche Teil leichter: „Ich will respektiert werden in meinem Bedürfnis …", das drückt schon mal der Großvater aus. Ich bin eher der weibliche Teil, sage eher, ach lass doch die Kinder!*

Das Weibliche in uns möchte gern alles einschließen, so stellen wir fest. Doch auch das kann zur Falle werden, wenn wir keine Unterscheidungskraft und Klarheit entwickeln. Respekt und Würde als Großmutter, als Frau im Alter für sich zu reklamieren ist tatsächlich eine der Herausforderungen, auf die wir nicht nur in diesem Gespräch stießen. Uns wurde deutlich, dass in anderen Gesellschaften, die sich eine respektvolle Haltung noch bewahren konnten, diese Frage gar nicht aufkommen muss.

*Da bist du geschützt durch die kulturelle Übereinstimmung. Für uns ist das eine große Aufgabe. Da meinen Weg zu finden, dass ich mit mehr Grenzen und Respekt behandelt werde, das braucht mehr. Nicht im Jugendwahn zu sein, nicht im Helferwahn zu sein, nicht im Liebeswahn. Das sind die Konditionierungen für uns Frauen. Und ich glaube, das können wir bei den Enkelkindern besser lernen.*

Was aber geschieht, wenn wir nicht dem Jungsein-Wollen auf den Leim gehen? Wenn wir nicht gefangen sind in der Helferinnen-Identität, wenn wir uns unsere Motive bewusst machen und einfach pur lieben, ohne Masken, Vorwände und Überforderungen? Ist dies das Ende der Herausforderungen, ist dann alles leicht? Sicher nicht. Eine der Großmütter offenbart hier eine noch tiefere Dimension und sie macht mir bewusst, woran ich selbst seit einigen Jahren gearbeitet habe, worum ich mich intuitiv bemüht hatte, ohne dass ich es so benannt hätte.

*Nach neun Jahren Großmutter-Sein finde ich: Die größte Herausforderung ist die Mischung aus totalem Präsentsein, auch von einer Sekunde auf die andere, wenn es notwendig ist, und dann auch wieder komplett loszulassen und in den Hintergrund zu treten. Und das immer wieder zu üben.*

*Die Kinder zeigen ganz deutlich, was sie brauchen. Dem wirklich nachzugehen und nichts festzuhalten …*

Als Mütter mussten wir vor allem loslassen, als die Kinder jugendlich und dann erwachsen wurden. Als Großmütter sind wir gehalten, jederzeit und von Beginn an, immer wieder loszulassen. Großmütter sind, abgesehen von Ausnahmen, nicht die ständigen Begleiterinnen; Begegnungen kommen und gehen. Frauen, die sich wirklich aus vollem Herzen und mit jeder Faser in die Beziehung zu den Enkelkindern geben, die im Zusammensein vollkommen präsent sind, finden sich hier in einer harten Schule wieder.

*Die Herausforderung ist auch: Nicht, wenn klar ist, dass es vorbei ist, womöglich mit Rückzug zu reagieren. Sondern wirklich dann wieder voll präsent zu sein, wenn es erneut gebraucht wird.*

Es ist eine gute Übung. Wir erleben Intensität und Innigkeit, da wir gefragt sind, ganz im Augenblick zu leben. Und vielleicht bleiben unsere Gelenke und Muskeln nicht flexibel, aber das Herz bleibt es auf diese Weise – weich und beweglich. Es lernt, sich auf das Wesentliche in dieser Beziehung auszurichten. Und wir üben *das Loslassen, immer wieder. Immer wieder loslassen, in den Hintergrund treten. Auch die Differenzierung. Wann ist es wichtig, einzugreifen, wann geht es nur darum zu sein, es einfach sein zu lassen, aber natürlich auch im Bewusstsein zu halten, es wahrzunehmen, ganz bewusst wahrzunehmen.*

Der ehrliche Blick auf uns selbst ist schwieriger als anderen Ratschläge zu geben. Doch die Arbeit an uns selbst ist notwendig, bleibt notwendig bis ans Lebensende – so lange, wie wir in dieser Welt Beziehungen der Liebe führen. Das ist jedoch nicht so trocken, wie es klingt, wir können dem Ganzen durchaus eine Prise Humor zugeben. Wir sollten uns selbst dabei nicht zu ernst nehmen. Wichtig ist: Wollen wir eine innere Aufgabe für die kommenden Generationen übernehmen und Samen für die Zukunft legen, so müssen wir sehr genau schauen, in welcher Haltung wir dies tun. Legen wir die Saat so, dass wir dabei etwas für uns selbst haben wollen oder überhaupt zu viel „wollen", wird sie entweder schon im Boden zugrunde gehen oder ihre Früchte werden verdorben sein. Ist unsere Haltung jedoch wach und aufrichtig, auch bereit für einen gelegentlichen Hausputz, so öffnen sich Möglichkeiten für die weiten Landschaften einer Zukunft.

Nachdem wir den inneren Ort nun ein wenig gekehrt und gereinigt haben, wenden wir uns wieder dem zu, was wir weitergeben können. Und wir lassen die ganz persönliche Ebene ein paar Schritte hinter uns und schauen über den Tellerrand.

# Über den Horizont

„Die Augen der Zukunft schauen auf uns zurück und sie beten für uns, dass wir über unsere eigene Zeit hinaussehen", so brachte es einmal die amerikanische Autorin und Aktivistin Terry Tempest Williams zum Ausdruck. Bekanntlich tun wir das – über den Horizont unserer eigenen Lebenszeit hinaussehen – in unserer „zivilisierten" Welt kaum noch. Manche ahnen vielleicht, dass unsere bisherige Zivilisation im Sterben liegt, und doch fahren viele Menschen ungehemmt fort, Befriedigung aus sofortiger Bedürfniserfüllung zu ziehen, als gäbe es keine Nachkommen, und koste es, was es wolle. Und weil wir auch keine Vision für eine neue, glücklichere Zivilisation zulassen, beachten wir womöglich auch jene Qualitäten nicht, die wir brauchen, um die schwierige Zeit des Übergangs zu durchleben und in eine andere Welt hineinwachsen zu können.

Wenn die Essenz des Lebendigen erhalten bleibt, wird nicht alles sterben. Es gilt zu unterscheiden, was wir hinter uns lassen und was wir an wesentlicher Tradition weitergeben können. Den Blick in die Ferne zu richten, über den Horizont unseres eigenen Lebens zu schauen, weckt das Gefühl der Verantwortung. Wir sind die Vorfahren. Ganz gleich, ob wir leibliche Nachkommen haben oder nicht, wir sind immer Vorfahren, für jene, die zu Lebzeiten nach uns kommen und darüber hinaus, weit in die Zukunft.

## WEITERGEBEN

Was sind die Werte, die wir weiterreichen möchten? Darüber dachten wir in den Gesprächen unter Großmüttern nach. Mich bewegte die Frage, ob ein Same für die Zukunft bereits dort gelegt ist, wo wir unseren Enkelkindern vermitteln, was wir im Miteinander und in Bezug auf die ganze Schöpfung wertvoll finden. Manchmal, wenn ich Großmüttern die Frage stellte, ob es ein Gefühl dazu gebe, was sie an die Enkelgeneration weitergeben könnten, nahm ich zunächst eine leichte Abwehr wahr. Es war nicht ein mangelndes Verantwortungsgefühl, das ich spürte, sondern eher eine falsche Bescheidenheit, im Sinne von „wer bin ich, dass ich etwas weitergeben könnte?". Ebenso die sicherlich berechtigte Vorsicht, niemandem etwas „aufdrücken" zu wollen. Auch wenn es hier natürlich nicht um ein Vorschreiben oder gar ein Aufnötigen geht, ist die Sensibilität für die Freiheit der Beziehung durchaus verständlich und auch wichtig. Sie konnte aber nach meinem Empfinden nicht der einzige Grund für die Zurückhaltung sein, ebenso wenig wie die Unterschätzung der eigenen Möglichkeiten.

Als ich in Gesprächen dieser Scheu auf den Grund zu gehen suchte, machte eine Freundin mich darauf aufmerksam, dass die Abwehr ihre Ursache darin haben könnte, wie Frauen ihr Großmutter-Sein auffassen: Dass sie diese Beziehung eher als eine persönliche Geschichte sehen, und weniger als eine, die über das Persönliche hinausgeht. Vermutlich ist uns oft nicht bewusst, dass diese zunächst private Beziehung – wie jede andere auch – ebenso eine unpersönliche, eine universelle Dimension hat. Und nur, wenn wir uns der Verantwortung bewusst und auch bereit sind, sie zu übernehmen, können wir sagen, ich habe etwas weiterzugeben und ich stehe dazu. Auch hier wird deutlich, dass wir uns diese Haltung wieder selbst erarbeiten müssen, denn unsere westliche Kultur gibt uns dafür keinen Wink und keine Wegzeichen.

Wie selbstverständlich dahingegen ist die Rolle der Ahninnen und Ahnen in den indigenen Kulturen, wenn es um die Überlieferung kultureller und spiritueller Werte an die zukünftigen Generationen geht. Sie sind bedeutend für die Generationen der Zukunft und auch für die lebenden Enkelkinder in ihrem Umfeld. Die früher schon erwähnte Forschungsarbeit an der Universität Oklahoma über *Native American Grandmothers* berichtet, dass auch mehrere wissenschaftliche Studien über Indigene in Nordamerika übereinstimmend herausgefunden haben, dass die Alten einen hohen Status innehaben, der auf ihrer Kenntnis traditioneller Praktiken und ihrer spirituellen Weisheit beruht. Ein vorrangiger Pfad für die Weitergabe dieses Wissens gehe von den Großeltern aus. Nicht, dass wir dies nicht ohnehin schon wüssten, aber für die Zweifelnden, die in erster Linie wissenschaftlichen Forschungen vertrauen, können diese Studien erhellend sein. Eine der ersten hier gesammelten Forschungsarbeiten über Großelternschaft zitiert demnach die besondere Bedeutung der *Native American* Großmütter als Erzieherinnen für die Enkelkinder. Die Großmütter seien bekannt dafür, sich für eine Fortdauer ihrer Kultur einzusetzen, auch wenn sie sich gleichzeitig an historische und kulturelle Veränderungen anpassten. Und die Untersuchung zieht den Schluss, dass auch die heutige indigene Großmutter Amerikas noch eine lebendige Quelle der Geschichte für ihre Enkelkinder bleibt. Durch die Fürsorge der Älteren und ihr Unterrichten der Kinder geschah es, dass kulturelles Wissen und spirituelles Bewusstsein über Generationen erhalten wurden. Allerdings erfuhr der traditionelle Status weiblicher Älterer durch die Kolonialisierung und die Politik der US-Regierung erhebliche Anfechtungen. Als die eingewanderten Eroberer die Herrschaft über die Stämme gewannen, haben ihre Repräsentanten gewöhnlich nur mit den jungen Männern als Führer der Stämme interagiert, und so wurde der traditionelle Status der Älteren und der Frauen untergraben. Bestrebungen der Regierung, die Beschlussfassungs-Autorität der weiblichen und männlichen Älteren zu zerstören, sei in Studien belegt, so die genannte Forschungsarbeit. Dabei erlitten den größten Angriff auf ihre traditionelle Autorität die weiblichen Älteren.[43]

Wo man die Zukunft einer Kultur auslöschen wollte, da untergrub man die Weisheit der Älteren, insbesondere der älteren Frauen – im weitesten Sinne also der Großmütter, die nicht ohne Grund auch eine wichtige Position in den Schöpfungsmythen dieser Völker innehatten. Sie sind diejenigen, welche die essenziellen Weisheiten und Bedeutungsmuster in sich tragen und weitergeben, damit die zukünftigen Generationen ihre Welt in Übereinstimmung mit einer heiligen Ordnung gestalten können.

In Westeuropa ist das Ansehen der weisen alten Frauen, die ihr Wissen an die Jugend weitergeben, ebenso zerstört worden. Man denke nur an die Verfolgung und Dämonisierung der heilkundlichen Frauen und „Hexen". Damit wurde gleichzeitig eine Lebensweise ausgehöhlt, die das Weibliche und das Alter ehrt. Im Laufe der Zeit, zusammen mit der fortschreitenden Industrialisierung, schien dann auch mehr und mehr der Sinn für eine Generationenverantwortung zu schwinden. Schließlich haben die beispiellosen technischen Neuerungen und Möglichkeiten der Ressourcenausbeute der letzten Jahrzehnte uns Menschen dermaßen den Kopf verdreht, dass wir, süchtig nach den vermeintlichen Annehmlichkeiten des Augenblicks, die zukünftigen Generationen – unsere menschlichen Kindeskinder wie auch die Nachkommen der Tiere und Pflanzen auf dieser Erde – völlig aus dem Blick verloren haben.

So verwundert es nicht, dass wir heutigen Großmütter ziemlich tief graben müssen, um uns wieder mit diesem Vermögen vertraut zu machen: Über den engen Horizont der eigenen Generation zu blicken und zu wirken. Wir finden es nicht in Büchern. Wir müssen es erinnern, erspüren. Eine der befragten Großmütter ließ im Gespräch ihre Unsicherheit darüber anklingen, als sie darüber sprach – wir hatten diesen Auszug im dritten Kapitel schon angeführt –, wie sie ihre Verbindung zu dem „großen Ganzen" weitergeben möchte und hinzufügte: „Ich weiß nicht genau, wie das geht. Vielleicht mache ich es schon?" Diese Unsicherheit müssen wir möglicherweise aushalten; es gibt keine Anleitungen, es steht nirgendwo geschrieben.

Eine der Großmütter schreibt Geschichten für ihre Enkelin. Sie erzählt, wie die Enkeltochter in einer größeren Krise steckte. Neben der professionellen Hilfe, so schien es der Großmutter, brauchte sie noch etwas anderes:

*Eines Abends schrieb ich eine Kurzgeschichte und legte sie ihr auf das Kopfkissen, so dass sie sie finden würde, wenn sie zu Bett ging. Ich hatte innerlich gelauscht, welche Art von Geschichte ich ihr erzählen könnte, denn sie war inzwischen zehn Jahre alt. Die Erzählung, die auftauchte, handelte von einem Mädchen, auch zehn Jahre alt, und ihrer Beziehung zu Tieren, zu ihrer Mutter, einer Tante und einem Urgroßvater.*

*Es ist eine Geschichte, die von einer tiefen Beziehung zur natürlichen Welt, zu Heilung, zu den Sternen und zu den Sprachen der Welt durchdrungen ist. Ihr Gesicht leuchtete auf, als sie das Notizbuch auf ihrem Kissen sah – ein Blick, den ich für lange Zeit nicht an ihr gesehen hatte, ein Ausdruck von Erstaunen und Glück. „Das sieht spannend aus", sagte sie.*

*Und ein Teil von mir entspannte sich, und ich wusste, dass ich damit weitermachen konnte, leise ihre Beziehung zur natürlichen Welt zu fördern, eine Beziehung, die Ruhe bringt und ein Gefühl für die Stimmigkeit der Welt.*

*Ich spüre deutlich, dass meine Verantwortung darin liegt, dabei zu helfen, diese Fäden der Verbindung und der inneren Stabilität zu weben. Eine Stabilität, die von der Liebe zum Land, den Sternen und dem Lauschen auf die natürliche Welt kommt.*

Mir fiel auf, dass die meisten Großmütter, wenn es um Verantwortung und Weitergabe ging, auch mit der inneren Festigkeit ihrer Enkelkinder, mit deren seelischem Gleichgewicht und Selbstvertrauen, beschäftigt waren. Bei näherem Hinsehen liegt das nahe, bürgt doch diese Art innerer Stabilität für das Hegen und Pflegen bedeutsamer Qualitäten weit in die Zukunft hinein. Doch zunächst geht es darum, dass sie jetzt, im eigenen Leben, ihre Aufgaben meistern.

Eine der Großmütter betonte, was sie vorrangig den noch kleinen Enkelkindern weitergeben möchte, sei die Stärkung der eigenen Wahrnehmung.

*Jede Generation bringt etwas Bestimmtes mit, was für ihre Zeit gebraucht wird. Auch die unserer Enkel. Und da ist es wichtig, dass sie ihren eigenen Qualitäten vertrauen. Dem, was ihre Seelen mitbringen. Ich meine Selbstvertrauen; nicht was ich kann und mache, eher in dem Sinn, dem zu vertrauen, was ich spüre: „Was ich spüre, ist wirklich. Es ist Realität." Das wird heute niemandem gesagt. Man lässt sich so schnell in Frage stellen. Sämtliche Instanzen werden erst abgefragt – Ärzte, Lehrer, das Internet –, bevor ich schaue, was ich selbst spüre.*

*Aber: Ich bin eine Seele, und ich kann nur diese eine verwirklichen. Und es ist wichtig, das ernst zu nehmen. Also über dieses Spüren. Und wenn sie älter werden, können wir das auf eine andere Weise stärken.*

Die Großmutter der „Wahl-Enkel" bringt das in einen Zusammenhang mit Respekt:

*Es ist mir auch wichtig, den Respekt vor mir, vor den anderen, vor der Natur – ihnen das als Grundlage mitzugeben. Aber auch, dass ich versuche, sie zu sehen, wie sie sind. Und sie darin anerkenne. In dem, was ihre wirklichen Qualitäten sind.*

*Bei manchen ist es auch offensichtlich, wo es hapert. Das berührt auch mein Herz, wenn ich sehe, wie sie im Leben schon kämpfen. Wie schwer es manche Kinder hier auch haben.*

*Ich merke auch, wie eine unserer Ältesten unter der Pandemie gelitten hat. Und das konnte ich auch so sehen und anerkennen. Und anerkennen, wie viel sie für die kleine Schwester tun muss. Man sieht dann auch die ganz verschiedenen Seiten. Nicht nur: Du kannst dies, und du kannst das. Es hat eine größere Dimension. Das ist, was ich weitergeben möchte. Die Verantwortung sehe ich schon, dass ich die Kinder gut behandele. Sie zu respektieren, wie sie sind, und sie zu unterstützen in dem, wie sie sind.*

Diese Haltung der Wahrnehmung und Anerkennung *aller* Seiten war in früheren Generationen, als die Älteren dieser Zeit Kinder waren, nicht überall verbreitet, und manchmal braucht es einen Kraftakt, das Gewohnte und am eigenen Leib Erlebte zu überwinden und eine Kette der Überlieferung auch bewusst zu unterbrechen. Es gibt eben auch Dinge, die Großmütter *nicht* weitergeben möchten. Im folgenden Beitrag sehen wir, wie auch der Wechsel in eine andere Kultur hilft, eine Folge von unerwünschten Traditionen ganz „unmerklich" zu durchbrechen.

*Zum Beispiel Erziehungsvorstellungen, die uns auch als Kinder noch geprägt haben, mit ihnen ist bei mir durch mein Eintauchen in eine ganz andere Kultur ja sowieso ein ganz radikaler Bruch passiert. Das habe ich schon bei der Erziehung meiner Kinder über Bord geworfen, als ich sah, dass es auch ganz anders geht.*

*Denn hier herrschen ganz andere Vorstellungen zu Kindererziehung als in Deutschland. Selbst noch Anfang der 80er, bei meinem ersten Kind, das in Deutschland zur Welt kam, wurden mir sehr starre Ansichten über Rhythmus vermittelt. Beim zweiten, das hier in Südostasien geboren wurde, war es dann anders. Die Mütter aus der Generation vor mir, beispielsweise Tanten meines Mannes, schlugen mir ganz anderes vor.*

*So habe ich dann nach und nach die Vorstellungen, die mir mitgegeben wurden, über Bord geworfen. Das passierte eher unmerklich.*

*Wenn ich zurückschaue, sehe ich schon, dass in Deutschland die Haltung noch sehr präsent ist, dass bestimmte Dinge nach einem bestimmten Schema ablaufen müssen, oder dass auch Strenge und eine autoritäre Einstellung in der Kindererziehung noch anzutreffen sind. Das ist sehr fern von der Kultur, in der wir hier leben, das würde hier gar nicht reinpassen.*

Bei diesem Thema wurde mir deutlich, welchen gewaltigen Sprung die gegenwärtige Großelterngeneration auch in unserem Kulturkreis vollzogen hat. Ein Großteil derer, die Eltern für meine Generation waren, also der Urgroßeltern unserer Enkelkinder, waren hierzulande und in Nachbarländern Kriegskinder im Zweiten Weltkrieg und in der Nazizeit. Damals herrschte in Deutschland das grausame Ideal einer Erziehung vor, die von der Ärztin Johanna Haarer unter anderem in ihrem Ratgeber von 1934 „Die deutsche Mutter und ihr erstes Kind" vertreten wurde. Das Buch war ein Bestseller und seine Philosophie beeinflusste nicht nur die Eltern und Erzieher:innen jener Zeit, sondern auch noch nachkommende Generationen. Bis in die späten 1980er Jahre wurde es – ein wenig bereinigt von allzu grober Nazi-Sprechweise – von deutschen Familien gekauft und stand in Bücherregalen deutscher Haushalte. In dieser Art von „Erziehung" geht es darum, die Bedürfnisse der Kinder, sogar schon der Säuglinge, zu ignorieren und sie möglichst bindungsarm aufwachsen zu lassen. Schreien lassen und die Vermeidung von Zärtlichkeiten sollten sie abhärten. So sollten Kinder nach dem Willen des NS-Regimes zu nützlichen Mitläufer:innen und Soldaten herangezogen werden. Wissenschaftler:innen und Psycholog:innen folgern, dass dies bei zahlreichen Betroffenen zu einer Bindungsstörung geführt hat, die seitdem auch vielfach über die Generationen weitergegeben wurde. Sogar in anderen europäischen Ländern war dieser Erziehungsstil populär und über Deutschland hinaus weit verbreitet, wie entsprechende Studien berichten. Viele Eltern unserer jetzigen Großelterngeneration, die selbst unter diesen Grausamkeiten heranwuchsen, mögen in Teilen eine solche Haltung an ihre Kinder, die jetzigen Großeltern, weitergegeben haben. Bedenkt man, wie weit sich durch die sogenannte transgenerationale Weitergabe schwere Traumata über die Psyche bis in die Gene fortpflanzen und Menschen prägen, ist es umso erstaunlicher, dass andere Zeiten auch durchaus andere Lebensweisen und Beziehungen hervorbringen. Wandel ist möglich. Die derzeitigen Großeltern haben zu einem großen Teil ihre Kinder freier und liebevoller aufwachsen lassen. Wenn auch diese durch Erziehung erzeugten Bindungsprobleme noch heute manche Menschen beeinträchtigen und leiden lassen, so wird doch deutlich, dass Ketten der Weitergabe auch unterbrochen wurden und neue – vielleicht auch zugleich uralte – Impulse von Menschlichkeit in das Lebensgefüge eingewoben werden können.

Wenden wir uns also wieder den heutigen Großmüttern zu, und dem, was sie ersehnen, weiterzugeben:

*Was ich gern weitergeben möchte, ist eine totale Liebe und Verehrung für die Natur, dafür, wie magisch und majestätisch die Welt der Natur ist, sei es ein Baum, ein Eichhörnchen, ein Vogel.*

*Und auf einer praktischen Großmutter-Ebene möchte ich ihnen ein paar Fertigkeiten für das Leben mitgeben. Ich wünsche, dass sie es lieben zu malen, zu kochen, zu gärtnern, zu stricken, Spielzeug zu machen, all dies.*

*Und ich möchte das weitergeben, weil dies sie durchs Leben tragen wird, wenn ich nicht mehr da bin, wenn vielleicht ihre Eltern nicht da sind. Damit sie beispielsweise wissen, wie man kocht. Einfach auch, um die Freude wertzuschätzen, die darin liegt, dein eigenes Leben zu leben, und um fähig zu sein, das eigene Leben zu bewältigen, unabhängig davon, ob Geld da ist oder nicht.*

*Grundlegende Fertigkeiten, die Tausende von Jahren alt sind, bieten etwas für die Seele. Das möchte ich ihnen gern geben, wenn ich es mit ihnen teilen kann.*

Weitergeben können wir nur, was auch Teil unseres eigenen Lebens ist. Wir überliefern, was wir sind, und reichen weiter, dadurch dass wir es leben, vor allem aber, *wie* wir es leben. Es sind weniger die Fertigkeiten selbst, es geht den befragten Großmüttern nicht um ein Unterrichten in Tätigkeiten, sondern um die Liebe, die wir in unseren Umgang mit der Welt geben. Hier die Stimme einer anderen Großmutter:

> *Und natürlich mein Leben, das ist sehr naturverbunden, mit den Tieren, mein Wissen über Pferde, also die mehr-als-menschliche Welt, und das ist was, was natürlich weitergegeben wird, weil ich es lebe. Weil wir darüber sprechen. Beide Enkel lieben die Hunde. Im Grunde ist es das Leben, und das Leben, das wir teilen, mit all den anderen Wesen. Die Liebe zur Erde. Das ist einfach etwas, das, wenn wir zusammen sind, immer da ist.*
>
> *Das habe ich aber auch bewusst; es ist eine bewusste Entscheidung, dass ich das vermitteln und teilen möchte, und das ist einfach auch meine Reise durch das Leben. Ich denke schon, dass ich auch meinen Kindern viel davon mitgegeben habe, aber wesentlich unbewusster, und mehr eingebunden in andere Zwänge.*

## DIE ERDE LIEBEN

Die Erde glühend zu lieben ist eine der wertvollsten Kostbarkeiten, die wir in diesen Zeiten an die Nachkommen weiterreichen können. Unsere weibliche Verbindung, ja Intimität mit diesem Wesen, das wir die Erde nennen, ermöglicht uns Großmüttern eine besondere Leichtigkeit, diese Liebe gemeinsam zu erleben. So berichten viele Großmütter von Erfahrungen, in denen sie zusammen mit den Enkelkindern etwas für und mit der Erde gestalten. Es beginnt mit ganz einfachen Dingen.

*Was mir wirklich wichtig ist: die Beziehung zur Natur weiter-*
*zugeben, weil ich das auch sehr gefährdet sehe. Und weil ich*
*sehe, wie schwer es ist, zumindest für meinen ältesten Enkel,*
*der in dieser riesigen Stadt so wenig rauskommt. Wir haben es*
*in den zwei Jahren Pandemie nur zweimal geschafft, aus der*
*Stadt rauszukommen. Das war immer mein Anstoß meiner*
*Tochter gegenüber, „Wir müssen mal raus". Wir suchen etwas,*
*wo wir hinfahren können, wo wir aussteigen können und*
*keinen Menschen treffen, einfach Natur. Das ist hier nicht*
*einfach.*

*Zu Anfang der Pandemie gab es eine große Aktion einer*
*NGO, Cassava oder Tapioka [Maniok] zu pflanzen. Eine*
*Pflanze, von der man sowohl die Wurzeln essen kann als auch*
*die Blätter. Die Blätter sind überaus vitaminreich, und die*
*Wurzeln sind sehr stärkehaltig. Du hast also die Kohlehydrate*
*und die Vitamine der Pflanze. Und diese Pflanzen wachsen*
*sehr leicht, man steckt einfach Stecklinge in den Boden, und*
*sie wachsen. Da gab es eine Aktion, eine Million Tapioka zu*
*pflanzen, die Stecklinge wurden verteilt. Es war eine vorsorg-*
*liche Maßnahme in der Ungewissheit, denn man befürchtete*
*eine große Wirtschaftskrise. Überall, wo es Grünflächen gibt,*
*sollte gepflanzt werden.*

*Daran habe ich mich mit meinem Enkelsohn beteiligt.*
*Solche Pflanzen wachsen hier ja sehr schnell, du kannst ihnen*
*dabei zuschauen, und wir konnten immer zusehen, wie die*
*Blätter sprießen, und nach ein paar Monaten haben wir ge-*
*erntet und Gemüse davon gekocht. Mein Enkel führt ja auch*
*so ein Großstadtleben, mit sehr vielen elektronischen Gadgets.*
*Ich finde es wichtig, dass er auch den Kreislauf in der Natur*
*kennenlernt und weiß, woher die Nahrung kommt. Wir haben*
*gerade heute Gemüse von den Blättern gekocht, die kannst du*
*immer wieder ernten, und sie wachsen nach.*

Für Kinder, die in ländlicheren Gegenden aufwachsen, ist es natürlich leichter, die Verbindung zur Erde zu leben. Eine Großmutter aus Nordamerika erzählt:

> *Ich erinnere mich, als sie noch sehr klein war, bin ich mit ihr in ihrem Kinderwagen in der Nachbarschaft spazieren gegangen und habe ihr die verschiedenen Kräuter und einheimischen Pflanzen gezeigt, mit ihr die verschiedenen Düfte gerochen. Es war ein intuitives Gefühl, ihr zu helfen, sich mit der Natur zu verbinden und eine Intimität mit der Welt der Natur wiederzuerkennen. Es war ein Weg, ihr ein Gefühl von Sicherheit zu geben.*
>
> *Ganz praktisch habe ich echte Samen mit ihr gepflanzt, und Setzlinge, und wir kümmern uns zusammen darum. Als sie kleiner war, hat sie es geliebt, mit ihren Händen im Erdreich zu wühlen, und es hat sie immer entspannt, wenn wir zusammen einen kleinen Garten gepflanzt haben. Heute fühlt sie sich in einem Garten oder einem Bauernhof zuhause, und sie hat einen guten Draht zu Pflanzen, Kräutern und Gemüse.*

Diese Erzählung erinnerte mich daran, wie ich meiner Enkelin – zum ersten Mal ganz wach und aufmerksam – unseren Garten zeigte. Lange Zeit hatte ich mich darauf gefreut. Schon bevor meine Enkelkinder geboren oder nur angekündigt waren, sah ich manchmal, wenn ich versunken in meinem Garten arbeitete, vor meinem inneren Auge die kleinen zukünftigen Wesen zwischen den Büschen hüpfen. Als meine Enkeltochter in dem Alter war, dass ihre Laute begannen, sich zu Namen und Worten zu formen, strolchten wir zusammen, sie auf meinem Arm, durch den Garten. Wir erkundeten Blumen, Büsche, Bäume, die Eichhörnchen, Bienen und Vögel. Ein Moment von großem Zauber war, als wir vor unserer riesigen alten Birke standen, unserem majestätischen Wächterbaum, der schon zweimal mit mir umgezogen war, das Verpflanzen immer gut überstanden hatte und jetzt seit über dreißig Jahren an diesem Platz stand. Eine meiner Töchter hatte ihre halbe Kindheit lang in ihren Zweigen gesessen, geträumt und gedichtet, alle Kinder liebten es, darin zu klettern. Mit ihrer breiten Krone hat sie heftige Stürme überstanden, in den heißer werdenden Sommern schenkt sie uns frische und kühlende Luft, erholsamen Schatten und das summende Rauschen ihrer Blätter im Wind, in der Kälte des Winters den berührenden Anblick ihres freien filigranen Geästs, durch das von Westen her die Abendsonne schimmert. Sie ist nicht nur wunderschön, sie ist auch ein Mitglied unserer Familie. Es war Zeit, meiner Enkeltochter dieses Familienmitglied vorzustellen, und umgekehrt unseren Baum mit dem Wesen bekannt zu machen, das neu in unseren Kreis gekommen war. Ich ließ sie mit ihren Händchen die knorrige Rinde am Stamm berühren, und die zarten weißen Flecken, die sich wie eine sanfte Haut über die Stellen zwischen den rissigen Furchen ziehen. Ich sagte den Namen: Baum. Und das Kind wiederholte mit einer berückenden Innigkeit Baum, während sie ihre kleinen Hände über die Rinde gleiten ließ. Das erste Mal, dass sie dieses Wort sprach. Es war ein Moment voller Liebe. Ganz unbeabsichtigt wie eine Zeremonie des Kennenlernens und Begrüßens. Und auf eine gewisse Weise lebt dieser Augenblick des Zaubers fort. Er ist in ihren Augen, wenn sie mich anschaut.

Ein paar Jahre später las ich bei der Indigenen und Wissenschaftlerin Robin Wall Kimmerer in ihrem Buch *Das Sammeln von Moos*: „Nach indigenem Verständnis wird jedes Lebewesen um uns herum als nicht-menschliche Person wahrgenommen, und jedes hat seinen eigenen Namen. Es ist ein Zeichen von Achtung, ein Lebewesen mit seinem Namen anzusprechen, und ein Zeichen von Respektlosigkeit, das nicht zu tun. Worte und Namen sind das, womit wir Menschen Beziehungen aufbauen, nicht nur untereinander, sondern auch mit den Pflanzen."[44] Das Gleiche gilt, so denke ich, für die Tiere, und auch für die Flüsse und die Berge. Für Wälder, die abgeholzt, Flüsse, die vergiftet, und Tiere, die in riesigen Mastställen gehalten werden. Traurigerweise haben sie für uns keine Namen; unsere Beziehung ist nicht eine, die von Liebe, sondern einzig von Eigennutz und Ausbeutung geprägt ist. Sie sind in unserer Auffassung leblose Dinge geworden, Sachen, ein „Es". Kein „Du", schon gar nicht sind wir zusammen ein „Wir". Doch wir können diese ursprüngliche Beziehung wiederbeleben und sie dann dem Weg in die zukünftige Welt überlassen.

Einige Großmütter sprachen, wenn es um Weitergabe ging, davon, dass sie den Enkeln helfen möchten, sich mit der Natur zu *verbinden*. Ich glaube nicht, dass es so ist. Diese Großmütter glauben es wahrscheinlich auch nicht, doch wir haben keine andere Sprache. Unsere Sprache drückt unsere gewohnte Haltung aus, die von Trennung geprägt ist. Und ich selbst spüre beim Schreiben dieses Dilemma; möchte ich wirklich über unsere Liebe zur Erde und ihre Saat für die Zukunft sprechen, so kann ich eigentlich nicht unsere Sprache benutzen. Denn wir müssen uns gar nicht mit der Natur verbinden, schon gar nicht die Kinder, wir *sind* verbunden. Nicht einmal das stimmt so ganz, denn wir *sind* Natur. Warum sollten wir dann den Kindern helfen, sich mit der Welt der Natur zu *verbinden*? Sie sind eins damit. Doch sie wachsen in eine Welt der Trennungen hinein, lernen unsere Sprache, die diese Spaltung beständig unterstreicht, erfahren unsere Haltung und unseren Umgang mit einer „Natur", die wir als außerhalb von uns und verdinglicht betrachten. Wir nennen sie „Umwelt" und nicht „Mitwelt". Wir alle sind von dieser Haltung des Getrenntseins geprägt, auch wenn wir uns bemühen, eine ursprüngliche Einheit wiederzufinden und uns wieder neu zu verbinden.

Die Kinder sind verbunden, sind eins. Wobei wir ihnen helfen können, ist diese Einheit zu *erhalten*. Und wir können ihnen unsere Liebe zur Erde zeigen. Sie nehmen diese Liebe ganz mühelos auf, weil sie ohnehin schon da ist, in ihrem Innern. Sie ist im Innern eines jeden Menschen. Doch sie geht schnell verloren, wird überlagert von den vielen Dingen, die uns umgeben, und von den Gedankenformen dieser Welt. Wir können diese Liebe für sie und mit ihnen halten. Wir sprachen zuvor vom Raum, der Großmüttern in der Beziehung mit den Enkelkindern so wichtig ist. Großmütter können den Enkelkindern Raum geben, so dass sie selbst lieben können, dass sie ihre Liebe für die Erde ausdrücken können. Ihre Liebe für die Erde ist das Fundament für ihre Zukunft, ein unermessliches und unersetzliches Gut, das wir weitergeben können. Es ist das, was die Erde für ihre Heilung zu allererst braucht: Unsere Liebe, die aus einer Haltung kommt, in der sie heilig ist.

> *Mit meinem kleinsten Enkel haben wir gemeinsam einen Baum. Das ist ein Riesenbaum, eine alte Eiche, wir besuchen ihn und dann umarmen wir ihn, und neulich hat er die Rinde geküsst. Und dann habe ich das auch gemacht. Und abwechselnd. Deshalb gehe ich auch gern allein mit ihm spazieren, weil ich das mit ihm so intensiv erleben kann.*

Wie nachhaltig nur kleine Gegebenheiten wirken, zeigt uns die kleine Geschichte einer Großmutter mit einer findigen Idee:

> *Mein vierjähriger Enkel begann damit, absichtlich immer wieder auf Ameisen oder auf ein Insekt zu treten. Und natürlich machte mir das sehr viel aus. So sagte ich ihm eines Tages: „Schau, sie versucht, nach Hause zu laufen, zu ihrer Mama und ihrem Papa."*
>
> *Und er erinnert dies immer noch. Neulich hörte ich ihn auf dem Spielplatz sagen: „Sie versucht, nach Hause zu kommen, zu Mami und Papi."*

Mich hat dieses sanfte Eingreifen beeindruckt. Die Großmutter hat kein Verbot ausgesprochen, hat nicht moralisch wertend reagiert, hat nicht geschimpft. Vielmehr hat sie eine Geschichte angeboten, die in die Erfahrungswelt des Vierjährigen passte, die er gut verstehen konnte. Die Ameise wurde ihm vertraut, er konnte sich in sie hineinfühlen, sie war ein fühlendes Lebewesen wie er selbst.

Eine andere Frau erzählt, wie sie ihre Beziehung zu der Mehr-als-menschlichen-Welt aus ihrem eigenen Leben beständig an die Enkelkinder weitergibt.

*Ich bin jemand, die eine starke Verbindung zur Erde hat, und eine sehr große Liebe für die Erde, und in diesem Bereich arbeite ich auch. Wo ich dem Leben zurückgebe, was ich geschenkt bekommen habe.*

*Das ist etwas, das die Enkel durch mich erfahren. Das erfahren sie auch durch ihre Eltern, das passt gut zusammen. Vielleicht habe ich manchmal mehr die eher unsichtbare Qualität darin; das Sichtbare ist, was die Eltern im Garten mit ihnen machen. Ich kann auch mit den Kindern im Garten sein, aber auch die Tierwelt, die nicht-menschliche Welt, ist wichtig. Ich kann ihnen zeigen, dass ein Pferd ein fühlendes Wesen ist. Zeigen ist eigentlich nicht das richtige Wort, es geschieht eher durch den Umgang, mit den Gefühlen umzugehen. Wenn wir beispielsweise sehen, das Pferd ist heute traurig.*

*Ich glaube schon, dass es ein Saatgut für die Zukunft ist, nicht für sie allein, sondern auch für die Welt. Mir ist die Beziehung wichtig. Mit allem Leben, mit den Tieren. Wären wir auf diese Weise in Beziehung mit der Erde, so wäre sie nicht in diesem Zustand. Das ist etwas, das ich weitergeben kann. Der Hund, der da liegt, der ist ein Mitglied der Familie, der sein Wesen einbringt.*

*Das sind für mich sehr weibliche Qualitäten. Gerade dieses Beziehungsthema. Das ist etwas, das in meinem Leben und durch mein Leben hineinfließt. Die Kinder spüren das, man sieht es auch. Das ist sehr kostbar. Das halte ich auch, weil es sehr kostbar ist. Das ist auch ein Geschenk, das ich bekommen habe, es ist das Einzige, was ich wirklich zurückgeben kann, die Erfahrung.*

Diese Großmutter spricht aus der Erfahrung der Reise ihres Lebens. Selbstverständlich haben auch Menschen aus anderen Generationen und junge Menschen eine ähnliche Beziehung zur Erde und zur Anders-als-menschlichen-Welt. Sie können diese Liebe ebenso mit den Kindern teilen. Gleichwohl bringt die Erfahrung eines langen Lebens eine andere Note in die Überlieferung. Sie hat sich gesetzt zu einer unsichtbaren Substanz im Innern, die sich von Herz zu Herz vermittelt.

Eine der Großmütter sinnt über die weitere Perspektive nach, als sie darüber spricht, wie sie die Liebe zur Erde mit den Enkelkindern über den Garten und das Pflanzen und Ernten teilt:

> *Darüber kann ich das sehr gut mit ihnen leben, diese Verbindung.*
>
> *Aber auch auf der inneren Ebene, da frage ich mich manchmal, ob ich mich da auch noch verbinden kann, im Hinblick auf die Kinder, auf alle, die noch kommen, das geht dann auch in das Große, betrifft nicht nur persönlich meine Enkel. Ich weiß es nicht, aber ich habe den Wunsch, ich habe auch die Sehnsucht danach, mehr weitergeben zu können, das, was gebraucht wird. Worauf sie zurückgreifen können. Das wünsche ich mir einfach, aber ob mir das gelingt?*

## BANGEN UND HOFFEN

Als meine Enkelin einmal mitten im gemeinsamen Spiel und ganz unvermittelt in das Geschehen mit den Worten platzte: „Ich möchte später auch einmal eine Oma werden", war ich überrascht und berührt, und was sie da ausdrückte, klang noch eine Weile sanft in mir nach. Vielleicht war da auch eine Art Anerkennung zu spüren, doch das war nur vordergründig. Darunter klopfte ein anderes Gefühl in mir an: Für einen kurzen Moment entfaltete sich vor meinem inneren Auge ein Bild von ihr als Großmutter, viele Jahrzehnte später. Es war leicht, sie sich als Großmutter vorzustellen, aber schwer war die Vorstellung einer Welt, in der sie dann leben würde.

Die Bewunderung dafür, dass sie bereits als Fünfjährige diese Perspektive und vorausschauende Freude am Leben in sich trug, mischte sich mit dem leisen Gefühl des Kummers über die Zukunft unserer Welt und unseres Planeten und damit der Sorge um die zukünftigen Generationen. Die Voraussagen der Wissenschaftler:innen für eine Zeit, in der meine Enkelin selbst Enkelkinder haben könnte, in fünfzig bis sechzig Jahren also, sind düster. Selbst unter der Prämisse, dass wir die Ziele der begrenzten Erderwärmung einhalten würden, wonach es momentan gar nicht aussieht. Bereits gegenwärtig beschleunigen und verstärken sich die Auswirkungen des Klimawandels weit über die ursprünglichen wissenschaftlichen Berechnungen hinaus. Man spricht davon, dass Kippunkte bereits erreicht sind. Überdies sind die Klimaveränderungen und die damit verbundenen lebensfeindlichen Extremwetterereignisse wie Überflutungen, Dürren und anhaltende Hitzewellen nicht die einzigen Merkmale des Sterbens einer Zivilisation, das bereits begonnen hat. Hungerkatastrophen, Artensterben, Flüchtlingselend, sich häufende Kriegsszenarien und Kämpfe um sauberes Wasser und andere Ressourcen werden zunehmend alle Bewohner:innen dieses Planeten in allen Regionen betreffen.

Mit diesen äußeren Ereignissen geht eine Entwicklung einher, die wir seit den vergangenen Jahrzehnten schon verstärkt beobachten können: Der Weg, den die Menschheit eingeschlagen hat, hat sie in die Irre geführt. Nicht nur Fake News und Verschwörungstheorien in den sozialen Medien, die für viele Menschen zur Hauptinformationsquelle geworden sind, nicht nur die neueste, unüberschaubare Entwicklung der künstlichen Intelligenz, die beides, Segen und Fluch, sein und uns auf beängstigende Weise verblüffend täuschen

kann, nicht nur Populismus und soziale Spaltungen, sondern auch
der ungebremste Materialismus, die trotz besseren Wissens fort-
schreitende Ausbeutung der Natur und der Mehr-als-menschlichen
Welt gehen auf eine Sinnleere zurück, die in ihren Auswirkungen
viele Menschen völlig orientierungslos zurücklässt. Was sind Werte,
die es zu erhalten und zu leben gilt, was nährt das Leben, was ist
Recht, was Unrecht, was ist wahr und was falsch, was hat Bedeutung, was ist wesentlich, wohin geht die Reise? Unsicherheit wird
zum vorherrschenden Lebensgefühl.

Und so frage ich mich und kann es mir gar nicht vorstellen, wie
die Welt wohl aussehen wird, in der meine Kindeskinder ihre eigenen Enkelkinder in den Armen wiegen werden. Die Versuchung ist
nah, mich in Verzweiflung fallen zu lassen, doch ich halte sie an,
jedes Mal, wenn ihr scharfer Hauch mich anweht; denn ich weiß,
dass sie alles andere als hilfreich ist, und ganz bestimmt den nachkommenden Generationen nicht zuträglich.

Was aber könnte diesen Platz einnehmen, wenn wir der Verzweiflung keinen Raum geben möchten? Über diese inneren Vorgänge
und Fragen tauschte ich mich mit den Großmüttern aus, denn ich
hielt sie für ebenso wichtig wie die Erkundung all der verheißungs-
vollen Möglichkeiten. Ich wollte wissen, ob es dieses innere Ringen
auch bei anderen Großmüttern gibt, und wie sie damit umgehen.
Unser Kummer, unsere Schmerzen und unsere Ängste sind real. Sie
wegzuwischen wäre töricht. Sie mit dem Zuckerguss eines netten
Oma-Seins zu übertünchen, wäre nicht nur unwahrhaftig, vielmehr
würde damit auch eines der Grundelemente für das Heilende
fehlen. In anderen Lebenssituationen habe ich, manches Mal
auf bittere, doch letztlich immer auf segensreiche Weise erfahren
dürfen, dass nur anerkannter, nur bezeugter Schmerz und Kummer
das Potenzial von Wandlung und Erneuerung in sich tragen. Meine
Gesprächspartnerinnen erzählten von ähnlichen Gefühlen und so
erfuhr ich, dass sie diese Sorge auch kennen. Meine Frage war, wie
sie damit umgehen. Und ob es nach ihrer Vorstellung etwas gebe,

das wir jetzt mitgeben könnten, was wir im Hinblick auf unsere Nachkommen für ihre Zukunft beitragen könnten – für eine Zeit, in der wir nicht mehr hier sein werden.

> *Ich höre und fühle das Leiden der Welt – in großem Maße jetzt —, und es ist nicht leicht, das zu halten, gleichzeitig mit dem, dass ich eine Vision für die Zukunft halte, die schön ist. Diese beiden Polaritäten zu halten ... Ich schlage mich sehr damit herum. Ich bin nicht sehr gut darin.*

Und eine andere Großmutter:

> *Klar, ich mache mir auch Gedanken, Sorgen, und manchmal denke ich: Was für einen Müll und was für eine zerstörte Welt hinterlassen wir den Kindern und Enkelkindern? Und dann merke ich aber, so komme ich in eine Sorge, die mir nicht guttut.*
>
> *Ich komme daraus, wenn ich bete. Ich bete jeden Morgen, ich bete jeden Morgen für Mutter Erde, ich spreche viel mit Mutter Erde. Dann darf aber die Kritikerin in mir nicht sein. Die muss ich zur Seite schieben. Und mir sagen: Das ist einfach meine Liebe zu Mutter Erde, und das ist das, was ich machen kann.*

Kummer ist kostbar, solange wir nicht darin versinken. Er bricht das Herz auf, macht uns verwundbarer. In einem Interview mit der Sängerin Patti Smith, die einigen Menschen aus der jetzigen Großeltern-Generation bekannt sein mag, las ich einmal – es war vor vielen Jahren –, wie sie über Kummer sprach: Dass es ein schöner Zustand sei, ein Geschenk. Dass er sogar den Sinn für Humor stärken kann, dass man Stärke und Klarheit im Kummer finden könne. Dass es wichtig sei, ihn zu würdigen, aber dass man natürlich nicht zulassen dürfe, davon verzehrt zu werden, da Kummer beides sei: gefährlich und schön.[45] Hier sprach sie von ihrem persönlichen Kummer nach dem Tod von geliebten Menschen. Doch jeder persönliche Kummer ist auch ein Teil des Kummers der Welt. Joanna Macy, die seit vielen Jahrzehnten *Tiefe Ökologie* und Buddhismus lehrt, prägte die profunde Aussage: „Das Herz, das aufbricht, kann das ganze Universum halten." Während ein Schmerz für die Welt, Kummer und Sorge in unserer Mainstream-Gesellschaft unerwünschte Gefühle sind und als negativ und depressiv gebrandmarkt werden, sagt die erfahrene Buddhistin und Aktivistin, dass Schmerz für die Welt normal und gesund sei. Und nicht nur das: Der gefühlte und zugelassene Schmerz spende Nahrung für eine Transformation.[46] Denkt man hier weiter, wird deutlich, dass er abgelehnt und verdrängt unsere Antwort auf die bedrückende Situation blockiert, uns lähmt und unsere Kreativität erstickt. Das Herz verschließt sich.

Und wenn unsere Sorge weit über unsere Kindeskinder und alle menschlichen Nachkommen hinausgeht, wenn sie auch die leidenden Nachkommen der mehr-als menschlichen Welt betrifft, so sind wir nah beim Schmerz der Erde selbst. Der Zen-Meister Thich Nhat Hanh wurde einmal gefragt, was wir am nötigsten tun müssten, um unsere Welt zu retten, und seine Antwort war, am meisten werde gebraucht, dass wir den Klang des Weinens der Erde in uns hören.[47]

Dieses Fühlen und Bezeugen hat nichts mit Verzweiflung gemein, nichts mit Resignation, es ist vielmehr ein fruchtbarer Boden, auf dem Neues wachsen kann. „Zu verzweifeln ist leicht, Verzweiflung ist eine Versuchung. Nur eine Energie, die stärker ist als die Verzweiflung, kann sie auslöschen", schreibt die französische Philosophin Corine Pelluchon in ihrem Buch mit dem faszinierenden Titel *Die Durchquerung des Unmöglichen.*[48] Ihr Plädoyer gilt der Hoffnung. Einer Hoffnung, die nicht mit Optimismus zu verwechseln sei, und auch nicht mit einer „persönlichen, positiven Erwartungshaltung". Hoffnung sei das Gegenteil von Optimismus, schreibt sie. „Letzterer resultiert oft aus mangelnder Ehrlichkeit und fehlendem Mut – er ist eine Form der Verleugnung, die den Ernst der Lage verschleiert oder glauben macht, man habe die Lösung für alle Probleme. Es gibt keine Hoffnung ohne die vorherige Erfahrung eines kompletten Horizontverlusts. Dieser Verlust (...) zwingt sowohl Individuen als auch Völker dazu, sich von ihren Illusionen zu verabschieden".[49] Und bei der Art Hoffnung, die nur eine persönliche Erwartungshaltung abbildet, sagt sie, gehe es zunächst nur um uns selbst. „Selbst in ihrer als Ohnmacht empfundenen Passivität ist die positive Erwartungshaltung noch Ausdruck unseres Willens, die Zukunft zu kontrollieren. Persönliche, positive Erwartungen sind eine Projektion. Daher sind sie untrennbar mit der Angst vor Versagen oder Misserfolg verbunden und gehen mit einer Anspannung einher, die einen Mangel an Selbstliebe und Liebe zur Welt verrät." Echte Hoffnung sei der „Berührungspunkt zwischen dem Endlichen und dem Unendlichen", und sie setze voraus, „dass wir nichts für uns selbst verlangen."[50]

Von der Hoffnung, aber auch vom Wünschen, sprach auch eine der Großmütter:

> *Dann ist ja auch diese Trauer da, und das sage ich auch meinen Enkeln, wenn sie von der Verschmutzung der Meere sprechen, wie traurig mich das macht. Und mein Enkel sagt, ja Oma, ich bin auch traurig. Und ich bin auch wütend. Darüber, dass die Regenwälder abgeholzt werden.*
>
> *Aber es ist wichtig, mich dann auch wieder aus dem Ganzen rauszunehmen, mich nicht festzubeißen. Ich möchte die Hoffnung nicht verlieren. Dass es weitergeht. Es werden so viele Kinder geboren in meiner Umgebung. Das muss doch einen Grund haben. Und für mich sind Kinder die Hoffnung und die Zukunft.*
>
> *Und ich möchte weiter hoffen und beten, dass die Erde nicht abstürzt, dass alle Kinder auf der ganzen Welt im Meer*

*baden, auf Bäume klettern können, Regenwürmer finden,*
*Äpfel oder Papayas vom Baum pflücken, ich möchte, dass es*
*weitergeht. Und das ist mein ganz, ganz großer Wunsch.*

*Ich muss auch aufpassen, wenn ich mich manchmal sorge*
*und denke, was ist das für eine Welt? Was passiert hier, wie*
*furchtbar. Und dann muss ich mir wieder sagen: Nein, Es gibt*
*einen höheren Willen.*

*Aber ich will eigentlich, dass es weitergeht. Dass die Kinder*
*irgendwann wieder sagen können, da ist ein Bach, daraus*
*kann ich trinken. Und vielleicht geht es noch eine Weile ziem-*
*lich bergab, aber ich möchte die Hoffnung nicht aufgeben.*

Mit ihrer Lebendigkeit und Spontaneität, mit ihrer Schönheit und
ihrem Strahlen nähren die Kinder selbst auch unsere Hoffnung, so
kam es mir dabei in den Sinn. Und unser Gespräch spann sich weiter: Wenn wir mit ihnen zusammen sind, wenn da so viel Lebenskraft ist, können wir uns gar nicht vorstellen, dass etwas so ganz zu
Ende geht.

*Ja, und ich vergesse es auch manchmal, wenn ich meine jüngste*
*Enkelin im Arm habe und dieses wunderschöne Kind sehe.*
*Dann ist da so eine Freude. Es ist solch ein Wunder. Und das*
*kann doch nicht einfach so, wusch, vorbei sein. Und nicht nur*
*wir Menschen, auch die Natur, die Jahreszeiten wandeln sich.*
*Blätter fallen, und es kommen neue Knospen.*

*Aber es ist verdammt schwer. Doch das möchte ich eigent-*
*lich, dass ich die Kraft habe, das nie zu vergessen: Hoffnung*
*zu haben. Auch in die Menschheit. Auch wenn es grade nicht*
*so aussieht.*

Das Wünschen ist nachvollziehbar und Teil unserer Menschlichkeit.
Wir alle wünschen. Wir wünschen einander Glück und Gesundheit
und Wohlergehen, und das stärkt unsere gegenseitige Fürsorge und

Verbundenheit. Manchmal sind es nur leere Phrasen im höflichen Miteinander, doch auch wenn es darüber hinausgeht, verbirgt das Wünschen hin und wieder lediglich unsere eigenen Vorstellungen, es wird zur Projektion. Der menschliche Hang, die Dinge zu kontrollieren und damit Unsicherheiten beseitigen zu wollen, bricht sich gern immer wieder Bahn. Die echte Hoffnung hingegen, von der die Philosophin spricht, weiß nichts, sie öffnet sich für das Unerwartbare, und gleichzeitig ist sie ein „Fühlen des Möglichen".[51] Und damit kommt sie, wenn wir es spirituell betrachten, dem Gebet sehr nah, ähnlich wie auch das Wünschen aus dem Herzen, das sich aus der Hingabe speist. Auch auf diese Weise ist das Gebet der Großmutter zu verstehen, die mit Mutter Erde spricht. Und das Oszillieren zwischen eigenen Wünschen und Hingabe beschrieb die zuvor zitierte Großmutter ja sehr eindrücklich.

Hoffnung wird häufig als ein Licht beschrieben; so klischeehaft es klingt, ist diese Verknüpfung doch einleuchtend. Im Licht der Hoffnung können wir sehen, finden Orientierung in einer verirrten Welt. Und wenn es nicht darum geht, unsere eigenen Vorstellungen auf die Zukunft unserer Kindeskinder zu projizieren, wenn es vielmehr darum geht, den Schmerz und den Kummer zuzulassen und zu fühlen, von einem Ort der Hingabe in uns die Hoffnung zu halten, so bedeutet das nicht, dass wir passiv werden und uns entziehen. Was wir jetzt, in diesem Moment des Bangens und des Kummers angesichts der Zukunft unserer Enkelkinder – für eine Zeit nach unserer Zeit – beitragen können, auch darüber reflektierten einige Großmütter. Ein wichtiger Aspekt ist, Unterstützung für ein solides Fundament zu geben. So sprach eine der Frauen für all die Kinder in ihrer Umgebung:

*Manchmal sorge ich mich auch, oh Gott, was werdet ihr für eine Zukunft haben. Und wie schwer wird euer Leben gegebenenfalls sein. Und mit was werdet ihr kämpfen müssen?*

*Deshalb finde ich es so wichtig, ihnen jetzt auch Stabilität und Sicherheit zu geben, dass sie die Stürme des Lebens aushalten. Was wissen wir, was sie noch durchleben müssen?*

*Und ich kann einfach nur versuchen, ihnen eine Basis zu geben, das ist eigentlich alles. Ihnen eine bestimmte Fähigkeit beibringen, das ist nicht meins. Das kann ich auch nicht.*

Auch eine andere Großmutter kam auf die Tragfähigkeit einer guten Basis zu sprechen und erklärte ihre Gedanken dazu:

*Wenn du Biographien liest, z.B. Maxim Gorki: Er hatte die ersten drei Jahre eine schöne Kindheit, viele gute Erinnerungen an den Vater, dann sind die Eltern früh gestorben. Er hat, um zu überleben, im Alter von acht Jahren auf einem Schiff angeheuert und in der Küche gearbeitet. Und ist dann doch so eine Persönlichkeit geworden. Er schrieb, dass er viele gute Erinnerungen an seine allerersten Jahre hat. Das war wie ein Fundament. Und er hat noch so viel Großes in seinem Leben entwickelt.*

*Wir wissen ja nicht, was kommt. Ich glaube, dass es dir in jeder Krise am meisten hilft, wenn du Boden unter den Füßen hast. Stärkung deines Kontakts, deines Selbstwerts. Deine Intuition spüren. Nicht auf die äußeren Werte fokussiert, die allgegenwärtig sind. Es geht um die innere Stabilität, die Menschen in Krisenzeiten haben.*

*Wir werden natürlich nichts verhindern können. Das Leben hat so eine weite Dimension, da ist man naiv, wenn man denkt, man könnte was tun, es passieren ja Dinge, die können wir gar nicht voraussehen.*

*Doch wenn ich gesehen und gestärkt werde, in dem, was ich wirklich bin, habe ich auch in Krisenzeiten mehr Boden unter den Füßen. Und ich gerate nicht in Panik.*

*In unserer modernen Welt schauen wir so viel nach außen. Im Internet suchen die jungen Menschen nach der Bewertung durch andere. Es gibt so viele Instanzen, die wir über uns selbst befragen. Und wenn du die Beziehung zu deiner Seele nicht ganz verlieren musst, ist mehr Stabilität da.*

*Da könnten die Großmütter entscheidend sein. Da geht es darum, die Verbindung zu deiner Seele, in der weitesten Form, aufrecht zu erhalten. In dem freien Raum, der da existiert.*

Gleichzeitig tauchen auch Gedanken zur Festigkeit eines mehr äußeren Gebäudes auf. Was manche Großmütter auch sinnvoll finden und zur Verfügung stellen möchten, ist ein konkreter Platz in der Welt und den Sinn für Gemeinschaft.

*Ich hatte besonders in den letzten beiden Jahren diese Gedanken. Ich war oft traurig und besorgt und ängstlich. Ich teile das nicht zu vielen anderen Menschen mit, weil ich andere nicht in Besorgnis versetzen möchte, denn diese kollektive Furcht ist keine gute Energie. Beide meiner Töchter werden sehr ängstlich, wenn ich darüber spreche, was in der Welt vor sich geht. Ich kann meine Sorgen nicht teilen, ich versuche, sie bei mir zu behalten.*

*Sie haben eine Menge mütterlicher Überlebensinstinkte in mir hochgebracht, wie den wilden weiblichen Beschützerinneninstinkt. Im Stillen werde ich noch weitere Apfelbäume kaufen gehen, und noch mehr Obstbäume pflanzen. Und wenn ich nicht mehr hier bin, werden sich vielleicht auch einige Beerenbüsche im Feld verstecken.*

*Die Natur bereichern, die Natur stärken. Ein Zuhause schaffen, das robust ist. Statt Geld zu sparen, stecke ich es in mein Haus, um es sicher und warm zu machen. Denn ich sorge mich um die Zukunft.*

*Ich möchte, dass meine Kinder und Enkelkinder einen Ort
der Zuflucht haben, ich möchte, dass andere Kinder einen Ort
der Zuflucht haben. Und ich habe das Gefühl, dass dieser Ort
der Zuflucht an Plätzen ist, wo die Erde geheilt wird, oder
genährt wird, oder wo für sie gesorgt wird.*
*Dieser Teil meines weiblichen Instinkts ist wirklich in Fahrt
gekommen.*

Der weibliche Sinn für Sicherheit und Wärme, für Sesshaftigkeit
und einen guten Ort auf der Erde, paart sich auch mit einem Sinn
für Gemeinschaft und Zugehörigkeit. Eine andere Großmutter
überlegt:

*Ja, und wir müssen jetzt auch schauen: Was können wir da
noch halten?*
*Ich denke an das Gebet. Und physisch: an Raum. Und Zu-
sammenhalt.*

Beim Gespräch über Zusammenhalt und Zugehörigkeit kommen
wir auf das Thema Familie und eine Besonderheit unserer Generation der heutigen Großmütter im Westen:

*Wir waren ja anders. Familie wollten wir loswerden. Wir
wollten uns von Familien befreien.*

Doch unsere Kinder und Enkelkinder, so beobachten viele, verhalten sich wieder anders, als wir es taten, sie sind mehr an Familie
interessiert.

*Vielleicht spüren sie schon, dass es wichtig ist. Vielleicht ist es
etwas, das sie wieder zurückbringen. Instinktiv merken sie, dass
es wesentlich wird. Etwas, das wieder mehr Wert bekommt.
Gar nicht nur in dem Sinne, „ich brauche die Familie", mehr*

*noch das Gefühl der Zugehörigkeit – dass dies wichtig ist, gerade in Krisenzeiten.*

Es geht um Gemeinschaft und Zugehörigkeit. Es muss gar nicht unbedingt die Blutsverwandtschaft sein. Einfach eine Art Familie, eine Gemeinschaft, in der alle erleben, dass sie dazugehören.

*Unsere Strukturen hierzulande sind familienunfreundlich. Wir kennen den Ausspruch aus afrikanischen Kulturen: „Es braucht ein ganzes Dorf, um ein Kind großzuziehen". Das ganze Dorf zieht das Kind groß, und bei uns sind es einfach eine oder zwei angestrengte Personen. Da ist das Feld nicht so frei.*

*Aufgezogen in einem ganzen Dorf, da gibt es ganz verschiedene Menschen, da kann ich meinen Neigungen mehr Raum lassen und wählen.*

*Und für uns kommt hinzu, dass nach meinem Gefühl unsere moderne Psychologie einen Teil mit dazu beigetragen hat, dass „das Kind mit dem Bade ausgeschüttet" wurde, da, wo es so sehr um Ablösung und individuelle Entwicklung geht. Die Überbetonung der Ablösung von den Eltern. Man weiß, dass die Sippe die überlebensfähigste Form ist.*

*Was ich auch wichtig finde: Einen Raum schaffen, wo man im schlimmsten Fall gemeinsam sein kann, indem wir sowohl den inneren als auch den äußeren Raum zur Verfügung stellen. Also auch ganz physisch. Mit der großen Familie.*

Vielleicht sollten wir an dieser Stelle einmal anmerken, wir sind nicht alle derartige Familienmenschen, und nicht alle Familien eignen sich zum engen Zusammenleben. Doch Gemeinschaft bietet den Arm, der uns und vor allem unsere Nachkommen stützt und durch finstere Zeiten tragen kann. Es kann Gemeinschaft mit Familie sein, mit Freundinnen und Freunden, mit Nachbarn und auch mit

Menschen, die wir nicht kennen und zunächst „Fremde" nennen. In den Krisen der letzten Jahre haben wir kleine Anfänge eines wiedererwachten Gemeinschaftssinns erleben dürfen: wie Menschen sich gegenseitig in der Pandemie unterstützten, wie wir Geflüchtete aus kriegsgebeutelten Ländern in unsere Familien aufnahmen, wie sich auch in Städten kleine Gemeinschaften von Bürger:innen organisieren, um Permakultur-Flächen anzubauen. Die Verbindung mit anderen Menschen, mit der mehr-als-menschlichen Welt, mit der Erde, auf der wir leben, als eine Zugehörigkeit zu erfahren, das wird essenziell wichtig sein in diesen Zeiten der Isolation, Trennung und Spaltung. Und diese Erfahrung kann ein Same sein für ein neues harmonisches Zusammenleben in einer ferneren Zukunft.

Eine Großmutter spricht darüber, wie sie darauf vertraut, dass die Nachkommen etwas in Erinnerung behalten, wenn es ihnen jetzt gegeben wird. Etwas, das sie unterstützt und nährt, wenn sie Leid erfahren:

> *Ich denke, dass die Kinder, die jetzt in die Welt kommen, etwas haben werden, vor allem jene, die hier noch etwas anderes bekommen haben, deren Eltern ihnen was anderes geben, dass sie nachher eine Kraft haben, hier irgendwo zu stehen und vielleicht auch total leiden, aber möglicherweise können sie noch irgendwo in sich etwas erinnern. Vielleicht es sogar ein bisschen leben oder halten. Und dieses Gefühl habe ich, dass ich mich dafür bis zum Schluss einsetze, auch einsetze, dass Kinder hier an meinem Ort so aufwachsen können, dass sie hier noch andere Werte leben können, dass sie in ihren belebten Welten leben können – ich meine nicht das Äußere. Die Welten sind natürlich nicht mehr so lebendig wie vor hundert Jahren, aber sie sind noch irgendwie für die Kinder fühlbar, sie sind noch da.*

*Ich mache das im Großen wie im Kleinen. Wie neulich bei
der Hilfe in einer Notsituation in der Familie meines Sohnes.
Ich gehe dahin und gebe alles, dann bete ich und dann gehe
ich. Und dann bete ich wieder und lasse es wieder los.*

*Ich denke immer, den nächsten Schritt zu kennen ist genug
für mich. Ich gehe dann immer wieder raus. Sonst würde ich
es nicht aushalten.*

*Und im Großen sehe ich, das ist Gottes Wille.*

Es liegt nicht in unserer Macht, zukünftiges Leid zu verhindern. So
fährt sie fort:

*Ich glaube nicht mehr, das Leid fernhalten zu können. Ich
weiß nicht, wohin es geht. Ich hoffe, dass sie nicht komplett
ferngesteuert werden, und auch das kann sein, denn physisches
Leid ist nicht das schlimmste Leid. Wenn sie ganz abgeschnitten wären, das wäre das Schlimmste. Auch das kann passieren.
Aber dann hatten sie vielleicht mal etwas gehabt, und dann ist
da noch ein ferner Klang …*

*Aber ich denke immer, das ist der höhere Wille, da stelle ich
mich drunter, da stelle ich mich einfach nur drunter.*

*Und manchmal weint man halt ein bisschen.*

Während sich diese Unterhaltung weiterspinnt, wird mir Folgen-
des deutlich: Das Loslassen und die Akzeptanz dessen, dass wir ein
zukünftiges und auch oft ein gegenwärtiges Leid von den Nachkommen nicht fernhalten können, lernen wir mit zunehmendem
Alter. Es ist ein Privileg der Großeltern. Für Eltern ist das auf diese
Weise nicht möglich. Als Eltern versuchen wir, die Kinder vor
Schmerz und Leid so sehr wie möglich abzuschirmen, und so muss
es auch sein. Zu lernen, auf dieses Bestreben zu verzichten, da, wo
es unmöglich ist, erfordert eine gewisse Reife und Lebenserfahrung.
Sicherlich haben auch manche der Jüngeren ein Wissen oder Gefühl

dazu, doch häufig braucht es die Erfahrung durch die Stürme des Lebens, die uns auch lehrt, zu unterscheiden – wo es notwendig und möglich ist, einzugreifen und wo nicht. Überdies sind die elterliche Aufgabe, ihre Rolle und vor allem ihre Beziehung zu den Kindern eine andere als die der Großeltern.

> *Das würde ich auch nicht meinen Kindern sagen, das kann ich dir sagen. Das ist was anderes. Aber das ist die Position, mit der ich leben kann.*

Auch eine andere Großmutter sprach darüber, dass es problematisch ist, mit den Eltern ihrer Enkelkinder über die ungewisse und schwierige Zukunft unserer Welt zu sprechen:

> *Meine Kinder wehren das eher ab, die desaströse Welt, die auf uns zukommt. Und eigentlich, so merke ich, haben sie Angst. Ich spüre ihre Angst in dieser Abwehr. Wenn man darüber spricht, macht es sie unruhig. Das ist auch schwierig für sie. Sie haben halt viele Pläne.*

Und natürlich möchten sie ihren Kindern auch möglichst alle negativen Erfahrungen ersparen, dasselbe haben wir als Eltern auch versucht – selbst, wenn es uns gewiss nicht gelang und der eine oder andere gut gemeinte Versuch manchmal sogar das Gegenteil bewirkte. Für die Großmütter, so wurde deutlich, breitet sich eine Atmosphäre der Entspannung aus, wenn sie die Vorstellung loslassen, dass sie zukünftiges Leid, das sich in dieser Welt des schmerzhaften Übergangs abzeichnet, von ihren Nachkommen fernhalten können.

> *… Und du kannst den Moment nicht mehr genießen, wenn du immer daran denkst, was noch kommen könnte.*

Sind wir nicht im Augenblick gegenwärtig, sondern mit der Sorge um die Zukunft beschäftigt, so verpassen wir das Lachen der Kinder; wir nehmen den Funken der Freude nicht wahr, nicht ihre Lebendigkeit, ihr Vertrauen, ihre Lebenslust. In jedem Augenblick der Gegenwart wird eine Saat gelegt, und mit Liebe und Bewusstheit begleiten können wir das nur in diesem einen gegenwärtigen Moment. Präsent zu sein inmitten von Ängsten und existenziellen Fragen zur Zukunft, darüber sprach auch eine andere meiner Gesprächspartnerinnen:

*Es gab immer Phasen, auch jetzt in der Pandemie, wo ich sehr große Ängste hatte. Und das war oft, wenn das Kollektiv so reingeschwappt ist. Die Nächte waren sehr hart. Und da sind natürlich sehr existenzielle Fragen für die Zukunft: Wie soll das werden? Natürlich denke ich an meine Enkel.*

*Ich glaube, in dieser Hinsicht hat das Leben sich sowieso sehr verändert. Zu wissen, dass ich nichts weiß, nicht weiß, wie es weitergeht, diese Unberechenbarkeit.*

*Ich glaube, dass das auch zum Großmutter-Sein gehört, dieses Bewusstsein zu halten, nicht gepaart mit Drama, oder Fantasiegeschichten oder Konzepten, sondern einfach, das gehört jetzt zum Leben dazu.*

*Eigentlich fühle ich mich sehr aufgefordert, präsent zu sein, im Augenblick zu leben. Über diese Dinge nicht zu sehr nachzudenken, nicht so viel über die Zukunft. Schon bewusst zu sein, nicht in Verdrängung zu gehen, aber in einer Akzeptanz der Gegenwart. Und in diesem Bewusstsein zu leben und zu wissen, in was für einer Zeit wir leben. Auch, als Großmutter und als Mutter für meine Familie da zu sein und sie auf ihrem Weg zu begleiten und zu unterstützen.*

*Es hat auch etwas mit stiller sein zu tun, weniger zu sagen, in der Stille etwas zu halten. Und was ich auch sehr wichtig finde, die Vision zu halten, wie es irgendwann sein könnte.*

*Auch wenn es in weitere Ferne gerückt ist, aber dieses Bewusstsein, dieses Wissen zu halten, und ich glaube, allein das als Großmutter zu tun, aber auch als Mensch zu tun, ist wichtig für die nachfolgenden Generationen.*

Wenn wir im Garten säen, so legen wir den Samen in einem bestimmten Augenblick. Und dann überlassen wir ihn den Kräften der Natur, der Sonne, dem Regen, und den Versprechen, die in ihm verborgen schlummern. Manchmal schauen wir danach, wässern vielleicht, wenn die Erde zu trocken wird. Außerdem geben wir ihm Zeit. Zuweilen dauert es lange, manchmal Jahre, bis ein Samen aufgeht. Aber der Moment, in dem wir den Samen in die Erde legen, ist immer im Augenblick. Geben wir, was die immateriellen Samen für eine zukünftige Welt betrifft, unsere gänzlich wache Bewusstheit, die radikale Präsenz unseres Ja zum Leben mit hinein, so ist diese Saat versorgt mit allem, was wir ihr geben können. Wir wissen nicht, wann, wir wissen nicht, wie und wir wissen nicht einmal, ob überhaupt jener Same aufgehen wird, nein, wir können nicht einmal schöngeistig sagen: „Zum richtigen Zeitpunkt in der Zukunft werden seine Früchte erscheinen". Indem wir den Versuch aufgeben, das Leben zu kontrollieren, indem wir im Licht der Hoffnung der Ganzheit des Lebens vertrauen, indem wir unser Nichtwissen zulassen, öffnen wir Tore für die Kräfte einer größeren Weisheit. Und vielleicht können wir dann aus dem Augenwinkel für winzige Momente einen Lichtstrahl erhaschen, der zu unseren Enkelkindern und über sie hinaus zu ihren Kindeskindern eilt, weiter wandert bis in eine ferne unerreichbare Zukunft und sich verliert im Unendlichen.

# 5

# Licht säen

*Mein Herz ist Licht über Licht.*

RUMI

Eine berührende persönliche Geschichte erschien in einem amerikanischen Magazin, das sich in dieser Ausgabe thematisch mit „Jung und Alt" beschäftigt. Der Titel des Essays, *Catch a Falling Star,* erinnert an den gleichnamigen Song aus den 1950er Jahren, der dazu ermuntert, einen herabsinkenden Stern – oder ebenso korrekt übersetzt: eine Sternschnuppe – aufzufangen und aufzubewahren: „Catch a falling star and put it in your pocket, save it for a rainy day."

Die Erzählung der heute erwachsenen Enkeltochter beginnt damit, dass sie einst eine Sternschnuppe auffing. Sie war vier Jahre alt, es war mitten in der Nacht. Aus tiefem Schlaf wurde sie von einem sanften, raschelnden Geräusch geweckt. Als sie nach einem Moment der bewegungslosen Stille ein zartes Gemurmel hörte, öffnete sie vorsichtig ihre schlaftrunkenen Augen. Neben ihrem Bett stand ihre Großmutter, die gerade erst im Land ihrer Familie angekommen war und, so war dem Kind zuvor gesagt worden, mit ihr in ihrem großen Bett schlafen sollte. Sie sprach leise – mit wem, war nicht sichtbar. Bedacht darauf, so zu tun, als schliefe sie, beobachtete das Mädchen sie vorsichtig. Und was sie in dieser Nacht erlebte, beschreibt die Enkelin so: „Diese griechische Bäuerin war die Mutter meines Vaters und meine *Yiayia*. Ich war ihre Namensvetterin. Während sie sprach und ich in jener Nacht lauschte, fiel ich in eine tiefe Stille. Ich fiel in den Raum zwischen ihren Worten. Ich war nicht mehr ein kleines Mädchen. Ich war nicht mehr in meinem Schlafzimmer nah bei dem Ahornbaum. Zwischen ihren Worten, innerhalb dieses Raumes, kannte ich nur Stille. Stille, die zu Licht wurde. Licht, das Atem hatte. Meine Yiayia atmete Licht! Zögerlich, langsam schlief ich inmitten des Friedens ein, der von meiner Yiayia ausstrahlte. Ich schlief hinein in das Licht, das durch ihre Gebete herabgekommen war."[1]

Die Großmutter „atmete Licht", während sie betete. Man möchte in der sanften Stille, die sich von dieser Geschichte ausbreitet, verweilen, möchte schweigen und gar nichts mehr sagen. Ihre Magie ist fast mit den Händen zu greifen, und sie berührt eine Sehnsucht, die in uns allen brennt, mehr oder weniger verborgen. Dieses Erlebnis erzählt von der zutiefst spirituellen Erfahrung einer Vierjährigen im Zusammensein mit ihrer Großmutter.

Durch unsere Gebete rufen wir Licht herab. Licht steigt auf, wie die Sufi-Mystiker:innen sagen, und Licht kommt herab. In der Erinnerung dieser Erzählerin war das Gebet der Großmutter keine formale religiöse Pflicht, die sie für sich allein erfüllte, es war ein Gesang von Licht und gleichzeitig ein unendlicher, alles umfassender Raum von Stille, in den das Kind ganz und gar mit aufgenommen war. Es gab keine Trennung, und es gab auch keine Dualität. Die Enkeltochter wurde nicht in einem Gebet unterwiesen, sie *erlebte* es, sie war Teil davon; sie erlebte Licht. Nicht wenige Menschen haben Erinnerungen an mystische Erfahrungen aus der Kindheit. Wenn sie nicht, als Unsinn verworfen, von der umgebenden Welt zerstört wurden, bleiben sie, oft im Verborgenen schlummernd, und manchmal werden sie viele Jahre später unverhofft wachgerufen und spenden Licht auf dem weiteren Weg. Diese Großmutter hatte keine Absicht, sie war einfach die, die sie war, mit Leib und Seele, als sie in jener ersten Nacht in der Fremde beim Bett ihrer kleinen Enkeltochter betete. Die Geschichte vermittelt ein sanftes Gefühl von Zärtlichkeit und damit verbunden die Erfahrung reinen Lichts, die durch die Worte der Erzählung hindurchschimmert und auch uns Lesende erreicht.

Einen Raum des Lichts für unsere Nachkommen schaffen ist eine wunderbare Aufgabe, für die wir uns als Großmütter anbieten können. Dabei ist es nicht wichtig, in welcher Form dies geschieht, ob wir beten, meditieren, unserer spirituellen Praxis nachkommen – wenn sie zu unserem Leben gehört – oder ob wir uns in unserem Alltag und in unseren Beziehungen mit einer respektvollen und lebensbejahenden Haltung bewegen, von der hier schon viel die Rede war. Es geht dabei ja um das Sein, nicht um eine Absicht, die ein bestimmtes Ziel verfolgt und eine entsprechende Handlung nach sich zieht. In diesem Sein können wir in die Zukunft wirken; das geschieht, indem wir uns im Augenblick mit dem Licht der Gegenwart verbinden.

Da der spirituelle Pfad – die Reise zur Wahrheit und in die Einheit – für mich seit meinen jungen Erwachsenenjahren die Mitte meines Lebens ausmacht, war für mich die Frage, wie das Großmutter-Sein in unsere Spiritualität eingebettet ist, von Beginn an die wichtigste und grundlegende in diesem Themenkreis. Was kann ich heute, auf dieser späteren Station meiner Lebensreise, zum Wohl des Ganzen geben? Wie kann ich konkret mit dem dienen, was mich jetzt in meinem Leben umgibt? Wie kann ich in meinen letzten Jahren oder auch Jahrzehnten dem Leben dienen, dem Großen Geliebten dienen? Jetzt, wo ich nicht mehr ganz so energiegeladen bin, wo viele Aufgaben von mir abgefallen sind, wo meine körperlichen Kräfte wahrnehmbar begrenzter werden und wo gleichzeitig dieses sprühende und unendlich liebenswerte neue Leben in Gestalt meiner Enkelkinder in meine Wirklichkeit gekommen ist.

Ich habe erleben und nach und nach erkennen dürfen, wie mein Frau-Sein, wie mein Mutter-Sein, wie mein Sein als Partnerin in der Liebe und wie mein Sein in der Beziehung zu Freundinnen und Freunden, genauso wie auch zu denen, die ich auf ihrem Weg begleiten durfte, *eingebettet* ist in meine Spiritualität. Und doch ist das eine unzulängliche Beschreibung, denn dieses Sein ist eigentlich nicht eingefasst von etwas, das außerhalb ist, vielmehr ist es selbst Teil dessen, es *ist* die Spiritualität. Warum dann nicht auch das Großmutter-Sein?

In den letzten zwei Jahrtausenden haben die Religionen uns erzählt, dass das Heilige und das Gewöhnliche zwei völlig verschiedene Dinge sind. Himmel und Erde seien getrennt, und wer den Himmel anstrebt, lässt das Irdische hinter sich. Geistiges und Körperliches seien unvereinbar, das eine erhaben und das andere geringgeschätzt. Wir haben im zweiten Kapitel einen Blick darauf geworfen, wie diese Trennung den Untergang einer weiblichen Spiritualität begleitet, die nämlich alles einschließt, auch den Körper und die Erde. Eine besondere Tragik liegt darin, dass Frauen dabei – zumindest in ihrem Bewusstsein – auch von dem Ort getrennt wurden, an dem sie Licht empfangen und Licht weitergeben können, von ihrem Körper und dessen Heiligkeit. Wenn eine der Ursachen unseres heutigen Desasters darin liegt, dass wir das Licht in der Materie, im Körper, in der Erde, in allem Geschaffenen, nicht mehr gewürdigt haben, so muss uns deutlich werden, dass nur, wenn wir zu dieser Grundlage zurückkehren, eine Heilung die Welt erreichen und durchdringen kann.

Wir wenden uns also im letzten Abschnitt dieses Buches dem Licht zu und holen es nah zu uns heran. Wir schauen, welche Bedeutung es in der Aufgabe der Frauen und hier speziell der Großmütter hat. Zuweilen schimmerte, manchmal auch strahlte dieses Licht bereits hell durch die Gedanken und Erzählungen der Großmütter, doch nun schauen wir noch einmal gezielt auf den spirituellen Beitrag, den wir als Älteste oder Großmütter auch in unserer westlichen Welt anzubieten haben.

# Licht

"Wenn man euch fragt, woher seid ihr gekommen, sagt zu ihnen: Wir sind aus dem Licht gekommen, dem Ort, wo das Licht geworden ist aus sich selbst", so heißt es im Thomas-Evangelium, der Sammlung apokrypher Schriften. Aus der Sicht spiritueller Traditionen sind unsere Seelen aus Licht gemacht. Dieses Licht ist göttlich, es gehört zu dem, was wir Gott nennen, oder das Absolute, das namenlose Mysterium. Ich benutze das Wort „Gott" als einen in unserer Kultur gebräuchlichen Begriff, aber er steht hier nicht für einen religiös spezifischen oder für einen personalen Gott, auch nicht für eine göttliche Wesenheit mit einem bestimmten Geschlecht, vielmehr kann der Begriff, je nach Empfinden, gleichsam ersetzt werden durch Göttin, oder das „Absolute", die „Leerheit", den „göttlichen Urgrund", das „Tao" oder einfach das Mysterium der Liebe. Die Menschheit kennt viele Arten, wie sich ihre unterschiedlichen Traditionen auf das beziehen, was namenlos ist - wie wir zu benennen versuchen, was in Wahrheit jenseits aller Namen ist.

Das Licht unserer Seele weiß um seine Quelle; Seelen sind wie Strahlen, die von einem Lichtkörper ausgehen. Wenn wir ins irdische Leben kommen und einen physischen Körper annehmen, so ist in diesem kleinen menschlichen Wesen der leuchtende Funke dieses Seelenlichts ganz gegenwärtig. Auf dem weiteren Weg kann uns dieses Licht die Richtung zeigen und den Pfad ausleuchten. Doch die Welt hält Schleier bereit, die das Licht verhüllen können. Während unsere Aufmerksamkeit als Heranwachsende mehr und mehr auf die Ausbildung einer individuellen Persönlichkeit gerichtet ist, auf ein Ich, das sich als getrennt vom Ganzen erfährt, während wir dazu noch in einer Welt aufwachsen, die das natürliche, göttliche Licht nahezu vergessen hat, kann es sich zurückziehen und möglicherweise durch die Wolken unserer selbstbezogenen Wünsche verdeckt werden. Dann ist das Licht zwar verborgen, es ist aber nicht verschwunden oder ausgelöscht, auch wenn wir den Zugang verloren haben. Und manchmal, mitunter nach einer langen Zeit des Vergessens, ruft die Quelle dann von weither, ruft uns dieses Licht, und wir spüren eine Sehnsucht, die wir nicht wirklich fokussieren können, nicht auf Dinge und Begehrlichkeiten dieser Welt. Wir fangen an zu suchen, und bereits damit beginnt das Licht heller zu leuchten. Wir suchen und finden Wege, uns mit dem Licht wieder stärker zu verbinden. Wir ersehnen einen tieferen Sinn und manche finden sich dann auf einem spirituellen Pfad wieder.

In Kulturen und Traditionen, in denen eine Kommunikation mit dem Göttlichen etwas Selbstverständliches ist, verlieren Menschen diesen Zugang nicht so leicht; Beten ist da so natürlich und alltäglich wie Essen zubereiten oder mit anderen Menschen kommunizieren. Rituale der Dankbarkeit und des Bittens um Segen gehören zu den besonderen wie auch den alltäglichen Ereignissen des Lebens. Durch sie werden die inneren und die äußeren Welten im Bewusstsein der Menschen zusammengehalten und das Licht der Seele wahrgenommen.

In unserer gegenwärtigen westlichen Kultur, die wahlweise alles Heilige in kalte und leere Kirchen verbannt hat oder Spiritualität als irrationale Esoterik bespöttelt – wenn sie nicht gerade die traditionell östlichen Philosophien und Übungen als modisches Wellnessprogramm verkauft –, gibt es diese selbstverständliche Lebensweise vielleicht noch verborgen oder in kleinen Gruppen, aber nicht mehr im allgemeinen Bewusstsein. In der Dichte unserer Welt mag jenes Rufen schwerer vernehmbar sein, aber immer gibt es eine gewisse Anzahl von Menschen, die den leisen Ruf aus der Ferne wieder hören und zu suchen beginnen. Menschen, die wieder beginnen zu beten, auch wenn sie es vielleicht verloren oder nie gekannt hatten. Menschen, die sich erinnern an das, was wesentlich ist, und aufbrechen, um aus diesem kollektiven Albtraum der Irrfahrt durch eine entseelte Welt zu erwachen. Und darunter wiederum finden wir manche, die auch nach einer spirituellen Tradition suchen, einer Antwort auf den Hunger der Seele. Unter den verschiedenen Religionen dieser Welt, unter philosophischen Weltanschauungen und unter den mystischen Strömungen, die auf festgelegte Glaubenssätze und Formen verzichten, treffen Suchende in unserer globalisierten Welt inzwischen auf eine Palette von Möglichkeiten, wo sie, entsprechend der Neigung ihrer Seele, eine spirituelle Heimat finden können.

Meditation, Gebete und andere spirituelle Übungen helfen uns, einen Zugang zum Licht unserer Seele zu halten, so dass es auf seine ureigene Weise in die stoffliche Existenz, ins Leben, in unseren Alltag kommen kann. Dadurch erfahren wir in all den existenziellen Ereignissen des Lebens – auch denen, die uns erschüttern und verunsichern – Sinn und Bedeutung, und wir erkennen die ursprüngliche Einheit des Göttlichen. Auf diese Weise, so sehen es die alten spirituellen Traditionen, wird Evolution ermöglicht – individuell und in der Welt als Ganzes. Solange aber das Licht verdunkelt ist oder wir davon abgeschnitten sind, können wir nur den kleinen verzerrten Ausschnitt unseres Egos sehen. Bedeutung und Sinn gehen dann verloren.[2]


Das Licht der menschlichen Seele ist jedoch nicht das Einzige, was unsere Welt häufig vergessen hat, und hier fügt sich das entscheidende Puzzle-Stück hinzu, um das Bild vollständig zu machen: Nicht nur das Individuum, auch die Welt hat ein Licht, eine Seele. Wie könnte es auch anders sein, sind wir doch ein Teil der Welt und in ihr mit allem Existierenden verwoben! Es erscheint seltsam, geradezu absurd, wenn dies eigens betont werden muss, denn aus der Perspektive, aus der wir die Ganzheit und unsere Verwandtschaft mit allen Mitgeschöpfen wahrnehmen, erscheint das lebendige Licht in der Welt absolut natürlich.

Unser individuelles Licht ist Teil des Lichts der Welt, und es ist ein-und-dasselbe, gespeist aus derselben Quelle. Ebenso wie die individuelle Seele uns als ganzen Menschen durchdringt, unseren Körper, unsere Gefühle und unseren denkenden Geist, so atmet die Weltseele als ihr ordnendes und vereinigendes Prinzip, als ihre höhere Intelligenz, durch die ganze physisch gewordene Schöpfung. Vielleicht handelt es sich um jene Intelligenz, die die Naturwissenschaftler:innen hinter der undurchdringlichen Wand vermuten, an der sie mit ihren atemberaubenden Forschungen nicht weiterkommen, die sie als das Mysterium beschreiben, das sie nicht weiter erklären können, das aber eng mit dem Gegenstand ihrer Erkenntnisse verbunden ist. Ein Geheimnis, das die erstaunlichen Zusammenhänge und wundersamen Beziehungen innerhalb des Universums letztlich bewirkt. Unsere Welt der Materie sei wie der sichtbare Schaum auf der Oberfläche eines sehr tiefen Ozeans aus Licht, so soll es der Astrophysiker Bernard Haisch formuliert haben.

Die Welt ist ein lebendiges Wesen. Den Zugang zu ihrem Licht verlieren wir, wenn wir uns als getrennt wahrnehmen, und wenn wir ihre Ganzheit und Heiligkeit aus unserem Bewusstsein verbannen; wenn wir uns in der Folge dieses Vergessens auch nicht mehr auf sie als ein organisch ganzes, heiliges und lichtvolles Wesen beziehen, von dem wir selbst ein Teil sind. In unserer krisengeschüttelten Zeit sind wir bestürzt und ängstlich und bangen um unsere Zukunft, da wir allmählich einsehen, dass die Welt an Abgründen steht, dass die Erde nicht weit davon entfernt ist, unwiederbringlich zerstört zu werden, dass das Leben auf eine Weise verarmt, die alles Lebendige unglücklich macht. Wir fürchten um die Zukunft unserer Kinder und Enkelkinder. Wir fühlen uns ohnmächtig, während die Menschen in Politik und gesellschaftlichen Institutionen nach Lösungen suchen, die mit genau denselben Mitteln helfen sollen, die auch zur

Ursache unseres Desasters gehören: Die Trennung unserer selbst aus der Ganzheit. Aus dieser Sicht- und Herangehensweise wird die Welt zum Objekt, das Leben ein Gegenstand außerhalb unserer selbst, die Erde eine Sache, an der wir aus der getrennten Position heraus herumdoktern. Selbstverständlich müssen wir unsere äußeren Lebensumstände ändern, natürlich helfen uns auch Technologien, mit deren Hilfe wir die Ausbeutung der Erde reduzieren oder gar anhalten können, doch wenn wir in jener Trennung und Seelenlosigkeit verharren, wird die Welt nicht heilen können. Wie sollen wir diese dunkle Zeit des Übergangs und Umbruchs durchstehen, wenn wir das Licht vergessen, das unsere Seele und die Seele der Welt nährt und das uns den Weg weist?

Nicht nur eine nachhaltige Lebensweise, was unsere Ernährung und unsere Konsumgüter betrifft, nicht nur ausgefeilte Techniken zur Senkung von $CO_2$-Emmissionen, sondern auch Werte wie Gemeinschaft und Fürsorge und das Anerkennen der Verwandtschaft mit der mehr-als-menschlichen Welt fördern das Bewusstsein des Lichts, das uns allen gemeinsam ist. Und dann werden das Zubereiten einer Mahlzeit, das Füttern der Vögel im Winter, das Erzählen von Geschichten, dann wird all dies zu einem Gebet. Jedes wirkliche Gebet kommt aus dem Herzen, sei es, dass wir danken, dass wir um Segen oder um Hilfe bitten, dass wir unserer Verehrung Ausdruck verleihen - oder dass wir dem Leben unser Bewusstsein seiner wirklichen Bedeutung schenken.

Die Welt wird nicht sterben, nicht, wenn wir ihr ihre Heiligkeit zurückgeben. Wird das Licht in uns lebendig, kann es auch in der Schöpfung lebendig werden. Fühlen wir wieder Sinn und Bedeutung durch das Aufleuchten in unserer Seele, und beginnen wir dies zu leben, so kann das ganze Leben zu seinem Sinn erweckt werden. Die Welt kann letztlich nur von innen heraus wieder in ein Glcichgewicht kommen, sie braucht das Licht, das den Weg erhellt, der in eine neue Zukunft führt.

Wollen wir einen spirituellen Beitrag für die Zukunft leisten, so müssen wir uns um die Seele der Welt kümmern. Das bedeutet, wir kümmern uns um das Licht, ihr Licht und unser Licht, was ein- und dasselbe Licht ist. Wir kümmern uns um Körper und Seele: um die physische Erde und um den unsichtbaren Atem, der alles eint. Wie das funktioniert, schildert der Mystiker und Sufi-Lehrer Llewellyn Vaughan-Lee in seinem Buch *Die Matrix des Lebens:* „Durch die einfache Erkenntnis, dass wir Teil des Ganzen sind, entsteht eine Verbindung zwischen unserem Licht und der Welt. Wir stellen diese Verbindung mit unserem Bewusstsein und unserer Vorstellungskraft her; dann beginnt unser Licht hindurchzufließen." Er beschreibt weiter, wie diese Verbindung „Lichtflüsse" schafft, die sich ihren Weg durch die Dunkelheit der kollektiven Psyche bahnen. „So wie in der persönlichen gibt es auch in der kollektiven Psyche Blockaden und Hindernisse, die dem Fluss des Lichts Widerstand bieten, aber wir finden hier auch Orte der Kraft und der Kreativität und begegnen unerwarteten Eigenschaften." Denn die Seele der Welt ist keine starre Substanz, „sondern ein lebendiger Stoff aus den Hoffnungen, Träumen und innersten Bildern der Menschheit und der gesamten Schöpfung."[3]

Lassen wir mit diesem Bild im Hinterkopf nun den Blick über die Schilderungen der Großmütter schweifen und schauen wir auf die besondere Beziehung zwischen den Generationen: Zwei Generationen, die sich so nah sind, dass sie eine gewisse Spanne gemeinsamer Lebenszeit teilen, und doch so entfernt voneinander, dass eine ganze Generation dazwischen liegt. Die Verbindung zur Zukunft fühlen Großmütter insbesondere über die Enkelkinder oder, weniger persönlich, über die Generation der Jungen.

Wie lebt sich die Verbindung mit dem Licht in der Großmutter-Enkel-Beziehung? Oder andersherum gefragt, welche Rolle spielt die Beziehung zur Seele, der individuellen und der Weltseele, im Beitrag der Älteren für die Zukunft?

Wir haben bereits in vielen Beispielen gesehen, wie die Berührung mit dem, was wesentlich ist und von innen her Sinn gibt, nährend in die Beziehung zu den Enkelkindern fließt. Dahinter steht nichts anderes als die Verbindung zu einem inneren Licht und zum Licht in der Schöpfung, beispielsweise in der gemeinsamen Erfahrung der Natur. Je bewusster wir damit umgehen, umso stärker kann es wirken. Wenn wir das Bewusstsein von der Verbindung unseres Lichts mit der Welt – durch „die einfache Erkenntnis, dass wir Teil des Ganzen sind" – auch innerhalb der Beziehung zu den jungen Menschen halten, so stärken wir diese Verbindungen, so legen wir Samen aus Licht. Sie können aufgehen und wachsen. Sie können den Jungen in der Dunkelheit der kommenden Jahrzehnte den Weg weisen. Sie können ihnen auch zeigen, wie sie selbst als Ahninnen und Ahnen diese Verbindungen weitergeben können.

Wir wissen aus den Erkenntnissen der Genetik, wie wir physische Merkmale ebenso wie psychische Dispositionen weitergeben. Inzwischen weiß man auch, dass schwere emotionale Traumata verändernd in das Erbmaterial eingreifen, dass also ihre Wirkung auch auf diese Weise weitergegeben wird. Die DNA ist, wie alles Lebendige, nicht statisch. Sie kann also nachhaltig verändert werden, nicht allein durch beabsichtigte menschliche Manipulation, sondern durch die psychischen Schwingungen, die durch Erlebnisse hervorgerufen werden. Der Schluss liegt nahe, dass auch erfüllende, sinnhafte Erfahrungen ihren Eindruck in unserer DNA hinterlassen. Warum sollten wir sie nicht ebenso wie die Folgen traumatischer Ereignisse vererben können? Wir geben nicht nur die materiellen biochemischen Stoffe und Strukturen der DNA unserer Zellen weiter, wir geben mit ihnen auch das Licht weiter, in dem sie schwingen. Und die genetische Weitergabe ist hier nur ein Beispiel, sie zeigt uns auf gewisse Weise plastisch, wie Schwingungen, die durch Erfahrung erzeugt werden, weiterwirken. Und weit darüber hinaus, auch unabhängig von physischer Vererbung, können wir etwas weitergeben: die Erfahrung der Verbundenheit, der Sinnhaftigkeit.

Der Zen-Meister Thich Nhat Hanh lehrte die Menschen, so auf der Erde zu laufen, als küsse man die Erde mit den Füßen. Wenn wir mit dem Bewusstsein der Heiligkeit unserer Welt – und das bedeutet, ihres Wunders, ihrer Magie, ihrer Ganzheit – über die Erde laufen, dann geben wir ein Licht in jede Berührung unserer Füße. In einem Traum wurde mir einmal gezeigt, wie die Erde sich noch nach Jahrhunderten daran erinnern kann. Das Licht unserer bewussten Verbundenheit sucht das Licht in der Erde. Auf ähnliche Weise werden sich zukünftige Generationen daran erinnern können, wenn Großmütter mit einem Bewusstsein für das Licht – in sich selbst, in der Welt und in den Kindern – mit den Enkelkindern Alltägliches teilen, wenn sie bewusst in dieser Verbindung mit ihnen einfach sind. Wir können, wenn wir uns auf das Licht ausrichten und wenn wir dabei nichts für uns selbst wollen, unsere Verbindungen zu anderen mit diesem Licht „imprägnieren" – und zukünftige Generationen werden sich erinnern. Was da geschieht, ist nicht persönlich, es hat nichts mit unserem eigenen Wünschen und Wollen zu tun. Es ist das pure Licht, das wirkt. Einfach dadurch, dass wir es teilen.

Es geht dabei um etwas, das in weiten Teilen unserer Welt vergessen und doch so essenziell für uns alle ist; es geht darum, die Seele zu nähren. Die Seele des Enkelkindes, die Seele der Zukunft, die Seele des Planeten, die Seele der Welt. Ja nichts weniger als das, die Seele der Welt. Das ist gar nicht außergewöhnlich, denn wenn wir die Seele eines einzelnen Menschen nähren, nähren wir wie von selbst die Seele der Welt. Einen kleinen Kosmos im großen Kosmos, in dem nichts voneinander getrennt und losgelöst ist.

# Liebe

Das Licht, von dem wir sprachen, das mag der einen oder dem anderen noch immer abgehoben vorkommen. Es handelt sich ja dabei nicht um Photonen, jene Lichtteilchen einer elektromagnetischen Strahlung, die wir mit der Netzhaut unserer Augen als Sinnesreiz wahrnehmen und die in naturwissenschaftlichen Laboren untersucht werden können. Die Eigenschaften des physisch wahrnehmbaren Lichts helfen uns bloß, Worte zu finden für jenes Licht, das wir zwar tief empfinden und erfahren können, das aber mit unserem Verstand und unseren äußeren Sinnen nicht zu erfassen ist.

Betrachten wir dieses Licht, das so abstrakt erscheint, konkret und menschlich erfahrbar, so sprechen wir über etwas, das wir alle kennen, und nach dem wir uns alle sehnen: Liebe. Das Licht unserer Seele findet seinen Ausdruck in der Liebe. „Liebe ist die mächtigste Kraft im Universum", sagen die Mystiker:innen. Für sie, und insbesondere für die Sufis, die Liebenden Gottes, ist Liebe die Essenz der Beziehung zwischen dem Absoluten und dem Menschen. „Meine Religion ist Liebe, ich folge der Religion der Liebe, wohin auch immer ihre Karawane zieht", ließ uns der Sufi-Mystiker und Gelehrte Ibn Arabi vor etwa achthundert Jahren wissen.

Mit dem Göttlichen verbindet die Mystikerinnen und Mystiker ein Liebesbündnis. Sein Geheimnis ist, was den Kern des Lebens ausmacht: Dass wir tief in der Seele von Gott geliebt werden. Diese Liebe macht uns ganz und führt uns zurück in die Einheit. Nur deshalb kennt unsere Seele die Liebe und kann sie zurückgeben: weil sie selbst geliebt wird. Das Licht dieser reinen göttlichen Liebe kann durch uns in die Welt fließen. Wenn wir einen Menschen innig umarmen, wenn wir eine Pflanze pflegen, wenn wir Kranken die Hand halten, wenn wir Anteil nehmend zuhören, wenn wir vor Freude tanzen oder mit anderen lachen, Mitgefühl zeigen oder Dankbarkeit, immer dann geben wir das Licht der Liebe in die Welt, immer dann nähren wir die Seele, die empfänglich bleiben möchte für die Liebe. Nicht alle sind Mystiker:innen, und nicht alle müssen das sein, aber wir alle können von ihnen lernen. Für sie ist das Leben eine göttliche Liebesgeschichte. Die Liebe hält das Elixier bereit, mit dem wir das Gewebe des Lebens heilen und erneuern können.

*All you need is love* – den Popsong von John Lennon dürften die meisten kennen, und als dieser als universal gedachte Song in den Sechzigern des letzten Jahrhunderts in die Welt kam, waren einige der gegenwärtigen Großmütter bereits kleine Kinder oder Jugendliche. Die Songzeile hat sich eingegraben. Der Text ist einfach, mag inzwischen auch abgedroschen klingen, doch er trifft ins Schwarze, nicht nur für jene Zeit, als die Hippies von der allgegenwärtigen Liebe träumten. Das Leben braucht die Liebe. Dichter:innen sprechen davon, dass Liebe Lebensenergie ist, und Mahatma Gandhi hat gesagt, wo Liebe ist, da ist Leben. Wir alle kennen das natürliche Gesetz aus unserem Alltag: Je mehr Aufmerksamkeit, je mehr Herz wir einer Sache oder einem Menschen geben, umso mehr erblühen sie. Wir erleben das bei Kindern, bei Zimmerpflanzen, in unserem Garten, mit Tieren oder bei Aufgaben, mit denen wir uns beschäftigen. Und dabei ist es nicht die Quantität, nicht die Menge der Zeit, die wir geben, sondern die innere, ungeteilte Herzensaufmerksamkeit. In der Liebe erkennen wir, dass wir zusammengehören, dass wir Teil eines Ganzen sind. Und dass wir alle von einer Quelle gespeist werden. Es ist die Liebe, die fehlt, wenn etwas verkümmert, und es ist die Liebe, die wirkt, wenn etwas gedeiht.

Liebe umfasst viel mehr als das, was wir häufig mit ihr assoziieren, wie etwa die romantische Liebe. Sie ist eine allgegenwärtige Kraft, und sie bringt das Leben zum Erblühen. Der persische Mystiker aus dem 9. Jahrhundert, Bayazid Bistami, sprach von drei Attributen, welche die Liebenden als Zeichen göttlicher Liebe erfahren können:

eine Großzügigkeit wie die des Meeres, eine Freundlichkeit wie die der Sonne und eine Demut, wie die der Erde.

Die Quelle der Liebe ruht im Selbst, sagen die uralten Weisheitslehren der Upanischaden: „Hell, aber verborgen wohnt das Selbst im Herzen. Alles, was sich bewegt, atmet, öffnet und schließt, lebt im Selbst. Es ist die Quelle der Liebe und mag durch die Liebe erfasst werden, aber nicht durch das Denken."[4]

Liebe, so wie wir sie hier meinen, ist auch nicht „feel-good". Sie hat nichts mit Sentimentalität zu tun und nichts mit Romantik. Liebe bemäntelt die Wirklichkeit nicht, deckt die Realität nicht mit Zuckerwatte zu, sie *ist* die Realität. Sie verhätschelt nicht. Und sie leugnet nicht den Kummer. Oft erst wird sie aus Kummer geboren, oder Kummer wird verwandelt in Liebe. Schmerz, Leid und Verlust können, wenn wir wirklich zulassen, sie zu fühlen, in Liebe umgewandelt werden. Das Herz ist der Ort, wo wir lieben, und hier geschieht es, dass aus Kummer Liebe wird. Und das Licht der Liebe selbst hat eine transformierende Kraft. Die Autorin und Aktivistin Terry Tempest Williams, gebeten, einen „Nachruf für das Land" zu schreiben, sagte, dass die Zukunft unserer Spezies im Herzen entschieden wird; nicht durch Fakten, sondern durch Liebe und Verlust. Es sei Zeit zu trauern, und wenn wir unseren Kummer nicht umarmen würden, so trete er seitwärts in unerwarteten Formen von Depression und Gewalt hervor. „Kummer ist Liebe". Mit dieser Liebe könnten wir das Leben erneuern. „Wir können weinen. Unsere Tränen werden wie Regen in der Wüste fallen".[5]

Kehren wir zurück zu den Großmüttern, so finden wir dieses Prinzip der Transformation von Kummer in Liebe bei Clarissa Pinkola Estés wieder, da, wo sie sich mit den Großmüttern in Mythen und Märchen befasst.

„Bei allen *abuelitas* (das sind die Großmütter im Spanischen) – wie auch bei der Erdgöttin Demeter, die ein krankes Kind mit einem Kuss heilt – strömt der Geist aufgrund von Schmerz und Verlust und verwandelt sich dann in Liebe und noch mehr Liebe. Ja, bei ihnen erwächst das kunstvolle Leben oft aus Narbengewebe. Sie sind durch viele schwere Prüfungen gegangen. Überlebt zu haben genügt ihnen nicht, und deshalb widmen sie sich vor allem der Aufgabe, alles ringsum gedeihen zu lassen." Welche Zerstörung, welches Leid sie auch immer erleiden mussten – die Großmütter hielten weiterhin daran fest, dass tiefe Liebe die größte Heilerin sei, dass sie die Seele fördere, so die Verfasserin. Und dann liest man diese wunderbare Aussage, die wie ein geheimnisvoller Duft auch durch die Gespräche mit den wirklichen, den lebendigen Großmüttern weht: Sie – die guten Großmütter der Mythen und Märchen – stellen jene Kraft dar, „die das Licht der Liebe in dieser Welt beschützt."[6]

Mythen sind, so erklärt es Joseph Campbell, „Metaphern der geistigen Entwicklungsmöglichkeit im Menschen, und dieselben Kräfte, die unser Leben beseelen, beseelen auch das Leben der Welt."[7] Könnte genau das eine der zentralen Aufgaben von uns Großmüttern sein: Dazu beitragen, das Licht der Liebe in der Welt zu beschützen, indem wir den Zugang zu jener Kraft halten und sie ins Leben bringen? Die Großmütter, die sich mit mir austauschten, sprachen es nicht immer explizit aus, doch mir kam es so vor, als sei jeder einzelne Beitrag vom Licht der Liebe getragen, in den Erzählungen von Freudigem und Gelungenem wie auch in drängenden, ungelösten Fragen und Berichten von Schwierigkeiten. Einige Großmütter benannten auch ausdrücklich die Liebe. Auf die Frage nach der Beziehung zu ihren Enkelkindern formulierte es eine Frau als eine Art Quintessenz:

*Es hat für mich ganz viel mit dem Herzen zu tun. Neben dem Sein. Es hat mit dem Austausch zwischen den Herzen zu tun. Es ist die Liebe.*

Bemerkenswert ist, dass es hier nicht nur um verwandtschaftliche Beziehungen geht. Die „Wahl"-Großmutter unter meinen Gesprächspartnerinnen, der ich vor unserem Online-Treffen ein paar grob skizzierte Fragestellungen zur Einstimmung geschickt hatte, setzte gleich zu Beginn des Gesprächs schon eine Note für unsere Unterhaltung, indem sie offenbarte:

> *Ich konnte letzte Nacht nicht schlafen. Und dann waren deine Fragen da.*
> *Und es waren diese Kinder da, und diese unbändige wilde Liebe, die ich zu den Kindern hier auf dem Hof habe.*

Und später, als es darum ging, was wir weitergeben können, fiel ihr zu allererst dies ein:

> *Das ist etwas, was ich geben kann: Diese wilde, unbefangene Liebe, die sich so verströmt, das bin ich einfach. Und ich kann ihnen zeigen: du kannst auch du sein.*

Durch unsere „unbändige" Liebe erwecken wir Liebe in anderen. Liebe, die größte Kraft im Universum, sie wirkt auf wundersame Weise. Sie verbindet uns miteinander, und jedes Wesen reagiert auf Liebe. Sie lässt unser Ego an der Seite liegen und schafft es mühelos, unsere Selbstbezogenheit zu umgehen. Und dadurch verlieren wir nichts, im Gegenteil: Einmal gelebt, verstärkt die Liebe sich, sie wird niemals kleiner. Sie erinnert uns an unsere ursprüngliche Einheit, und diese Erinnerung nährt die Seele und die Welt.

Wir sprachen schon früher davon, welche Kraft sich entwickeln kann, wenn wir die Erde lieben, und wenn wir dies zusammen mit unseren Nachkommen tun. Durch Liebe können wir heilen, was wir entheiligt haben. Die Enkelgeneration kann auf natürliche Weise da hineinwachsen, wenn wir unsere Liebe für die Erde mit ihnen teilen. Ohne dass wir sie „unterrichten" – denn das würde bedeuten, wir kämen von außen und brächten ihnen etwas bei, was sie nicht selbst kennen. Nein, Liebe ist überall, und wenn ihr Funke Nahrung bekommt, dann lodert er auf und wird zum hellen Feuer. Überdies sind Kinder selbst die Liebe. Sie verstehen die Sprache der Liebe in beispielloser Vollkommenheit, und zu Beginn ihres Lebens ist es die einzige Sprache, die sie sprechen und verstehen. Wir brauchen sie nicht in der Liebe zu schulen, aber wir können dazu beitragen, die Liebe in ihnen zu erhalten. Und wir können den Raum zur Verfügung stellen, in dem sie im Miteinander*sein* die Kraft und das Licht der Liebe erfahren, für einander, für die Erde, für die Welt. Sie zu erfahren bedeutet zugleich, die Liebesgeschichte des Lebens im Herzen, in der Seele und im Körper auch zu *leben*.

Nun sei noch unbedingt erwähnt, dass zur Liebe auch Freude gehört. Wir haben von der Verbindung der Liebe mit Schmerz, Verlust und Leid gesprochen, doch sie hat auch die andere Seite, die Freude. Und beides schließt sich nicht aus, vielmehr würden wir ja das eine verlieren, wenn wir das andere ausklammern würden. Wir werden freier, wenn wir beide Gefühle in der Liebe zulassen können, den Schmerz und die Freude. Wenn wir die Liebe zerteilen, verliert sie ihre Ganzheit und das Leben kann nicht mehr singen.

Wo Freude ist, da ist Schöpfung, heißt es in den Weisheiten der Upanischaden. Wo keine Freude ist, da gebe es keine Schöpfung. Kenne die Natur der Freude! – so fordern diese uralten Schriften uns weiter auf. Das Heilige wird selten mit Freude in Verbindung gebracht, eher mit Religion, und die wiederum spricht, zumindest in ihren monotheistischen Ausprägungen, hauptsächlich von Regeln, die zu befolgen, von Entbehrungen, die zu leisten sind; von Freude nur dann, hoffentlich, nachdem wir gestorben sind, nicht aber, solange wir leben. Eine jenseitige Freude, die nichts mit dem Leben hier und jetzt zu tun hat, wird für eine Zeit nach dem Tod versprochen. Heilig jedoch ist die Liebe, weil sie die Essenz gerade des *Lebens* ist, weil sie aus der Einheit gespeist ist, und weil sie uns Einheit, jenseits von Trennung, erfahren lässt. Sie preist das Leben.

Zur Liebe gehört Freude, auch Lebensfreude, schöpferische Freude. Wirkliche Freude ist etwas anderes als Vergnügen, sie ist Freude im Herzen. Sie kann still sein oder ungestüm, manchmal auch sehr leise und zart, immer aber steigt sie aus den Tiefen unseres Seins auf. Und allein der Blick in die Augen der Kinder lässt diese Freude aufflammen; ihr Lachen, das lebendige Licht, das ihre Augen verströmen, füllt das Herz mit Liebe und erinnert an die tiefere, so häufig vergessene Bedeutung dessen, was es heißt, lebendig zu sein.

Und wenn sich die Augen mit Tränen füllen – auch das ist ja Lebendigkeit –, wenn wir Schmerz wahrnehmen, so erfahren wir noch einen anderen Aspekt der Liebe, den wir hier nicht vergessen sollten: das Mitgefühl. Die Verbundenheit mit allem Leben, die der Liebe zugrunde liegt, erweckt Mitgefühl in uns. Es ist eine Form der Liebe, die uns ermöglicht, auch das Leiden der anderen, das Leiden der Erde, das Leiden in der Welt wahrzunehmen, mehr noch, es zu *fühlen*, ohne uns davon abzutrennen, ohne uns davor zu schützen; vielmehr es zu teilen und damit auch verwandeln zu können.

Unter den spirituellen Traditionen weist besonders der Buddhismus das Mitgefühl als ein zentrales Element seiner Philosophie und Lehre auf. Aus dem dreizehnten Jahrhundert in Japan wird eine Geschichte des berühmten Zen Meisters Dogen übermittelt, die ausgesprochen inspirierend für Großmütter ist: Der Meister hatte einen jungen, sehr gewissenhaften Schüler namens Tetsu, der perfektes Benehmen und vorbildliche Zazen-Praxis an den Tag legte; er war gehorsam und er vermochte die Sutras fließend zu rezitieren. Was ihm jedoch fehlte, war Mitgefühl. Vor seinem Tod sprach Dogen mit Tetsu und übermittelte ihm dabei etwas Bedeutsames: Er könne den gesamten Buddhismus verstehen, jedoch niemals über seine Fähigkeiten hinausgehen, sofern er nicht *robai-shin*, Großmutter-Geist, den Geist großen Mitgefühls habe.[8] Dogen hatte seine

Mönche gelehrt, den Geist zu beherzigen, den Großmütter in sich tragen und leben: Mitgefühl.

Hier ist Mitgefühl nicht nur eine von vielen Eigenschaften einer Großmutter, es ist vielmehr identisch mit dem Großmutter-*Spirit*. Wenn wir tiefes Mitgefühl empfinden, so verweilen wir im Energiefeld der „Großmutter", dann sind wir alle vom Großmutter-Geist beflügelt.

# Freiheit

Wirkliche Liebe kann nur von einem Ort kommen, an dem wir innerlich frei sind. Deshalb spielt Freiheit eine große Rolle bei der Frage, wie wir als Großmütter einen Beitrag für die Zukunft geben - wie wir *das Licht der Liebe in der Welt beschützen* können. Aber was bedeutet eigentlich Freiheit? Wir haben durchaus unterschiedliche Auffassungen vom Freiheitsbegriff, und deshalb mag es hilfreich sein, hier einen kurzen Blick darauf zu werfen.

Die Sehnsucht nach Freiheit ist tief im menschlichen Leben verwurzelt. Sie bewegt uns alle. Freiheit bedeutet, lebendig zu sein, Freiheit ist atmen. Und in jedem einzelnen Leben tönt dieser Ruf nach Freiheit, auch wenn er von Wünschen überlagert wird, die letztlich wenig mit Freiheit zu tun haben.

Die Bedeutung von Freiheit beschäftigte die Philosoph:innen von Beginn an, es heißt sogar, die Frage nach der Freiheit sei die philosophische Frage schlechthin. In der neuzeitlichen westlichen Denkweise verständigt man sich, um es grob zusammenzufassen, auf eine Definition der Freiheit als Möglichkeit zur Selbstbestimmung. Dabei unterscheidet man, negativ oder positiv, zwischen einer Freiheit *von* etwas und einer Freiheit *zu* etwas. Negativ gesehen, frei von äußeren Zwängen, und positiv gesehen als Willensfreiheit, also frei wählen und damit frei handeln zu können. Außerdem kennen wir Freiheit als einen politischen und gesellschaftlichen Begriff, in der Unterscheidung des freien Bürgers vom Sklaven, oder auch im Zusammenhang mit der Unterdrückung von Frauen, Ethnien und Minderheiten. Und schließlich sprechen wir auch im ideologischen Sinn von Freiheit: Freiheit der Weltanschauung und Religion, Freiheit in der Entwicklung des Individuums, Befreiung von Konventionen und kollektiven Normen. Schaut man in Lexika nach, so findet man vorrangig die Definition der Freiheit als die Autonomie eines handelnden Subjekts. In unserer Welt des Konsums betrachten Menschen diese Autonomie als eine Freiheit, sich beim Kauf eines Autos zwischen zahlreichen Fahrzeugtypen und Marken entscheiden oder ihre Urlaubsziele kreuz und quer über den Planeten wählen zu können. Was nun, so stellt sich die Frage, hat unter diesen vorherrschenden Konzepten eigentlich mit *wirklicher* Freiheit zu tun? Mit der Freiheit, nach der sich unsere Seele sehnt, die hilft, unsere Seele zu nähren und die uns durchlässig macht für das Licht. Sind wir, wenn wir durch Konsumreize unentwegt mit dem riesigen Angebot an Gütern bedrängt werden, wirklich frei - oder sind wir nicht gerade da Sklaven?

Bürgerliche Freiheiten, die Abschaffung von Sklaverei, Rassismus und der Unterdrückung von Frauen und Minderheiten, das sind Errungenschaften der Menschheit, die zwar noch in Arbeit sind, aber eine Hoffnung fördern, dass unsere menschlichen Werte in eine erfreuliche Richtung vorangebracht werden könnten. Doch leider wird die Freiheit des Individuums, die wir in der westlichen Welt so hochhalten, aufgekauft und in vielen Teilen benutzt, ohne dass wir es wirklich bemerken. Wir wähnen uns frei wegen materieller Möglichkeiten, sofern wir nicht an Armut gebunden sind; wir glauben, autonom zu sein, weil wir zwischen einer Vielzahl von verschiedenen Tomatensaucen im Supermarktregal wählen können. Eine Steigerung dessen ist der Freiheitsbegriff des „Ich möchte tun und lassen können, was ich will" im westlichen Individualismus. Diese Art von

„Freiheit" suggeriert, dass ich der Mittelpunkt der Welt bin oder zumindest allein hier, getrennt von allen und allem anderen. Schon seit dem 18. Jahrhundert, der Zeit des Philosophen Immanuel Kant, dürften wir wissen: „Die Freiheit des Einzelnen endet dort, wo die Freiheit des Anderen beginnt." Doch auch in ihren subtileren Formen erstreckt sich der Freiheitsbegriff in der Welt des Individualismus hauptsächlich auf die Freiheit des Egos. Ein solches Konzept können wir nicht auf die Ebene der Seele und auf unser spirituelles Leben übertragen. Sogar das Bestreben, sich von den Zwängen der „abertausend Dinge" der äußeren Welt zu befreien und stattdessen innere Zufriedenheit und Wohlergehen zu kultivieren, geht letztlich auf ein egozentrisches Motiv zurück. Es geht um „mich". Und solange man selbst am wichtigsten bleibt, ist man nicht wirklich frei.

Wir können unterscheiden zwischen der Freiheit des Egos – so oft mit dem irreführenden Begriff der „Selbstverwirklichung" verbunden – und der Freiheit der Seele, also zwischen einer äußeren und einer inneren Freiheit. Es ist durchaus möglich, innerhalb äußerer Grenzen innerlich frei zu sein. Wenn wir beispielsweise wenig äußere Wahlmöglichkeiten haben oder wenn wir durch körperliche Einschränkungen begrenzt sind, können wir dennoch im Herzen frei und ungebunden sein. Wir können lieben, ohne Bedingungen zu stellen, ohne Vorstellungen und Erwartungen zu haben oder an Konventionen, Urteile oder Ängste gebunden zu sein. Tatsächlich setzt die innere Freiheit voraus, dass ich aufhöre, die Freiheit des kleinen Selbst zu suchen. Die Sehnsucht nach innerer Freiheit ist nichts anderes als die Sehnsucht nach der Einheit: Die Seele sehnt sich nach ihrer Quelle, und das Herz, der Ort, an dem wir diese Einheit erfahren können, sehnt sich nach bedingungsloser Liebe. „Freiheit ist das Lied der Seele, die erhobenen Hauptes in die Arena des Lebens geht", sagt der Sufi-Lehrer Llewellyn Vaughan-Lee.[9]

Was uns von ihr trennt, ist die Illusion des isolierten Ichs. Innere Freiheit ist auch Freiheit von Illusionen. Und die größte Illusion ist die Vorstellung des Getrenntseins, die Grundlage unserer Ego-Identität. Frei zu werden, zumindest für Momente, von diesem Gefängnis des Getrenntseins bedeutet auch, von den Emotionen und Zuständen befreit zu sein, die hinter seinen Mauern wohnen: Furcht und Neid, Überheblichkeit und Ehrgeiz, das Vergleichen und das Urteilen, über andere und sich selbst, das Gefühl des Mangels und der Unzufriedenheit und niemals zu genügen – niemals genug zu bekommen, niemals genug zu sein, niemals genug zu geben. Das Herz wird frei, wenn wir diese Zwänge verlassen. Da gibt es keine Strenge und kein Bemühen, da treffen wir Freude an. „Es gibt keine größere Freude als die Freude der Freiheit", so heißt es im Dhammapada, einer Sammlung der Worte des Buddha.

Um unser wahres Wesen zu erkennen, ist es notwendig, uns von Konzepten zu lösen und nicht identifiziert zu sein mit dem, was wir glauben zu sein. Damit geben wir äußere Sicherheiten auf, denn wir können uns nicht an einer bestimmten Identität festhalten. Das ist der Preis der inneren Freiheit. Die Sufis nennen dies den Zustand der „inneren Armut", das Freiwerden von Anhaftungen, das Freilassen von Identifizierung.

Von Freiheit in der Beziehung zu ihren Enkelkindern sprach diese Großmutter:

> *Als Großmutter erlebe ich alles viel befreiter [im Unterschied zum Muttersein]. Selbst wenn ich noch viel zu tun habe, aber da ist eine innere Freiheit und ein innerer Frieden, der damals einfach nicht da war. Das ist etwas, was ich mit den Enkeln teile. Diesen Raum zu haben, und dann sind sie in einem ganz anderen Space mit mir zusammen.*

Sie empfindet Freiheit, obwohl sie an äußere Verpflichtungen gebunden ist; denn sie bringt eine innere Freiheit zur Sprache, die sie mit Raum und innerem Frieden verknüpft. Und sie fährt fort:

> *Das ist für mich eben auch dieses übertragene Großmutter-Sein, nicht nur mit den eigenen Enkeln, sondern Großmutter in der Welt zu sein. Dem möchte ich mehr nachgehen; der Frage, was das bedeutet. Wir müssen selbst das Gefühl dafür bekommen, dass wir etwas zu sagen haben.*
>
> *Der einzige Vorteil am Ältersein ist diese innere Freiheit, ist die gemachte Erfahrung, in irgendeiner Form bei sich selbst angekommen zu sein. Das ist ein Geschenk. Es ist nicht das Ende der Reise, aber eine wichtige Station. Und wenn das nicht wäre, wozu das Ganze, die Schmerzen, die schwindende Kraft? Es muss ja für irgendwas gut sein.*
>
> *Und ich finde, darauf kann man sich einstellen – wenn man sich dafür öffnet. Es ist nicht immer so, bei meiner Mutter ist es nicht so.*
>
> *Dieses Bewusstsein der inneren Freiheit. Das hat auch was mit Würde zu tun. Mit der Würde als Frau und zu dem zu stehen, wer ich bin, über die eigenen Enkel und über die eigene Familie hinaus.*

Eine gewisse Freiheit kommt durch das Alter, so haben wir es bei der weisen Alten schon gesehen. Wir werden zunehmend „unerschrockener" in der Liebe, wie Joan Chittister es formuliert. Zugegeben, das gilt wohl nicht für alle, wir sollten hier Einschränkungen vornehmen und die Dinge realistisch sehen. Persönliche Charaktereigenschaften und die Bereitschaft, weiter an sich selbst zu arbeiten, spielen sicher auch eine Rolle. Doch für diejenigen, die anstreben, sich dem Wesentlichen zu nähern, ist es greifbar: unerschrocken in der Liebe zu sein. Eine fantastische Beschreibung dessen, was innere Freiheit bedeutet.

In diesem Zustand ist es auch möglich, frei von Zuschreibungen zu sein. Wie eine der Großmütter es so treffend beschreibt, als wir davon sprachen, dass wir nicht die Pflichten der Eltern haben, dass wir Anteil nehmen, aber gleichzeitig frei sind, dass wir uns nicht verwickeln – Ausnahmen gibt es natürlich – und dass wir auf diese Weise sehr leicht einen direkten Seele-zu Seele-Kontakt zu den Enkelkindern machen können.

*Und jetzt als Großmutter, da muss ich mich nochmal neu auseinandersetzen, von mir wird was anderes gebraucht. Und dafür bin ich so dankbar, dass ich Großmutter sein kann, in der Tiefe, ohne dass festgelegt ist: so muss man als Großmutter sein. Ich darf das andere Großmutter-Dasein leben. Außerhalb von Konzepten und Rollen.*

Der Seelenkontakt – darum ging es im Gespräch mit einer anderen Großmutter, als ich davon erzählte, wie ich einmal meine Enkeltochter über viele Stunden still im Arm hielt, als sie krank war, sehr klein noch, in ihren ersten Monaten. Ich saß einfach nur mit ihr da, sie schlief an meinem Körper, und ich war mit ihr dort, wo sie war, in einem weiten, lichtvollen Raum. Als man mir eine Zeitung oder ein Buch anbot, damit mir „nicht langweilig" werden würde, lehnte ich erstaunt ab. Denn ich fand diesen stillen Kontakt wunderbar, es war das Schönste, was ich tun konnte, und ich war sicher, es war auch das, was heilen konnte. Doch dann fiel mir, während ich das erzählte, ein, dass dies vielleicht nicht eine spezifische Großmutter-Gabe sei, dass wir auch als Mütter mit unseren Kindern so sein konnten. Da entgegnete meine Gesprächspartnerin:

*Ich glaube nicht, dass die Mutter das so kann. Ich hätte das als Mutter nicht gekonnt. Ich glaube, du hast als Mutter nicht den Abstand. Du brauchst auch einen gewissen Abstand, um diesen Raum zu betreten, und zu wissen, du kannst da jetzt drinbleiben.*

*Als Mutter musst du ja immer den Raum draußen UND drinnen halten. Mit ihnen in diesen Raum gehen, das können wir als Großmütter machen.*

*Das habe ich auch gemacht, vor einem Jahr, da habe ich mir meinen kleinen Enkel einfach umgebunden und bin ganz lange draußen gelaufen. Die Mutter brauchte Zeit für sich. Ich fand das wunderbar. Ich habe mir die Gärten angeguckt und war einfach mit ihm so zusammen. Das sind auch Geschenke. So nah sein, auf diese Art, in dieser Frequenz, das geht ein bisschen weg – zumindest bei mir – wenn sie älter werden.*

Abstand ist sehr wichtig. Auch das deutet auf eine Freiheit hin. Zuvor sprachen wir von „Intimität in der Distanz".

Wer innerlich frei ist, erfüllt auch seine Umgebung mit einer Atmosphäre der Freiheit. Die Freiheit, die wir selbst in unserer großmütterlichen Liebe empfinden, ist anwesend in dem Raum, den wir mit den Enkelkindern teilen. So erfahren wir nicht nur selbst Freiheit, wir gewähren sie auch, wir schaffen diesen Raum, in dem sie möglich ist.

Für eine der Großmütter war dies die erste spontane Antwort auf meine eher allgemein gehaltene Frage, was sie glaube, über den Generationensprung weitergeben zu können:

*Ich merke, wenn ich mit ihnen zusammen bin, versuche ich immer eine Atmosphäre zu schaffen, in der sie frei sind. Das heißt auch, sie in ihrer Essenz wahrzunehmen und damit dann zu sein. Und ihnen zuzutrauen, dass sie damit leben können.*

*Ich finde es erstaunlich, womit sie ausgestattet sind ... Der eine, der diese unglaubliche Präsenz und Kraft hat. Das geht in die Richtung, sie zu stärken, mit dem, was sie sind und wie sie sind, und an sie zu glauben. Auch das Kind, das so viele Ängste hat. Ich sehe ihre Stärken.*

Mir fällt dabei der Tanz ein - nicht nur als Metapher, sondern auch als lebendiger Ausdruck dessen, das eigene Wesen zu leben. Es war vor gut hundertzwanzig Jahren, zu Beginn des letzten Jahrhunderts in Berlin, als die amerikanische Tänzerin und Begründerin des Modern Dance, Isadora Duncan, einen Vortrag hielt mit dem Titel *The Dance of the Future*. In diesem Vortrag, der damals weitreichende Berühmtheit erlangte, sprach sie nicht nur – ihrer Zeit voraus – davon, dass in ihrer Vision Frauen die Heiligkeit ihres Körpers erkennen und den Tanz ihrer Freiheit finden. Sie sprach auch über ihre Absicht, eine Schule zu gründen, in der Kinder diese Kunst erlernen könnten. Dabei machte sie deutlich, dass sie die Kinder in dieser Schule nicht lehren werde, die Bewegungen ihrer Lehrerin nachzuahmen, sondern vielmehr ihre ganz eigenen zu finden. Sie werde sie überhaupt nicht dazu zwingen, bestimmte Bewegungen einzuüben. Die Kinder sollten angeleitet werden, Bewegungen zu entwickeln, die ihnen natürlich seien. Die Bewegungen eines kleinen Kindes seien schön, das könne niemand leugnen. Und sie seien schön, weil sie dem Kind naturgemäß seien. Für die Tänzerin der Zukunft bedeute dies, dass die natürliche Sprache der Seele zur Bewegung des Körpers werde, da Körper und Seele harmonisch zusammengewachsen seien. Wirksam werde hier ein *free spirit*, ein Geist der Freiheit.[10]

Wie ungewohnt erscheint es uns, im Zusammenhang mit Unterricht und Lehre nicht daran zu denken, einen erwünschten Lernstoff vorzugeben, den die Lernenden sich eins-zu-eins einverleiben sollen. Auch wenn uns gleichzeitig die Vorstellung, dass ein Wesen sich nur naturgemäß entfalten kann, wenn ich ihm nichts anderes aufzwinge, als Binsenweisheit erscheinen mag.

Als ich im letzten Sommer in meinem Garten arbeitete, musste ich an jene Großmutter denken, die davon gesprochen hatte, im

Zusammensein mit ihren Enkeln eine Atmosphäre zu schaffen, in der sie frei sind. Ich war dabei, die goldene Erde, den duftenden, reifen Kompost aus dem letzten Jahr zu verteilen, und dachte darüber nach, wie sehr sich das Kompostieren vom gezielten Düngen mit Nährstoffen unterscheidet. Wenn wir die Pflanzen direkt und planvoll füttern mit genau den verschiedenen Elementen, die sie brauchen, beispielsweise mit Phosphor, Kali oder Schwefel, dann ist das wenig nachhaltig für den gesamten biologischen Kreislauf. Geben wir aber biologischen Kompost in den Boden, so tragen wir dazu bei, dass der Boden gesund bleibt und dass die Pflanze selbst sich die Stoffe aussuchen und nehmen kann, die sie zum Wachstum braucht – jeweils das, was ihr entspricht. Sie wird dadurch nicht nur resistenter, das geerntete Gemüse schmeckt auch deutlich besser.

Mit den Enkelkindern ist es ähnlich. Kinder können wir dadurch nähren, dass wir ihnen eine Umgebung bereiten, die alles hat, was sie zum Wachsen brauchen, Liebe, Ausgewogenheit, Humor, Natur, Wissensanreize, die Möglichkeit zu Erfahrungen, Gespräche, Zugewandtheit und Zuhören. Wir geben einen Raum. In diesem Raum können sich die Kinder aufhalten und sich nehmen, was sie brauchen, um zu wachsen und zu reifen – wie die Pflanzen. Ob ich gezielt und einzeln Dünger verabreiche oder Kompost in seiner ganzheitlichen Zusammensetzung gebe, beschreibt den Unterschied zwischen „Füttern" und „Nähren". Das Nähren ist frei, denn die Pflanze kann sich selbst nehmen, was sie braucht. Unsere Schulen funktionieren noch immer weitgehend so, dass sie Kinder und Jugendliche mit Wissen „füttern", pauschal und ungeachtet aller individuellen Eigenheiten und Interessen. Wissen wird „eingetrichtert". Nachvollziehbar ist, dass Eltern und Erzieher:innen versuchen, die Kinder entsprechend vorzubereiten, damit sie in unsere derzeitige Gesellschaft hineinwachsen können. Großmütter jedoch, oder solche, die eine großmutterähnliche Position einnehmen, können einen Raum zur Verfügung stellen, in dem das jeweilige Wesen sich nehmen kann, was es braucht. Die Nahrung fließt aus einem freien Raum der Liebe.

# Verantwortung

Es war eines der wenigen Ereignisse in jenen wilden und innerlich aufgewühlten Jahren meiner Adoleszenz, bei dem ich einen unübersehbaren Ärger in den Augen meines sonst sehr friedfertigen Vaters provoziert hatte. Hinter dem Ärger zeigte sein Ausdruck noch etwas anderes, eine Art Verletztheit, die aber weniger persönlich schien, ich nahm Traurigkeit und Schmerz wahr. Offenbar hatte ich Gefühle hervorgerufen, die nicht nur zu ihm, sondern zu uns allen, zur Menschheit gehörten. Einen Moment zuvor noch völlig aufgebracht und trotzig, erschrak ich angesichts seiner Reaktion bis ins Mark. Was hatte ich getan? Es hatte eine kleine Auseinandersetzung gegeben, nichts Bedeutendes, ich weiß nicht mehr, worum es ging. Vielleicht war ich um etwas gebeten worden, was ich nicht erfüllt hatte, vielleicht war ich zu spät nach Hause gekommen. Im Sturm meiner aufbrausenden Emotionen schleuderte ich ihm diese Worte ins Gesicht: „Ich kann nichts dafür, dass ihr mich in die Welt gebracht habt, ihr seid dafür verantwortlich! Warum habt ihr mich denn gezeugt und geboren?!" Mein Vater sah mich kurz an, sagte nichts, drehte sich um und ging weg. In meiner Brust fühlte ich eine plötzliche Schwere, ich spürte, dass etwas gar nicht richtig war. Gedanklich konnte ich nicht fassen, was da nicht gut war, aber ich nahm irgendwie wahr, dass mein Gebaren übergriffig war und etwas Kostbares verletzt hatte.

Viel später begann ich zu verstehen, dass es um die Verantwortung für unsere Inkarnation geht. Unsere eigene Verantwortung dem Leben gegenüber, das uns geschenkt wurde. Eine Verantwortung, die wir niemand anderem zuschustern können. Es geht darum, unsere Füße auf die Erde zu setzen und uns dem gegenüber würdig zu erweisen, was uns mitgegeben wurde. Es geht darum, unseren Platz in dieser Welt einzunehmen als kleines Teil innerhalb eines großen zusammenhängenden Organismus und darum, das Licht, das uns gegeben ist, mit der Welt zu teilen.

Zur Entwicklungsphase der Pubertät gehört, dass wir beginnen, uns mit unserer Verantwortung auseinanderzusetzen und dabei ein ziemliches Durcheinander erleben. Oft schreiben wir Teenagern Verantwortungslosigkeit zu – was nicht wirklich stimmt. Es ist eine Zeit des Schwankens zwischen Extremen, mal ist man Kind und gibt die Verantwortung völlig ab, mal kommt auch eine erwachsene Seite durch, die sich verantwortungsvoll zeigt. Als heranwachsende Jugendliche suchen wir nach unserem Platz im großen Gefüge des Lebens. Erschwerend kommt hinzu, dass unser Gehirn in dieser Zeit radikal umgebaut wird, und deshalb werden Risiken und damit auch die Verantwortung dafür oft nicht realistisch eingeschätzt.

Die gegenwärtige Haltung der Menschen in unserer sterbenden Zivilisation erinnert an den letzteren Aspekt der Adoleszenz. Die Menschheit verhält sich eher jugendlich als erwachsen, wenn es darum geht, die Verantwortung für unseren Platz und unsere Rolle im Gefüge der Welt und im Universum einzunehmen. Ebenso wie Teenager haben wir immer noch ein Problem mit der Einschätzung der Risiken, die wir eingehen, wenn wir den Planeten rücksichtslos ausbeuten. Dabei fehlt uns auch, anders als bei den indigenen Völkern, das Verantwortungsgefühl für die kommenden Generationen.

Hier möchte ich von einer erwachsenen Verantwortung sprechen, einer spirituellen Verantwortung, die mit dem Licht der inneren Freiheit und der Liebe untrennbar verbunden ist. Mehr oder weniger ausgesprochen liegt diese ja auch als Grundgedanke allen Betrachtungen in diesem Buch zugrunde, welche Themen auch immer angesprochen werden. Hätten wir nicht einen Sinn für Verantwortung, würden wir uns die Frage nach unserem großmütterlichen Beitrag für die zukünftigen Generationen nicht stellen.

Vom Wortstamm her enthält ‚Verantwortung' den Begriff ‚Antwort'. Wir antworten auf die Bedürfnisse des Augenblicks. Landläufig wird mit dem Wort eine Schwere verbunden, wir sprechen von der „Last der Verantwortung". Verantwortungsbewusstsein, Verantwortung übernehmen, das klingt nach trockener Pflicht. Sie scheint unangenehm zu sein, mit Arbeit verbunden, etwas, das uns die persönliche – falsch verstandene – Freiheit raubt. Doch echte Verantwortung entspringt geradezu unserer inneren Freiheit, einer Freiheit, die uns ermöglicht, das Licht der Seele ins irdische Leben zu bringen. Verantwortungsbewusstsein ist unsere Antwort auf dieses Netz von Beziehungen in der Welt. Je weniger wir der Illusion des Getrenntseins anhaften, um so freier können wir auf das Gewebe des Lebens schauen. Dann enthüllt das Leben einen Sinn, und die Erfahrung von Sinnhaftigkeit ist mit Freude verbunden. Letztlich ist es Liebe, aus der heraus wir antworten und echte Verantwortung übernehmen. Das Herz weiß instinktiv, wie es zu antworten hat. Dabei geht es nicht um einen persönlichen Gewinn, den wir ohnedies nur suchen, wenn wir uns getrennt von allem fühlen. Und diese Verantwortung tragen wir nicht nur in unseren jungen, aktiven Jahren, sondern auch im Alter.

In ihrem Buch über die weise Frau berichtet Ingrid Riedel über Forschungen, die zu dem Schluss kamen, dass zur Weisheit offenbar auch das „Selbsttranszendierende" gehört, „nämlich ein Interesse am Wohlergehen der Mitmenschen, sowohl in der nahen Beziehung als auch in Nachbarschaft, Stadtteil, Land und schließlich der Welt." Es fiel auf, „dass die Lebenseinstellungen von Menschen mit hohem Weisheitswissen grundsätzlich am Gemeinwohl orientiert sind."[11] Im Zusammenhang damit, dass das Alter keine Krankheit, sondern eine neue Erfahrung sei, wie man seinem Leben möglichst viel Güte,

Energie, Dankbarkeit, Ruhe und stille Kreativität abgewinne, formuliert Joan Chittister in ihren Gedanken zum Alter den Hinweis zu dieser Haltung gerade heraus als eine Aufforderung: „Im hohen Alter bekommt man keinen Freifahrschein in die Verantwortungslosigkeit. Stattdessen müssen wir unter den Weisen dieser Welt unseren Platz einnehmen. Genau wie die Älteren jeder Generation vor uns müssen wir unsere Erfahrung konstruktiv einbringen", und sie spricht deutlich von einer Verantwortung für die kommenden Generationen in der „Weitergabe von Werten".[12] Unsere Verantwortung betrifft nicht nur die Geschöpfe, die wir zu unseren Lebzeiten kennen, mit denen wir diese Lebensspanne teilen. Sie geht über die Grenzen des eigenen Lebens hinaus.

Die Weisen der indigenen Völker mahnen uns unaufhörlich, Verantwortung für die kommenden Generationen zu ergreifen, so auch in dem Council Statement amerikanischer Indigener, unterschrieben von Faith Spotted Eagle, einer der Großmütter der *Brave Heart Society* und Chief Arvol Looking Horse, spiritueller Führer in der Sioux Nation, sowie anderen indigenen Repräsentant:innen: *Wir sind die Leute der Erde, vereint unter dem Gesetz des Schöpfers mit einem heiligen Bund, das Leben zu beschützen, und einer Verantwortung, das Leben zu erweitern für alle zukünftigen Generationen. Wir drücken unsere tiefe Sorge um unsere gemeinsame Zukunft aus und halten jeden Einzelnen an, spirituell zu erwachen. Wir müssen in Einheit arbeiten, um Mutter Erde zu heilen, so dass sie Gleichgewicht und Harmonie für alle ihre Kinder zurückbringen kann. … Alles Leben ist heilig. Wir kommen ins Leben als heilige Wesen. Wenn wir die Heiligkeit des Lebens missbrauchen, betrifft das die ganze Schöpfung.*[13]

Die Indigenen berufen sich dabei – wie andere Weisheitslehrer:innen auch – auf die *ursprünglichen Weisungen*, die den Menschen für ihre Rolle als Hüter dieser Schöpfung gegeben und die in früheren Zeiten von Generation zu Generation weitergegeben wurden. Auf diesen Weisungen beruht unsere Verantwortung, die es gilt, wieder aufzunehmen, nachdem die heutige vor allem westliche Welt sie verloren und vergessen hat. Die Verantwortung für das Leben, für die zukünftigen Generationen – sowohl der menschlichen wie auch der anders-als-menschlichen Welt – und die Heilung der Beziehungen zwischen Mensch und Erde betrifft uns alle. „Niemand ist ausgenommen. Jeder von uns hat seinen individuellen Lebensrahmen und seine Verpflichtungen", so sagt Thomas Berry, wenn er von dem „großen Werk" spricht – dem Übergang einer Epoche der zerstörerischen Macht in eine neue, andere, in der sich Mensch und Erde wieder gegenseitig bereichern.[14]

Im großen Netzwerk all der Menschen auf unserer Erde, deren Herzen sich an diese Verantwortung erinnern, werden auch die Großmütter wichtig, um mit ihrer Weisheit und ihren weiblichen Qualitäten dem Leben und den zukünftigen Generationen zu dienen.

Verantwortung und Dienen gehören zusammen. Unsere Sprache kann uns hier leicht in die Irre führen, denn ebenso wie Verantwortung schnell missverstanden wird, weil wir dem Begriff in unserem Umgang oft einen ganz anderen, einen mehr lebensfeindlichen Sinn verleihen, geschieht das auch mit dem Begriff des Dienens. Es hat keinen sehr guten Ruf, das Dienen, wird es doch mit Erniedrigung und Unterordnung assoziiert, im Gegensatz zu Ermächtigung und Selbstbestimmung, die als tatsächliche Werte in unserer Gesellschaft gelten. Jedoch – mit unserem Ja und unserer Liebe zum Leben *dienen* wir dem Leben. Alles, was geschaffen ist, dient dem Leben. Verantwortung in seiner tieferen Dimension wird für uns Menschen zum Dienen. Im Buddhismus ist es das höchste Ziel, allen Wesen zu helfen, vom Leid befreit zu werden, ihnen zur Erleuchtung zu verhelfen. Im Sufismus wird betont, dass die größte Sehnsucht der Wanderer auf dem Pfad, die Vereinigung mit dem Geliebten, nicht die letzte Stufe des Weges ist; danach kommt das Dienen. Was uns gegeben wurde, ist nicht für uns selbst. Es kann nicht für uns selbst sein, denn so würde es uns vom Licht der Einheit trennen. Nutzten wir es für uns selbst, würden die Gnade, das Licht, all die Liebe, die uns gegeben wurden, als wir uns einem inneren Weg zurück zur Quelle anvertraut hatten, verschleudern. Sie würden in die Enge und Abspaltung des Egos entführt werden und könnten ihre Wirkung nicht mehr entfalten.

Wir sollten uns vor Illusionen hüten. Das Dienen ist einfach. Es macht uns nicht groß, macht uns nicht besser, und es besteht nicht unbedingt aus Taten. Ja, im Dienen geht es um Fürsorge, es geht darum, auf die Bedürfnisse zu antworten, die jenseits unserer selbst liegen. Doch wenn wir Verantwortung für die kommenden Generationen übernehmen, wenn wir uns in den Dienst des Lebens stellen, bedeutet dies nicht gleichzeitig, dass wir das Leben verändern. Vielmehr bedeutet es erst einmal, dass wir das Leben *erfahren*. Als das, was es ist, in seiner heiligen Essenz. In dieser Erfahrung beginnen wir, zu fühlen, wir hören hin und wir lernen, von innen darauf zu antworten. Ohne jede Anstrengung, ohne eine Absicht entfaltet sich dann ein innerer organischer Prozess. Anders als in der Vorstellung, von außen oder von oben die Lösung für ein Problem zu finden, erleben wir dann eine echte Verbindung. Es geht nicht um Problemlösung, es geht um ein Zueinanderfinden, um eine Beziehung. Das Leben sucht uns ebenso wie wir das Leben suchen, das Licht sucht uns, ebenso wie wir das Licht suchen. Und sobald wir uns dafür empfänglich machen, sobald wir in diese Beziehung gehen, kann etwas Neues entstehen. Es wird sich von innen heraus entwickeln. Und indem wir uns einlassen auf diese innere Situation, indem wir hinein lauschen und uns öffnen, beleben wir bereits wieder das Heilige in der Schöpfung.[15] Und es wird durch uns in die Welt gespiegelt.

Dienen als Antwort auf das Leben und auf das, was es braucht, kommt von innen. Menschen fragen sich so oft, was sie tun sollen, sie suchen nach Antworten bei anderen, in sozialen Medien, Posts oder auch – auf altmodische Art – in Büchern und Zeitungen. Doch die einzige, wirkliche Antwort entspringt der Quelle unseres eigenen Herzens; wir finden sie, indem wir in unser Herz gehen und fragen. Denn hier folgen wir keinen allgemeingültigen Anleitungen oder Rezepten, nicht einmal den Ratschlägen von Weisen. In unserem Dienen aus einer inneren Verantwortlichkeit heraus sind wir weder Helfende noch Handwerker:innen, die das Leben reparieren. Die amerikanische Ärztin, Autorin und Professorin für Familienmedizin, Rachel Naomi Remen, bringt den Unterschied zwischen Helfen, Reparieren und Dienen erfrischend klar auf den Punkt, wenn sie deutlich macht, wie diese drei Herangehensweisen eine sehr unterschiedliche Sicht auf das Leben repräsentieren: Wenn du hilfst, sagt sie, betrachtest du das Leben als schwach, wenn du reparierst, als zerbrochen, aber wenn du dienst, siehst du das Leben als ein Ganzes. Dienen sei die Arbeit der Seele, während die beiden anderen Arten die Arbeit des Egos seien. Dienen beruhe auf der Wahrnehmung des Lebens als ein heiliges Mysterium; und wenn wir dienten, wüssten wir, dass wir diesem Mysterium angehören und dass wir alle verbunden sind. Wenn wir hälfen, empfänden wir vielleicht eine gewisse Befriedigung, wenn wir dienten, jedoch Dankbarkeit.[16]

Gehen wir nun zurück zu der Möglichkeit, dass Großmütter dem Leben dienend dazu beitragen können, „das Licht der Liebe in der Welt zu halten" und damit eine Saat des Lichts säen. Und das für eine Zeit viele Generationen weit in die Zukunft, wenn die Ururenkelkinder unserer Enkelkinder, so ist unsere Hoffnung, das Leben wieder als ein heiliges Wunder feiern können. In der Verbindung von Weiblichkeit, Lebenserfahrung und ihrer „unbändigen Liebe" zu den Enkelkindern – den eigenen und denen aus der Welt-Familie – vermögen Großmütter diesen Samen ein besonderes, ein eigenes Licht zu geben.

## Noch einmal das Weibliche

Wir haben angeschaut, wie das Weibliche von der Heiligkeit in der Schöpfung weiß, wie es das Bewusstsein vom Licht in der Materie hat, einem Licht, das uns die Welt als ein Ganzes erkennen lässt. Das Göttliche ist nah und fern zugleich, und wir brauchen in unserer Beziehung zur göttlichen Quelle beides, das Männliche und das Weibliche. Durch das männliche Prinzip nehmen wir die Transzendenz wahr und werden von Ehrfurcht erfüllt, während das Weibliche uns die Seele und das göttliche Licht ganz nah in aller Schöpfung offenbart und weiß, wie wir dieses Licht im Leben erwecken können. In seiner Essenz finden wir das Weibliche in uns allen, unterschiedlich lebendig und erweckt, doch in Frauen ist es zumeist in besonderer Weise präsent und zugänglich. Leider wissen wenige Frauen um die Heiligkeit ihrer selbst als weibliche Wesen. Eine Freundin, die ein tiefes Wissen über das heilige Weibliche hat, brachte dieses besondere Licht in Frauen in einem Vortrag den Teilnehmerinnen auf diese Weise nah:

„Mein Lehrer pflegte zu sagen, dass die Frau wie Gold ist. Was immer ihr geschieht, sie ist wie Gold. Wenn du Gold in die Latrine wirfst, bleibt es weiterhin Gold. Dies mag ziemlich simpel klingen, aber es ist eine ewige Wahrheit. Und Wahrheit ist eine einfache Essenz. Die Sufis sagen: Eine Frau wird niemals alt, denn sonst wird die Schöpfung sterben. Frauen haben diese magische Substanz in ihrem Sein, die mit dem wirklichen Mysterium der Schöpfung zu tun hat. Weil nur Frauen einen Menschen gebären können, vermögen sie das Licht einer göttlichen Seele in die Welt zu bringen. Die kreative Energie von allem „Ja". Etwas hervorzubringen ist immer ein Ja, es kann niemals ein Nein sein."

Und sie fährt fort, dass nach ihrer Auffassung, wenn wir nicht zu unserer Erinnerung zurückkehrten, zu der Erkenntnis, dass wir eine Seele sind, dass die Erde ein lebendiges Wesen ist, dass der reiche, allem Wachstum schenkende Erdboden heilig ist – und das sei auf natürliche Weise im Körper der Frau als ein heiliger Raum gehalten, ebenso auch in den weiblichen Gefühlswerten des Herzens, in Frauen und in Männern –, so lange könne und werde keine Veränderung geschehen. „Erst dann, als eine natürliche Folge, können alle weiblichen Qualitäten aus dem heiligen Raum aufsteigen, können als ein Dienst an der Menschheit, als eine Vermittlerin des Bewusstseinswandels, als eine wiederbelebende Kraft für ein neues Leben in die äußere Welt gebracht werden." Die weiblichen Qualitäten wie Fürsorge, Nähren, Zuhören und Hingabe flössen dann organisch in die Welt. So könnten „Handeln und Fühlen eins werden, Geist und Materie zusammenkommen, die Beziehung zwischen dem Inneren und dem Äußeren wiederhergestellt werden, und männlich und weiblich dem Leben dienen." Und dann werde Verantwortung zu einer lebendigen Kraft.[17]

Großmütter können dazu beitragen, dieses Ja in der Welt wieder zu beleben, genauso wie Menschen jeder anderen Generation. Alle können daran mitwirken, durch ihr Bewusstsein und durch die Kommunikation ihres Lichts mit dem Licht in der Schöpfung. Doch darüber hinaus, konkreter, erneuern Großmütter dieses Ja in ihren Beziehungen zu der jungen Generation. Hier haben Großmütter einen Platz, wenn es darum geht, einen Samen des Lichts ins Leben zu bringen – ein Licht, zu dem Frauen einen besonderen Zugang haben. Die Samen unserer gemeinsamen Entwicklung liegen auch in unseren gegenseitigen Beziehungen. Gleichzeitig werden sie durch diese Beziehungen weitergegeben, aufbewahrt, gehegt und genährt, bis dass sie aufbrechen und aus ihrem Innern frische Schösslinge neuen Lebens hervorsprießen.

Frauen und damit auch Großmütter haben ein tiefes Wissen über das Leben in Beziehungen, es wohnt in ihrem physischen wie auch in ihrem spirituellen Körper. Durch die Gespräche mit den Großmüttern und ihre Beiträge haben wir in vielerlei Facetten erfahren, wie sich die Verbindung mit den Enkelkindern lebt und wie zentral dabei die gegenseitige Bezogenheit ist. Betrachten wir dieses wesentliche Element von Beziehung nun mehr fokussiert unter dem spirituellen Gesichtspunkt, so erkennnen wir noch deutlicher, wie Großmütter als weibliche Ahnen einen Samen für die Zukunft legen können: indem sie ein besonderes Licht, eine einzigartige Farbe in die Beziehung zu den jungen Menschen geben. In manchen meiner Gespräche, dort wo Spiritualität im Leben eine Rolle spielte, warf ich die Frage auf, inwiefern das Großmuttersein selbst schon eine spirituelle Aufgabe sein könnte; denn gewöhnlich neigen wir ja dazu, es allein als eine familiäre und weltliche Aufgabe zu betrachten. In ihrer ersten Antwort traf eine Großmutter genau den Punkt und wies damit auf eine Schwierigkeit hin, mit der ich mich immer wieder herumgeschlagen hatte, sie antwortete:

*Es ist natürlich die große Frage: Lässt sich das so trennen?*

Nein, es lässt sich natürlich nicht trennen. Aber unsere Sprache ist keine Sprache der Einheit, und sie bildet ab, wie wir denken und wie wir die Welt sehen. In diesem Fall als voneinander getrennte Sphären, das Gewöhnliche und das Heilige, Alltag und Spiritualität, inneres und äußeres Leben. Und dann versucht meine Gesprächspartnerin dennoch darzustellen, wie sie ihre großmütterliche Beziehung in einem spirituellen Kontext sieht:

*Die Gefahr hier, finde ich, besteht darin, dass man etwas will. Und etwas wollen ist kontraproduktiv. Für mich ist es: Im Moment sein. Die Kinder haben ja die Energie, die einen da mitnimmt. Und es ist eine gegenseitige Energie mit den Kindern. Sie machen einem einen leeren Kopf. Wir eröffnen uns auch selbst so wieder einen Raum.*
*Nicht etwas wollen ... Der kreative Wunsch, die Liebe zum Leben, das ist ja der schöpferische Akt, der, den ich als*

*das Weibliche ansehe. Das machen wir physisch bei einer Geburt, aber auch in anderen Prozessen, denn das Leben will sich immer wieder selbst gebären.*

*Und wenn man das, was in den Kindern auf die Welt kommen will, wenn man das bezeugt, begleitet und den Raum dafür gibt, dann entsteht damit ja auch eine Beziehung, in der sich vielleicht auch eine Geschichte entspinnt, oft von Dingen, die man nicht sieht.*

*Wenn ein Kind merkt, ich bin gemeint, dann macht es diese Erfahrung. Und die Großmutter kann viel freier auf mich schauen, weil sie einfach ausdrückt, ich bin so gemeint, wie ich bin. Die Eltern haben oft Vorstellungen von dem, was die Kinder sind, was sie werden sollen. Und „ich bin geliebt, wie ich bin" – das ist bereits eine spirituelle Erfahrung. Und es ist eine Großmutter-Qualität, dies zu ermöglichen.*

Geliebt zu werden, so wie ich bin, spiegelt die Urerfahrung der Seele wider: Göttliche Liebe als Quelle allen Seins. In diesem Raum kann sich die Seele entfalten, und der Mensch erinnert seine wahre Natur und kann so in eine natürliche Beziehung zum Leben treten. Wenn wir diese Saat mit der heiligen Substanz im Weiblichen imprägnieren, jener Substanz, die uns ermöglicht eine Seele in die Welt zu bringen, so leben wir tatsächlich auf tiefster Ebene, was von uns gebraucht wird: An dem Wunder der Transformation und Heilung des Lebens mitzuwirken, das in einer neu erblühenden Welt nach einer langen Zeit der Dunkelheit wieder auftauchen kann.

Das sind große Worte, aber worum es geht, ist tatsächlich eine große Aufgabe. Dennoch ist sie nicht erdrückend und mächtig, sie ist leicht wie das Lachen der Kinder und die Wärme, die wir fühlen, wenn wir sie in unsere Arme schließen. Diese Aufgabe beginnt mit dem kleinen Schritt, uns bewusst zu machen, dass wir Seelen sind und dass wir durch unsere Beziehungen die Seelen der Nachkommenden nähren können.

## Die Seele nähren

Eine Freundin war sehr in Sorge um ihre zehnjährige Enkeltochter. Sie schüttete mir ihr Herz in E-Mails aus. Die Enkelin war unglücklich und litt unter anderem an einer Essstörung, die zu dieser Zeit zu bedrohlichem Untergewicht geführt hatte. In der äußeren Welt hatte man schon alle Hilfe gesucht, die erreichbar war, bisher vergebens. Ich schloss dieses Kind in mein Herz, ich fühlte sehr intensiv den Schmerz des Kindes und den ihrer Mutter und der Großmutter. Das Kind habe ich noch nie gesehen, aber aus Tausenden von Kilometern Entfernung spürte ich innerlich zu ihnen hin. Da fiel mir wieder die Sache mit dem Rhythmus ein, davon war hier schon früher die Rede: Enkeltöchter und -söhne in der mütterlichen Linie sind bereits im Leib ihrer Großmutter gewesen – als Eizelle ihrer Mutter, die damals ein Embryo war. Und dort haben sie schon den Rhythmus des großmütterlichen Pulses erfahren – eine einzigartige Verbindung, die letztlich zurückgeht bis zur ersten Großmutter und Mutter.

Unwillkürlich dachte ich an die Wiegenlieder, die ich meinen Kindern und Enkelkindern gesungen hatte, schon vor der Geburt und danach, als ich mit ihnen, sie bäuchlings wiegend oder an meiner Schulter haltend, singend und summend auf und ab lief. Auch später, als sie älter und gar nicht in meiner physischen Nähe waren, wenn es ihnen nicht gut ging, sang ich ihnen manchmal diese Lieder, sang sie für ihre Seele. Manchmal sang oder singe ich auch ihre Namen, und mein Gefühl dabei ist, dass ihre Seele angesprochen wird und Heilung ihnen leichter zufließen kann.

Davon schrieb ich der Freundin, ich fragte, ob es ein Lied gebe, das sie für ihre Tochter gesungen hat, als sie mit ihr schwanger war, oder für ihre Enkelin, als sie klein war, ein Lied, das zu ihr gehöre und zu ihrer Verbindung miteinander. Einige Zeit später antwortete sie:

*Deine letzte E-Mail hatte solch eine Bedeutung für mich, besonders das Singen für meine Enkelin und sogar für meine Tochter, nicht in deren Gegenwart, sondern in meinem eigenen Raum.*

*An dem Punkt hatte ich mich so verloren gefühlt, nicht fähig, nach vorne zu schauen, und dann einfach nur in Liebe zu halten und das Wiegenlied zu singen, das ich meistens gesungen hatte, besonders für meine Enkelin. Ich habe schon zum Land gesungen, ich habe so viele Male gesungen. Aber dieser Vorschlag war so kraftvoll, und es war kein Ort, wo ich je gedacht hätte zu singen.*

*Ich fand, dass, als ich sang, mein Herz sich auf solche Weise öffnete, dass ich ihre Ganzheit FÜHLEN konnte – dass ich nicht nur darüber wusste. Und dies, das spüre ich, hat auf einer tiefen inneren Ebene geholfen – nicht nur ihr, sondern auch mir –, zu wissen, wie ich mit ihr sein kann.*

*Und allmählich kehrt sie zurück. Sie hat begonnen, sich zu entspannen.*

Es ist nur ein Beispiel unter vielen Möglichkeiten, wie wir nicht nur eine Berührung, sondern wirklich eine tiefe Verbindung mit dem Licht der Seele der jungen Menschen finden können, und wie dies nicht nur heilend für das Kind, sondern auch für die Großmutter ist. Hier fand sie nach kummervoller Suche einen Weg, wie sie in dieser schwierigen Zeit mit ihrer Enkeltochter sein konnte. Sie hatte um deren Ganzheit gewusst, jenseits aller Brüche, aber jetzt *fühlte* sie es. Denn was geschehen war, war ein Nähren der Seele; und ein Nähren des Körpers konnte dem nach und nach, ganz allmählich und unter weiteren Hilfen folgen. Es war kein „Instant Fix", keine Spontanheilung, es brauchte noch Zeit; doch gewiss war dies der erste Schritt, der im Innern begonnen und ein Licht geweckt und genährt hatte.

In früher Zeit wurde die Seele durch das Heilige in der Natur genährt, man lebte und feierte die Beziehung des Lichts im Menschen,
in seiner Seele, zum Licht in der Erde und im ganzen Universum.
Auch das irdische, menschliche Leben und der physische Körper
sind Teil der „Natur", sind Teil des Lichts in der Schöpfung. Diese
Licht-Beziehung brachte Empfindungen wie Ehrfurcht und Schönheit hervor, Gefühle, die man als Geschenke der Seele betrachten
kann. Ins Leben brachte man die Geschenke der Seele durch
Symbole und Rituale, durch Gesang und Tanz, und damit feierte
man die Verbindung dieses Lichts so, wie es sich im eigenen Leben
manifestiert. Der Geburt und Aufnahme eines Kindes in die Gemeinschaft, dem Beginn der sexuellen Reife und Fruchtbarkeit, dem
Sterben und Tod waren heilige Rituale gewidmet ebenso wie dem
Wechsel der Jahreszeiten, den Wetterereignissen, den Mondzyklen
oder dem Sternenhimmel.

Wie wir an früherer Stelle dieses Buches schon gesehen haben,
verschwand mit dem Aufkommen der patriarchalen Religionen
Gott aus der Natur und residierte nur noch in einem anderen, weit
entfernten Reich, das nichts mehr mit der verkörperten Welt, mit
der Natur zu tun hatte. Gott konnte man nach dieser Auffassung
lediglich nach dem Tod, nicht aber mehr im Leben finden, und der
Himmel, wohin man das Göttliche projizierte, war dem Menschen
zu Lebzeiten verwehrt. Das irdische Leben war nicht mehr heilig.
Man vergaß das Heilige und man vergaß die Kraft der Rituale, die
dem Leben Bedeutung verliehen, die ihm Licht gaben. Damit wurde
der Seele Nahrung entzogen, denn inzwischen ist das Heilige in der
Schöpfung viel tiefer verborgen. Wir müssen gegen den Strom des
Kollektivs schwimmen, um uns wieder damit verbinden zu können.
Und es braucht Menschen in dieser Welt, die uns darauf hinweisen,
wenn unser Kontakt zum Licht in der Natur abgebrochen und ver-
wischt ist unter all dem Begehren materieller Dinge und ständiger
Impulse aus der digitalen Welt. Wir brauchen die Seelen in dieser

Welt, die direkt zu unseren Herzen sprechen und die tiefe Sehnsucht nach dem Heiligen berühren. Ich meine jetzt nicht vordergründig jene, die in Vortragssälen und Büchern und auf YouTube-Kanälen zu uns sprechen, sondern Beziehungen zu Menschen mitten im alltäglichen Leben, wo das Heilige darauf wartet, unter den zentnerschweren Planen des Vergessens gelüftet zu werden. Wir Großmütter könnten, unter anderen, diese Menschen sein.

Wir können im Zusammensein mit den Jungen, so wie wir es in den Erzählungen der Großmütter vielfach hörten, die Seelen nähren. Vor allem durch unsere körperliche Präsenz, mit unserem leiblichen Dasein – wenn wir zusammen lachen oder ihre Tränen trocknen, sie im Arm halten oder an der Hand; und selbst dann, wenn wir zu all dem nicht mehr in der Lage sein sollten, wenn die Enkelkinder diejenigen sind, die unsere Hand halten. Wie im Beispiel der Großmutter, die ihrer Enkelin – heute selbst Großmutter – auf dem Sterbebett die Erkenntnis mitgab, dass das Göttliche in allem ist, in der ganzen Natur.

Wir können an das Heilige erinnern, indem wir an die Geschenke der Seele erinnern, an die Empfindungen von Schönheit, Ehrfurcht, Staunen und Stille. Damit nähren wir die Seele. Und das könnte ein immaterieller „Proviant" sein für unsere Jüngsten, um durch die kommende Zeit genährt zu werden und ebenso in der Lage zu sein, diese Versorgung wiederum an ihre Nachkommen weiterzugeben.

Wir haben alle Möglichkeiten der Welt, kreativ zu werden und unsere eigene Art zu entwickeln, durch die wir die Seele nähren und die Geschenke der Seele würdigen; eine Weise, in der wir das Heilige mit den Enkelkindern ganz natürlich leben. So verschieden, wie wir individuell die heilige Substanz in der Schöpfung selbst erfahren haben, so können wir ihre Essenz auf je einzigartige Weise auch durch das Leben für andere erfahrbar machen. Die Möglichkeiten sind vielfältig und in jedem individuellen Leben anders. Wir können diese Essenz durch die Geschichten, die wir erzählen und miteinander teilen, aufleben lassen, oder wenn wir gemeinsam Radieschen in die Frühlingserde säen, beim Streicheln einer Katze, wenn wir zusammen kochen oder backen, im Kosten und Schmecken der Mahlzeiten, bei Waldspaziergängen, beim Planschen im Bach, dem Bestaunen eines Regenbogens oder dem gemeinsamen Blick in den Sternenhimmel; indem wir dem Gesang der Vögel lauschen oder ihre Flugbilder am Himmel betrachten, wenn sie im Herbst gen Süden ziehen; und auch, wenn wir gemeinsam das Wunder von Stille erleben; in all jenen und noch viel mehr Varianten des Zusammenseins, über die wir von den Großmüttern bereits gehört haben. Farbe und Form passen sich dem jeweiligen Leben an, entscheidend ist der innere Raum, den wir dem Nähren der Seele gewähren.

Aufgrund ihrer weiblichen Vertrautheit mit der heiligen Substanz in der Schöpfung und dem Gefühl für Raum können Großmütter in ihrer Beziehung zu den Jungen einen Raum für das Licht gewähren und halten: einen Raum dafür, dass das Licht in den Kindern eine lebendige Präsenz bleiben kann; dafür, dass sie die Geschenke, die wie Funken aus ihrer Seele ins Leben kommen, wertschätzen; dafür, dass das Heilige in ihnen selbst dem Heiligen in der Erde begegnen kann; einen Raum dafür, dass ihr Herz singen und das Göttliche preisen kann; einen Raum, in dem sie staunen dürfen und Ehrfurcht empfinden, wenn sie die unendliche Weite eines Sternenhimmels betrachten. Großmütter können einen Raum halten, in dem die Enkelgeneration einen tieferen Sinn in ihrem Leben feiert und den Wunsch entwickelt, diese Erfahrung auch an die kommenden Generationen weiterzugeben.

Dieser Raum öffnet sich wie von selbst, wenn die Großmütter das Licht in den Jüngeren sehen und spiegeln. Als wir über mögliche Samen für die Zukunft sprachen – eine Saat, die erst aufgeht, wenn wir gar nicht mehr da sind – brachte eine der Großmütter das so auf den Punkt:

*Eins ist natürlich, ihr Licht zu sehen und ihr Licht zu stärken.
Auch wenn sie kein Bewusstsein mehr haben von dieser Göttlichkeit, aber doch diese Göttlichkeit anzuerkennen und in
ihnen zu sehen, und so den Samen in sie zu setzen.*

Die Wege zum Licht der Einheit sind vielfältig. Ganz gleich, ob
wir Christinnen sind oder Jüdinnen, ob wir dem Islam oder dem
Hinduismus folgen, ob wir Sufis sind oder Buddhistinnen, ob wir
einer anderen Weltanschauung oder Philosophie folgen oder ob wir
uns keiner Tradition, keinem Pfad und keiner Religion zuordnen,
wir alle haben die Möglichkeit, einen Samen des Lichts in diesem
unserem letzten größeren Lebensabschnitt zu säen und der Erde
anzuvertrauen. Und das tun wir durch unser Leben und unser
In-Beziehung-Sein. All jene Aspekte unseres Seins, mit denen wir
uns schon befasst haben – Präsenz, Empfänglichkeit, Zuhören und
Raum geben, das Nähren und die Verbundenheit mit der Erde, das
Wissen um das Heilige in der Schöpfung, das Licht in der Materie,
im Körper, in der Natur – all diese Qualitäten können die Kraft enthalten, mit der wir ganz alltäglich und in unserer leiblichen Gegenwart Licht für die Zukunft säen.

Dafür müssen wir nicht perfekt sein. Unser Leben, auch im Rück-
blick, muss nicht einer goldenen Zeit gleichen. Vielleicht gab es ein
großes Chaos oder ungenutzte Möglichkeiten, oder Wegscheiden,
wo wir aus heutiger Sicht die andere Straße hätten wählen sollen.
Vielleicht glauben wir, dass wir das alles zuerst in Ordnung bringen
müssten, und vielleicht ruft unser Ich danach, dieses holprige Leben
erst einmal zu glätten und zu reparieren. Doch worum die Seele uns
fragt, ist, das Leben zu heiligen, nicht zu reparieren. Wir heiligen es,
wenn wir unser Leben mit all seinen Rissen und Brüchen in unser
Herz nehmen und es in das Licht der Ganzheit tauchen. Wenn wir
es würdigen. Und von diesem Ort aus können wir das Licht in die
Beziehungen geben und dort den Raum für das Heilige halten.

In den Kindern können wir sehen, wie sich unsere Seele nach einer Art zu leben sehnt, die das Heilige in allem noch so Alltäglichen erinnert und anerkennt; das Heilige als die Qualität von Einheit. Hier fühlen wir unsere Zugehörigkeit und wie uns mit allen Wesen eine innige Verwandtschaft verbindet. Heilig hat nichts mit brav sein und auch nichts mit Über-den-Wolken-Schweben zu tun. Das ist nicht, wonach die Kinder sich sehnen, denn sie wollen ins Leben. Ihre Sehnsucht nach dem Heiligen zeigt sich, wenn sie in den Straßen zwischen Hundekot und achtlos hingeworfenen Plastikverpackungen kleine Laubblätter oder Steinchen aufsammeln, weil sie sie wunderschön und einzigartig finden. Und sie zeigt sich in ihrer bedingungslosen und ungeschützten Liebe zur Welt, zu den Eltern, Großeltern, Tierfreunden, Pflanzenfreundinnen und menschlichen Freunden und Freundinnen.

## Beten und Segnen

*Ich bete viel für die Kinder. Sie sind nacheinander in mein Herz gesprungen, da wohnen sie jetzt drin, und oft, wenn ich sehe, dass ein Kind in Not ist, bete ich für sie, manchmal bete ich für alle Kinder auf dem Hof.*

*Und neulich haben wir es vor einem gemeinsamen Mittagessen geschafft, dass alle Kinder still waren. Wir haben das alle zusammen genossen. Es war so schön, diese gemeinsame Stille. Es war ein wirkliches Geschenk an uns. Alle, auch die Kinder haben es genossen.*

Für religiöse Menschen ist das Gebet eine zentrale Praxis, sei es in festgelegten Formen oder frei, sei es in Worten oder ganz innerlich. Doch, interessanterweise, auch Menschen, die sich selbst als nicht religiös oder spirituell sehen, die von sich sagen, dass sie nicht an eine „Höhere Macht" glauben, beten zuweilen. Häufig ist es die Verzweiflung, die äußerste Not, der Moment, in dem wir einsehen, wie klein wir sind, dass wir nichts ausrichten können, wenn aus den Tiefen des Seins ein unwillkürliches Gebet aufsteigt, ein Schrei des „Bitte hilf mir!" Es ist, als ob das Herz in diesem Zustand äußerster Demut nicht anders kann als sich zu öffnen und der Quelle zuzuwenden, die der Ursprung von allem ist.

Die bretonischen Fischer, so las ich einmal, haben ein Gebet: „Lieber Gott, sei gut zu mir. Das Meer ist so weit, und mein Boot ist so klein." Auch wenn wir häufig dazu neigen, uns „groß" zu fühlen und das Leben kontrollieren zu wollen, müssen wir doch immer wieder einsehen: Unser individuelles Leben, unser kleines Boot, das uns durch die stürmischen Wogen des unüberschaubaren Lebens auf einem großen Planeten in einem riesigen Universum trägt, ist winzig klein. Und es ist über alle Maßen verletzlich. So assoziieren viele Menschen mit Gebet zuallererst das inständige Bitten um Hilfe. Ich glaube, das tun wir alle. Denn in jedem Leben gibt es diese Momente, wo wir völlig hilflos sind, wo wir in größter Sorge für Menschen bitten, die uns nahestehen, oder auch für uns selbst, wenn wir uns bedroht fühlen.

Für Mystiker:innen ist echtes Gebet noch viel mehr. Es geschieht im „Herz der Herzen". Und, wie ein Sufi-Heiliger es aus einem persischen Lied zitiert, „wenn dein Herz dein Gebet vernommen hat, so hat auch Gott es vernommen".[18] Das Beten kann eine tiefe Kommunikation unserer Seele mit ihrem Geliebten sein, unseres ganzen Selbst mit seiner göttlichen Quelle, und dieses „Gespräch" findet im Herzen statt, nicht im Verstand. Es kann ganz ohne Worte auskommen, es ist vielmehr ein inniges Zusammensein. Das Herz ist der Ort, wo wir die Seele wahrnehmen. „So groß wie der weit draußen liegende unendliche Raum ist der Raum drinnen im Lotos des Herzens", heißt es in den alten Weisheitsschriften der Upanischaden. „Sowohl der Himmel als auch die Erde sind in diesem

Innen-Raum enthalten, und gleichermaßen das Feuer und die Luft, die Sonne und der Mond, der Blitz und die Sterne."[19] In der Weite des Herzens, wo es nicht mehr um uns selbst geht, haben wir Zugang zu allem Seienden und zu allem Nicht-Seienden. Hier wird Gebet zu einem Zustand. Alle Form ist von uns abgefallen. In diesem Zustand können wir Einheit, Stille, Frieden, eine fraglose Zugehörigkeit und auch Dankbarkeit empfinden.

Wenn ich zusammen mit meinen kleinen Enkelkindern vor dem Einschlafen bete, dann bitten wir für jene in Not – die Kinder beten oft für die Tiere –, und wir danken auch; wir danken für alles, was wir am Tag erfahren durften. Meine Enkeltochter begann sehr früh, ein Spiel daraus zu machen, und ich habe mitgespielt, denn Spiel und Kreativität war ihre Art zu beten. „Jetzt bin ich dran", sagte sie schnell, nachdem ich dafür gedankt hatte, dass sie uns besucht und wir mit ihr sein dürfen. Sie dankte für ihr Kuscheltier. Dann durfte ich wieder danken, und so ging es abwechselnd weiter. Doch zuerst, vor jedem Bitten und Danken, wurden wir ganz still, das war immer der Beginn unseres „Gebets-Spiels". So wurde diese Art, zusammen zu beten, wenn ich sie ins Bett brachte, für eine Weile zu einem gemeinsamen Brauch, den nur wir beide kannten. Als sie einmal – bei einem Ausflug mit ihrer Familie, so erzählte man es mir später – mit einer kleinen Freundin zusammen im Zelt lag und sie beide eine Weile still sein sollten, damit das Baby einschlafen kann, und dies bei aller Aufregung nicht recht gelang, schlug sie vor, zu beten. Denn dann würde man ganz still werden.

Die Gebete sind sehr unterschiedlich, sie werden aus dem Moment geboren. Als sie ihren ersten Milchzahn verloren hatte, war ihr einziges Gebet vor dem Einschlafen: „Bitte, lass mir ganz schnell einen neuen Zahn nachwachsen!"

Jedes Wesen hat seine eigene Art zu beten, heißt es im Koran.[20] Ebenso finden Kulturen, Gemeinschaften, Familien ihre eigene

Art zu beten. Das bekannte Lakota-Gebet zur Ehre von *Mitakuye Oyasin* – All meine Beziehungen – ist ein Dankesgebet. Die Menschen danken dafür, dass alles miteinander verbunden ist, dass wir wahrhaft eine Familie mit der ganzen Schöpfung sind. „Wir alle ein Teil des Großen Mysteriums. Danke für dieses Leben", so endet das Gebet. Im Beten drücken wir aus, dass wir uns des Lichts gewahr sind und seiner Verbindung mit dem Licht des Ganzen.

Aus unbekannter Quelle gibt es den Ausspruch „Wenn meine Arme meine Enkel nicht erreichen können, umarme ich sie mit meinen Gebeten." Ob mit den Enkelkindern zusammen, oder in ihrer Abwesenheit *für* sie, oder in einer ganz eigenen Weise, einige Großmütter erwähnten in unseren Gesprächen das Gebet. Hier einige Zitate:

*Wenn ich sie zu Bett bringe, bete ich mit ihnen. Das gehört für mich dazu. Denn ich bete selbst auch, bevor ich schlafe.*

\*

*Ich bete FÜR sie. Immer.*
*Wenn ich sie mal ins Bett bringe, bete ich auch MIT ihnen. Das tun ihre Mütter auch. Aber ich bete für sie, immer. Dass sie einen guten Schutzengel haben mögen. Den brauchen sie.*

\*

*Ich bete nicht so viel mit ihnen. Aber ich erlebe es so, dass ich eine bestimmte Verbindung zur Erde und zum Göttlichen lebe, und dass ich ihnen das vorlebe. Und dass ich versuche, ihre Seele zu nähren. Mich auf ihre Essenz zu beziehen, das zu stärken.*

\*

*Bei einem meiner Enkel frage ich, wollen wir noch beten? Und manchmal sagt er ja, manchmal, nee, mach das lieber still. Und das finde ich in Ordnung. Wenn er das Gefühl hat, er will gleich in seine Welt, dann mache ich das still.*

Aus dem Gespräch mit der Urheberin des letzten Zitats erwuchs eine Unterhaltung darüber, wie wichtig der Respekt vor der Freiheit in diesem Zusammensein ist. Wir möchten den Kindern nichts aufdrücken. Für uns bedeutet das immer eine gewisse Gratwanderung – wir brauchen und teilen gewisse Formen, um das Heilige zu ehren, und gleichzeitig möchten wir das individuelle Licht des Kindes achten, das sich frei entwickeln möchte.

Diesen sehr wichtigen Teil des Gesprächs möchte ich hier ausführlicher wiedergeben:

> *Ich bin zufrieden, wenn wir beide machen können, was wir wollen. Und ich beantworte eigentlich keine Fragen, die nicht gestellt werden. Ich erkläre nichts, mache das einfach. Ich bete einfach.*
>
> *Und irgendwann hat mein Enkel mich mal korrigiert. Für wen ich auch noch beten soll. Und dann haben wir das aufgenommen. Das musste dann auch mit sein.*
>
> *Ich habe mich auch bei meinen Kindern nie geäußert, wenn sie nicht fragten. Ich habe einfach nur gemacht. So ist es auch mit den Enkeln. Sie spüren einfach, was ist, sie sind noch so klein, sie haben noch einen so intuitiven Zugang.*
>
> *Was ich schön finde – auch der Enkel, der das nicht kennt von zuhause – wenn wir sagen, wir meditieren, dann sind sie ruhig. Aber ich kann auch meditieren, wenn sie laut spielen. Wenn ich nicht gut meditieren kann, liegt es nicht daran, dass es draußen laut ist.*

Ein natürliches Teilen, ohne belehren oder zur Nachahmung anhalten zu wollen – eben dieses Sein, von dem wir so oft hier sprechen – ist sicherlich die freieste Art und Weise, die Herzensgebete mit ihnen zu leben. Es gibt Momente im Zusammensein mit den Kindern, die uns zu einem viel späteren Zeitpunkt offenbaren werden, wie sehr der Austausch nachwirkt, ohne dass wir dies während des Geschehens beabsichtigten oder ihre Wirkung nur wahrnahmen. Im Gespräch kommt mir ein Erlebnis in den Sinn, als ich, neben meiner damals erst zweijährigen Enkelin liegend, vor dem Einschlafen betete und von ihrem Licht sprach. Zu meinem Erstaunen war sie plötzlich wieder hellwach und fragte, wo das Licht denn sei. Ich legte sacht meine Hand auf ihr Herz, und flüsterte, das Licht ist dort, in deinem Herzen, und es ist überall, in jedem Herzen. Mit dieser Antwort war sie zufrieden und schlief augenblicklich wieder ein. Ein paar Tage später nahm sie mitten im Spiel ein Spielkärtchen mit der Abbildung eines stilisierten Herzens, hielt es an ihr eigenes Herz und sagte „Herz auf Herz, da ist das Licht." Da erkannte ich, wie sehr sie diese kleine Begebenheit erreicht, wie es weiter in ihr gewirkt und gearbeitet hatte. Das erzähle ich im Austausch mit jener Großmutter. Und sie bestärkt die einfache Erkenntnis, dass wir offenbar häufig einen Eindruck machen, ohne dass es uns bewusst ist:

> *Vieles macht man oft, ohne dass man es merkt. Deshalb glaube ich, wenn wir auf die Impulse reagieren, und es auch nicht größer machen, sondern nur sagen, was ist, dann ist es gut. Dann ist es fertig, dann arbeiten sie damit. Dann nehmen sie es in sich rein.*
>
> *Darauf vertraue ich total. Das machen wir, ohne zu wissen, was davon wie wirkt.*

Dann blickt sie auf die Erfahrungen mit ihrer eigenen Großmutter zurück:

> *Ich bin mir sicher, dass meine Großmutter mir nie etwas sagen wollte, aber das Letzte, was sie mir gesagt hat, das wirkt. Das hat sich in mich eingepflanzt.*
>
> *Ich glaube, der Unterschied war, dass bei meinen Eltern nicht so spürbar war wie bei meiner Großmutter: dass Gebete gefüllt wurden. Beten bei den Eltern war mehr eine Form,*

*ein Ritual, das war wie Guten Morgen sagen, wie dass man höflich ist, wie Danke und Bitte sagen. Das habe ich auch genauso empfunden.*

*Bei meiner Großmutter war etwas anderes spürbar. Sie hat mir nie etwas beigebracht, es war anders. Das meine ich mit ‚reinnehmen‘, also ohne, dass etwas erklärt werden muss. Ich habe sie auch nie gefragt.*

In diesem Austausch wird deutlich, wie wichtig es ist, die Kinder frei zu lassen. Überhaupt natürlich einen anderen Menschen frei zu lassen, in dem, wie er oder sie ihren Weg zur Wahrheit wählt. Wie sie ihr Innerstes und ihre wahre Natur leben, welche Beziehung sie zum Göttlichen aufbauen. Das Herz eines Menschen ist unendlich kostbar. Wenn wir uns also damit befassen, wie wir unsere Spiritualität mit ihnen teilen, müssen wir äußerst achtsam sein. Wir haben keine Mission. Wir tragen keine Absicht. Wir antworten lediglich auf den Augenblick.

Neben einer solchen respektvollen Zurückhaltung gibt es auch noch eine andere Seite, aufgrund derer wir möglicherweise scheu sind, die innere Welt offen mit den Kindern zu teilen. Weil das Ritual, das Gebet im weitesten Sinne – wie aus dem Herzen heraus singen und tanzen, gemeinsam essen oder einen Baum pflanzen – nicht mehr Teil unseres alltäglichen Lebens ist, sind wir damit sehr zaghaft geworden. Die Verdrängung des Heiligen aus dem Alltag führt manchmal zu einer gewissen Befangenheit, wenn es um das Teilen einer inneren Beziehung zum Göttlichen geht. Diese Unsicherheit ließ auch eine der Frauen durchblicken, als sie erzählte:

*Mit einem meiner Enkel, der sehr offen dafür ist, der sich viele Gedanken über die Seele macht, spreche ich häufig über diese Dinge, da er sich sehr interessiert. Das freut mich natürlich, das berührt mich, weil ich merke, dass er da etwas von mir will, und ich versuche, so gut es geht, das zu beantworten. Aber*

*auch nicht mehr. Da bin ich ein bisschen scheu, frage mich,*
*was geht, was nicht geht ...*

Wichtig ist, dass wir die Fragen der Kinder nicht abtun, sie nicht
ignorieren oder uns gar darüber belustigen. Für ihr Inneres sind sie
in der Tat lebenswichtig, und Kinder sind mit ihren Fragen ohnehin Quellen der Weisheit. Manche Philosoph:innen wissen das und
schätzen deswegen die Fragen der Kinder als bereichernde Inspiration für ihre geistigen Forschungsreisen. Doch gerade, wenn wir
die Fragen der Kinder und Jugendlichen ernst nehmen, lassen sie
uns manchmal ratlos zurück. Vor allem, wenn sie die innere Welt
betreffen, all das, was wir nicht googeln oder in Wissenschaftsle-
xika nachschauen und dann wiedergeben können; wenn es um die
Seele geht, das Heilige, das Göttliche. Wir finden keine Sicherheit
mehr in Erzählungen und tradierten Ritualen, weil sie in unserem
Leben nicht mehr vorkommen oder sinnentleert sind. Und jenseits
davon: Was wissen wir wirklich? Es stellt sich die Frage: Müssen wir
eigentlich „sicher" sein? Sind es nicht auch die Unwägbarkeiten, die
offenen Fragen, und letztlich das Mysterium selbst, die vermittelt
werden wollen?

Ein Gott, ein völlig „anderes", das weit entfernt ist, wie
beispielsweise jener alte Mann mit Bart, der auf einer Wolke sitzt
und auf uns herabsieht, ist Teil einer Erzählung, die unseren Hunger
nach dem Heiligen nicht stillt, unserer Sehnsucht nach der Quelle
nicht begegnet und unsere Suche nach echter Lebendigkeit und dem
Sinn dahinter nicht beantwortet. Wenn aber das, was wir „Gott"
nennen, nicht eine Institution oder Person, oder eine erklärbare
Wirklichkeit ist, sondern ein Geheimnis – das allertiefste Geheimnis, das wir fühlen, aber nicht benennen können –, dann berührt
es das Herz, und das Herz hütet das Mysterium. Keine Antwort
auf eine Frage zu wissen oder sich einzugestehen, „hier bin ich unsicher", „ich weiß es nicht", das gibt dem Geheimnis Raum.

Eine besondere Form des Gebets, die uns allein durch den Begriff schon ehrfürchtig sein lässt, ist das Segnen. Wir sprechen zwar leichtfertig vom „Segen" in äußerst verdünnter Form seiner ursprünglichen Bedeutung – besonders irritierend ist hier der „Geldsegen"–, doch das echte Segnen wird den religiösen Autoritäten überlassen. Die Frage ist, können wir „normale" Menschen nicht auch selbst das Leben segnen?

Die amerikanische Autorin Rachel Naomi Remen erzählt in ihrem Buch *Aus Liebe zum Leben* auf berührende Weise die Geschichte, wie ihr Großvater sie als Kind zu segnen pflegte. Er berührte sanft den Scheitel der Enkelin und dankte Gott dafür, dass es sie gab und dass er Großvater sein durfte. Dann erzählte er Gott die Dinge, die der Enkeltochter in der vergangenen Woche zu schaffen gemacht hatten, und dabei bekräftigte er, was echt und anerkennenswert an ihr war. Wenn sie irgendetwas angestellt hatte, dann lobte er, wie ehrlich sie war, da sie darüber die Wahrheit gesagt hatte. Oder, wenn ihr etwas misslungen war, dann pries er, wie sehr sie sich bemüht hatte. „Und dann gab er mir seinen Segen und bat die Frauen aus ferner Vergangenheit, die ich aus seinen Geschichten kannte – Sara, Rachel, Rebekka und Lea -, auf mich aufzupassen. Diese kurzen Momente waren die einzige Zeit während meiner ganzen Woche, in der ich mich völlig sicher und in Frieden fühlte."[21]

Dieser Großvater hatte die Kabbala studiert, die mystischen Lehren des Judentums, und er lebte in einer religiösen Tradition, in der es Segenssprüche für viele Gelegenheiten des Lebens gibt. Doch er beanspruchte das Recht oder die Gabe zu segnen nicht für sich und andere religiöse Menschen allein. Wir alle können das Leben segnen, und das hat er seiner Enkelin vermittelt, so erzählt sie. Sein Segen hatte durch das Handauflegen zwar eine bestimmte äußere Form, doch wirkte dieser Segen in der Seele des Kindes vor allem durch den Dank an die göttliche Quelle; Dank dafür, dass sie da ist. Berührend ist, wie sehr er sie durch seinen Segen in dem bestätigte, wer sie wirklich war – eine Qualität, die wir auch in den Gesprächen mit den Großmüttern gesehen haben.

Die Autorin war sieben Jahre alt, als der Großvater starb, und sie schildert, wie sehr sie nach seinem Tod fürchtete zu verschwinden, weil niemand mehr da war, der Gott erzählte, wer sie war. „Aber mit der Zeit begann ich zu begreifen, dass ich auf irgendeine geheimnisvolle Weise gelernt hatte, mich durch seine Augen zu sehen. Und dass einmal gesegnet worden zu sein heißt, für immer gesegnet zu sein." Und durch diese Erfahrung weiß sie: „Segnungen stärken und nähren das Leben ebenso, wie Wasser es tut."[22]

Vielleicht können wir all die inneren und äußeren Begegnungen der Großmütter mit ihren Enkelkindern, in denen sie die Seele der Kinder sehen, bestätigen und bezeugen, als Segnungen betrachten. Sie sind in der Tat ein Segen, sobald die Großmütter das Wissen um die wahre Natur des Kindes dem Göttlichen wieder darbieten – so wie der Großvater dieser Geschichte Gott von seiner Enkelin erzählte. „Wir segnen das Leben um uns herum weit öfter, als uns bewusst ist", schreibt Rachel Naomi Remen. „Segnungen werden uns in so einfacher Form zuteil wie in dem üblichen Gruß der Inder. Auch wenn man einen völlig fremden Menschen trifft, verbeugt man sich dort und sagt Namaste: ‚Ich sehe den göttlichen Funken in dir.'"[23]

# Tod und Leben

Es war an einem regnerischen Herbsttag, als meine Enkelkinder zaubernde Wesen waren. Sie baten mich, ihnen Feenflügel zu nähen und einen Zauberstab zu basteln. Es musste schnell gehen, denn sie waren schon mitten im Spiel – also doch eher Pappe und Sicherheitsnadeln statt nähen. Schon sprang der Jüngere mit Feenhut herum, schwebte die ältere Schwester mit ihren Papierflügeln durch die Räume, intensiv in ihr Spiel vertieft. Wie häufig im freien Spiel hatte meine Enkeltochter auch mir eine Rolle zugeteilt, ich war ein Kind, für das sie zauberte. Meine Rollen sind ja nie schwierig, ich muss einfach nur die Wellenlänge ihrer Schöpferin erwischen, alles andere ist gefüllt von ihrem grenzenlosen Einfallsreichtum. Ich hatte keine Eltern mehr und die Fee zauberte mir gerade neue Eltern, damit ich nicht mehr allein war, als sie plötzlich, blitzschnell die Welten wechselnd, wie es nur Kinder und Heilige können, unvermittelt jenen, hier schon einmal erwähnten Satz sagte: „Ich möchte später auch eine Oma werden!" Ich versicherte ihr, dass ich mir das sehr gut vorstellen könne. Ihre Augen wurden weit und schauten in eine unbekannte Ferne: „Und dann werde ich ganz alt". Und mit einem fröhlichen Lachen und einer schnellen Handbewegung fügte sie hinzu: „Und dann bin ich weg!" – „Ganz weg wirst du vielleicht nicht sein", erwiderte ich. – „Aber weg von der Erde", war ihre Antwort.

Ihre Beziehung zum leiblichen Tod und zur Vergänglichkeit ist noch nicht von den Ängsten und der Verdrängung getrübt, die wir Erwachsene in unserer Kultur nur zu gut kennen. Und obwohl wir den Tod tabuisieren, erspähen Kinder durch die Risse in den Erzählungen, die vom ewigen Wachstum bar jeder Vergänglichkeit handeln, die darunter liegende Wirklichkeit. Das Leben ist ein Kreislauf von Geburt, Tod und Wiedergeburt. Nicht nur in der übrigen Natur, auch im menschlichen Leben gehört zum Leben der Tod. So unternehmen wir hier also noch einen Ausflug in ein Gebiet, das wir nicht missen sollten, eine Landschaft, die essenziell zum Leben dazugehört: die des Todes.

Vielen, auch kleineren Kindern ist bewusst, dass die Großeltern immer älter werden und dass sie dann irgendwann sterben. Ein bis zwei Jahre zuvor, als sie erst knapp vier Jahre alt war, hatten meine Enkeltochter und ich eine andere Unterhaltung über den Tod. Sie besuchte uns über Nacht. Beim Zähneputzen fragte sie, wozu denn die Tuben gut seien, die da aufgereiht im Regal stehen. Ich erklärte dem wissensdurstigen Kind die Funktion jeder Lotion oder Gesichtscreme, und da sie verwundert zu sein schien, weil sie selbst ja nur Zahnpasta und Seife brauchte, fügte ich erklärend hinzu, dass mein Körper schon etwas älter sei und daher mehr Pflege brauche. „Ich bin ja schon ziemlich lange auf der Welt", ergänzte ich. Worauf sie erwiderte: „Und nicht mehr lange, dann stirbst du." Das war eine nüchterne Feststellung.

Als manche, denen ich davon erzählte, mit erschrockenem Gesichtsausdruck reagierten, wurde mir klar, dass sich darin die Verinnerlichung des Tabus, vielleicht auch ihre eigene Angst vor dem Tod spiegelte. Möglich, dass sie auch eine Ungehörigkeit darin sahen – wenn eine Enkelin ihrer Großmutter auf den Kopf zusagt, dass sie dem Tod entgegengeht. Ich selbst jedoch fand, was sie sagte, erfrischend klar und echt. Es ist eine Tatsache, warum sollte man es leugnen? Vielleicht hilft eine solch nüchterne Unterhaltung ihr auch, sich darauf vorzubereiten, dass in nicht allzu weiter Ferne der Tod ihrer Großmutter zu erwarten ist; dass sie dann einfach nicht mehr hier sein wird. Natürlich wissen die Kinder, die den Tod eines oder einer geliebten Angehörigen, sei es ein Mensch oder ein Tier, noch nicht erfahren haben, nicht, wie schmerzlich es ist, jemanden in dieser Welt zu verlieren. Und deshalb gehe sie auch, so eine Freundin, sicherlich so leicht damit um, sie wisse eben noch nicht, was das wirklich bedeute. Klar, die Erfahrung dieses Schmerzes kann man nicht vorwegnehmen, niemand von uns kann das. Umso mehr jedoch bestimmt für viele allein die Angst vor dieser Erfahrung schon Jahrzehnte vorher ihr Leben – die Angst vor Verlust und die Furcht vor dem eigenen Tod, oft ja schon lange Zeit, bevor das Ereignis eintritt. Das führt dazu, dass wir den Tod, der Teil des Lebens ist, so weit wie möglich verdrängen, und damit dem Leben und dem Kreislauf der Natur ihre Ganzheit aberkennen.

Das Kind, von dem ich hier erzähle, trug zu diesem Zeitpunkt das Gefühl der Ganzheit noch unverfälscht in sich. Von der Feststellung, dass ihre Großmutter bald stirbt, weil sie älter ist – wobei „bald" eine ungewisse Zeit-Einheit ist –, war der Weg nicht weit zu ihrer, Monate später geäußerten Erkenntnis, dass sie selbst einmal „weg" sein wird, weg von der Erde. Dann nämlich, wenn sie eine Großmutter und alt sein wird. Für sie war nicht nur klar, dass wir alle, sie selbst eingeschlossen, einmal sterben werden, dass der Tod also eine natürliche Realität im Leben ist. Gleichzeitig erkannte sie auch den Kreislauf der Generationen, das Wachsen und Vergehen und wieder Neu-Heranwachsen. Und bemerkenswerterweise sah sie sich selbst als Teil dieses Kreislaufs. Nicht nur schien Oma werden ein erstrebenswertes Ziel für sie zu sein, vielmehr zeigte sich in diesem Wunsch – mit allem, was es bedeutet, wie alt werden und sterben – eine tiefe und echte Sehnsucht nach dem Leben, so wie es wirklich ist.

Auch andere Großmütter sprachen davon, wie natürlich ihre Enkelkinder mit der Aussicht auf ihren Tod umgehen. So wie eine der Frauen erzählte, dass ihr vierjähriger Enkel, der eine Tagesreise von ihr entfernt lebt und sie nicht häufig sieht, ihr einmal vorschlug: „Und wenn du nicht mehr arbeitest, kannst du zu uns ziehen, und dann bleibst du, bis du tot bist, bei uns."

Der Tod rückt näher in unser eigenes Bewusstsein, wenn wir älter werden, und damit ist er auch präsent im Leben unserer Nachkommen. Für viele Kinder und Jugendliche ist das Sterben eines Großelternteils die erste nahe und konkrete Erfahrung mit dem Tod. Die Schweizer Studie über „Intergenerationelle Beziehungen im Wandel" fand heraus, dass trotz inzwischen höherer gemeinsamer Lebensspanne drei Viertel der 12- bis 16-Jährigen schon den Tod eines Großelternteils erfahren haben.

Tod spielt also eine Rolle in der Beziehung zwischen Großeltern und Enkelkindern, nicht nur als ein Ereignis, sondern auch als ein natürlicher Teil des Lebens im Bewusstsein beider Generationen. In unserer Kultur ist es üblich, dass wir so tun, als existierten der

Tod und das Sterben nicht, und wir schieben alles beiseite, was uns daran erinnern könnte – beispielsweise indem wir die Alten aus dem Blickfeld rücken und in sogenannte Heime stecken. Wir tun uns schwer damit, unsere Verletzlichkeit anzunehmen, so sagt die Philosophin Corine Pelluchon[24], und deshalb verleugneten wir unsere Sterblichkeit. Im Unvermögen, unsere Verwundbarkeit zu akzeptieren, sieht sie auch einen Zusammenhang mit dem menschlichen Kontrollzwang und der räuberischen Nutzung und Zerstörung unserer Ökosysteme. Andere verweisen auf das extreme Interesse am eigenen Ich, auf das wir in der westlichen Welt alle Bedeutung projizieren; dadurch werde die eigene Sterblichkeit unerträglich. Welche Perspektive wir auch einnehmen, nicht zu übersehen ist, dass unser heutiges westliches Verhältnis zu Tod und Sterben mit unserer trennenden Grundhaltung zum Leben zu tun hat, mit dem Vergessen seines heiligen Ursprungs, der seine Ganzheit ausmacht.

Wir wissen, dass es Zeiten gab, wo dies anders war. Die Archäologin und Anthropologin Marija Gimbutas schloss aus ihren Forschungen des sogenannten Alten Europa, jenen friedlichen, vorpatriarchalen und weiblich ausgerichteten Kulturen, dass es für sie den Tod „als solchen" nicht gab, nur das Zusammenspiel von Tod *und* Erneuerung.[25] Betty Kovács, die sich in ihrem Buch über *das Bewusstsein, das die Welt verändert*, mit dem Tod als Teil des Lebens intensiv auseinandersetzt, erkennt darin, warum diese matrifokalen Kulturen das Leben auf so reine Weise feiern konnten: Sie wussten, dass Geburt und Tod, dass sie beide Ereignisse des Lebens sind und dass es letztlich nichts gibt als Leben. Ihre ganzheitliche Wahrnehmung, so Kovács, wurzelte darin, dass sie mit den Gesetzen der Natur in Harmonie lebten. Denn es sei diese Harmonie, die ein Gewahrsein der Heiligkeit und des Mysteriums alles Lebendigen nähre.[26] Diese Wahrnehmung haben wir verloren, schrieb die Forscherin Marijana Gimbutas in ihrem Buch Die Sprache der Göttin, weil wir uns von den lebendigen Wurzeln des irdischen Lebens getrennt hätten, und die Folgen dessen träten in der modernen Gesellschaft unübersehbar zutage.

Das Weibliche in uns weiß, dass Leben und Tod untrennbar verbunden sind, dass es ohne Tod kein Leben gibt. Das Leben erneuert sich fortwährend dadurch, dass etwas stirbt, und so gibt es in Wahrheit gar keinen Tod, jedenfalls nicht den endgültigen, alles vernichtenden Tod, den wir in unserer Kultur so sehr fürchten. Vielmehr gibt es den Tod als eine Form der Wandlung. Manchmal geschieht das in einem dramatischen Ereignis, in dem eine tiefe Transformation stattfindet, meistens jedoch innerhalb der vielen natürlichen Prozesse, die das Leben ausmachen. Bäume werfen ihre Blätter ab, sie fallen zu Boden, verwandeln sich durch die emsige Arbeit unendlich vieler Mikroorganismen wieder zu Muttererde, die wiederum die Samen neuer Bäume nährt und diese sprießen und wachsen lässt. „Lasst die Kinder in der Natur laufen", schrieb im 19. Jahrhundert der Naturschützer John Muir, nachdem er eine Grabstätte in der Natur besucht hatte, „lasst sie die schönen Verbindungen und Gemeinschaften von Tod und Leben sehen, ihre freudige, untrennbare Einheit, wie sie uns in Wäldern und Wiesen, Ebenen, Bergen und Flüssen unseres gesegneten Sterns gezeigt werden, und sie werden lernen, dass der Tod tatsächlich ohne Stachel ist und so schön wie das Leben."[27]

Wenn unsere Kindeskinder die Möglichkeit haben, außer der virtuellen Welt auch die reale Welt draußen in der Natur zu erleben, wenn sie weiter miterleben und staunen dürfen, wie die Jahreszeiten wechseln, so gewinnen sie wie von selbst ein natürliches Verständnis der Einheit von Leben und Tod. Wenn sie mit den ersten sprießenden Knospen und Blüten den Duft des Frühlings wahrnehmen, mit den reifenden Früchten den Sommer schmecken, im Laub der tanzenden bunten Blätter hüpfen und die Schönheit des Herbstes besingen, wenn sie unter reifbedeckten Winterzweigen die klare

Winterluft atmen dürfen, so erleben sie auf zutiefst sinnliche Weise das Wunder des Kreislaufs von Geburt, Tod und Erneuerung. Und wenn wir mit unserem ganzen Leib und unserem ganzen Wesen die sinnlichen Eindrücke in der Natur aufnehmen, dann prägen sie sich tief in die Seele ein. Sie werden zu einem Gebet. Ein Gebet nicht außerhalb von uns, nicht eines, das wir sprechen oder denken. Wir *sind* das Gebet.

Wahrscheinlich ist das für die Kinder leichter als für die Älteren; vielen Erwachsenen fällt es schwer, sich so freimütig mit dem Tod, dem eigenen und dem von geliebten Menschen, einverstanden zu erklären. Die mittlere Generation ist zu sehr beschäftigt – und wird häufig erst intensiv und auch praktisch damit konfrontiert, wenn die Eltern sterben – und die Älteren unter uns sehen sich oft ganz unerwartet ihrer Endlichkeit entgegengehen und mühen sich mehr oder weniger damit ab, ihre Vergänglichkeit zu akzeptieren. In vielen Familien herrscht ein absolutes Tabu, zwischen den Generationen über den irgendwann doch unumgänglich eintretenden Tod der Ältesten zu sprechen. Der Psychoanalytiker Günter Heisterkamp bringt in seinem Buch über das Glück der Großeltern-Enkel-Beziehung die Akzeptanz seiner Endlichkeit in direkte Verbindung mit der Freude an seinen Enkelkindern: „Das Glück mit meinen Enkelkindern kann ich nur in dem Maße genießen, wie es mir gelingt, die Endgültigkeit meiner Existenz entsprechend zu akzeptieren und danach zu leben."[28] Wer angesichts der eigenen Vergänglichkeit dann Traurigkeit empfindet, versteht auch Heisterkamps Ansicht, dass Enkelkinder durch ihr Dasein Trost spenden: „Unausdrücklich finden wir angesichts unserer Kinder und insbesondere unserer Kindeskinder Trost, dass das Leben selbst nicht stirbt, sondern nur wir als einzelne Lebewesen sterben. Unsere selbst wieder sterblichen Nachkommen verhelfen uns zum Erlebnis der Teilhabe an einem nie sterbenden Lebensgrund."[29]

Es stellt sich natürlich die Frage, ob es zwingend notwendig ist, in Anbetracht der eigenen Vergänglichkeit traurig zu sein und aufgrund dessen Trost durch die Existenz von Nachkommen zu brauchen. Die Ahnung, „in einer quasi ewigen Kontinuität des Lebendigen zu existieren oder existiert zu haben"[30], auch wenn sie zu der bewussten Erkenntnis der eigenen Vergänglichkeit führt, kann auch in Freude münden. Gleichwohl ist das beruhigende Gefühl nachvollziehbar, das Menschen häufig benennen, wenn sie zum ersten Mal Großeltern werden: „Das Leben geht weiter!"

Bei allem Trost und aller Beruhigung sollten wir jedoch aufmerksam unsere Beweggründe erforschen, wenn es um ein befriedigendes Gefühl anlässlich der Existenz von Enkelkindern geht. Sie sind eine Bereicherung, jedoch sollten sie nicht dazu dienen, einen Lebenssinn zu ersetzen oder seelische Schmerzen zu lindern, auch nicht das Leiden an der eigenen Vergänglichkeit. Am Kreislauf des Lebens können wir uns alle erfreuen, ob wir nun leibliche Enkelkinder haben oder nicht. Und was wir vielleicht eher brauchen als eine Tröstung durch ihre Existenz, sollten wir denn das eigene Lebensende betrauern, ist die aufrichtige Sorge und Fürsorge für diejenigen, die nach uns kommen.

Wenn es lediglich einen Wandel von einem Zustand in einen anderen gibt, wenn Tod, so wie wir ihn als absolutes, endgültiges Ende vielfach verstehen, so gar nicht existiert, dann ist auch der individuelle physische Tod nur ein Übergang. Das Licht unserer Seele lässt den Körper zurück. Der Körper kehrt zurück zur Erde, aus der er gemacht ist, und das Licht kehrt zurück zum alles umfassenden Licht. Hängen wir mit aller Macht an unserer individuellen Identität, an unserem Körper in seinem augenblicklichen Aggregatzustand und an unserer persönlichen Geschichte und Vergangenheit, so wehren wir uns vermutlich heftig gegen eine Veränderung und können uns einen Übergang in einen anderen Zustand auch nicht vorstellen. Allein die Vorstellung von Sterben und Tod wird dann zur Qual –

anstelle eines Gefühls der Annahme, dass sie Teil des Lebens sind, ebenso wie das Geborenwerden. Interessanterweise fragen wir uns selten, wo wir waren und wer wir waren, *bevor* wir geboren wurden. War es ein absoluter Anfang, oder doch auch hier ein Übergang? Und wer ist „wir"? Sind es diese Sinne und dieser Körper? Oder vielmehr doch das Ewige, das wir im Herzen fühlen, das Licht, das wir in den Augen der anderen sehen können?

Es ist die Beziehung zum inneren Licht, die uns hilft zu verstehen, dass der individuelle physische Tod eine Transformation im sich immerfort wandelnden Leben bedeutet. Für Menschen, die an Reinkarnation glauben, kehrt das Licht des höheren Selbst in einer neuen Form zurück in ein irdisches Leben. Für andere bedeutet es, dass dieses Licht im großen Meer des einen Lichts aufgeht. Die ältesten bekannten Weisheitslehren der Menschheit, die Upanischaden, überliefern uns das Wissen von dem, was mit dem unsterblichen „Selbst" bezeichnet wird: „Wenn der Körper durch Alter oder Krankheit schwach wird, trennt sich das Selbst, die innerste Person, von ihm, wie eine Mango oder Feige oder Banyanfrucht sich vom Stiel löst, und kehrt auf die Art zurück, wie sie kam, um ein weiteres Leben zu beginnen."[31]

Ganz gleich, wie wir es uns vorstellen, wenn wir den Tod als einen Teil des Lebens sehen können, eine Umwandlung im ständigen Wandel, dann gehören jener ortlose Ort, der, von dem wir kommen, und der, wohin wir gehen – also der Ort, wo wir waren, bevor wir einen physischen Körper angenommen haben, und der, an dem wir sein werden, nachdem wir ihn wieder abgelegt haben –, dann gehören sie zur selben Sphäre. Das individuelle Selbst wechselt jeweils lediglich die Dimension des Bewusstseins.

Es gibt einen Berührungspunkt zwischen Großeltern und Enkelkindern, von dem wir bisher noch nicht gesprochen haben: wie nah sie beide dem Übergang zwischen diesen Welten, zwischen jenen verschiedenen Bewusstseinszuständen sind; gemeinsam ist ihnen die Nähe zu der Welt des Lichts. Die einen kommen von dort, die anderen gehen dahin. Das verbindet die Seelen auf besondere Weise. Nur Morgendämmerung und Sonnenuntergang sehen am blauen Himmel die Sterne, schrieb – hier laienhaft übersetzt – die englische Schriftstellerin und Kinderbuchautorin Elizabeth Goudge; die ganz Jungen und die ganzen Alten hätten etwas gemeinsam. Diese Nähe ist eine unsichtbare Grundlage der einzigartigen Beziehung zwischen Großeltern und Enkelkindern.

Eine der Großmütter, mit denen ich sprach, erzählte von einem bewegenden Moment mit ihrer Tochter, als deren Sohn, ihr Enkelsohn, neu geboren war:

> *Ich bin so berührt gewesen von dem Neugeborenen. Und dann schaut meine Tochter mich an und sagt: „Weißt du Mama, etwas trifft sich da. Der kommt von weit her, von da, wo du hingehen willst."*
> *Das ist so nah. Das sind ja nicht nochmal sechzig Jahre.*
> *Und ich dachte, ja, das spüre ich. Das ist da, wo ich hingehen werde.*
> *Wir tauschen.*

Es gibt viele verschiedene Fäden, denen wir in diesem leuchtenden Beziehungsgewebe zwischen Großmüttern und ihren Enkelkindern nachspüren können, doch insbesondere diese einzigartige Verbindung der Seelen ist wie ein am tiefen Grund liegendes Geheimnis, das all die sich bildenden Muster und Farben erst ermöglicht. Wir begegnen uns im Land zwischen den beiden Welten, dort, wo sie sich berühren. Die Neugeborenen kommen soeben in diese Welt, wir gehen bald wieder weg, und beide haben wir die Nähe zur anderen Seite. Denn je älter wir werden, desto näher fühlen wir uns dem Ort jenseits dieser Welt. Uns wird bewusster, dass die Zeit hier auf Erden begrenzt ist. Die Generation dazwischen, unsere Kinder, sie müssen mitten im Leben sein, müssen ihren Platz in der Welt finden, arbeiten und Geld verdienen und ein Leben aufbauen, doch wir Älteren müssen unsere Wurzeln hier nicht mehr so tief wachsen lassen.

Es liegt kein Widerspruch darin, dass uns diese zunehmende Gewissheit und die Ausrichtung auf eine große Veränderung, auf eine andere Welt, in die wir hinübergehen werden, mehr denn je dazu anhält, ganz im Augenblick zu leben. Gerade der Augenblick verbindet uns mit der Ewigkeit, und auch das teilen wir mit den neu Ankommenden. Dazu passt, dass der mit alten Gesellschaften und ihren Mythologien befasste Autor Joseph Campbell einmal davon sprach, dass die gegenseitige Anziehung der ganz Jungen und der sehr Alten, die wir in vielen Gesellschaften finden können, auf ein zwischen ihnen geteiltes „geheimes Wissen" zurückgehe, das mit dem Unendlichen zu tun habe. Im Spiel mit den Jungen kehrten die Alten zurück in eine Sphäre des Ewigen.[32]

In der Dynamik von Geburt, Tod und Wiedergeburt spielt noch ein anderer Aspekt für die Beziehung zwischen den Ältesten und den Jüngsten eine Rolle: Er hat damit zu tun, Platz zu machen für etwas Neues. Und auch das betrifft unsere Aufgabe als Großmütter.

Der Übergang von einem Zustand in einen anderen, von einer Welt in die andere, ist immer beides zugleich: Tod *und* Neugeburt. Weil etwas Altes stirbt, kann das Neue geboren werden. Das ist das Mysterium von Wandlung, und es ist die Grundeigenschaft des Lebens: unaufhörliche Veränderung, ständige Umwandlung. Geboren werden und sterben und wieder geboren werden. Nichts geht verloren, keine Energie verschwindet, sie wandelt sich nur um, und das geschieht immer und überall, nicht nur beim physischen Tod eines Lebewesens. Auch in unserem menschlichen Bewusstsein findet diese Dynamik statt, denn es kann durch Transformationen tiefe Prozesse der Entwicklung durchlaufen, was in spirituellen Texten die Evolution der Seele genannt wird. Wenn hier etwas Neues gegeben wird, ist das immer Gnade. Wir bewirken es nicht, wir verdienen es nicht, es wird gegeben. Doch es gibt einen bewussten Anteil, den wir selbst zu diesem Wunder des „Phönix aus der Asche" beisteuern können, so dass wir letztlich in den Einklang mit dem Licht der Seele finden. Was ist nun unser konkreter Beitrag? Wenn etwas sterben will, ist unser Anteil dabei, es loszulassen. Das heißt, das zu übergeben, was transformiert werden und zu einem Geschenk an einer anderen Stelle gegeben werden möchte. Es bedeutet, zuzulassen, dass etwas weggenommen wird, um wiederum Platz zu machen für etwas Neues. Und auf der anderen Seite wirken wir gleichzeitig auch als Geburtshelferinnen mit: Dem Neuen, das da entsteht, öffnen wir den Weg. Oft genug ist unsere Angst vor Verlust, vor Sterben und Tod so groß, dass wir – so widersinnig das ist – versuchen, den Fluss des Lebens anzuhalten, was zu Stauungen führt, die Neugeburt hemmt und dem Leben seine Elastizität und Magie entzieht.

Frauen, die physisch geboren haben, wissen aus eigener Erfahrung, wie sehr eine Geburt erschwert wird, wenn sie festhalten und sich verkrampfen. Deshalb halten uns die Hebammen dazu an, zu atmen und mit dem natürlichen Fluss mitzugehen, um das Leben, das bisher noch ein Teil von uns war, aus unserem Leib zu entlassen und ihm ein unabhängiges, eigenes Leben zu ermöglichen.

In der Welt der Bäume wurde das Prinzip der Schenkung im Gefüge von Tod und Wiedergeburt von Suzanne Simard, der Wissenschaftlerin im Bereich der Wald-Ökologie, erforscht, davon war bereits die Rede. Es lohnt sich, einen Blick darauf zu werfen und uns die uralten Bäume im Wald zum Vorbild zu nehmen. Die Entdeckerin des „wood-wide-web", des weitläufigen, eng verbundenen Netzwerks der Bäume, beobachtete, wie alte, sterbende Bäume für die kommenden Generationen und den ganzen Wald sorgen. Sie nennt sie *Mother Trees*. Ein Mutterbaum ist der größte, älteste Baum in einem Wald. In indigenen Kulturen sind Mutterbäume und

Großmutter- oder Großvater-Bäume ein selbstverständlicher Teil des Lebens und Ausdruck der Beziehung zu den pflanzlichen Verwandten der Menschen. Die Wald-Wissenschaftlerin erinnert uns in diesem Zusammenhang daran, dass wir alle unseren ursprünglichen Wurzeln lauschen sollten, den indigenen Teilen unserer selbst, weil wir alle grundsätzlich, auf gewisse Weise, indigen seien. Sie erzählt in einem Interview, wie sie sich gefragt hatte – und diese Frage kommt uns nach den vorausgegangenen Betrachtungen bekannt vor –, ob sterbende Bäume einfach ins Nichts verschwinden oder ob sie ihre Energie und ihre Weisheit an die nächsten Generationen weitergeben.

Zur gleichen Zeit, in der sie mit ihren Forschungen und Experimenten beschäftigt war, erhielt sie selbst die Diagnose einer lebensbedrohlichen Krankheit und, wie sie weiterhin berichtet, ahnte sie, dass sie ihre persönlichen Erfahrungen einbinden sollte in das, was sie im Wald erforschte, und dass sie umgekehrt von den Erkenntnissen über die Bäume für sich selbst etwas lernen konnte. So fokussierte sie ihre Studien auf die Frage, wie Bäume Energie und Information weitergeben, und tatsächlich fand sie heraus, was an anderer Stelle hier schon einmal angedeutet wurde: Wenn ein alter Baum stirbt, gibt er durch seine Netzwerke, die er den Pilzen verdankt, einen großen Teil seines Kohlenstoffs an die Nachbarbäume weiter, auch an andere als die eigene Spezies. Dies sei überaus wichtig für die Vitalität des neuen Waldes. Die Bäume erhalten auch Nachrichten, die ihre Abwehr gegen Käfer und andere Störungen festigen und so die Gesundheit der nächsten Generationen stärken.

Die Biologin berichtet, dass sie sehen konnte, wie der Wald schenkt und weitergibt und erzählt davon, wie sie sich selbst als solch einen Mutterbaum sah, und während sie sehr krank war, ihren Kindern sagte: „Selbst, wenn ich sterben werde, muss ich alles geben, genauso wie diese Bäume alles geben."[33] Für die Waldwirtschaft hat sie erkannt, dass „wir immer einige ‚Ältere' (*elders* im Englischen sind auch zugleich weise Vorfahren) im Wald belassen sollten. Wir brauchen Mutterbäume, sagt sie, sie sind durch zahlreiche Klima-Episoden hindurchgegangen, ihre Gene tragen diese Information. Wenn wir die Wälder kahlschlagen und komplett abholzen, auch um neue Plantagen von jungen Bäumen zu pflanzen, schaffen wir eine riskante Umwelt, verlieren Kohlenstoff im Boden, Biodiversität, und der Wald kann sich nicht ausreichend erneuern. Lassen wir jedoch Gruppen von alten Bäumen im Wald, so nähren sie die nächsten Generationen und gewähren in ihrem Sterben Raum für das Neue.

Was sie auf biologischer Ebene für die Waldwirtschaft und einen weisen und nachhaltigen Umgang mit den Wäldern herausfand, konnte sie auf ihr eigenes Leben und das von uns allen übertragen. Wie die alten sterbenden Bäume ihre Substanz für das Überleben der nächsten Generationen weitergeben, ist nicht nur eine Metapher. Es ist das Leben selbst. Ein lebendiges Beispiel, wie das Leben wirkt und sich durch seine Zyklen immer wieder neu erschafft, und wie ein beständiger Fluss von gegenseitigen Beziehungen sein innerstes Mysterium zum Ausdruck bringt.

An diesem Leben haben wir alle teil, Menschen, Tiere, Pflanzen. Wenn wir uns von der Natur des Lebens entfremdet haben, können wir auf die Pflanzen schauen und wieder von ihnen lernen. Glücklicherweise gibt es großartige Menschen in dieser Welt, die über das trennende Auge der westlichen Wissenschaft hinaus ihren Blick öffnen können für eine tiefere Wirklichkeit und es auch wagen, trotz allen Gegenwinds, ihre Erkenntnisse in die Welt zu bringen. Nur so können wir von der Natur lernen. Dort geschieht es organisch, gleichsam von selbst. Wir Menschen müssen das wieder lernen: Loslassen und die Wege für Neues öffnen.

„Das Leben ist ein Geschenk, das wir nur erhalten, indem wir es wieder zurückgeben", sagt der Dichter und Farmer Wendell Berry[34]. Wie die älteren Mutterbäume und die ganz alten Großmutterbäume können wir menschlichen Großmütter eine Form von Energie, die uns hat wachsen und alt werden lassen, an die kommenden Generationen weiterschenken.

„Wir können beginnen, lebende Vorfahren zu sein, indem wir zur Seite treten und unsere Kraft, unseren Platz und unsere Stimme auf eine Weise übergeben, die jene nährt, die emporkommen", schreiben die Herausgeber:innen des Bandes *What Kind of Ancestor Do You Want to Be?* Für sie betrifft das alle – Kinder, Enkelkinder, Schüler:innen und die Nachkommen anderer Spezies. Ältere, so sagen sie, ermächtigen die Jungen. „Gute Vorfahren zu sein bedeutet, zu verstehen, wie man mit der Kraft umgeht, wann sie zu halten, wann sie zu übergeben ist und wie sie transformiert wird." Wir könnten üben, gute Vorfahren zu sein, indem wir herausfänden, wie wir die Lebenskraft, die uns gegeben wurde, umwandeln können. Es gehe dabei um eine großzügige Darbietung des eigenen Lebens an eine unbekannte Zukunft.[35]

Wir sprechen hier also von einem Geschenk, nicht von einem Erbe. Bei dieser „Darbietung" handelt es sich ja weder um ein materielles Erbe noch um einen ideellen Nachlass. Das Konzept des Vererbens passt hier nicht, denn das impliziert immer etwas Statisches. Beim Vererben werden die Prägung und Intention der „Erblasser" eingraviert und sollen beibehalten werden. Wie wir es hier jedoch meinen, bedeutet das Weitergeben einer Energie, sie gänzlich zu überlassen, bedingungslos, und sie dem Kreislauf von Tod und Neugeburt zu übergeben. Das heißt, sie darf sterben, damit aus ihrer Asche ein neuer Same wachsen kann, mit dem die zukünftigen Generationen auf ihre Weise umgehen werden und dessen noch unbekannte Früchte sie nähren können. So wie unser Körper bei unserem Tod wieder zurück in die Erde eingeht und dort seine Umwandlung erfährt, so können wir auch unsere Liebe darbieten, auf dass sie durch die tiefen Transformationsprozesse des Lebens dem Wohl des Ganzen zugutekommt. Wir haben die Früchte der Erde aufgenommen und sind genährt worden, sind durch sie, das

Sonnenlicht und die Atmosphäre unserer Erde gewachsen und am Leben erhalten worden, und so wird unser Körper wieder in neuen, anderen Verbindungen zu Erde werden. Genauso wurde uns ein Leben gegeben, über Jahrzehnte gefüllt mit reichen Erfahrungen für die Seele, und jetzt können wir das Licht, das in ihnen verborgen ist, in unsere Liebe fließen lassen und diese Liebe großzügig spenden. Das bedeutet: Wir können unsere inneren Erfahrungen dem Leben überlassen, *bevor* wir diese Welt verlassen.

Wenn wir alle Kraft in diese Liebe geben, jeweils auf unsere individuelle Weise, so bieten wir als Ahninnen unser Leben als eine großzügige Gabe für eine unbekannte Zukunft an. Wenn wir gänzlich darauf verzichten, unseren eigenen Willen mit in diese Liebe zu geben, wenn wir ihre weiteren Wege dem größeren Willen überlassen, wenn wir loslassen können, so geben wir den Weg frei für eine Transformation. Jedes Loslassen, jedes Sterben, jeder Tod birgt zugleich die Saat für etwas Neues. Denn auch im Tod wohnt die Essenz des Lebens. Genau hier ist der Ort, wo das Neue darauf wartet, in die Welt zu kommen. Und auch in dem großen Sterben unserer derzeitigen Welt können wir, wenn wir es wagen, hinzuschauen und es zu bezeugen, die Saat des Neuen erahnen – eine tief verborgene Vorbereitung auf die Geburt einer neuen Zivilisation, die irgendwann die Dunkelheit hinter sich lassen wird. Sie wird sicherlich noch einige Zeit auf sich warten lassen, aber mit dem Keim ihrer kleinsten Saat sind wir schon jetzt verbunden.

## Mitwirken, doch nicht bewirken

Es mag so scheinen, als seien die Aufgaben unfassbar groß. Weil wir in unserer Kultur nicht mehr gelernt haben, leichten Fußes durch das Leben zu gehen oder gar zu tanzen, sondern eher in schweren Stiefeln stapfen, mit dem Gefühl von großer Bürde auf unseren

Schultern, sind wir geneigt, unsere Aufgaben als anstrengend wahrzunehmen. Der Blick auf das Alltägliche zeigt: Es gibt so viel zu tun, und das Tun erfordert solch eine Geschwindigkeit, wir empfinden Druck von vielen Seiten, und das Gefühl von Stress – ein Begriff, der sich erst im vergangenen halben Jahrhundert einen zentralen Platz in unserer Umgangssprache erobert hat – ist allgegenwärtig, um uns herum und in uns selbst. Selbst wenn wir in fortgeschrittenem Alter, jenseits der sechzig, ein äußerlich ruhigeres Leben führen als zuvor, bleibt das innere Gefühl der Anspannung und des Drucks uns häufig erhalten, sobald wir uns mit Aufgaben konfrontiert sehen. Das hat auch damit zu tun, dass wir nicht gelernt haben, abzugeben. Ich meine damit nicht, Arbeit zu delegieren und anderen Menschen aufzubürden; gemeint ist, an Kräfte, die größer sind als mein kleines Ich, zu übergeben und sie ein wenig mittragen zu lassen.

Diese Übergabe erfordert, dass wir zur Seite treten. Dass wir unsere Identifikation mit dem, was wir tun und bewirken, loslassen. Unsere westliche Welt mit ihrem Fokus auf Individualismus und Leistung hat uns geprägt, und auch wenn wir Freigeister sind und innerlich von einem anderen Ort als dem unserer Konditionierung zu leben versuchen, werden diese Prägungen bei den meisten von uns von Zeit zu Zeit ihre Spuren erkennen lassen. Selbst bei „inneren“ Aufgaben, wenn es darum geht, innerlich Verantwortung zu übernehmen oder ein Licht zu halten, mag die eine oder andere sich fragen, wie schaffe ich das? Bin ich gut genug dafür? Was versäume ich, wenn ich es nicht schaffe? Welche Wirkung wird es haben? Gibt es überhaupt eine Wirkung?

Unser Ego, das kleine Ich, das in der Illusion des Getrenntseins lebt, hat die Eigenschaft, stets wichtig sein zu wollen. Es lebt in der unrealistischen Vorstellung, wirkmächtig alleiniger Akteur zu sein. Wir brauchen dieses Ego, um in der Welt zu überleben, doch seine Bedeutung ist im Lauf der Entwicklung zu unserer derzeitigen westlichen Kultur überdimensional aufgebläht worden. Wir identifizieren uns nicht mit dem, wer wir wirklich sind, sondern mit jenem kleinen Selbst, das lediglich das Organ unserer individuellen Identität ist und unser physisches Überleben ordnet. Wird das Ego überbetont, so wird auch unsere Haltung gefüttert, das Leben kontrollieren zu wollen und dies vermeintlich auch zu können. Meint das Leben – jenes geheimnisvolle Netzwerk von sich gegenseitig durchdringenden Kräften – es jedoch einmal anders, als wir uns das vorstellen, so stehen wir fassungslos davor und suchen entweder die Schuld bei anderen oder werten das Geschehen als eigenes Versagen. Freilich ist das Ziel auf einem Weg der inneren Reife – und namentlich auf einem spirituellen oder mystischen Pfad –, aus dem Getrenntsein heraus in die Einheit zu finden und damit die Illusion des Egos hinter sich zu lassen. Doch für diejenigen, die sich auf diesem Weg befinden, handelt es sich eben nicht um einen bleibenden Zustand, sondern tatsächlich um einen Weg in Bewegung, einen *Pfad*, und der ist gesäumt von allerlei Hindernissen, die es zu überwinden, und Täuschungen, die es zu erkennen und zu vermeiden gilt. Unter allen Umständen sollten wir uns davor hüten, unsere *innere* Aufgabe als Großmütter vom Ort der Ich-Identität aus zu betrachten oder gar leben zu wollen. Denn traurigerweise kann es auch geschehen, dass die innere Welt von den treibenden Kräften des Egos gekapert und instrumentalisiert wird; dann ist ihre schwerelose Reinheit und Wirkungskraft für eine Arbeit mit dem göttlichen Licht verloren.

Doch wer ist es dann, die da etwas „tut", und sollte denn überhaupt etwas getan werden, wenn es doch viel mehr um das Sein geht? Wir sprachen hier viel von einer Haltung, aus der heraus wir unser Leben führen und unsere Beziehungen pflegen. Denn natürlich „tun" wir Dinge, wir sind lebendig und interaktiv in wechselseitigen Beziehungen, mit der Erde und ihrer Nahrung, mit anderen Menschen und mit geistigen Inhalten. Das reine Sein entfaltet sich dabei, wenn wir in unsere alltäglichen Aktivitäten das Bewusstsein des Herzens atmen. Wir leben die Dinge, indem wir sie in ein Licht tauchen. Alle Handlungen, ob wir nun Geschichten erzählen oder mit den Kindern in die Natur gehen, gemeinsam kochen und essen, bis hin zu Gebeten, sie sind wertvolle Beiträge der Großmütter, um Samen zu legen für eine Zukunft, die wir ersehnen. Doch wir müssen erkennen, dass dies nicht alles ist, denn das sind immer noch „wir", die etwas tun. Im Großen wie im Kleinen, bei der Sorge um ein eigenes Enkelkind wie bei der Fürsorge für die Zukunft der Nachwelt, ist es wichtig, dieses Bewusstsein zu halten: dass die Quelle, aus der Heilung und Transformation kommen, nicht „wir" sind, und dass ihre Kraft weit über uns hinaus geht. Eine Großmutter, die in den ersten Jahren nach der Geburt ihres Enkelkindes sehr in die Sorge für das Kind eingebunden war, erzählte mir in einer E-Mail von einem für sie sehr bedeutenden Erlebnis:

> *Es war vor vielen Jahren, als ich bei einem kleinen Treffen mit ein paar anderen Frauen und vier indigenen Großmüttern war und wir uns nach mehreren Tagen des Gebets und der Stille voneinander verabschiedeten: Die erste Großmutter umarmte mich und sagte: „Gib dein Enkelkind zu Gott." Die zweite sagte: „Vertraue darauf, dass Gott sich um dein Enkelkind kümmern wird." Und die dritte sagte etwas Ähnliches. Ich glaube nicht, dass sie untereinander über mich gesprochen hatten, obwohl ich das niemals mit Sicherheit wissen werde. Aber das ist für immer in mir geblieben. Meine Enkeltochter hat nun eine Grundlage, und ich kann Stück für Stück loslassen, auch wenn ich noch eine starke Präsenz in ihrem Leben bleiben werde.*

Also: Nachdem wir uns nun ausgiebig damit beschäftigt haben, welche Aufgabe wir innehaben, sollten wir jetzt ganz beherzt und mit einer großzügigen Bewegung alles wieder vom Tisch wischen.

Wir machen Platz. Der Raum wird leer.

Nur das Göttliche kann die Welt heilen und transformieren, sagen die Mystiker:innen. Und dennoch, das Göttliche braucht unsere Mitwirkung. Allein durch das Bewusstsein des Herzens verbinden wir die Welten, und höhere Energien können ins Leben fließen. Und das bedeutet nicht, dass wir etwas Besonderes tun oder außergewöhnliche Aufgaben übernehmen. Wir leben einfach das Leben, das vor unseren Füßen liegt. Entscheidend ist: Wir halten einen Raum für das Göttliche. Ohne ein Wollen, ohne den Wunsch, etwas zu beeinflussen, ohne eine Agenda für das, was dabei herauskommen soll. Ohne Anstrengung, und ohne, dass wir uns damit identifizieren. Durch unser Hiersein und durch die Art, wie wir hier sind, legen wir Samen. Ja, unser Leben streut Samen in die Erde des zukünftigen Lebens. Für unsere Kindeskinder, die leiblichen und all die anderen, die Kindeskinder unserer Enkelkinder, für diejenigen, die wir niemals kennenlernen werden, für viele Generationen weit in die Zukunft hinein. Doch diese Samen fallen frei, ohne dass wir die Früchte kennen, zu denen sie möglicherweise heranreifen werden. Ob die Samen aufgehen, wie sie sprießen und wohin sie schließlich wachsen, ist nicht unsere Sache. Wie der Ausspruch im Zen-Buddhismus sagt: „Kein Samenkorn sieht jemals die Blume."

Nicht wir sind es, die etwas ermöglichen oder bewirken. Wir geben es nicht, wir halten lediglich den Raum dafür. So dass darin sich natürlich entfalten kann, was sich entfalten will.

Hier kommen wir an einen Punkt, wo unsere Sprache uns nicht mehr helfen kann. Wir finden uns wieder in einem Paradoxon: Verantwortung übernehmen für die zukünftigen Generationen, die der menschlichen und der mehr-als-menschlichen Welt, und gleichzeitig loslassen. Völlig loslassen. Genau da nähern wir uns der taoistischen Weisheit des Lao Tse: *Das Tao ist ewig ohne Tun / und nichts bleibt ungetan.* Denn: *Wer Tao übt, vermindert täglich. / Er vermindert und vermindert. / Bis er schließlich ankommt beim Nichtstun. / Beim Nichtstun bleibt nichts ungetan.*[36]

Die Welt kann nur von innen heilen. Was zählt, ist unsere Liebe. Immer, in jedem Augenblick, im Geschehen-Lassen und im Vertrauen, können wir die Liebe unseres Herzens in die Schöpfung atmen. Die Seelen der Zukunft und unsere Kindeskinder bringen uns ein unermessliches Vertrauen entgegen, das ist ihr besonderes Geschenk an uns. Unsere Antwort darauf ist nicht ein Plan für ihr Leben und ihre Zukunft, oder für die Welt als Ganzes, es ist der einfache Akt, durch unsere Liebe ihr Licht zu spiegeln und es damit zu ermuntern, in ihnen lebendig zu bleiben. Was geschehen wird und was sein wird, ist eine Frage der Gnade. Doch der Mensch ist ein Wesen, durch das unendlich viel Gnade in die Welt fließen kann – wenn wir uns dafür durchlässig machen.

# 6

# Ermutigung

*Aber noch ist uns das Dasein verzaubert; an hundert*
*Stellen ist noch Ursprung. Ein Spielen von reinen*
*Kräften, die keiner berührt, der nicht kniet und bewundert.*

RAINER MARIA RILKE

Wir müssen nur lieben und uns durchlässig machen? Die Welt heilt von selbst, wenn wir uns nur heraushalten? Es stimmt und es stimmt nicht. Manch eine wird fragen: Wie passt das alles in unsere Realität, wie in meine Stimmung?

Und zweifellos, wir alle sind mehr oder weniger belastet von der Schwere dieser Zeit, und wegschauen ist keine Option. Darüber hinaus ist nicht nur der Zustand der Welt, sondern auch die persönliche Lage bei der einen oder anderen krisenhaft. Vielleicht hat das Leben einen Schicksalsschlag gebracht, und ohnehin sind da so viele persönliche Umstände, die uns mitunter schlecht schlafen lassen; es gibt Krankheit, Schmerzen, Verlust, existenzielle Sorgen oder konflikthafte Beziehungen. Wir wollen diese Seite des Lebens nicht leugnen, es geht nicht darum, eine illusionäre „Spirit-Welt" zu malen, in die wir aus jeder Realität flüchten. Die Schmerzen sind real, die Trauer, der Verlust; das Mitgefühl, das uns das Herz zerreißt, wenn wir Bilder sehen von sterbenden Kindern in den Armen ihrer Mütter; der Schmerz, den wir mit der verletzten und geschändeten Erde fühlen. Doch diese Empfindungen sollten uns nicht dazu verleiten aufzugeben, vielmehr ist unser *Fühlen* enorm wichtig: Es ist der erste Schritt in die Richtung einer anderen Welt. „Ihr müsst fühlen", das sind die eindringlichen Worte, die ich vor vielen Jahren in einem Traum hörte, in dem ich der Erde selbst in Gestalt einer sterbenden Frau begegnet war. Wenn wir mit unserem Herzen fühlen und bezeugen, gießen wir Liebe in das, was uns schmerzt.

Es verlangt Mut, wirklich zu fühlen. Ein Fühlen nicht aus unseren Emotionen heraus, die immer mit unseren eigenen Bedürfnissen verknüpft sind, sondern aus den zarten, verletzlichen Tiefen des Herzens. Mit diesem Fühlen entsteht die Grundlage für Transformation. Das ist unser kleiner Beitrag, unsere Mitwirkung, von der im vorherigen Kapitel die Rede war. Und mit dem Mut wächst uns eine Kraft zu, die unsere Bereitschaft, unsere Hoffnung und unsere Freude nährt.

Die Zeilen dieses Buches sind über einen Zeitraum entstanden, in dem die Welt sich in schnellem Tempo weiter verfinsterte und wir als Menschheit Erfahrungen machen mussten, die uns aus lieb gewonnenen Gewohnheiten rissen. In der Zeit, als ich die ersten Gespräche mit Großmüttern über Zoom führte, erlebten wir quer über den ganzen Erdball den Ausbruch einer Pandemie, zu deren Beginn wir den Tod vieler Menschen beklagen mussten und in deren Verlauf wir uns alle in die soziale Isolation gezwungen sahen. In Europa brach ein Krieg aus, nachdem ein Land ein anderes überfallen hatte.

Die ersten Sätze aufzuschreiben geschah in meinem eigenen Alltag Hand in Hand damit, dass wir Geflüchtete beherbergten, denen die Sorge um ihre Angehörigen ins Gesicht geschrieben war. Nur kurze Zeit später kamen grausame Terroraktivitäten, todbringende Kämpfe und Krieg in etwas weiter entfernter Nachbarschaft hinzu. Zudem informierten uns Wissenschaftler:innen, dass der Klimawandel sich extrem beschleunigt, sogar weit über ihre Erwartungen hinaus. Überall in der Welt erlebten wir zunehmend Fluten und Feuersbrünste, extreme Trockenheit und Überschwemmungen, in denen Menschen und Tiere starben. Kein Zweifel, unsere Erde erhitzt sich, Gletscher schmelzen, Arten sterben aus, unsere Böden und unser Wasser sind vergiftet oder chemisch verschmutzt, Kunststoff findet seinen Weg in kleinsten Partikeln bis in unsere Körperzellen, da wir die Meere und ihre Bewohner wie auch das Land mit Plastik verseucht haben. Immer noch werden täglich riesige Flächen von Wäldern abgeholzt, obwohl wir längst wissen, wie sehr das die Erde und ihr Klima verletzt. Und nach einer Zeit am Ende des letzten Jahrhunderts, als wir glaubten, die Menschheit begänne aufzuwachen, wird allenthalben wieder aufgerüstet. Kriegsrhetorik findet wieder Eingang in unsere Sprache, wir beginnen, uns an Drohungen, Kriegserklärungen, Bilder von zerbombten Gebäuden, Verletzten und Toten zu gewöhnen. Wir sehen unermesslichen Kummer in der Welt. Menschen leiden entsetzlich, aber auch die nicht-menschliche Welt ist größtem Leid ausgesetzt. Gleichzeitig entwickelt sich in rasantem Tempo die künstliche Intelligenz, deren Auswirkungen uns zunehmend verunsichern; selbst Wissenschaftler:innen, die an ihrer Erfindung beteiligt waren, warnen. Die Grenzen zwischen Wahrheit und Lüge, zwischen Echtheit und Betrug verschwimmen. All diese Erscheinungen nahmen in wenigen Jahren rasant zu, in einem Zeitraum, in dem ich über den Beitrag der Großmütter schrieb und mit ihnen Gespräche über unsere Beziehung mit den Enkelkindern führte.

Eine menschliche Reaktion könnte sein zu verzagen. Mutlosigkeit und Resignation zu spüren, mit Rückzug zu antworten. Wir alle sind nicht frei davon und die meisten von uns werden, zumindest hin und wieder, diese Empfindungen haben. Doch wir sind Großmütter. In gewissem Sinn sind wir alle Großeltern, ob jung oder alt, ob mit eigenen Kindern, Enkelkindern oder kinderlos. Wir sind Ahninnen und Ahnen – so wie wir die Nachfahren sind von Generationen, die weit zurückreichen und ihrerseits Samen für eine Zukunft legten, die nun unsere Gegenwart ist. Eine Saat jetzt, die aus Verzagtheit und Resignation hervorgeht, wird schwerlich aufgehen. Deshalb soll dieses Buch mit einer Ermutigung enden. Eine Ermutigung, nicht nur das Schmerzliche zu fühlen und das Sterben einer alten Zivilisation zu bezeugen, sondern auch zu der Erkenntnis, dass jede:r Einzelne, dass du und ich gemeint sind. Dass wir alle, ganz gleich in welcher Lebenssituation, an der Saat eines Lichts für die Zukunft teilhaben können. Dies mag grandios klingen oder ein wenig abgehoben – da versagt unsere Sprache, weil wir so nicht gewohnt sind zu denken –, es ist aber einfach und konkret. Einen Samen des Lichts für die Zukunft zu legen füllt sich mit Substanz in dem jeweiligen Leben.

Der Sufi-Lehrer Llewellyn Vaughan-Lee spricht von einem Garten der Seele, in den wir zurückkehren können, ein Garten, der lebendig war für unsere Vorfahren in alter Zeit, in dem wir in Einheit mit der Schöpfung lebten. Trotz der wachsenden Dunkelheit und den Bildern der Zerstörung, so sagt er, ist das Tor zu diesem Garten immer offen. „Es gibt viele Pfade im Garten der Seele, und es gibt viele Möglichkeiten zum Eingangstor zu gelangen." Und er führt aus, dass es wichtig ist zu sehen, wie das Werk unseres inneren Selbst ein Fundament für die zukünftigen Generationen legen kann. „Tun wir diese Arbeit des Erinnerns und des Wiederverbindens, werden die Kinder unserer Kindeskinder Zeichen finden, die sie brauchen, um eine neue Zivilisation zu erschaffen, die kein Exil mehr ist, sondern ein Ort der Zugehörigkeit. Und wenn sie aus der Liebe heraus ins Leben findet, wird das Herz der Welt vielleicht zu singen beginnen, und Frühling kann wieder ins Land kommen."[1]

Auch für uns Großmütter gibt es ein Tor. An dem Ort, wo Vergangenheit und Zukunft auf einzigartige Weise zusammenkommen, nämlich dort, wo die Großmütter die Beziehung zu den jungen Menschen leben, kann sich eine solche Tür zeigen. Überwuchert vom Vergessen und verborgen hinter Mauern der Isolation wird sie sich offenbaren, wenn wir, vertraut mit dem Heiligen, in geteilten Geschichten gemeinsam Freude finden; wenn wir zusammen mit den Kindeskindern dem Gesang der Vögel lauschen oder dem winzigsten Insekt zusehen und Ehrfurcht empfinden beim Anblick des Sternenhimmels.

Gewiss, die vitale Energie ist begrenzt, Großmütter sind älter an Lebensjahren, sie hüpfen nicht mehr wie junge Rehe durch die Felder. Zudem erzählt uns unsere westliche Kultur, dass ältere Menschen weniger nützlich und weniger wertvoll sind. Doch diese Geschichte sollten wir sowieso wie jede andere Falschmeldung überhören und eher auf die bewährten Lebensweisen und Leitgedanken indigener Völker und spiritueller Traditionen schauen. Über einen Sufi-Meister wird der Ausspruch überliefert: „Wenn du wissen willst, ob du dein Lebenswerk vollendet hast, aber immer noch am Leben bist, dann wisse: Du hast es noch nicht vollendet."[2] Das ist so klar, wie es einfach ist. Und es sollte allen Großmüttern Mut machen. Keine ist ausgeschlossen, jede kann ihren Beitrag auf ihre Weise geben – und nicht einen Beitrag *leisten*, wie wir es gern formulieren, sondern ihn schenken. Nicht tun, sondern sein.

Was kann Großmütter in diesem Werk inspirieren und weiter Mut machen? Ich möchte dazu drei Ressourcen beleuchten, wovon die erste der Austausch und die Möglichkeit von Großmütter-Kreisen ist.

Eine wichtige Erfahrung im Hintergrund dieses Buches war: Wir Großmütter haben uns ausgetauscht und dadurch vernetzt. Einer meiner Gesprächspartnerinnen war es sehr wichtig, am Ende unseres fast zweistündigen Gesprächs folgenden Gedanken mit einzuweben:

> *Ich möchte noch etwas sagen. Ich finde, dass wir Frauen alle eine Quelle in uns tragen, aber das braucht eine Resonanz. Das ist wie, dass sie nicht sprudeln kann, wenn ich allein bin. Und jetzt sind wir alle so Individualistinnen geworden. Früher hat das gesprudelt, weil die Frauen sich wirklich verbunden haben.*

Viele Großmütter sind zufrieden im Verbund ihrer Familien, doch ihre einzigartige Aufgabe, ihre Rolle als Großmutter, tragen sie allein. Es gibt Mutter-Kind-Gruppen und Mütter-Kurse, doch keine Großmütter-Gruppen. Einige Mütter kleiner Kinder schaffen es, durch Zusammenschluss mit anderen Müttern, ob formal oder privat organisiert, der Isolation in der Kleinfamilie zu entkommen und für Momente einen Ort des weiblichen Miteinanders zu finden, doch ein Austausch unter Großmüttern in Gemeinschaften und Gruppen ist in unserer Gesellschaft kaum zu finden. Da gibt es zwar die sogenannten Seniorentreffs, an denen vielleicht auch einige Großmütter teilhaben, andere sich wiederum auch nicht passend oder zu jung dort fühlen, und diese Art Austausch ist hier auch nicht gemeint. Vielmehr denken wir an eine Vernetzung, eine wirkliche Verbindung von Frauen aus der Generation der Großmütter, nicht einfach als soziale Aktivität oder Freizeitgestaltung. „Die Großmütter brauchen untereinander Unterstützung und den Austausch von Wissen, wenn sie jetzt Verantwortung für ihre Rolle übernehmen", sagte eine amerikanische Großmutter im Gespräch. Sie hatte erlebt, welche Ausstrahlungskraft von den Zirkeln der „Native American"-Großmütter ausging.

Die tief innewohnende weibliche Kraft wird durch das Zusammensein gestärkt. Wir können sagen, sie kommt über diesen Weg auf die Erde, sie kann sich materialisieren, denn sie bleibt nicht mehr isoliert in einem versteckten Raum irgendwo zwischen den Welten. In der Beschäftigung mit der Heilung des Weiblichen und damit auch der Heilung der Erde habe ich vor vielen Jahren, damals noch ohne Gedanken an das Großmutter-Sein, die Bedeutung dieses „weiblichen Spiegels" und des weiblichen Netzes als außerordentlich wichtig erkennen dürfen: „Frauen können sich gegenseitig ihre Verbindung zum göttlichen Weiblichen reflektieren, und diese Spiegelung ist notwendig, um die Heiligkeit des Lebens wieder aus der Isolation zu befreien. So wie die Saite eines Instruments angeschlagen wird und ein Ton von woanders her eine Resonanz findet und mitschwingt", so können Frauen durch einen echten Austausch ein Schwingungsfeld beleben, das der Ganzheit zugutekommt, aber auch ihnen selbst Kraft schenkt. Unsere Gespräche in einem offenen, ehrlichen Austausch empfanden wir Großmütter als überaus nährend. Im Kreis des Zusammenseins und in der gegenseitigen Spiegelung beleben Frauen das organische Netz des Weiblichen, durch das seine Weisheit fließt und sich verfügbar macht. Das gilt für Frauen jeden Alters: Wie Impulse in einem verzweigten Nervensystem kommuniziert das Licht des Weiblichen in diesem Netz.[3]

Das Licht des Weiblichen und wie es in der Beziehung zu den Nachkommen wirken kann, erhält so eine Wertschätzung, die es sonst nicht erfährt. Nicht als ein Schulterklopfen, nicht als persönliches Lob, sondern als Anerkennung einer Kraft, die durch uns hindurch wirken kann, wenn wir uns nur trauen, sie zuzulassen. Weil sie real wird durch die Spiegelung, durch den ehrlichen Austausch, durch das Schwingen im Kreis, weil wir spüren können, wie wertvoll sie ist, werden wir ermutigt, sie bewusst zu leben.

Nach jedem meiner Gespräche spürte ich erneut, wie unendlich viel über die Beziehung zwischen Großmüttern und Enkelkindern gegeben wird. Mir wurde deutlich, wie sich allein durch das Hören dieser Geschichten – nicht nur mit den Ohren, sondern mit-schwingend aus einem Herzensraum heraus – eine tiefe Wertschätzung auftut. Unzählige Großmütter in der Welt leben diese Beziehung, mehr oder weniger unsichtbar und wenig beachtet. Doch wie anders sähe unsere Welt aus, wenn sie nicht da wären? Und andererseits, wie anders könnte sie irgendwann einmal aussehen, wenn wir die Möglichkeiten, die uns gegeben werden, noch bewusster nutzen würden? Die Erkenntnisse werden wir niemals in Büchern finden, sondern am ehesten, wenn wir uns austauschen, wenn wir Großmütter-Kreise bilden und Großmutter-Freundschaften leben. Jeder Einzelnen von uns kann durch das mitschwingende Lauschen deutlich werden, wie sinnvoll, wie bedeutungsvoll das Großmutter-Sein ist.

Unsere Chance in diesem Austausch ist, dass wir auf Konkurrenz und Dominanzstreben verzichten, wenn wir uns auf die weiblichen Qualitäten besinnen, auf das Bewusstsein von der fantastischen Vielfalt innerhalb der Einheit. Da es sowieso nicht ums „Gutsein" geht, brauchen wir kein Wetteifern. Wir sind verschieden, unsere Familien sind verschieden, unsere Enkelkinder haben verschiedene Qualitäten und erleben unterschiedliche Herausforderungen, wir müssen uns nicht vergleichen, können uns aber gegenseitig im Zuhören, im Erkennen und im Mitfühlen in Freude und Leid unterstützen. Wenn wir einfach sind, wer wir sind, hat das enorme Kraft und ist unendlich wohltuend. Was uns eint, und das ist mehr als alle Unterschiede in den äußeren Bedingungen, ist das Gefühl für die Bedeutung dieser Beziehung und der Sorge für die Zukunft. „Wir können einen Kreis der weisen Großmütter bilden!", so war die Vision in einem der Gespräche, und meine Gesprächspartnerin sinnierte weiter:

> *Da können wir etwas bewirken. Ohne etwas zu tun, einfach im Sein. Da brauchen wir uns gegenseitig.*

Bei allen Großmüttern, ob sie tagein, tagaus für ihre kleinsten Enkelkinder da sind, ob sie aus der Entfernung sie im Herzen halten, ob sie die Jugendlichen in ihren Übergängen wohlwollend und humorvoll begleiten, bei allen liegt ein Schatz vergraben, dessen Existenz vielen nicht bewusst ist. Je bewusster wir damit werden, je mehr wir abgedroschene Konzepte des vermeintlichen „Oma-Seins" sprengen, desto innerlich wirkungsvoller kann diese Beziehung werden. Wenn ich Ihnen, liebe Leserinnen eines zurufen würde, so wäre es: Tauschen Sie sich aus! Wie wäre es, wenn Großmütter sich nicht nur die Fotos der süßen Enkelkinder auf den Smartphones zeigten, sondern wirklich miteinander sprächen, erzählten, ihre Herzen ausschütteten, ihre Tiefen erkennen ließen. Ehrlich, offen. Zu zweit in Vertraulichkeit oder vielleicht sogar zu mehreren, ab drei bilden wir Kreise. So ermutigen wir uns gegenseitig und verstärken eine Kraft, die bedeutend für die Zukunft unserer Kindeskinder ist. Und für uns selbst öffnen sich Räume, in denen wir gemeinsam weinen und herzhaft lachen können.

Die zweite Quelle der Inspiration ist die innere Einstimmung auf die Führung durch unsere Vorfahren. Auch sie kann uns Mut machen. Denken wir an die Geschichte von Indras Netz im Mahayana Buddhismus, jenes mit unendlich vielen Juwelen besetzte Geflecht des Gottes Indra, das eine Metapher für das Wesen der Realität ist – die wechselseitige Verbundenheit von allem, was existiert, jemals existierte und existieren wird. In der ins Unendliche gehenden Reflektion eines jeden Juwels, das jeweils eine individuelle Lebensform darstellt und am Kreuzungspunkt der zahllosen Fäden schwebend jedes andere Juwel spiegelt, erkennen wir die gegenseitigen Beziehungen von allem Seienden, nicht nur horizontal auf eine zeitlich geteilte Gegenwart bezogen, sondern, und das ist interessant für uns, vertikal durch alle Zeiten hindurch. Dieses Netz existiert über Zeit und Raum hinweg, bis hinein ins Ewige, und jedes Wesen, das jemals existiert hat und jemals existieren wird, ist mit allen anderen Wesen verbunden.

Die moderne Physik ist dabei, genau diese Eigenschaft des Universums zu erforschen. Doch während das zu verstehen erhebliche wissenschaftliche Vorbildung und Kopfarbeit erfordert und wir immer wieder an die Grenzen unseres intellektuellen Verstandes stoßen, veranschaulicht uns das Jahrtausende alte mythologische Bild von Indras Netz dieses Wunder auf eine Weise, in der wir es mit unserem ganzen Sein umarmen können. Es ist Teil unseres inneren Wissens. Demgemäß findet es Entsprechungen in den Mythologien auch vieler anderer Kulturen, wie die der Spinnen-Großmutter als Weberin des Netzes, als Mitschöpferin und Erhalterin der Welt in der Hopi Tradition oder die Erzählung der Spinnen-Frau in der Diné Tradition, die das Netz des Universums ins Sein singt.

So wie wir in Verbindung stehen mit den Juwelen der Zukunft, so sind wir auch verwebt mit jenen aus der Vergangenheit. Durch die wechselseitige Verknüpfung können wir über Zeiten hinweg Verbindung aufnehmen; wir können um Anregung und Führung bei unseren Vorfahren bitten. Diese Quellen der Inspiration werden wir nicht in Geschichtsbüchern finden und kaum in historischen Aufzeichnungen. Sie spiegeln sich vielmehr in unseren eigenen Zellen, so wie die Juwelen aus Indras Netz sich bis ins Unendliche gegenseitig und in ihrer vollen Ganzheit jeweils spiegeln. Nur indem wir nach innen lauschen, werden wir die uralten Pfade aufspüren und ihre Samen der Weisheit ertasten können. Wie wir im ersten Kapitel des Buches gesehen haben – und so schließen sich die Kreise – gibt es Archetypen, die uns leiten können. Und es gibt Träume, die uns aufmerksam machen und manchmal sogar führen können, wenn wir lauschen. Eine Großmutter schrieb mir, dass sie im ersten Jahr nach der Geburt ihres Enkelkinds diesen Traum von einer Frau hatte, die wie aus einer anderen Zeit gekleidet war:

*Im Traum wurde mir gesagt, dass diese Frau ein Wissen hatte, ein sehr altes matriarchales Wissen, das jetzt dringend unter den Frauen gebraucht wurde. Denn Frauen könnten etwas pflanzen, wie Samen, in die Erde. Es wäre nicht etwas, was sie tun, vielmehr könnten sie mit Schwingungen arbeiten. Sie könnten diese Samen am Anfang und am Ende pflanzen.*

*Diesen Traum hatte ich zu Beginn des Lebens meiner Enkeltochter und am Ende des Lebens meiner Mutter. Aber ich habe auch das Gefühl, dass er ebenso eine unpersönliche Bedeutung haben könnte. Dass er auch für andere Frauen gilt, um dieses ältere, innere Wissen zu erinnern.*

Wir können innerlich mit unseren Vorfahren kommunizieren, nicht nur ein paar Jahrhunderte in der Zeit zurück, sondern bis in die Anfänge, als sie noch in Harmonie mit der Erde und dem ganzen Universum lebten. Dafür brauchen wir keine „Zeitreisen" oder Science-Fiction-Szenarios, nur inneres Lauschen in dem Bewusstsein, dass wir alle an dem gleichen Licht teilhaben und durch dieses verbunden sind. Ein gutes Beispiel sind die Taoisten, die vor mehr als zweitausend Jahren sich an ihre Vorfahren erinnerten, die wiederum ein Vielfaches von Tausenden von Jahren vor ihnen gelebt hatten und in Harmonie mit dem Tao waren.

Zurück zur Gegenwart, kommen wir zur dritten Quelle der Ermutigung: Die Erkenntnis, dass dein eigenes Leben von Bedeutung ist. Die weise und erfahrene Psychoanalytikerin Helen M. Luke ermunterte uns in einem Essay in der Sammlung *The Way of Woman*, dass jede von uns, während wir durchs Leben reisen, die Gelegenheit habe, ihre einzigartige Gabe zu finden. Ob die Talente in den Augen der Welt groß oder klein seien, spiele gar keine Rolle; allein durch das Finden und das Geben dürften wir die Freude kennenlernen, die inmitten sowohl der dunklen als auch der hellen Zeiten liege.[4]

Zu erkennen, dass Großmutter zu sein wesentlich mehr Bedeutung hat, als man jemals erahnt hat, kann eine Frau mit Freude und Leichtigkeit erfüllen, während sie gleichzeitig ihre Aufgabe ernst nimmt. Dieser Freude zu folgen, wie es der Professor und Autor Joseph Campbell mit dem bekannten Ausdruck „Follow your bliss" seinen Schüler:innen im letzten Jahrhundert nahebrachte, bedeutet nichts anderes als zu sein, wer man ist und dabei bewusst zu haben, dass genau dieses Sein von Bedeutung ist. Gleichwohl muss man, wie Campbell es sagt, „lernen, seine eigene Tiefe zu erkennen". Jeder Mensch könne die innere Gewissheit erlangen, mit seiner eigenen Sein-Bewusstsein-Seligkeit (im Sanskrit *sat-tschit-ananda*) verbunden zu sein. Und diese Empfindung müsse uns eben nicht, wie es verschiedene Religionen anstreben oder versprechen, erst zuteilwerden, nachdem wir gestorben sind, nein, „man sollte diese Erfahrung so ausgiebig wie möglich machen, solange man noch am Leben ist."[5] Ähnlich ruft uns allen, unabhängig vom Alter, die mittelalterliche Dichterin, Komponistin und Gelehrte Hildegard von Bingen zu: „Seid entflammt vor Begeisterung!"

Für Großmütter kann dieses Feuer in leidenschaftlichen Aktivitäten lodern, doch es kann genauso gut auch still brennen, in der leisen Gewissheit seiner wärmenden Kraft. Das Feuer, ob in hellen Flammen züngelnd oder still und stetig brennend, wird genährt durch unsere Liebe, dadurch, dass wir unser Herz riskieren. Das ist der Grund, warum wir hier auf dieser Erde sind, und darum leben wir noch immer und in diesem Moment. Wir wagen zu leben, wer wir wirklich sind, und auf diese Weise bringen wir das einzigartige Geschenk, das wir anzubieten haben, in die Welt und in die Samen, die für die Zukunft gelegt werden. Für jede Großmutter gestaltet sich das im konkreten Leben anders, doch innerlich eint uns, dass es das ist, was Bedeutung für uns hat, was Sinn macht, und darin sind wir gleich. In der wundersamen Vielfalt der Erscheinungen, der Lebenswege, der Ausprägung von Weisheit teilen wir ein gemeinsames Licht. Und wer glaubt, sie müsse dann sehr viel über sich selbst nachdenken, um herauszufinden, wie sie die eigene, einzigartige Natur nun leben könne, derjenigen dürfen wir mit dem Mystiker Thomas Merton antworten; er soll einmal gesagt haben, dass in einem Zeitalter, wo so viel die Rede sei vom „Sei du selbst", er sich das Recht herausnehme zu vergessen, er selbst zu sein; denn in jedem Fall sei die Chance, irgendjemand anders zu sein, sehr gering.

Die Kunst ist, uns selbst nicht so wichtig zu nehmen und gleichzeitig im Bewusstsein zu haben, dass es nicht ohne Bedeutung ist, wie wir leben und was wir leben. Was immer wir tun, wir tun es mit Liebe – nicht mit einer Liebe, von der wir Bilder haben, wie sie aussehen sollte, sondern mit der Liebe, die aus dem eigenen Herzen kommt, auf die Art, wie es unseren Möglichkeiten entspricht. Lassen Sie mich die einfache, doch unbestreitbare Weisheit einer Fünfjährigen zitieren. In einem Anflug von überschäumender Liebe umarmt sie ihre Großmutter und ruft aus: „Oma, du bist einzigartig!" Dann denkt sie für einen Augenblick nach und fügt hinzu: „Ich bin auch einzigartig". Dann wieder Stille. Schließlich, mit der Klarheit und Freude einer neu gewonnenen Erkenntnis, offenbart sie: „Und alle anderen sind auch einzigartig."

Während wir den Faden der Liebe halten, für eine Zukunft weit über unsere Lebzeiten hinaus, während wir ihn durch Zeiten von Tragödien und Verlusten, von Zärtlichkeiten und freudigen Nachrichten nicht aufgeben und hüten, erinnern wir uns, dass die Liebe aus dem Augenblick gezeugt wird. Während wir alt werden und Menschen sterben, während wir zuschauen, wie Wildtiere und Pflanzen aussterben, während wir zugleich Regenbogen bestaunen und zarte Neugeborene begrüßen, die noch völlig eingehüllt in Licht sind, halten wir den Faden der Liebe im jeweiligen Augenblick. Wir müssen nicht in die Zukunft schauen, weder ängstlich noch weissagend, denn die Zukunft wird aus dem gegenwärtigen Augenblick geboren. Die Liebe kann nicht gestern oder morgen erfahren werden, sie wird nur im Augenblick erlebt und gelebt. „Tritt aus dem Kreis der Zeit und in den Kreis der Liebe", sagte der Sufi-Dichter und Mystiker Rumi. In diesem Augenblick lieben wir und leisten Geburtshilfe für die Zukunft, in genau diesem Augenblick werden Samen des Lichts gesät, die irgendwann aufgehen können. Entscheidend ist, was jetzt ist. In genau diesem Augenblick.

# Von Herzen danke

allen, die mich wissend und unwissend beim Werden dieses Buches und bei seiner Geburt unterstützt, inspiriert und begleitet haben,

vor allem Euch Großmüttern, die Ihr Eure Erlebnisse und Einsichten mit mir geteilt und mir erlaubt habt, sie hier zu veröffentlichen, and thank you to the Grandmothers abroad;

Britta und Till für die großartige und unermüdliche Hilfe beim Buchsatz, Till für die hohe Kunst des Covers;
Elke und Martina fürs Korrektorat;
Mira, für Dein feines Sinn- und Sprachgefühl bei den Überlegungen zum richtigen Titel und zu den Cover-Texten;
Bernd, fürs Testlesen und Deine Zuversicht und Bestätigung, dass der Text es wert sei, in die Welt zu gehen;

Dirk, für Deine liebende, geduldige und überzeugte Unterstützung – trotz meiner gelegentlichen Ausflüge ins „Blumige";

meinen Töchtern und Söhnen, die Ihr auf Eure je eigene Weise in den Stürmen dieser Zeit steht und meine Hoffnung nährt;

der Erde für all ihre Geschenke, für ihre Umarmung;
dem Mond für die sanfte Begleitung am Fenster in unzähligen Schreibtischstunden;

den spirituellen Lehrerinnen und Lehrern, den Vorangegangenen in der inneren Welt, die mich leiten;

den zukünftigen, so zärtlichen und noch unbekannten Wesen, die mich von Ferne sanft erinnern;

und meinen Enkelkindern für Eure Liebe, für Euer Leuchten und Eure Weisheit, und ganz besonders für Euer Lachen und all die überraschenden, lustigen Einfälle!

# Quellen und Anmerkungen

## Einleitung

1    Llewellyn Vaughan-Lee, 2022: *Der Rhythmus des Heiligen*, Oneness Center
     Publishing, S. 19/20.

2    Thomas Berry, *Die Welt des Staunens*, in: Vaughan-Lee, Llewellyn (Hrg.),
     2015: *Spirituelle Ökologie. Der Ruf der Erde*, Verlag Neue Erde, S. 22.

3    Angela Fischer, 2003, *Frauen meditieren anders*, Rowohlt Verlag, S. 112.

## 1. Älter werden und Altsein

1    Deutsche Version eines Segens der Diné (Navajo), zit. aus: Helen M. Luke,
     2001: *Sinn des Alters,* Daimon Verlag, Einsiedeln, S. 118.

2    Joan Chittister, 2010: *Das Geschenk der Jahre. Wie wir glücklich älter werden,*
     Kreuz Verlag / Herder, Freiburg i. Br., S. 39.

3    Vgl. ebd., S. 123.

4    Vgl. John O'Donohue, 2010: *Anam Cara, Das Buch der keltischen Weisheit,*
     dtv, 6. Auflage 2016, S. 204.

5    Ingrid Riedel, 2016: *Die weise Frau. Der Archetyp der alten Weisen in Märchen,
     Traum und Religionsgeschichte,* Patmos Verlag, S. 8.

6    Vgl. Bertolt Brecht, 1967: *Gesammelte Werke,* Suhrkamp Verlag, Frankfurt,
     Bd. 11, S. 315ff.

7    Clarissa Pinkola Estés, 2012: *Der Tanz der Großen Mutter. Von der Jugend des
     Alters und der Reife der Jugend,* Heyne Verlag München, 4. Auflage
     der Taschenbuchausgabe (Erstausgabe 2012), S. 14 – 16.

8    Vgl. Joseph Campbell, 2013: *Goddesses, Mysteries of the Feminine Divine,*
     Joseph Campbell Foundation, S. 6.

9    Buch der Sprichwörter im 8. Kapitel «Die Weisheit als Gabe Gottes», Verse
     27 - 31, Einheitsübersetzung.

10    Zit. von Ingrid Riedel, 2016, S. 158. Riedel berichtet in ihrem Buch ausführlich über diese Studie und zitiert hier die Arbeit von Staudinger / Smith / Baltes (1994).

11    Ingrid Riedel, 2016, S. 159/60.

12    Ebd., S. 162.

13    Helen M. Luke, 2001: *Sinn des Alters*, S. 110.

14    Ute Kunzmann, Weise Menschen wollen über das Gegebene hinausgehen, im Interview mit Susanne Schäfer, in: DIE ZEIT Wissen, vom 17.06.2014, https://www.zeit.de/zeit-wissen/2014/04/weisheit-empathie-gelassenheit.

15    Vgl. Ebd.

16    Ebd.

17    Vgl. Ingrid Riedel, 2016, S. 165. Sie bezieht sich hier auf die Arbeit der österreichischen Psychologin und Altersforscherin Judith Glück.

18    Ebd., S. 164.

19    Joan Chittister, 2010, S. 114.

20    Vgl. Ingrid Riedel, 2016, S. 170.

21    Ebd., S. 157.

22    Vgl. John Hausdoerffer, Brooke Parry Hecht, Melissa K. Nelson, and Katherine Kassouf Cummings (Hrg.), 2021: *What Kind of Ancestors Do You Want to Be?*, University of Chicago Press, Introduction S. 2.

23    Bettina Obrecht, und Julie Völk, 2022, Bilderbuch: *Wie anders ist alt?*, Tulipan Verlag München (ohne Seitenzahlen).

24    Vgl. Joan Chittister, 2010, S. 135 und 137.

25    Bettina Obrecht und Julie Völk, 2022, *Wie anders ist alt?*

## 2. Weibliches Wissen und weibliche Kraft

1    Gina Rae La Cerva: *My Mother's Hands*, Essay in: Emergence Magazine, Juli 2020, https://emergencemagazine.org/essay/my-mothers-hands/, Übersetzung d. Zitats von Angela Fischer.

2    Lao Tse, *Tao Te King, Das Buch vom Sinn und Leben,* Kapitel 25,
     wahrscheinlich 4.Jhd. v.u.Z., in der Übersetzung von Richard Wilhelm
     (1911).

3    Anne Baring, 2013: *The Dream of the Cosmos. A Quest for the Soul,* (Edition
     2020), Archive Publishing, S. 221, Übersetzung d. Zitats von Angela Fischer.

4    Vgl. Woodman, Marion, *Conscious Femininity,* Keynote Speech at the 3rd
     Annual Women & Power Conference, organized by Omega Institute,
     Sept. 2004: Transcript.

5    Sobonfu Somé, *Die weibliche Art zu leben,* in: Hilary Hart, 2005: Die
     Wiederentdeckung weiblicher Spiritualität, Arbor-Verlag, S. 232 / 233.

6    Clarissa Pinkola Estés, 2012: *Der Tanz der Großen Mutter,* S. 65.

7    Corine Pelluchon, 2023: *Die Durchquerung des Unmöglichen. Hoffnung in
     Zeiten der Klimakatastrophe,* C.H. Beck 2023, S. 25.

8    Vgl. Angela Fischer, 2010: *Frau sein – sensibel und stark. Mit der Kraft
     weiblicher Spiritualität das Leben neu gestalten,* Crotona Verlag, S. 20.
     Weitergehende Ausführungen dazu ebd., S. 20 – 23.

9    Llewellyn Vaughan-Lee, 2011: *Die Matrix des Lebens. Das heilige Weibliche
     und die Wandlung der Welt,* Übersetzung: Franziska Espinoza,
     Arbor Verlag, S. 79.

10   Anne Baring, 2013/2020: *The Dream of the Cosmos,* S. 380, Übersetzung d.
     Zitats von Angela Fischer.

11   Vgl. Dr. Guan-Cheng Sun, in: Hilary Hart (2012): *Body of Wisdom. Women's
     Spiritual Power and How it Serves,* O-Books, S. 35.

12   Vgl. Angela Fischer, 2003: *Frauen meditieren anders,* Rowohlt Taschenbuch
     Verlag, S. 32, ausführlich: S. 30 – 33.

13   Sobonfu Somé: *Die weibliche Art zu leben,* in Hilary Hart, 2005, S. 229.

14   Ebd., S. 234

15   Ebd., S. 222

16   Vgl. Clarissa Pinkola Estés, *Der Tanz der Großen Mutter,* S. 41 / 42.

17   Vgl. Marija Gimbutas, 1998: *Die Sprache der Göttin: Das verschüttete
     Symbolsystem der westlichen Zivilisation,* deutsch von Udo Rennert und
     Andrea von Struve, Zweitausendeins, 4. Auflage 1998, S. 102.

18 Vgl. Betty J. Kovács, 2019: *Merchants of Light. The Consciousness That is Changing The World,* The Kamlak Center, S. 19.

19 Vgl. Marija Gimbutas, 1998, Einleitung S. XV – XXI.

20 Vgl. Betty Kovács, 2019, S. 19.

21 Der Sufi-Mystiker und Lehrer Llewellyn Vaughan-Lee spricht von der „Geschichte des Anfangs" und der Notwendigkeit, sie für die Zukunft zu erinnern und wiederzubeleben in einer Podcast-Reihe, deren Transkripte auch auf deutsch übersetzt sind: *„Stories for a Living Future"* ©The Golden Sufi Center 2022, https://workingwithoneness.org/ . Einige Podcasts in Buchform: Llewellyn Vaughan-Lee, *Ein verborgener Pfad. Geschichten für eine lebendige Zukunft,* übersetzt von Sabine Reinhardt-Jost, Oneness Center 2023.

22 Anne Baring, 2013/2020: *The Dream of the Cosmos,* S. 219, Übersetzung d. Zitats von Angela Fischer.

23 Vgl. Betty J. Kovács, 2019, S. 13.

24 Thomas-Evangelium, Apokryphe Schriften aus Nag Hammadi, Vers 70, auch erwähnt in Kovács, 2019, S. 87.

25 Angela Fischer, 2010: *Frau sein - sensibel und stark,* S. 89.

26 Vgl. Anne Baring und Jules Cashford, 1991: *The Myth of the Goddess: Evolution of an Image,* S. 38-40.

27 Beispielsweise die indigene Wissenschaftlerin Robin Wall Kimmerer, nachzulesen in ihren Büchern *„Das Sammeln von Moos"* und *„Geflochtenes Süßgras",* oder die Lakota Aktivistin und Großmutter Pat McCabe, die mit dem Bewusstsein des Wassers spricht.

28 Sobonfu Somé, *Die weibliche Art zu leben,* in Hilary Hart, 2005, S. 224/225.

29 Vgl. Allen, Paula Gunn (1991), *Grandmothers of the Light. A Medicine Woman's Source Book,* Boston, Massachusetts, S. 9-15.

30 Robin Wall Kimmerer, 2022: *Geflochtenes Süßgras. Die Weisheit der Pflanzen,* Aufbau Verlag, S. 117.

31 Lisa G Byers: *Native American Grandmothers: Cultural Tradition and Contemporary Necessity,* Article in Journal of Ethnic & Cultural Diversity in Social Work, October 2010, University of Oklahoma, https://www.researchgate.net/publication/233123902_Native_American_Grandmothers_

Cultural_Tradition_and_Contemporary_Necessity, Übersetzung d. Zitats von Angela Fischer.

## 3. Generationen. Aufgaben und Geschenke

1 Vgl. Joanna Macy, 2007: *World as Lover, World as Self,* Parallax Press, Berkely, California, S. 201 f.

2 Vgl. ebd., S. 192.

3 Suzanne Simard, *Finding the Mother Tree,* Interview (Transcript) in: Emergence Magazine, 26. Oktober 2022, https://emergencemagazine.org/ interview/finding-the-mother-tree. Übersetzung d. Zitats von Angela Fischer. Das Buch mit dem gleichnamigen Titel ist ins Deutsche übersetzt als: *Die Weisheit der Wälder.*

4 Vgl. Joan Chittister, 2010, S. 205.

5 Francois Jullien schrieb den Essay *„Es gibt keine kulturelle Identität"* (aus dem Französischen von Erwin Landrichter, Suhrkamp Verlag 2017), siehe auch: Jullien, Francois https://www.deutschlandfunkkultur.de/francois-jullien-es-gibt-keine-kulturelle-identitaet-kluger-100.html

6 Vgl. Joseph Campbell, 2007: *Die Kraft der Mythen,* Patmos Verlag, S. 33.

7 Vgl. Betty J. Kovács, 2019, S. 104.

8 Andreas Weber, 2018/2019: *Indigenialität,* Nicolai Publishing, Berlin 2018, 3. Auflage 2019, S. 11.

9 Llewellyn Vaughan-Lee, 2022: *Eine Geschichte der Anfänge: Erinnerungen an Magie und Wunder* (deutsche Übersetzung), original: *A Story of Beginnings. A Personal Story of Memories of Magic and Wonder,* Transkript der Podcast-Reihe *„Stories for a Living Future",* The Golden Sufi Center 2022, https://workingwithoneness.org/transcripts/eine-geschichte-der-anfaenge/.

10 Vgl. National Geographic, Gulnaz Khan, Giulio Di Sturco, *Die lebenden Wurzelbrücken Indiens,* https://www.nationalgeographic.de/reise-und-abenteuer/2018/03/die-lebenden-wurzelbruecken-indiens.

11 Vgl. Architekturblatt, *Brücken aus lebenden Wurzeln: Ein Beispiel für klimafreundliche Städte,* 20.11. 2019, https://www.architekturblatt.de/

bruecken-aus-lebenden-wurzeln-ein-beispiel-fuer-klimafreundliche-staedte/ „Die Brücken sind ein einmaliges Beispiel für vorausschauendes Bauen. Davon können wir viel lernen: Wir stehen heute vor Umweltproblemen, die nicht nur uns betreffen, sondern vor allem nachfolgende Generationen. Dieses Thema sollten wir angehen wie die Khasi", sagt Ferdinand Ludwig, Professor für Green Technologies in Landscape Architecture an der TUM.

12    Suzanne Simard, im Interview *„Finding the Mother Tree"*, Emergence Magazine 2022, Übersetzung des Zitats von Angela Fischer.

13    Vandana Shiva, Interview with J. Hausdoerffer, in: John Hausdoerffer et al. (Hrsg.): *What Kind of Ancestors Do You Want to Be?*, S. 189. Übersetzung des Zitats von Angela Fischer.

14    Thomas Berry, *The Dream of the Earth,* zit. in: Llewellyn Vaughan-Lee (Hrsg.), Spirituelle Ökologie, 2015, S. 67.

15    O'Hanlon, Eleanor, 2012: *Eyes of the Wild. Journeys of Transformation with the Animal Powers,* Earth Books, S. 4, Übersetzung d. Zitats von Angela Fischer.

16    Vgl. Arkan Lushwala, 2017: *Deer & Thunder,* New Mexico, S. 19.

17    Ebd., S. 55/56, Übersetzung d. Zitats von Angela Fischer.

18    Ebd., S. 57, Übersetzung d. Zitats von Angela Fischer.

19    Ebd., S. 56, Übersetzung d. Zitats von Angela Fischer.

20    Vgl. Thomas Berry, 1999: *The Great Work, Dedication.* Deutsch: *Das Wilde und das Heilige, Widmung,* 2011 Arun Verlag.

21    Vgl. Thich Nhat Hanh, 2014: *Liebesbrief an die Erde,* Nymphenburger Verlag.

22    Wendell Berry, zit. in: Llewellyn Vaughan-Lee (Hrsg.), 2015: *Spirituelle Ökologie,* S. 10.

23    Robin Wall Kimmerer, *Building Good Soil,* in: John Hausdoerffer et. al., *"What Kind of Ancestors Do You Want to Be?",* S. 184, Übersetzung d. Zitats von Angela Fischer.

24    Jane Goodall: *'Change is Happening. There are many ways to start moving in the right way',* Interview with Jonathan Watts in The Guardian, 3.1.2021, https://www.theguardian.com/environment/2021/jan/03/jane-goodall-change-is-happening-there-are-many-ways-to-start-moving-in-the-right-way.

25 Cornelia Funke, im ZEIT-Interview vom 20.10.21 mit Katrin Hörnlein, *„Ich hab noch ein paar Abenteuer in mir"*, DIE ZEIT Nr. 43/2021 vom 20. Oktober 2021.

26 Robert Wolff, 2011: *Das Lächeln der Senoi,* Oneness Center Publishing, S. 232.

27 Vgl. David G. Haskell, *Listening and the Crisis of Inattention,* An Interview with David G. Haskell by Emmanuel Vaughan-Lee, April 21, 2022, https://emergencemagazine.org/interview/listening-and-the-crisis-of-inattention).

# 4. Großmutter sein. Eine Reise

1 Vgl. American Sociological Association, 2013, Study: *Does Solidarity in the Grandparent/Grandchild Relationship Protect Against Depressive Symptoms?,* Institute on Aging at Boston College, Autor:innen der Studie: Sara M. Moorman/Jeffrey E. Stokes, https://www.bc.edu/bc-web/bcnews/news-archive-2011-to-2015/chronicle/2013/news/study-boosts-grandparent-grandchild-ties.html.

2 Ebd.

3 vgl. Carolin Seilbeck/Dr. Alexandra Langmeyer-Tornier, 2018: *Ergebnisse der Studie „Generationenübergreifende Zeitverwendung: Großeltern, Eltern, Enkel",* Deutsches Jugendinstitut e.V., München.

4 Carolin Seilbeck/Dr. Alexandra Langmeyer-Tornier, 2018: *Ergebnisse der Studie "Generationenübergreifende Zeitverwendung: Großeltern, Eltern, Enkel",* Deutsches Jugendinstitut e.V., München, S. 6

5 Clarissa Pinkola Estés, 2012: *Der Tanz der Großen Mutter,* S. 55/56.

6 Dixon Chibanda: *Why I train grandmothers to treat depression,* TED Talk 2018, https://www.youtube.com/watch?v=Cprp_EjVtwA.

7 Vgl. Website https://www.friendshipbenchzimbabwe.org

8 Vgl. ebd.

9 Andrea Jeska: *Simbabwe: Psychotherapie auf der Bank,* Frankfurter Rundschau vom 24.07.2019, https://www.fr.de/panorama/psychotherapie-bank-12851023.html.

10      Vgl. Helen M. Luke, 1992 (edition 1993): *Kaleidoscope. The Way of Woman and Other Essays,* Chapter 17, *The Voice Within,* S. 170.

11      Günter Heisterkamp, 2015: *Vom Glück der Großeltern-Enkel-Beziehung. Wie die Generationen sich wechselseitig fördern,* Psychosozial-Verlag, S. 185.

12      Ebd., S. 215-217.

13      Viele der Lehren Thich Nhat Hanhs sind zu finden auf der Webseite plumvillage.org, ebenso in YouTube Videos seiner Dharma-Talks.

14      Vgl. Marion Woodman: *Conscious Femininity,* Keynote Speech at the 3rd Annual Women & Power Conference, organized by Omega Institute, Sept. 2004, https://www.eomega.org/.

15      Tatsächlich entzieht sich die Quantenphysik, so sagen es die Naturwissenschaftler selbst, unserem gewohnten physikalischen Verständnis wie überhaupt dem logischen menschlichen Verstand. Und dennoch ist sie inzwischen unwiderlegbar, allgemein anerkannt, und ihre Erkenntnisse ermöglichen durch die Quantenmechanik all jene digitale Technik, die unser modernes Leben bestimmt.

16      Vgl. Helen M. Luke, 1995: *The Way of Woman. Awakening the Perennial Feminine.*

17      Vandana Shiva: *Annadana: Das Geschenk der Nahrung,* in: Vaughan-Lee (Hrsg.), 2015, *Spirituelle Ökologie,* S. 113.

18      Hafiz, zitiert in: Ursula Hofer (Hrsg.), 2014: *Jahreszeiten der Liebe,* Oneness Center Publishing, S. 145.

19      Clueso, Interview mit dem Rapper Clueso, im ZEIT-Magazin Nr. 38 / 2021, Titel: *Oma haut immer so Dinger raus.*

20      Ilarion Merculieff, Interview by Brooke Parry Hecht, in: John Hausdoerffer et al., 2021: *What Kind of Ancestors do You Want to Be?,* S. 251, Übersetzung d. Zitats von Angela Fischer.

21      Attar, zit. in Llewellyn Vaughan-Lee, 2011: *Die Matrix des Lebens,* Arbor Verlag, S. 87.

22      Der Ausspruch „Wasser holen und Holz hacken" ist ein im Zen-Buddhismus gebräuchliches Synonym für das Erleuchtet-Sein im Alltäglichen. Möglicherweise liegt der Ursprung des Koans „Vor der Erleuchtung Holz hacken und Wasser schöpfen, nach der Erleuchtung

Holz hacken und Wasser schöpfen" im Gedicht des chinesischen Zen-Meisters P'ang-Yün (740? – 808), in: *Blauer Berg und weiße Wolke. Buddhistische Weisheiten*, Insel-Bücherei, Berlin 2015, ausgewählt von Ursula Gräfe, S. 40: *In meinem alltäglichen Leben ist nichts, / als was mir jeweils von selbst zufällt. / Nichts ergreifend oder zurückweisend / Gibt es kein Hindernis, keine Trennung. / (…) Meine wunderbare magische Kraft / Liegt im Wasser holen und Holzhacken.*

23    Vgl. Helen M. Luke, 1992: *Kaleidoscope. The Way of Woman and Other Essays*, S. 207 (*The Way of Story*, Chapter 23, *An African Tale*).

24    Joseph Campbell, 2007: *Die Kraft der Mythen*, S. 15 - 16.

25    http://autor-andreas-weber.de/warum.

26    Andreas Weber, 2014: *Lebendigkeit. Eine erotische Ökologie*, Kösel-Verlag, 6. Auflage 2023, S. 178.

27    Ebd., S. 179 - 181.

28    Vgl. Helen M. Luke, 1992: *Kaleidoscope*, Chapter 10, *The Sense of Humor*, S. 129.

29    Günter Heisterkamp, 2015: *Vom Glück der Großeltern-Enkel-Beziehung*, S. 171.

30    Vgl. François Höpflinger / Cornelia Hummel / Valérie Hugentobler, 2006: *Enkelkinder und ihre Grosseltern, Intergenerationelle Beziehungen im Wandel*, Seismo Verlag Zürich, S. 76 / 77.

31    Vgl. ebd., S. 121 – 124.

32    Vgl. ebd., S. 127.

33    Vgl. ebd., S. 125.

34    Ebd., S. 71.

35    Vgl. Layne Redmond, 1997 / 2018: *When the Drummers Were Women. A Spiritual History of Rhythm*, Echo Point Books & Media, S. 170 / 171.

36    Vgl. Anne Baring, 2013 / 2020, S. 67.

37    Vgl. Carolin Seilbeck / Dr. Alexandra Langmeyer-Tornier, 2018: *Ergebnisse der Studie "Generationenübergreifende Zeitverwendung: Großeltern, Eltern, Enkel"*, Deutsches Jugendinstitut e.V., München, Download https://www.dji.de/veroeffentlichungen/, S. 64.

38    Ebd., S. 64.

39    Günter Heisterkamp, 2015, S. 171.

40   Ebd., S. 185, 186, 189.

41   Ebd., S. 262.

42   Bettina Obrecht / Julie Völk, 2022: *Wie anders ist alt?*, Bilderbuch
     (ohne Seitenangabe).

43   Vgl. Lisa G Byers, University of Oklahoma, *Native American Grandmothers:
     Cultural Tradition and Contemporary Necessity*,
     Article in Journal of Ethnic & Cultural Diversity in Social Work,
     October 2010, https://www.researchgate.net/publication/233123902_Native_
     American_Grandmothers_Cultural_Tradition_and_Contemporary_Necessity.

44   Robin Wall Kimmerer, 2022: *Das Sammeln von Moos*, S. 25 / 26.

45   Vgl. *Death and the Rebirth of Patti Smith*, Interview with Patti Smith
     by Stephen Foehr, July 1, 1996, Lion's Roar Magazine,
     http://www.lionsroar.com/death-and-the-rebirth-of-patti-smith/.

46   Vgl. Joanna Macy / Chris Johnstone, 2012: *Active Hope. How to Face the
     Mess We're in without Going Crazy*, New World Library, S. 57 - 81.

47   Zitiert nach Joanna Macy, 2007: *World as Lover World as Self*, S. 94 f.

48   Corine Pelluchon, 2023, S. 15.

49   Ebd., S. 9.

50   Ebd., S. 17 / 18 / 19.

51   Corine Pelluchon, *"Auch in der tiefsten Nacht gibt es ein Licht"*, Interview mit
     Timm Lewerenz, Christ & Welt No. 41, September 2023.

## 5. Licht säen

1    Katherine Paras: *Catch a Falling Star*, in: Parabola Magazine, Issue 'Young &
     Old', Volume 46, Number 2, Summer 2021, S. 55, Übersetzung d. Zitats
     von Angela Fischer.

2    Vgl. Llewellyn Vaughan-Lee, 2011: *Die Matrix des Lebens*, S. 161 / 162.

3    Ebd., S. 119 / 120.

4    Mundaka-Upanischad, in: *Die Upanischaden*, 2008, übersetzt von Eknath
     Easwaran, Goldmann 2008, S. 159.

5    Terry Tempest Williams, *A Burning Testament*, https://mountainjournal.org/
     terry-tempest-williams-says-it-time-to-rally-for-nature-and-country, 2020.

6    Clarissa Pinkola Estés, 2012: *Der Tanz der Großen Mutter,* S. 53.

7    Joseph Campbell, *Die Kraft der Mythen,* S. 34 / 35.

8    Vgl. Susan Moon, *We Will Be Ancestors, Too, Essay* in: Parabola Magazine, Volume 47, Number 2, Summer 2022: *Ancestors.* (Hier wird diese Geschichte wiedergegeben).

9    Llewellyn Vaughan-Lee, 2002: *Mit der Einheit arbeiten,* The Golden Sufi Center, S. 131.

10   Isadora Duncan: *The Dance of the Future,* Vortrag 1903, https://archive.org/ details/duncan-dance-of-future (public domain).

11   Ingrid Riedel, 2016, S. 168 / 169.

12   Joan Chittister, 2010, S. 77.

13   Indigenous Council Statement, Oktober 2013. Übersetzung aus dem Englischen von Angela Fischer, wobei die Unterzeichner betonen, dass Englisch für sie eine Fremdsprache sei und nicht wirklich vermitteln kann, was sie sagen wollen. www.indigenousaction.org.

14   Thomas Berry, 2011: *Das Wilde und das Heilige. The Great Work, Unser Weg in die Zukunft,* Arun Verlag, S. 21.

15   Vgl. Angela Fischer, 2012: *Die Empfänglichkeit der Seele,* Vortrag bei der Tagung des Würzburger Forums der Kontemplation im Januar 2012, veröffentlicht in: Kontemplation und Mystik, Jahrgang 13, 02/2012.

16   Vgl. Rachel Naomi Remen: *Helping, Fixing, or Serving?* https://www.lionsroar. com/helping-fixing-or-serving/, 25. Okt. 2021.

17   Anat Vaughan-Lee, 2008: *Making the Way for the Feminine,* The Golden Sufi Center, https://workingwithoneness.org/the-feminine/feminine- articles/making-the-way-for-the-feminine/, Übersetzung von Angela Fischer.

18   Irina Tweedie, 2021: *Der Weg durchs Feuer,* Oneness Center Publishing, S. 107. Zitiert wird ihr Lehrer Bhai Sahib.

19   Chandogya-Upanischad, in: *Die Upanischaden,* Goldmann 2008, S. 258.

20   Der Koran (Qur'an) 21:41.

21   Rachel Naomi Remen, 2002: *Aus Liebe zum Leben. Geschichten, die der Seele gut tun,* Arbor Verlag, S. 30/31.

22   Ebd., S. 30 und S. 14.

23   Ebd., S. 13.

24  Vgl. Corine Pelluchon, 2023: *Die Durchquerung des Unmöglichen,* beispielsweise S. 81.

25  Vgl. Marija Gimbutas, 1995: *Die Sprache der Göttin,* S. 321.

26  Vgl. Betty Kovács, 2019: *Merchants of Light,* S. 20.

27  John Muir: *A Thousand-Mile Walk to the Gulf,* chapter IV, *Camping Among the Tombs,* https://en.wikisource.org/wiki/A_Thousand-Mile_Walk_To_The_Gulf/Chapter_4, Übersetzung von Angela Fischer.

28  Günter Heisterkamp, 2015, S. 38.

29  Ebd., S. 260.

30  Ebd., S. 267.

31  Brihadaranyaka- Upanischad, zit. aus: *Die Upanischaden,* 2008, übersetzt von Eknath Easwaran, Goldmann, S. 68.

32  Vgl. Joseph Campbell, 1991: *The Masks of God,* Vol.I: Primitive Mythology, Penguin Books.

33  Suzanne Simard, 2022: *Finding the Mother Tree,* in: Emergence Magazine: An Interview with Suzanne Simard, https://emergencemagazine.org/interview/finding-the-mother-tree/.

34  Wendell Berry, Beiträge, in: Llewellyn Vaughan-Lee (Hrsg.): *Spirituelle Ökologie,* 2015, S. 88.

35  John Hausdoerffer et al., (Hrsg.), 2021: *What Kind of Ancestors Do You Want to Be,* Introduction, S. 2, Übersetzung von Angela Fischer.

36  Laotse, *Tao Te King* 37 und 48, in der (durch die Verfasserin) leicht geänderten Übersetzung von Richard Wilhelm (1911).

# 6. Ermutigung

1  Llewellyn Vaughan-Lee, 2023: *Ein verborgener Pfad, Geschichten für eine lebendige Zukunft,* Oneness Center Publishing, S. 68.

2  Joan Chittister, 2010, S. 232.

3  Vgl. Angela Fischer, 2010, S. 149.

4  Vgl. Helen M. Luke, 1992 / 1993: *Kaleidoscope,* S. 212.

5  Joseph Campbell, 2007: *Die Kraft der Mythen,* S. 146.

# Bibliographie

Der Stand der Webseiten (letzter Zugriff) ist der 30.6.2024.

**Allen**, Paula Gunn: *Grandmothers of the Light. A Medicine Woman's Source Book.* Beacon Press, Boston, Massachusetts 1991.

**Architekturblatt**, *Brücken aus lebenden Wurzeln: Ein Beispiel für klimafreundliche Städte.* Pressemitteilung: Technische Universität München, 20. November 2019. https://www.architekturblatt.de/bruecken-aus-lebenden-wurzeln-ein-beispiel-fuer-klimafreundliche-staedte/.

**Baring**, Anne: *The Dream of the Cosmos. A Quest for the Soul.* Archive Publishing, Shaftesbury 2013. Edition 2020.

**Berry**, Thomas: *Das Wilde und das Heilige. The Great Work, Unser Weg in die Zukunft.* Arun-Verlag, Uhlstädt-Kirchhasel 2011. (Originalausgabe: The Great Work, Our Way into the Future, 1999).

**Berry**, Wendell: *Beiträge.* In Llewellyn Vaughan-Lee (Hrsg.): *Spirituelle Ökologie. Der Ruf der Erde.* Übersetzung: Vicky Gabriel. Verlag Neue Erde 2015.

**Brecht**, Bertolt: *Gesammelte Werke,* Bd. 11. Suhrkamp Verlag, Frankfurt 1967.

**Byers**, Lisa G.: *Native American Grandmothers: Cultural Tradition and Contemporary Necessity.* Article in Journal of Ethnic & Cultural Diversity in Social Work. University of Oklahoma, October 2010. https://www.researchgate.net/publication/233123902_Native_American_Grandmothers_Cultural_Tradition_and_Contemporary_Necessity.

**Campbell**, Joseph: *Die Kraft der Mythen.* In Zusammenarbeit mit Bill Moyers. Übersetzung: Hans-Ulrich Möhring. Patmos Verlag 2007. (Originalausgabe: The Power of Myth, 1988).

**Campbell**, Joseph: *Goddesses, Mysteries of the Feminine Divine.* Joseph Campbell Foundation. New World Library, Novato 2013.

**Chittister**, Joan: *Das Geschenk der Jahre. Wie wir glücklich älter werden.* Übersetzt von Bernardin Schellenberger. Kreuz Verlag / Herder. Freiburg i. Br. 2010. (Originalausgabe: The Gift of Years. Growing Older Gracefully, New York 2008).

**Clueso:** „Oma haut immer so Dinger raus". Interview von Christoph Dallach mit dem

# Bibliographie

Rapper Clueso, im ZEIT-Magazin Nr. 38/2021.

**Die Upanischaden**. Eingeleitet und übersetzt von Eknath Easwaran. Übersetzung aus dem Englischen von Peter Kobbe. Goldmann 2008.

12. Auflage. (Originalausgabe: The Upanishads, 1987).

**Duncan**, Isadora: *The Dance of the Future*, Vortrag Berlin 1903. Public Domain. https:// archive.org/details/duncan-dance-of-future.

**Estés**, Clarissa Pinkola: *Der Tanz der Großen Mutter. Von der Jugend des Alters und der Reife der Jugend*. Übersetzung von Jochen Winter. Heyne Verlag München 2012. 4. Auflage der Taschenbuchausgabe. (Originalfassung: The Dancing Grandmothers, To be Young While Old, Old While Young, o.J.).

**Fischer**, Angela: *Frauen meditieren anders*. Rowohlt Taschenbuch Verlag, Reinbek 2003.

**Fischer**, Angela: *Frau sein – sensibel und stark. Mit der Kraft weiblicher Spiritualität das Leben neu gestalten*. Crotona Verlag, Amerang 2010.

**Fischer**, Angela: *Die Empfänglichkeit der Seele*. Vortrag bei der Tagung des Würzburger Forums der Kontemplation im Januar 2012. Veröffentlicht in Kontemplation und Mystik, Jahrgang 13, 02/2012.

**Foehr**, Stephen: *Death and the Rebirth of Patti Smith*. Lion's Roar Magazine. July 1, 1996. http://www.lionsroar.com/death-and-the-rebirth-of-patti-smith/.

**Friendship Bench**, Website https://www.friendshipbenchzimbabwe.org.

**Funke**, Cornelia: Im ZEIT-Interview mit Katrin Hörnlein, *„Ich hab noch ein paar Abenteuer in mir"*. DIE ZEIT Nr. 43/2021 vom 20. Oktober 2021. https://www.zeit. de/2021/43/cornelia-funke-jugendliteratur-drachenreiter-der-fluch-der-aurelia-ita-lien/komplettansicht.

**Gimbutas**, Marija: *Die Sprache der Göttin. Das verschüttete Symbolsystem der westlichen Zivilisation*. Übersetzung: Udo Rennert und Andrea von Struve. Zweitausendeins 1995, 4. Auflage 1998.

**Goodall**, Jane, Interview by Jonathan Watts in The Guardian: *"Change is happening. There are many ways to start moving in the right way"*. Januar 2021. https://www. theguardian.com/environment/2021/jan/03/jane-goodall-change-is-happening-there-are-many-ways-to-start-moving-in-the-right-way.

**Hart,** Hilary: *Body of Wisdom. Women's Spiritual Power and How it Serves*. O-Books (John Hunt Publishing, UK) 2012.

**Hart,** Hilary: *Die Wiederentdeckung weiblicher Spiritualität*, Arbor-Verlag 2005. Darin:

Sobonfu Somé: *Die weibliche Art zu leben*. (Amerikanische Originalausgabe: The Unknown She: Eight Faces of an Emerging Consciousness. The Golden Sufi Center, Inverness, CA 2005).

**Haskell**, David G.: *Listening and the Crisis of Inattention*. An Interview with David G. Haskell by Emmanuel Vaughan-Lee. April 21, 2022. https://emergencemagazine.org/interview/listening-and-the-crisis-of-inattention.

**Hausdoerffer**, John / Brooke Parry Hecht / Melissa K. Nelson, and Katherine Kassouf Cummings (Hrsg.): *What Kind of Ancestor Do You Want to Be?*. The University of Chicago Press 2021.

**Heisterkamp**, Günter: *Vom Glück der Großeltern-Enkel-Beziehung. Wie die Generationen sich wechselseitig fördern*. Psychosozial-Verlag, Gießen 2015.

**Höpflinger**, François / Cornelia Hummel / Valérie Hugentobler: *Enkelkinder und ihre Grosseltern, Intergenerationelle Beziehungen im Wandel*. Seismo Verlag, Zürich 2006.

**Hofer,** Ursula (Hrsg.): *Jahreszeiten der Liebe*. Oneness Center Publishing, Bern 2014. Darin: Hafiz.

**Jeska**, Andrea: *Simbabwe: Psychotherapie auf der Bank*. Artikel in der Frankfurter Rundschau vom 04.07.2019. https://www.fr.de/panorama/psychotherapie-bank-12851023.html.

**Khan**, Gulnaz / Giulio di Sturco: *Die lebenden Wurzelbrücken Indiens*. In National Geographic, 23.03.2018. https://www.nationalgeographic.de/reise-und-abenteuer/2018/03/die-lebenden-wurzelbruecken-indiens.

**Kimmerer**, Robin Wall: *Das Sammeln von Moos. Eine Geschichte von Natur und Kultur*. Übersetzung: Dieter Fuchs. Naturkunden (Hrsg. Judith Schalansky). Matthes & Seitz, Berlin 2022. (Originalausgabe: Gathering Moss: A Natural and Cultural History of Mosses, 2003).

**Kimmerer**, Robin Wall: *Geflochtenes Süßgras. Die Weisheit der Pflanzen*. Übersetzung: Elsbeth Ranke. Aufbau Verlag 2022. (Originalausgabe: Braiding Sweetgrass, Milkweed Editions, Minneapolis 2013).

**Kovács**, Betty J.: *Merchants of Light. The Consciousness that is Changing the World*. The Kamlak Center 2019.

**La Cerva**, Gina Rae: *My Mother's Hands*. Essay in Emergence Magazine, Juli 2020. https://emergencemagazine.org/essay/my-mothers-hands/.

**Laotse:** *Tao Te King*. In der Übersetzung von Richard Wilhelm: *Tao Te King, Das Buch* *vom Sinn und Leben.* 1911. Literatursammlung Projekt Gutenberg.

**Luke**, Helen M.: *Kaleidoscope. The Way of Woman and Other Essays.* Parabola Books New York 1992. Paperback Edition 1993.

**Luke**, Helen M.: *Sinn des Alters.* Übersetzung: Elena Hinshaw-Fischli. Daimon Verlag, Einsiedeln 2001. (Originalausgabe: Old Age, Journey into Simplicity. Parabola Books, New York 1987).

**Lushwala**, Arkan: *Deer & Thunder. Indigenous Ways of Restoring the World.* Ribera, New Mexico 2017.

**Macy**, Joanna and Johnstone Chris: *Active Hope. How to Face the Mess We're in without Going Crazy.* Novato, California 2012.

**Macy**, Joanna: *World as Lover, World as Self. Courage for Global Justice and Ecological Renewal.* Parallax Press, Berkely, California, 2007.

**Moon**, Susan: *We Will Be Ancestors, Too.* Essay in Parabola Magazine, Volume 47, Number 2, Summer 2022: Ancestors.

**Moorman**, Sara M. / Jeffrey E. Stokes: *"Does Solidarity in the Grandparent/Grandchild Relationship Protect Against Depressive Symptoms?"* Study at the Institute on Aging at Boston College, American Sociological Association, 2013. https://www.bc.edu/bc-web/bcnews/news-archive-2011-to-2015/chronicle/2013/news/study-boosts-grand-parent-grandchild-ties.html.

**Muir**, John: *A Thousand-Mile Walk to the Gulf,* chapter IV, *Camping Among the Tombs,* 1916. https://en.wikisource.org/wiki/A_Thousand-Mile_Walk_To_The_Gulf/Chapter_4.

**Newmark**, Catherine, Francois **Jullien**: *"Es gibt keine kulturelle Identität". Kluger Essay kritisiert den Kulturkampf.* In Deutschlandfunk Kultur, 9.11.2017. https://www.deutschlandfunkkultur.de/francois-jullien-es-gibt-keine-kulturelle-identitaet-klu-ger-100.html.

**Obrecht**, Bettina und Völk, Julie, Bilderbuch: Wie anders ist alt? Tulipan Verlag, München 2022.

**O'Donohue**, John: *Anam Cara: Das Buch der keltischen Weisheit.* dtv 2010, 6. Auflage 2016.

**O'Hanlon**, Eleanor: *Eyes of the Wild. Journeys of Transformation with the Animal Powers.* Earth Books (John Hunt Publishing UK) 2012.

**Paras**, Katherine: *Catch a Falling Star.* In: Parabola Magazine, Issue: 'Young & Old',

Volume 46, Number 2, Summer 2021.

**Pelluchon**, Corine: *„Auch in der tiefsten Nacht gibt es ein* Licht", Interview von Timm Lewerenz. Christ & Welt No. 41, September 2023.

**Pelluchon**, Corine: *Die Durchquerung des Unmöglichen. Hoffnung in Zeiten der Klimakatastrophe.* Übersetzung: Grit Fröhlich. C.H. Beck, München 2023.

**Redmond**, Layne: *When the Drummers Were Women, A Spiritual History of Rhythm.* EchoPointBooks , Brattleboro, Vermont 1997 / 2018.

**Remen**, Rachel Naomi: *Aus Liebe zum Leben. Geschichten, die der Seele gut tun.* Übersetzung: Stephan Schuhmacher. Arbor Verlag, Freiburg im Breisgau 2002. (Originalausgabe: My Grandfather's Blessing, 2000).

**Remen**, Rachel Naomi: *Helping, Fixing, or Serving?* Lion's Roar Magazine, online vom 25. Okt. 2021. https://www.lionsroar.com/helping-fixing-or-serving/.

**Riedel**, Ingrid: *Die weise Frau. Der Archetyp der alten Weisen in Märchen, Traum und Religionsgeschichte.* Patmos Verlag 2016.

**Seilbeck**, Carolin / Alexandra Langmeyer-Tornier: *Ergebnisse der Studie „Generationenübergreifende Zeitverwendung: Großeltern, Eltern, Enkel".* Deutsches Jugendinstitut e.V., München 2018. https://www.dji.de/veroeffentlichungen/_Download.

**Simard**, Suzanne: *Finding the Mother Tree.* An Interview with Suzanne Simard (Transcript) in: Emergence Magazine, online vom 20.10.2022. https://emergencemagazine.org/interview/finding-the-mother-tree.

**Thich Nhat Hanh:** *Liebesbrief an die Erde*, Nymphenburger Verlag 2014.

**Tweedie**, Irina: *Der Weg durchs Feuer.* Übersetzung: Sabine Reinhardt. Oneness Center Publishing, Bern 2021. (Originalausgabe: Daughter of Fire, The Golden Sufi Center 1999).

**Vaughan-Lee**, Anat: *Making the Way for the Feminine.* Transcription of a Closing Reflection for the Conference "The Global Peace Initiative for Women" in Jaipur, India, March 2008. The Golden Sufi Center 2008. https://workingwithoneness.org/the-feminine/feminine-articles/making-the-way-for-the-feminine/.

**Vaughan-Lee**, Llewellyn: *Der Rhythmus des Heiligen. Eine Rückkehr zu den Jahreszeiten von Natur und Seele.* Übersetzung: Franziska Espinoza mit Claudia Lehnherr. Oneness Center Publishing, Bern 2022. (Originalausgabe: Seasons of the Sacred, The Golden Sufi Center 2021).

**Vaughan-Lee**, Llewellyn: *Die Matrix des Lebens. Das heilige Weibliche und die Wandlung* *der Welt*. Übersetzung: Franziska Espinoza. Arbor Verlag 2011. (Originalausgabe: The Return of the Feminine and the World Soul. The Golden Sufi Center 2009).

**Vaughan-Lee**, Llewellyn: *Ein verborgener Pfad. Geschichten für eine lebendige Zukunft*. Übersetzung: Sabine Reinhardt-Jost. Oneness Center Publishing, Bern 2023

**Vaughan-Lee**, Llewellyn: *Eine Geschichte der Anfänge: Erinnerungen an Magie und Wunder* (Übersetzung auf der Webseite, o.V.). Originaltext: *A Story of Beginnings. A Personal Story of Memories of Magic and Wonder*. Transcript der Podcast-Reihe „Stories for a Living Future". The Golden Sufi Center 2022. https://workingwithoneness.org/transcripts/eine-geschichte-der-anfaenge/.

**Vaughan-Lee**, Llewellyn: *Mit der Einheit arbeiten*. Übersetzung: Sonja Bullerjahn. The Golden Sufi Center 2002. (Originalausgabe: Working with Oneness, 2002).

**Vaughan-Lee**, Llewellyn (Hrsg.): *Spirituelle Ökologie. Der Ruf der Erde*. Verlag Neue Erde 2015. Übersetzung: Vicky Gabriel. (Originalausgabe: Spiritual Ecology – The Cry of the Earth, The Golden Sufi Center 2013).

**Weber,** Andreas: Webseite: http://autor-andreas-weber.de/warum.

**Weber**, Andreas: *Indigenialität*. Nicolai Publishing & Intelligence, Berlin 2018, 3. Auflage 2019.

**Weber,** Andreas: *Lebendigkeit. Eine erotische Ökologie*. Kösel-Verlag 2014, 6. Auflage 2023.

**Williams**, Terry Tempest: *A Burning Testament*. Artikel online in "Mountain Journal", September 19, 2020. https://mountainjournal.org/terry-tempest-williams-says-it-time-to-rally-for-nature-and-country.

**Wolff**, Robert: *Das Lächeln der Senoi*. Übersetzung: Franziska Espinoza. Oneness Center Publishing, Bern 2011. (Originalausgabe: Original Wisdom: Stories of an Ancient Way of Knowing. Verlag Inner Traditions, 2001).

**Woodman**, Marion: *Conscious Femininity*. Keynote Speech at the 3rd Annual Women & Power Conference, organized by Omega Institute. Sept. 2004. Transcript. Die hier benutzte Quelle von 2005 ist nicht mehr auffindbar. Ein Abdruck des Transkripts ist hier zu finden: https://feminist.com/resources/artspeech/genwom/conscious.html.

**Woodman**, Marion: *Conscious Femininity. Interviews with Marion Woodman*. Introduction and Two Articles by Marion Woodman. Editor: Daryl Sharp. Inner City Books 1993.

*

# Bibliographie

Für die freundliche Erlaubnis der Verwendung längerer Zitate dankt die Autorin:

- Archive Publishing für die Übersetzung und Zitierung der Passagen von: Anne Baring, *The Dream of the Cosmos*.
- Arkan Lushwala für die Übersetzung und Zitierung der Passagen aus: *Deer & Thunder. Indigenous Ways of Restoring the World*.
- Bettina Obricht für zwei kurze Zitierungen aus: *Wie anders ist alt?*
- Eleanor O'Hanlon für die Übersetzung und Verwendung einer Passage aus: *Eyes of the Wild. Journeys of Transformation with the Animal Powers*.
- Elena Hinshaw Fischli und dem Daimon Verlag für die Zitierung einer Passage und dem Nachtweg-Segen aus: Helen M. Luke, Sinn des Alters.
- Dem Golden Sufi Center und dem Autor für die Zitierung aus verschiedenen Werken von Llewellyn Vaughan-Lee.

*

**Angela Fischer**

ist Autorin mehrerer Bücher zur Einheit von Alltag und Meditation. Ein Schwerpunkt ihrer Arbeit und ihres Schreibens ist eine echte, der menschlichen Wirklichkeit zugewandte weibliche Spiritualität und deren Verantwortung für die Ganzheit des Lebens.

Nach ihrem Studium der Soziologie und Pädagogik bildete sie sich einige Jahre in verschiedenen Formen der Körper- und Energiearbeit fort.

Über mehr als vier Jahrzehnte begleitete sie Gruppen und Einzelne in dem von ihr gegründeten Seminar- und Retreatzentrum. Seit ihrem dreißigsten Lebensjahr folgt sie einem Weg der stillen Meditation und leitete über viele Jahre Meditationsgruppen. www.oneness-of-life.org

Angela Fischer lebt mit ihrem Mann in Norddeutschland, ist Mutter von vier erwachsenen Kindern und Großmutter.

Veröffentlichungen: *Frauen meditieren anders* (Rowohlt 2003) und *Frau sein – sensibel und stark* (Crotona 2010). Interviews und Essays sind in englisch- und deutschsprachigen Büchern erschienen: *The Unknown She: Eight Faces of an Emerging Consciousness* von Hilary Hart (The Golden Sufi Center 2003), deutsch: *Die Wiederentdeckung weiblicher Spiritualität* (Arbor 2005), wie auch in *Der Duft der Sehnsucht* (Klar Verlag 2008) und in der Essay-Sammlung *The Sacred Seed* (The Golden Sufi Center 2014).